정보보호위험관리사
ISRM
Information Security Risk Manager

핵심이론 + 적중예상문제 + 실전 모의고사

김창중, 한종빈 저

다락원

안녕하세요?

정보보호위험관리사(ISRM) 교재를 집필한 개인정보보호 교육 전문강사 김창중입니다. 저는 개인정보보호 분야에서 CPPG, ISMS-P의 교재를 집필하고, 국내 최고 개인정보보호 강사로 활동해오고 있습니다. 지난 10년간 정보보호 컨설턴트, 인증심사원, 정보보호 팀장, 정보보호실장(CISO), 개인정보보호책임자(CPO)로서 이론과 실무, 의사결정을 하며 정보보호위험을 관리하는 역할을 해왔습니다. 수많은 정보보호 관련 정책, 기술, 법령 분석 회의를 통해 어떻게 하면 비용 효율적으로 정보보호위험을 관리할 수 있을까 고민하였습니다.

정보보호 전문가의 역할은 매우 중요합니다. 이들에게는 정보기술(IT), 정보보호 정책, 정보보호 관련 법률적 지식이 요구됩니다. 정보보호 업무에서는 일하는 속도보다 방향 설정이 훨씬 더 중요합니다. 정보보호 지식이 부족하면 아무리 많은 인력이 있다 하더라도 해킹 사고, 개인정보 오남용, 유출 사고 등이 발생합니다. 반대로 정보보호 전문가 한 명의 현명한 선택이 정보보호 위험으로 인한 손실을 예방하고, 효과적으로 대응할 수 있습니다.

국가적으로 정보보호 인력 양성을 대대적으로 추진하고 있는 만큼 ISRM 자격증은 정보보호 업무의 이론적 토대와 CPPG, ISMS-P 자격증 취득의 발판이 될 것입니다. ISRM 취득을 통해 정보보호 전문가로서 국가와 기업의 정보자산을 안전하게 관리함으로써 조용하지만 탄탄한 기여를 하실 수 있습니다. 굳은 각오와 꾸준한 끈기로 본 교재를 가지고 학습하신다면 누구든지 정보보호 전문가로 시야를 넓히실 수 있습니다. 여러분의 정보보호 전문가로서의 성공을 응원합니다.

저자 **김창중**

ISRM(Information Security Risk Manager) 자격증 개요

ISRM 자격증은 정보보호 위험 관리·대응 전문가로 성장하기를 희망하는 직장인, 대학 졸업예정자 등 전공, 경력과 무관하게 치를 수 있는 시험이다. 시험 시간 90분 동안 5과목 80문제를 치르는 객관식 시험이며, 응시료는 10만 원이다. 전국 8개 KCA 디지털 시험장에서 연간 3회 시행된다.

구분	내용	비고
자격 개요	중급자격 1종	민간자격
응시 자격	4년제 대학 졸업(예정)자 및 이에 상응하는 조건	전공, 경력 무관
시험 방법	객관식 80문제, 90분 시험	4지 선다형(샘플문제 기준)
시험 형태	CBT(KCA 디지털 시험장)	연간 3회
시행 장소	전국 KCA디지털 시험장	서울(2), 부산, 인천, 대전, 광주, 대구, 제주
합격 기준	평균 60점 이상 합격	과목별 40점 이상(과락 있음)
시험 과목	1. 정보보호 위험관리 계획 2. 정보보호 위험평가 3. 정보보호 위험대응 4. 정보보호 관리체계 운영 5. 정보보호 위험대책 관리	4. 정보보호 관리체계 운영, 5. 정보보호 위험대책 관리는 1, 2, 3의 심화 버전으로 범위는 동일함
응시료	100,000원	단체 20% 할인
주요 이점	• 정보보호 위험 관리·대응 전문가로 성장 • 보안관리 종사자 위험관리 역량·전문성 강화 • 기술역량·관리역량 갖춘 정보보호 전문가로 성장 • ISMS-P 인증 심사원 커리어패스 발판	

2025년 ISRM 자격증 검정 일정

회차	원서접수	필기시험	응시자격서류제출 (합격자 결정)	합격자 발표
제1회	4.28.(월)~4.30.(수)	5.19.(월)~5.21.(수)	5.19.(월)~5.30.(금)	6.5.(목)
제2회	8.11.(월)~8.13.(수)	8.25.(월)~8.27.(수)	8.25.(월)~9.5.(금)	9.12.(금)
제3회	11.17.(월)~11.19.(수)	12.1.(월)~12.3.(수)	12.1.(월)~12.12.(금)	12.19.(금)

개인정보보호 자격증과 ISRM 자격증 관계도

ISRM 자격증은 대표적인 개인정보보호 자격증인 CPPG, PIA, ISMS-P 자격증과 유사성이 높다. 그렇지만, 개인정보보호 관련의 지엽적인 부분보다는 정보보호 위험관리(ISMS-P 인증기준1, 2)와 유사성이 높다고 할 수 있다.

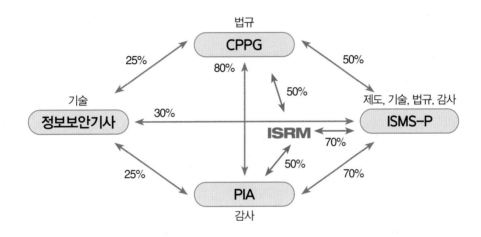

개인정보보호 자격증 4대장 비교

개인정보보호 자격증의 수험 정보를 참고하여 모든 자격증을 취득하도록 계획을 수립하여야 한다. 저자가 추천하는 취득 순서는 CPPG → ISRM → PIA → ISMS-P이지만, 좋은 콘텐츠와 성실한 학습태도를 가진다면 순서와 관계없이 취득할 수 있다.

구분	ISRM (정보보호위험관리사)	CPPG (개인정보관리사)	PIA (개인정보영향평가 전문인력)	ISMS-P (개인정보보호관리체계 인증심사원)
주관기관	한국방송통신전파진흥원 (KCA)	한국CPO포럼	개인정보보호위원회 (KISA)	개보위/ 과학기술정보통신부 (KISA)
시행주기	연 3회	연 3회	연 4회	연 1회
근거	등록(비공인)민간자격	등록(비공인)민간자격	개보법 제33조 (개인정보영향평가)	개보법 제32조의2 (개인정보보호 인증)
ISMS-P	N/A	개인정보보호 1년 인정	개인정보보호 1년 인정	N/A
활동 가능성	불가	불가	중간(소속사)	가능(무소속, 35만원/D)
기업 채용	사원/대리/과장/차·부장	사원/대리/과장	대리/과장	과장/차장
응시자수	회당 2,000명	회당 2,000명	회당 300명	회당 2,000명
합격률	30%	30%	15%	5%
응시료	10만 원	13만 원	30~50만 원(교육료)	무료
자격요건	대졸 4년	없음	개인정보보호경력, CPPG	6년(정보보호, 개인정보 각1년)
학습시간	2달	1달	2달	4달
문제유형	필기(4지 선다)	필기(5지 선다)	필기(5지 선다) + 실기(서술)	필기(5지 선다) + 실기(서술)
난이도	중상	중	상	최상

목차

이 책의 구성

핵심이론 정리

출제 기준에 맞춘 중요한 이론만을 뽑아 정리하여 합격에 필요한 핵심 내용만을 정리하였다.

적중예상문제

파트별 적중예상문제를 풀어보면서 내용 확인에 도움을 줄 수 있도록 구성하였다.

부록

ISMS-P 인증기준을 부록으로 제공하여 이해도를 높일 수 있도록
하였다.

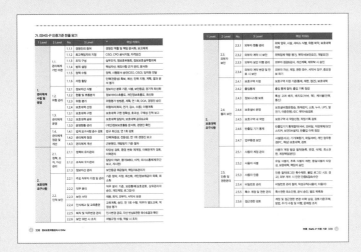

실전 모의고사

실전 모의고사 1회분을 수록하여 실전 감각을 익힐 수 있게 하였다.

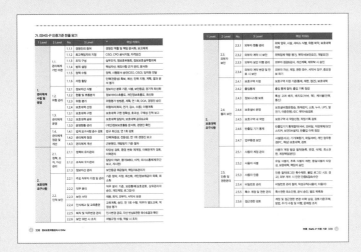

정보보호
위험관리 계획

1 정보보호 관리의 이해

1.1 정보보호의 정의 및 이해(목적 및 특성)

1.1.1 자료(Data)와 정보(Information)

데이터는 가공되지 않은 원시 상태의 사실이나 값으로, 그 자체로는 의미가 크지 않다. 처리는 이러한 데이터를 분석하고 가공하여 의미 있는 형태로 변환하는 과정이다. 정보는 처리 과정을 거쳐 특정 목적에 맞게 가공된 데이터로, 의사 결정에 유용하게 활용될 수 있는 형태를 말한다.

■ 데이터가 정보로 변환

구분	데이터(Data)	처리(Processing)	정보(Information)
개념	현실 세계에서 관찰이나 측정을 통해 수집된 단순한 사실이나 값	데이터를 정보로 변환하는 과정	특정 목적이나 의도에 맞게 데이터를 가공 처리한 것
특징	• 가공되지 않은 원시 상태 • 객관적 사실 • 의미 부여 전 상태	• 데이터에 의미를 부여 • 목적에 따라 다양한 방법 사용 • 컴퓨터나 인간에 의해 수행	• 데이터를 처리한 결과물 • 의사 결정에 유용 • 시간이 지나면 가치 감소
사례	• 지역별 시간당 기온 측정치 • 제품 검색 기록 • 고객의 주문 내역	• 통계 분석 • 데이터 마이닝 • OLAP(온라인 분석 처리)	• 평년 기온 • 관심 있는 제품 목록 • 매출 보고서

1.1.2 정보보호와 정보보안

정보보호는 정보의 수집, 가공, 저장, 검색, 송신, 수신 중에 발생하는 정보의 훼손, 변조, 유출 등을 방지하기 위한 관리적, 기술적, 물리적 수단이나 행위를 의미한다. 정보보호는 기밀성, 무결성, 가용성, 인증성 및 부인방지를 보장하기 위해 다양한 보호 대책을 강구하는 것을 포함한다. 반면 정보보안은 주로 기밀성 유지에 초점을 맞추며, 사람에 의한 고의적인 정보 유출, 파괴, 변조에 대한 대응을 강조하는 더 좁은 개념이다. 그러나 대부분의 경우에는 두 개념이 거의 동일하게 취급되고 있다.

■ 정보보호와 정보보안 비교

구분	정보보호(Information Security / Information Protection)	정보보안(Information Security)
개념	정보의 수집, 가공, 저장, 검색, 송신, 수신 중에 발생하는 정보의 훼손, 변조, 유출 등을 방지하기 위한 관리적, 기술적, 물리적 수단이나 행위	주로 비밀성 유지에 초점을 맞춘 개념으로, 사람에 의한 고의적인 정보 유출, 파괴, 변조에 대한 대응을 강조
목적	1. 기밀성, 무결성, 가용성 보장 2. 인증성 및 부인방지 제공 3. 자연재해나 실수에 의한 침해 대응 포함	1. 비밀성 유지 2. 기업의 영업비밀 보호 3. 개인의 프라이버시 보호
범위	더 넓은 개념으로, 관리적, 물리적, 기술적 측면을 모두 고려하는 종합적인 접근	주로 기술적인 측면에서의 보안 대책에 중점

1.1.3 정보보호(정보보안) 목적

정보보호의 목적을 기밀성, 무결성, 가용성으로 크게 3가지로 정의하고 있다. 추가적으로 인증, 부인방지성, 책임추적성을 보호 목적으로 정의할 수 있다. 이러한 목적들은 조직의 정보자산을 보호하고, 비즈니스 연속성을 유지하며, 법적 요구사항을 준수하는 데 필수적이다.

■ 정보보호(정보보안) 목적

정보보호 목적	정의	공격	대책
기밀성 (Confidentiality)	오직 인가된 사람만이 알 필요성에 근거하여 시스템에 접근하여야 한다는 특성	스니핑, 도청	• 정보는 소유자의 인가를 받은 사람만이 접근할 수 있어야 하며 인가되지 않은 정보의 공개는 반드시 금지 • 암호화, 자산 분류, 방화벽 설정
무결성 (Integrity)	정보의 내용이 불법적으로 생성 또는 변경되거나 삭제되지 않도록 보호되어야 한다는 특성	중간자 공격, 바이러스, 해킹	접근 제어, 메시지 인증 등이 있으며 변경 위험에 대한 탐지 및 복구할 수 있는 침입탐지, 백업, 직무 분리 등
가용성 (Availability)	정보 시스템은 정당한 방법으로 권한이 주어진 사용자에게 정보 서비스를 거부하여서는 안 된다는 것으로 정보는 지속적으로 변화하고, 인가된 자가 접근할 수 있어야 한다는 특성	DDoS, 재해/사고	데이터의 백업, 이중화, 물리적 위협으로부터의 보호 등 보안 기술

정보보호 목적	정의	공격	대책
인증 (Authentication)	임의 정보에 접근할 수 있는 객체의 자격이나 객체의 내용을 검증하는 데 사용되는 특성	부정 인증, 메시지 변조	사용자가 정말 그 사용자인지 시스템에 도착한 자료가 신뢰할 수 있는 출처에서부터 온 것인지를 확인할 수 있는 것
부인 방지성 (Non-Repudiation)	송수신자가 송수신 사실에 대한 행동을 추적해서 부인을 할 수 없도록 한다는 특성	서명 사실 부인	전자서명
책임추적성 (Accountability)	개체의 행동을 유일하게 추적해서 찾아낼 수 있어야 한다는 사항이 포함되어야 한다는 특성	추적성 미흡, 추적 회피	부인 방지, 억제, 결함 분리, 침입 탐지예방, 사후 복구와 법적인 조치

1.1.4 기업경영과 정보보호

전통적으로 정보보호는 기밀성, 무결성, 가용성을 보호하는 기술적 관점에서 설명되었으나, 이는 기업경영에 미치는 정보보호의 기여를 충분히 설명하지 못하고 있다. 정보보호가 기술 전문가의 영역에 머물러 있다는 한계를 극복하기 위해, 기업의 정보보호 최고책임자(CISO)는 최고경영층에게 정보보호의 역할과 가치를 경영적 관점에서 설명해야 한다. 따라서 정보보호는 기술적 개념을 넘어 기업경영과 비즈니스 성과에 기여하는 전략적 요소로 이해될 필요가 있다. 보안은 강력한 규제가 있는 분야로, 대부분의 기업들이 정보통신망법과 개인정보보호법의 규제를 받고 있다. 일정 규모 이상의 기업은 정보보호 및 개인정보보호 관리체계 인증을 취득해야 하며, 이를 준수하지 못할 경우 법규, 평판, 재무 위험이 발생할 수 있다. 결과적으로 보안 위험은 여러 경영 위험 중 하나로 자리잡게 되었다.

■ 기업경영 측면의 정보보호 목적

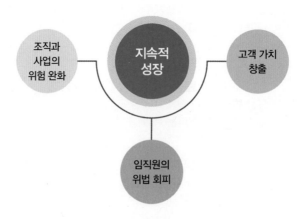

■ 기업 차원의 위험인 보안 위험

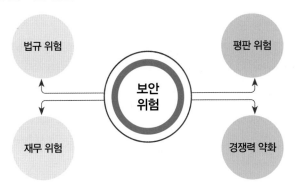

1.2 조직의 법적 준수해야 할 보호대상 선정

1.2.1 조직의 법적 준수해야 할 보호대상 선정

조직은 법적으로 준수해야 할 보호대상을 선정하고, 이를 기반으로 효과적인 위험관리 전략을 수립할 수 있다. 먼저 기업을 규제하는 법령을 식별하고, 법적 요구사항으로 도출한다. 이후 기업의 유무형의 정보자산을 누락 없이 식별한다. 식별된 자산은 중요도 평가 후 보안등급을 부여하고, 업무 영향도를 분석하여 취급 절차를 수립하고, 자산을 관리한다.

■ 조직의 법적 준수해야 할 보호대상인 정보자산의 관리 절차

단계	내용	세부 활동
1. 법적 요구사항 식별	관련 법규 및 규제 파악	• 개인정보보호법, 정보통신망법 등 관련 법규 검토 • 산업별 특수 규제 확인 • 국제 표준 및 가이드라인 참조
2. 중요 정보자산 식별	법적 보호 대상 자산 파악	• 개인정보, 고유식별정보 등 식별 • 기밀정보, 영업비밀 등 분류 • 중요 시스템 및 인프라 파악
3. 보안등급 부여	자산별 보안등급 결정	• 기밀성, 무결성, 가용성 기준 평가 • 법적 준거성 고려 • 업무 영향도 분석 반영

가. (ISMS-P) 1.4.1 법적 요구사항 준수 검토

항목	1.4.1 법적 요구사항 준수 검토
인증기준	조직이 준수하여야 할 정보보호 및 개인정보보호 관련 법적 요구사항을 주기적으로 파악하여 규정에 반영하고, 준수 여부를 지속적으로 검토하여야 한다.
주요 확인 사항	1) 조직이 준수하여야 하는 **정보보호 및 개인정보보호 관련 법적 요구사항을 파악하여 최신성을 유지**하고 있는가? 2) **법적 요구사항의 준수 여부를 연 1회 이상 정기적으로 검토**하고 있는가? 3) 경영진은 **전자금융거래 안전성 확보 및 이용자 보호와 개인신용정보의 관리 및 보호 실태**에 대한 **법적 요구사항에 대해 준수 여부를 정기적으로 점검하고 최고경영자에게 보고**하고 있는가?
결함사례	• 정보통신망법 및 개인정보보호법이 최근 개정되었으나 개정사항이 조직에 미치는 영향을 검토하지 않았으며, 정책서·시행문서 및 법적준거성 체크리스트 등에도 해당 내용을 반영하지 않아 정책서·시행문서 및 법적준거성 체크리스트 등의 내용이 법령 내용과 일치하지 않은 경우 • 조직에서 준수하여야 할 법률이 개정되었으나, 해당 법률 준거성 검토를 1년 이상 수행하지 않은 경우 • 법적 준거성 준수 여부에 대한 검토가 적절히 이루어지지 않아 개인정보보호법 등 법규 위반 사항이 다수 발견된 경우 • 개인정보보호법에 따라 개인정보 손해배상책임 보장제도 적용 대상이 되었으나, 이를 인지하지 못하여 보험 가입이나 준비금 적립을 하지 않은 경우 또는 보험 가입을 하였으나 이용자 수 및 매출액에 따른 최저가입금액 기준을 준수하지 못한 경우 • 정보보호 공시 의무대상 사업자이지만 법에 정한 시점 내에 정보보호 공시가 시행되지 않은 경우 • 모바일 앱을 통해 위치정보사업자로부터 이용자의 개인위치정보를 전송받아 서비스에 이용하고 있으나, 위치기반서비스사업 신고를 하지 않은 경우 • 국내에 주소 또는 영업소가 없는 개인정보처리자로서 전년도 말 기준 직전 3개월간 그 개인정보가 저장·관리되고 있는 국내 정보주체의 수가 일일평균 100만 명 이상인 자에 해당되어 국내대리인 지정의무에 해당됨에도 불구하고, 국내대리인을 문서로 지정하지 않은 경우 • 정보보호최고책임자는 정보보안점검의 날을 지정하고, 임직원이 정보보안 점검항목을 준수했는지 매월 점검하고 그 점검 결과 및 보완 계획을 최고경영자에 보고하여야 하나, 점검을 실시하지 않았거나 최고 경영자에게 보고를 누락한 경우

확인 사항	요구 사항	관련 사항
정보보호 및 개인정보보호 법적 요구사항 파악 최신성 유지	조직이 준수하여야 하는 정보보호 및 개인정보보호 관련 법적 요구사항을 파악하여 최신성을 유지하여야 함	• 조직이 준수하여야 하는 **정보보호 및 개인정보보호 관련 법규 파악 ▶ 1) 참조** • 관련 법규의 제·개정 현황을 지속적으로 **모니터링하여 제·개정이 이루어질 경우** 조직에 미치는 영향을 분석하고 필요 시 **내부 정책·지침 및 체크리스트** 등에 반영하여 최신성을 유지 ▶ 2), 3), 4) 참조
법적 요구사항 준수 여부 연1회 정기적 검토	법적 요구사항의 준수 여부를 연 1회 이상 정기적으로 검토하여야 함	• 법적 요구사항 **준수 여부 정기적으로 검토**할 수 있는 **절차 수립(검토 주기, 대상, 담당자, 방법 등)** 및 이행 • 법적 요구사항 준수 결과 발견된 문제점에 대해 신속하게 개선 조치
전자금융거래 법적 요구사항 준수 여부 점검 및 결과 보고	경영진은 전자금융거래 안전성 확보 및 이용자 보호와 개인신용정보의 관리 및 보호 실태에 대해 법적 요구사항 준수 점검체계에 따라 정기적으로 임직원의 준수 여부를 점검하고, 그 결과를 최고경영자에게 보고하여야 함	• 정보보호 최고책임자(CISO)는 정보보안 관련 법규 준수 여부를 정기적으로 점검하고, 그 결과를 최고경영자에게 보고 • 신용정보관리·보호인은 처리하는 개인신용정보의 관리 및 보호실태를 점검하고 그 결과를 대표자 및 이사회에 보고

1.2.2 주요 정보보호 관련 법률의 목적

정보보호 관련 법률은 개인정보보호법, 정보통신망법, 신용정보법, 전자금융거래법, 정보보호산업법 등이 있으며 각각의 법률의 목적은 법률 1조에 규정되어 있다. 각각의 법률은 시행령, 시행규칙, 고시 등으로 구성되어 상세한 기준과 내용이 포함되어 있다.

■ 주요 정보보호 관련 법률의 목적

정보보호 관련 법률	목적	요약
개인정보보호법	개인정보의 처리 및 보호에 관한 사항을 정함으로써 개인의 자유와 권리를 보호하고, 나아가 개인의 존엄과 가치를 구현함	프라이버시권, 개인정보의 자기결정권
정보통신망법	정보통신망의 이용을 촉진하고 정보통신서비스를 이용하는 자를 보호함과 아울러 정보통신망을 건전하고 안전하게 이용할 수 있는 환경을 조성하여 국민생활의 향상과 공공복리의 증진에 이바지함	정보통신서비스의 안전성(기밀성, 무결성, 가용성)
신용정보법	신용정보 관련 산업을 건전하게 육성하고 신용정보의 효율적 이용과 체계적 관리를 도모하며 신용정보의 오용·남용으로부터 사생활의 비밀 등을 적절히 보호함으로써 건전한 신용질서를 확립하고 국민경제의 발전에 이바지함	신용정보의 안전성, 신용정보 사생활의 비밀 보호
전자금융거래법	전자금융거래의 법률관계를 명확히 하여 전자금융거래의 안전성과 신뢰성을 확보함과 아울러 전자금융업의 건전한 발전을 위한 기반조성을 함으로써 국민의 금융편의를 꾀하고 국민경제의 발전에 이바지함	전자금융거래의 안전성과 신뢰성 확보
정보보호산업법	정보보호산업의 진흥에 필요한 사항을 정함으로써 정보보호산업의 기반을 조성하고 그 경쟁력을 강화하여 안전한 정보통신 이용환경 조성과 국민경제의 건전한 발전에 이바지함	정보보호 산업의 기반 조성 및 경쟁력 강화
위치정보법	위치정보의 유출·오용 및 남용으로부터 사생활의 비밀 등을 보호하고 위치정보의 안전한 이용환경을 조성하여 위치정보의 이용을 활성화함으로써 국민생활의 향상과 공공복리의 증진에 이바지함	신용정보의 안전성, 사생활의 비밀 보호
전자상거래법	전자상거래 및 통신판매 등에 의한 재화 또는 용역의 공정한 거래에 관한 사항을 규정함으로써 소비자의 권익을 보호하고 시장의 신뢰도를 높여 국민경제의 건전한 발전에 이바지함	전자상거래 및 통신판매의 공정한 거래 규정
정보통신기반보호법	전자적 침해행위에 대비하여 주요정보통신기반시설의 보호에 관한 대책을 수립·시행함으로써 동 시설을 안정적으로 운용하도록 하여 국가의 안전과 국민생활의 안정을 보장하는 것	주요정보통신기반시설의 안정적 운용

1.2.3 정보자산 목록 작성

위험분석을 위한 자산 분석은 완전히 세부적일 필요는 없으며, 보안 특성과 중요도가 동일한 자산은 하나의 그룹으로 묶을 수 있다. 자산 목록에는 자산 유형, 식별번호, 자산명, 설명, 소유자, 관리자, 비밀성, 무결성, 가용성 요구사항이 포함되어야 하며, 추가 정보도 포함될 수 있다. 기존의 자산관리용 목록이 있다면 이를 활용하되, 가치평가를 위한 항목을 추가하고 누락된 자산이 없는지 확인해야 한다.

■ 정보자산 유형과 예시

정보자산 유형	설명	예시
데이터	전산화된 정보	문서 파일, 데이터베이스 내의 데이터, 데이터 파일
문서	종이로 된 정보	보고서, 계약서, 매뉴얼, 각종 대장
소프트웨어	컴퓨터 프로그램	패키지 소프트웨어, 시스템 소프트웨어, 응용 프로그램
서버	공용 자원을 가진 컴퓨터 시스템	데이터베이스 서버, 웹 서버, 파일 서버
워크스테이션	단일 사용자 기반 컴퓨터 시스템	개인용 PC, 노트북, 데스크톱
네트워크	통신 인프라	네트워크 장비, 통신 회선, 라우터, 스위치 등
시설	물리적 시설	건물, 사무실, 데이터 센터
지원서비스	정보시스템 운영 지원 시설	전력 공급 시설, 환기 시설, 방재 시설
인력	정보시스템 관련 인력	소유자, 관리자, 사용자, 운영자, 개발자
매체	이동 가능한 저장 장치	USB 메모리, 테이프, 외장 하드 디스크
정보보호시스템	정보자산 보호를 위한 시스템	Network 보안, Endpoint 보안, Database 보안

1.2.4 정보자산 중요도 평가 기준

자산의 평가 방법에는 여러 가지가 있으나 이 장에서는 적용의 편의성을 위하여 가장 단순하게 3단계로 자산의 기밀성, 무결성, 가용성 측면의 중요도를 평가한다. 조사된 자산을 기밀성, 무결성, 가용성 평가 결과에 기초하여 자산 유형, 보안특성, 중요도가 같은 것들을 묶어서 공통 자산 그룹으로 명시한다. 이것은 관련 위협 및 취약성 평가와 위험평가를 수행할 때 위에서 말한 3가지 특성에 근거하여 결과가 달라지므로 같은 결과가 나오는 자산에 대하여 동일한 작업을 여러 번 반복하지 않기 위해서이다.

■ 정보자산 중요도 평가 기준

보안특성	중요도	설명
기밀성	높음	조직 내부에서도 특별히 허가를 받은 사람들만이 볼 수 있어야 하며 조직 외부에 공개되는 경우 개인 프라이버시나 조직의 사업 진행에 치명적인 피해를 줄 수 있는 수준
	중간	조직 내부에서는 공개될 수 있으나 조직 외부에 공개되는 경우 개인 프라이버시나 조직의 사업 진행에 상당한 문제를 발생시킬 수 있는 수준
	낮음	조직 외부에 공개되는 경우 개인 프라이버시나 조직의 사업 진행에 미치는 영향이 미미한 수준
무결성	높음	고의적으로나 우연히 변경되는 경우 개인 프라이버시나 조직의 사업 진행에 치명적인 피해를 줄 수 있는 수준
	중간	고의적으로나 우연히 변경되는 경우 개인 프라이버시나 조직의 사업 진행에 상당한 문제를 발생시킬 수 있는 수준
	낮음	고의적으로나 우연히 변경되는 경우 개인 프라이버시나 조직의 사업 진행에 미치는 영향이 미미한 수준
가용성	높음	서비스가 중단되는 경우 조직의 운영과 사업 진행에 치명적인 피해를 줄 수 있는 수준
	중간	서비스가 중단되는 경우 조직의 운영과 사업 진행에 상당한 문제를 발생시킬 수 있는 수준
	낮음	서비스가 중단되는 경우 조직의 운영과 사업 진행에 미치는 영향이 미미한 수준

1.3 보호대상의 정보보호 요구사항 파악

1.3.1 보호대상의 정보보호 요구사항 파악 개요

보호대상의 정보보호 요구사항을 파악하는 목적은 중요한 시스템 데이터의 기밀성, 무결성, 가용성을 보호하는 방법을 명확히 하기 위함이다. 요구사항 파악 방법으로는 보안 목표를 식별하고, 이를 만족시키기 위한 필요 조치를 도출하며, 다양한 참고 자료를 기반으로 요구사항을 결정한다.

■ 보호대상의 정보보호 요구사항 파악 절차

단계	내용	세부 활동
1. 보안 목표 식별	보호해야 할 대상에 대한 보안 목표를 식별하고 구체화	• 기밀성, 무결성, 가용성 측면에서 목표 설정 • 법적 의무사항, 필수적 안전조치, 정보 유출 시 예상 피해 등 고려 • 정보 권한을 가진 사용자만이 안전하게 정보를 다룰 수 있도록 식별
2. 보안 요구사항 정의	식별된 보안 목표를 만족시키기 위한 필요 조치 도출	• 인증, 권한부여, 부인방지, 암호화 등의 보안 메커니즘 고려 • 내부 정책, 외부 규제, 산업계 요구사항, 이전 사고 검토 내용 등 참고 • 시스템 보안 요구사항에서 SW 보안 요구사항으로 구체화
3. 보안 요구사항 분석	정의된 요구사항의 분석 및 검증	• 사용자와 이해관계자의 요구사항 이해 및 충돌 해결 • 요구사항의 우선순위 지정 • 요구사항의 명확성, 일관성, 완전성, 검증 가능성 확인

1.3.2 정보보호 요구사항 파악을 위한 자료

정보보호 요구사항 파악을 위해 내부 정책자료, 외부 정책자료, 대상시스템 관련 자료를 분석한다. 내부 정책자료는 (개인)정보보호 관리체계와 규정을 파악하는 데 중요하며, 외부 정책자료는 법령, 지침, 가이드라인 등을 포함하여 (개인)정보보호 관련 법규 준수 여부를 판단하는 근거가 된다. 대상시스템 관련 자료 분석은 사업의 추진 배경, 목표, 개요 등을 이해하는 데 필요할 수 있다.

■ 보호대상의 정보보호 요구사항 파악을 위한 자료

단계	내용	세부 활동
1. 내부 정책자료	기관 내부의 개인정보보호 체계, 규정, 조직 현황 등 분석	• 기관 내 개인정보보호 규정 • 기관 내 정보보안 관련 규정 • 기관 내 직제표 등
	개인정보취급자(정보시스템 관리자, 접근자 등), 위탁업체 등에 대한 내부 규정 및 관리·교육 체계 확인	• 개인정보 관련 조직 내 업무 분장표 및 직급별 권한 • 정보시스템의 접근권한에 대한 내부 규정 • 위탁업체 관리 규정 등 • 시스템 관리자 및 정보취급자에 대한 교육계획
2. 외부 정책자료	개인정보보호 정책 환경 분석	• 개인정보보호법, 관련 지침 등 • 개인정보보호 기본계획 등
	영향평가 대상사업의 특수성을 반영한 정책 환경 분석	• 평가대상사업 추진 근거 법률 및 개인정보보호 관련 법령
3. 대상 시스템 관련 자료	정보시스템을 통해 수집되는 개인정보의 양과 범위가 해당 사업 수행을 위해 적절한지 파악	• 사업 수행 계획서, 요건정의서 • 제안서, 업무기능분해도 • 업무흐름도, 화면설계서
	정보시스템의 외부연계 여부 검토	• 위탁 계획서, 연계 계획서 • 인터페이스 정의서 • 메뉴 구조도
	정보시스템의 구조와 연계된 개인정보보호 기술 현황 파악	• 침입차단시스템 등 보안 시스템 구조도 • 인터페이스 정의서

2 정보보호 위험관리 거버넌스

2.1 정보보호 CISO, CPO의 지정과 역할

2.1.1 정보보호 거버넌스

기업 거버넌스의 정의는 다양하지만, 일반적으로 기업을 운영하고 통제하기 위한 메커니즘과 프로세스의 집합으로 이해된다. 정보보호 거버넌스는 기업 거버넌스의 하위 요소로, 기업의 보안 프로그램을 관리하고 감독하는 체계를 의미한다. 중요한 점은 정보보호 거버넌스의 주체가 CISO가 아닌 기업의 이사회라는 것이며, 이는 정보보호 활동이 궁극적으로 기업의 사업 목적 달성을 위해 존재하기 때문이다.

■ 정보보호 거버넌스 개념

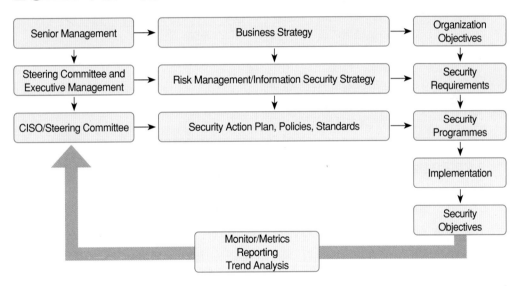

(출처: Information Security Governance: Guidance for Boards of Directors and Executive Management)

■ 정보보호 거버넌스 구성 요소와 활동

구분	세부 활동
정의	정보보안 거버넌스는 기업 거버넌스의 일부로, 이사회와 고위 경영진의 책임 • 전략적 경영 방향 제공 • 경영목표 달성 보증 • 위험관리 • 기업 자원의 책임 있는 사용 확인
주요 구성 요소	1. 리더십과 거버넌스 2. 보안 관리 조직 3. 보안 정책 4. 보안 프로그램 관리 5. 사용자 보안 관리 6. 기술적 보안
주요 수행 활동	1. 비즈니스 목표와 연계된 정보보안 전략 개발 2. 기업 거버넌스와 정보보안 전략 연계 3. 정보보호 투자를 위한 비즈니스 케이스 개발 4. 관련 법규와 규정 식별 5. 기업에 영향을 미치는 요인 식별 6. 고위경영진의 권한 위임 획득 7. 조직 전반의 역할과 책임 정의 8. 내부 및 외부 보고활동 수립

2.1.2 정보보호 최고책임자와 개인정보보호책임자

정보보호 최고책임자(CISO)와 개인정보보호책임자(CPO)는 기업의 정보보안을 담당하는 핵심 역할을 수행한다. CISO는 정보통신시스템의 보안과 정보의 안전한 관리를 총괄하며, 정보보호 계획 수립, 위험평가, 교육 등의 업무를 담당한다. CPO는 개인정보 처리에 관한 업무를 총괄하고, 개인정보보호 계획 수립, 처리 실태 조사, 불만 처리 등을 담당한다. 두 역할은 법적 근거와 세부 업무에 차이가 있지만, 기업의 정보보안과 개인정보보호라는 공통된 목표를 가지고 있다. 이들의 역할은 기업의 정보자산을 보호하고 개인정보 관련 법규를 준수하는 데 필수적이다.

■ 정보보호 최고책임자와 개인정보보호책임자 비교

구분		CISO(정보보호 최고책임자)	CPO(개인정보보호책임자)
법적 근거		정보통신망 이용촉진 및 정보보호 등에 관한 법률 제45조의3	개인정보보호법 제31조
주요 업무		• 정보보호 계획의 수립·시행 및 개선 • 정보보호 실태와 관행의 정기적인 감사 및 개선 • 정보보호 위험의 식별 평가 및 대책 마련 • 정보보호 교육과 모의 훈련 계획의 수립 및 시행 • 정보통신망의 안정성·신뢰성 확보를 위한 종합적 관리계획 수립·시행	• 개인정보보호 계획의 수립 및 시행 • 개인정보 처리 실태 및 관행의 정기적인 조사 및 개선 • 개인정보 처리와 관련한 불만의 처리 및 피해 구제 • 개인정보 유출 및 오용·남용 방지를 위한 내부통제시스템 구축 • 개인정보보호 교육 계획의 수립 및 시행
지정대상	일반	정보통신서비스제공자	• 민간 기업 개인정보처리자 　– 사업주 또는 대표자, 임원(임원이 없는 경우 개인정보 처리업무 담당 부서장) 　– 임원, 개인정보보호와 관련하여 이용자의 고충처리 담당 부서장 • 공공기관 개인정보처리자 　– 공공기관 특성 및 규모에 따른 특정 직급 이상
	면제	• 자본금 1억 원 이하인 자 • 소기업 • 중기업으로서 전기통신사업자, 정보보호 관리체계 인증을 받아야 하는 자, 개인정보 처리방침을 공개해야 하는 개인정보처리자, 통신판매업자가 아닌 자	상시 종업원 5명 미만 시 정보통신서비스제공자는 CPO를 지정하지 않을 수 있으며 대표자가 CPO가 됨
	강화	• 겸직금지 대상 • 직전 사업연도 말 기준 자산총액이 5조 원 이상인 자 • 법 제47조제2항에 따라 정보보호 관리체계 인증을 받아야 하는 자 중 직전 사업연도 말 기준 자산 총액이 5천억 원 이상인 자	• 전문성 강화 대상 　– 공공기관, 지방공단, 특수법인, 각 급 학교(초·중등, 고등교육법) 　– 연간 매출액 등이 1,500억 원 이상인 자 중 5만 명 이상의 정보주체에 관하여 민감정보 또는 고유식별정보를 처리하는 자, 100만 명 이상의 정보주체에 관하여 개인정보를 처리하는 자 　– 재학생 수 2만 명 이상인 학교 「고등교육법」 　– 상급종합병원 　– 공공시스템운영기관

가. (ISMS-P) 1.1.2 최고책임자의 지정

항목	1.1.2 최고책임자의 지정
인증기준	최고경영자는 정보보호 업무를 총괄하는 정보보호 최고책임자와 개인정보보호 업무를 총괄하는 개인정보보호책임자를 예산·인력 등 자원을 할당할 수 있는 임원급으로 지정하여야 한다.
주요 확인 사항	1) 최고경영자는 **정보보호 및 개인정보보호 처리**에 관한 **업무를 총괄하여 책임**질 **최고책임자를 공식적으로 지정**하고 있는가? 2) 정보보호 최고책임자 및 개인정보보호책임자, 신용정보관리·보호인은 **예산, 인력 등 자원을 할당할 수 있는 임원급으로 지정**하고 있으며 관련 법령에 따른 **자격요건을 충족**하고 있는가?
결함사례	• 정보통신망법에 따른 정보보호 최고책임자 지정 및 신고 의무 대상자임에도 불구하고 정보보호 최고책임자를 지정 및 신고하지 않은 경우 • 개인정보보호와 관련된 실질적인 권한 및 지위를 보유하고 있지 않은 인원을 개인정보보호책임자로 지정하고 있어, 개인정보 처리에 관한 업무를 총괄해서 책임질 수 있다고 보기 어려운 경우 • 조직도상에 정보보호 최고책임자 및 개인정보보호책임자를 명시하고 있으나, 인사발령 등의 공식적인 지정절차를 거치지 않은 경우 • ISMS 인증 의무대상자이면서 전년도 말 기준 자산총액이 5천억 원을 초과한 정보통신서비스제공자이지만 정보보호 최고책임자가 CIO를 겸직하고 있는 경우

확인 사항	요구 사항	관련 사항
최고경영자는 CISO, CPO를 공식적 지정	최고경영자는 조직 내에서 정보보호 및 개인정보보호 관리 활동을 총괄하여 책임질 수 있는 정보보호 최고책임자 및 개인정보보호책임자를 인사발령 등의 절차를 통해 공식적으로 지정	정보보호 최고책임자 및 개인정보보호책임자, 신용정보관리·보호인은 **인사발령** 등을 통해 **공식적으로 임명**하여야 하며, **당연직**의 경우 정보보호 및 개인정보보호 **정책서**에 그 **직위를 명시**하여야 함 ▶ 1) 참조
임원급 지정 및 법령 자격요건 충족	CISO, CPO는 예산, 인력 등의 자원을 할당할 수 있는 임원급으로 지정하고, 법령에 따른 자격 요건을 충족해야 함	• CISO 및 CPO, 신용정보관리·보호인은 조직의 정보보호 및 개인정보보호 업무를 실질적으로 총괄할 수 있도록 관련 지식 및 소양이 있는 자로서 예산, 인력 등 자원을 할당할 수 있는 **임원급**으로 지정 • **정보보호 최고책임자(CISO), 신용정보관리보호인** 지정에 대한 **법적 요건** 준수 필요 ▶ 2), 3), 4) 참조 – 정보통신망법에 정하는 **기준(종업원수, 이용자수)**에 해당하는 정보통신서비스제공자는 **과기정통부 장관에게 신고**. 다만, 대통령령으로 정하는 기준에 해당하는 경우 신고 예외 – **자산, 매출액** 등 대통령령 정하는 **기준** 해당 정보통신 서비스 제공자의 경우 **CISO**는 CISO 업무 외의 다른 업무 **겸직 금지**

1) 정보보호 최고책임자, 개인정보보호책임자 업무

정보보호 최고책임자의 지정 등 (정보통신망법 제45조의3제4항)	정보보호 최고책임자 지정 (전자금융거래법 제21조의2제3항4항)	개인정보 보호책임자의 지정 (개인정보보호법 제31조)	신용정보 관리책임의 명확화 및 업무처리기록의 보존 (신용정보법 제20조)
1. 정보보호 최고책임자는 다음 각 목의 업무를 총괄한다. 　가. 정보보호 계획의 수립·시행 및 개선 　나. 정보보호 실태와 관행의 정기적인 감사 및 개선 　다. 정보보호 위험의 식별 평가 및 정보보호 대책 마련 　라. 정보보호 교육과 모의 훈련 계획의 수립 및 시행 2. 정보보호 최고책임자는 다음 각 목의 업무를 겸할 수 있다. 　가. 「정보보호산업의 진흥에 관한 법률」 제13조에 따른 정보보호 공시에 관한 업무 　나. 「정보통신기반 보호법」 제5조제5항에 따른 정보보호책임자의 업무 　다. 「전자금융거래법」 제21조의2제4항에 따른 정보보호 최고책임자의 업무 　라. 「개인정보보호법」 제31조제2항에 따른 개인정보보호책임자의 업무 　마. 그 밖에 이 법 또는 관계 법령에 따라 정보보호를 위하여 필요한 조치의 이행	【전자금융거래법 제21조의2제3항】 1. 정보보호 최고책임자는 제4항의 업무 외의 다른 정보기술부문 업무를 겸직할 수 없다. 【전자금융거래법 제21조의2제4항】 1. 정보보호 최고책임자는 다음 각 목의 업무를 수행한다. 　가. 제21조제2항에 따른 전자금융거래의 안정성 확보 및 이용자 보호를 위한 전략 및 계획의 수립 　나. 정보기술부문의 보호 　다. 정보기술부문의 보안에 필요한 인력관리 및 예산편성 　라. 전자금융거래의 사고 예방 및 조치 　마. 전자금융업무 및 그 기반이 되는 정보기술부문 보안을 위한 자체심의에 관한 사항 　바. 정보기술부문 보안에 관한 임직원 교육에 관한 사항	1. 개인정보보호 계획의 수립 및 시행 2. 개인정보 처리 실태 및 관행의 정기적인 조사 및 개선 3. 개인정보 처리와 관련한 불만의 처리 및 피해 구제 4. 개인정보 유출 및 오·남용 방지를 위한 내부통제시스템 구축 5. 개인정보보호 교육 계획의 수립 및 시행 6. 개인정보파일의 보호 및 관리·감독 7. 개인정보 처리방침의 수립·변경 및 시행 8. 개인정보보호 관련 자료의 관리 9. 처리 목적이 달성되거나 보유기간이 지난 개인정보의 파기	1. 개인신용정보의 경우 각 목의 업무를 수행한다. 　가. 「개인정보보호법」 제31조제3항제1호부터 제5호까지의 업무 　나. 임직원 및 전속 모집인 등의 신용정보보호 관련 법령 및 규정 준수 여부 점검 　다. 그 밖에 신용정보의 관리 및 보호를 위하여 대통령령으로 정하는 업무 2. 기업신용정보의 경우 다음 각 목의 업무를 수행한다. 　가. 신용정보의 수집·보유·제공·삭제 등 관리 및 보호 계획의 수립 및 시행 　나. 신용정보의 수집·보유·제공·삭제 등 관리 및 보호 계획 실태와 관행에 대한 정기적인 조사 및 개선 　다. 신용정보 열람 및 정정청구 등 신용정보주체의 권리행사 및 피해구제 　라. 신용정보 유출 등을 방지하기 위한 내부통제시스템의 구축 및 운영 　마. 임직원 및 전속 모집인 등에 대한 신용정보보호 교육계획의 수립 및 시행 　바. 임직원 및 전속 모집인 등의 신용정보보호 관련 법령 및 규정 준수 여부 점검 　사. 그 밖에 신용정보의 관리 및 보호를 위하여 대통령령으로 정하는 업무

2) 정보보호 최고책임자 지정요건

순번	정보통신서비스제공자	정보보호 최고책임자 지정 요건
1	• 자본금 1억 원 이하인 자 • 소기업 • 중기업으로서 전기통신사업자, 정보보호 관리체계 인증을 받아야 하는 자, 개인정보 처리방침을 공개해야 하는 개인정보처리자, 통신판매업자가 아닌 자	사업주 또는 대표자
2	• 직전 사업연도 말 기준 자산총액이 5조 원 이상인 자 • 법 제47조제2항에 따라 정보보호 관리체계 인증을 받아야 하는 자 중 직전 사업연도 말 기준 자산 총액이 5천억 원 이상인 자	이사(「상법」 제401조의2제1항제3호에 따른 자와 같은 법 제408조의2에 따른 집행임원을 포함) ※ 겸직 제한 요건 준수 필요
3	위의 1호, 2호에 해당하지 않는 자	• 사업주 또는 대표자 • 이사(「상법」 제401조의2제1항 제3호에 따른 자와 같은 법 제408조의2에 따른 집행임원을 포함) • 정보보호 관련 업무를 총괄하는 부서의 장

3) 정보보호 최고책임자 겸직 금지 대상(영 제36조의7제1항)

구분	내용	비고
정보보호 최고책임자 겸직금지 대상	• 직전 사업연도 말 기준 자산총액이 5조 원 이상이거나 정보보호 관리체계 인증 의무대상자 중 자산총액이 5천억 원 이상인 정보통신서비스제공자	자산총액은 개별 법인별로 산정

정보보호 최고책임자의 일반 자격요건	• 정보보호 최고책임자는 임원급으로서 다음 중 어느 하나의 자격요건을 갖추어야 함
	  – 정보보호 또는 정보기술 분야의 국내 또는 외국의 석사학위 이상 학위를 취득한 사람
	  – 정보보호 또는 정보기술 분야의 국내 또는 외국의 학사학위를 취득한 사람으로서 정보보호 또는 정보기술 분야의 업무를 3년 이상 수행한 경력이 있는 사람
	  – 정보보호 또는 정보기술 분야의 국내 또는 외국의 전문학사학위를 취득한 사람으로서 정보보호 또는 정보기술 분야의 업무를 5년 이상 수행한 경력이 있는 사람
	  – 정보보호 또는 정보기술 분야의 업무를 10년 이상 수행한 경력이 있는 사람
	  – 정보보호 관리체계 인증심사원의 자격을 취득한 사람
	  – 해당 정보통신서비스제공자의 소속인 정보보호 관련 업무를 담당하는 부서의 장으로 1년 이상 근무한 경력이 있는 사람	

정보보호 최고책임자의 특별 자격요건	• 겸직이 제한되는 정보보호 최고책임자는 일반 자격요건에 더하여 해당 정보통신서비스제공자에 상근하는 자로 다음 중 어느 하나에 해당하는 특별 자격요건을 갖추어야 함
	  – 정보보호 분야 업무 경력이 4년 이상
	  – 정보보호 분야 업무 경력과 정보기술 분야 업무 경력을 합산한 기간이 5년(5년 중 2년 이상은 정보보호 분야 업무경력 필요) 이상	

4) 개인정보보호책임자의 업무 및 지정요건

구분	개인정보보호책임자(CPO)	관련 근거
민간기업	• 사업주 또는 **대표자, 임원**(임원이 **없는 경우** 개인정보 처리업무 **담당 부서장**) • **임원**, 개인정보보호와 관련하여 이용자의 고충처리 **담당 부서장** ※ 상시 종업원 **5명 미만 시** 정보통신서비스제공자는 CPO를 지정하지 않을 수 있으며 **대표자**가 CPO가 됨	개인정보보호법 시행령 제32조(개인정보보호책임자의 업무 및 지정요건) 제3항제2호
공공기관	• **국회, 법원, 헌법재판소, 중앙선거관리위원회**의 행정사무를 처리하는 기관 및 중앙행정기관 : **고위공무원단**에 속하는 공무원 • **정무직**공무원을 장(長)으로 하는 국가기관 : **3급** 이상 공무원(고위공무원을 포함한다) 또는 그에 상당하는 공무원 • **고위공무원, 3급** 공무원을 장으로 하는 국가기관 : **4급** 이상 공무원 또는 그에 상당하는 공무원 • 기타 국가기관(소속기관 포함) : 해당기관의 개인정보 처리 업무 관련 업무 담당 부서장 • 시·도 및 시·도 **교육청** : **3급** 이상 공무원 또는 그에 상당하는 공무원 • **시·군 및 자치구** : **4급** 이상 공무원 또는 그에 상당하는 공무원 • 각 급 **학교** : 해당 학교 **행정사무를 총괄**하는 사람. 다만, 제4항제2호에 해당하는 경우에는 교직원을 말함 • 기타 공공기관 : 개인정보 처리 관련 업무를 담당하는 부서장. 다만, 개인정보 처리 관련 업무를 담당하는 부서의 장이 2명 이상인 경우에는 해당 공공기관의 장이 지명하는 부서의 장이 됨	개인정보보호법 시행령 제32조(개인정보보호책임자의 업무 및 지정요건) 제3항제1호

5) 개인정보보호법 시행령 별표1 (개인정보보호책임자의 자격)

구분	개인정보보호책임자의 자격(영 제32조제4항)
전문성 강화 자격요건 대상	1. 연간 **매출액 등이 1,500억 원** 이상인 자로서 다음 각 목의 어느 하나에 해당하는 자(제2조제5호에 따른 각 급 **학교** 및 「의료법」 제3조에 따른 **의료기관은 제외**한다) 　가. **5만 명** 이상의 정보주체에 관하여 **민감정보** 또는 **고유식별정보**를 처리하는 자 　나. **100만 명** 이상의 정보주체에 관하여 **개인정보**를 처리하는 자 2. 직전 연도 12월 31일 기준으로 **재학생 수**(대학원 재학생 수를 포함한다)가 **2만 명** 이상인 「고등교육법」 제2조에 따른 **학교** 3. 「의료법」 제3조의4에 따른 **상급종합병원** 4. **공공시스템운영기관**
자격요건 경력	1. 제32조제4항에 따라 개인정보보호책임자로 지정되는 사람은 **개인정보보호 경력, 정보보호 경력, 정보기술 경력을 합하여 총 4년 이상 보유**하고, 그중 **개인정보보호 경력을 최소 2년 이상 보유**해야 한다. 2. 제1호에서 "**개인정보보호 경력**"이란 공공기관, 기업체, 교육기관 및 연구기관 등에서 **개인정보보호 관련 정책 및 제도·개인정보 영향평가·개인정보보호 인증 심사** 등 개인정보보호 **업무**를 수행한 경력, 개인정보보호 관련 **컨설팅** 또는 **법률자문** 경력을 말한다. 3. 제1호에서 "**정보보호 경력**"이란 공공기관, 기업체, 교육기관 및 연구기관 등에서 **정보보호를 위한 공통 기반기술, 시스템·네트워크 보호, 응용서비스 보호, 계획·분석·설계·개발·운영·유지보수·컨설팅·감리 또는 연구개발** 등 정보보호 **업무**를 수행한 경력, 정보보호 관련 **컨설팅** 또는 **법률자문** 경력을 말한다. 4. 제1호에서 "**정보기술 경력**"이란 공공기관, 기업체, 교육기관 및 연구기관 등에서 정보통신서비스, 정보통신 기기, 소프트웨어 및 **컴퓨터 관련 서비스 분야의 계획·분석·설계·개발·운영·유지보수·컨설팅·감리 또는 연구개발** 등 정보기술 **업무**를 수행한 경력, 정보기술 관련 **컨설팅** 또는 **법률자문** 경력을 말한다.

6) 개인정보보호책임자 인정 경력

구분		학위	인정 기간
시행령 별표1	개인정보보호	개인정보보호 관련 박사	개인정보보호 경력 2년
		개인정보보호 관련 석사	개인정보보호 경력 1년
		개인정보보호 관련 학사	개인정보보호 경력 6개월
	정보보호	정보보호 관련 박사	정보보호 경력 2년
		정보보호 관련 석사	정보보호 경력 1년
		정보보호 관련 학사	정보보호 경력 6개월
	정보기술	정보기술 관련 박사	정보기술 경력 2년
		정보기술 관련 석사	정보기술 경력 1년
		정보기술 관련 학사	정보기술 경력 6개월
고시 별표1	개인정보보호	• 정보보호 및 개인정보보호 관리체계 인증 등에 고시 제14조에 따른 정보보호 및 개인정보보호 관리체계 인증심사원 • 개인정보 영향평가에 관한 고시 제5조제2항에 따른 개인정보 영향평가 전문인력 • 「변호사법」 제4조에 따른 변호사 자격 취득자	개인정보보호 1년
	정보보호, 정보보호 경력	정보관리기술사, 컴퓨터시스템응용기술사	정보보호, 정보기술 경력 1년
		정보보안기사, 정보처리기사	정보보호, 정보기술 경력 6개월

*각각의 자격을 보유한 경우에는 구분된 경력 내(개인정보보호, 정보보호/정보기술)에서는 하나의 자격만 인정하며, 구분된 경력별로 중복 인정은 가능함

7) 정보보호 관련 책임자의 독립성

	정보보호 최고책임자(CISO)	개인정보보호책임자(CPO)
법적 근거	정보통신망법 제45조의3 ③ 제1항 본문에 따라 지정 및 신고된 정보보호 최고책임자(자산총액, 매출액 등 대통령령으로 정하는 기준에 해당하는 정보통신서비스제공자의 경우로 한정한다)는 제4항의 업무 외의 다른 업무를 겸직할 수 없다.	개인정보보호법 제31조 ⑥ 개인정보처리자는 개인정보보호책임자가 제3항 각 호의 업무를 수행함에 있어서 정당한 이유 없이 불이익을 주거나 받게 하여서는 아니 되며, 개인정보보호책임자가 업무를 독립적으로 수행할 수 있도록 보장하여야 한다.
독립적 지위	CISO는 다른 부서의 지휘·감독을 받지 않고, 독자적인 임원급의 권한과 책임을 행사	CPO는 대표자 또는 이사회에 직접 보고할 수 있는 체계를 갖추어야 하며, 이를 통해 업무 수행의 독립성을 유지하고 의사결정 과정에서 영향력을 행사할 수 있음
권한과 책임	CISO는 정보보호 관련 업무에 대한 최종 결정권 및 책임, 정보보호 업무 관련 예산·인사에 대한 직접적 권한 보유	CPO는 개인정보 처리와 관련된 모든 정보에 접근할 수 있어야 하며, 업무 수행 시 어떠한 부당한 지시도 받지 않아야 함. 또한, 개인정보 처리자의 부당한 지시에 불응하거나 반대 의견을 제시하더라도 인사상 불이익을 받지 않도록 법적으로 보호됨
자원 제공	업무를 수행하는 데 필요한 조직체계와 인적·물적 자원을 제공받아야 하며, 이를 통해 독립적이고 효과적인 개인정보보호 활동을 수행할 수 있음	

2.2 CISO, CPO의 의사결정 (예산, 조직) 체계 수립

CISO와 CPO의 의사결정 체계 수립은 최고경영층의 주도적 참여와 책임 하에 정보보호 조직, 인력, 예산을 확보하고, 경영목표와 연계된 정보보호 전략을 수립하며, 임원 간 소통 체계를 구축하여 전사적 정보보호 거버넌스를 실현하는 과정이다.

업무	세부 내역
1. 최고경영층 주도 체계 구축	• CEO를 비롯한 최고경영층이 보안 위험을 책임지고 주도하는 체계 구축과 전사적인 커뮤니케이션 시행 • 임원급 (전담) 정보보호책임자 선임과 위상 부여
2. 최고경영층 및 타 임원 소통 체계 구축	• 주요 임원이 정보보안 정책 등 정보보호 관련 의사결정, 전략 및 정책 공유, 전사적인 추진과 협업할 수 있는 체계 구축 • 임원회의, 정보보호 경영위원회에서 정보보호 의제 처리와 소통
3. 정보보호 조직·인력·예산 확보	• 정보보호 조직의 구축과 위상 확보 • 적절한 규모의 보안 인력 및 보안전문가 확보 • 정보보호 예산 확보
4. 정보보호 계획의 수립과 추진	• 회사 경영목표와 연계된 정보보호 전략 및 사업계획 수립. 전사 관련 조직의 정보보호 활동이 각 조직의 사업계획에 포함되도록 협업 • 회사 경영목표 달성에 잠재한 정보보안 위험의 최소화
5. 정보보호 경영 지원	• CEO의 정보보호 어젠더 지원 • CISO의 정보보호 어젠더 수립과 추진 • 타 임원의 정보보호 업무 및 활동 지원

2.2.1 거버넌스 영역의 정보보호 업무

가. (ISMS-P) 1.1.1 경영진의 참여

항목	1.1.1 경영진의 참여
인증기준	최고경영자는 정보보호 및 개인정보보호 관리체계의 수립과 운영활동 전반에 경영진의 참여가 이루어질 수 있도록 보고 및 의사결정 체계를 수립하여 운영하여야 한다.
주요 확인 사항	1) 정보보호 및 개인정보보호 관리체계의 수립 및 운영활동 전반에 **경영진의 참여**가 이루어질 수 있도록 **보고 및 의사결정** 등의 **책임과 역할을 문서화**하고 있는가? 2) 경영진이 정보보호 및 개인정보보호 활동에 관한 의사결정에 적극적으로 참여할 수 있는 **보고, 검토 및 승인 절차를 수립·이행**하고 있는가?
결함사례	• 정보보호 및 개인정보보호 정책서에 분기별로 정보보호 및 개인정보보호 현황을 경영진에게 보고하도록 명시하였으나, 장기간 관련 보고를 수행하지 않은 경우 • 중요 정보보호 활동(위험평가, 위험수용수준 결정, 정보보호대책 및 이행계획 검토, 정보보호 대책 이행결과 검토, 보안감사 등)을 수행하면서 관련 활동관련 보고, 승인 등 의사결정에 경영진 또는 경영진의 권한을 위임받은 자가 참여하지 않았거나 관련 증적이 확인되지 않은 경우

확인 사항	요구 사항	관련 사항
경영진 참여 위한 책임 및 역할 문서화	정보보호 및 개인정보보호 관리체계의 수립 및 운영활동 전반에 경영진의 참여가 이루어질 수 있도록 보고 및 의사결정 등의 책임과 역할을 문서화하여야 함	정보보호, 개인정보보호 정책의 제·개정, 위험관리, 내부감사 등 관리체계 운영의 중요 사안에 대하여 **경영진이 참여**할 수 있도록 활동의 근거를 **정보보호 및 개인정보보호 정책** 또는 **시행문서**에 명시
경영진 참여 위한 의사소통 절차 수립·이행	경영진이 정보보호 및 개인정보보호 활동에 관한 의사결정에 적극적으로 참여할 수 있는 보고, 검토 및 승인 절차를 수립·이행하여야 함	• 정보보호 및 개인정보보호 관리체계 내 **경영진이 참여**하는 중요한 활동을 정의하고 그에 따른 **보고 체계** 마련 　– 정기·비정기 보고, 위원회 참여 등 • 경영진이 효과적으로 관리체계 수립·운영에 참여할 수 있도록 조직의 규모 및 특성에 맞게 보고 및 의사결정 절차, 대상, 주기 등 결정 • 수립된 내부절차에 따라 정보보호 및 개인정보보호 관리체계 내 주요 사항에 대하여 **경영진이 보고를 받고 의사결정에 참여**

2.2.2 정보보호 조직 및 정보보호 거버넌스

정보보호 업무는 정보보호 조직과 비(非)정보보호 조직이 협업하여 수행하는 전사 업무이다. 또한 정보보호 조직에서 전사적인 업무를 주도해 나가기 위해서 정보보호 인력에게 소통과 협업 역량이 필요하다는 점에 유의할 필요가 있다. 정보보호 위험은 기업 차원의 위험으로, 이를 관리하는 정보보호 업무 역시 최고경영층이 관심을 갖고 전사적으로 지휘, 통제해 나가야 하는 업무임에 틀림없다.

■ 정보보호 업무와 정보보호 조직

구분	(개인)정보보호 조직	비(非)(개인)정보보호 조직
(개인)정보보호 업무	(개인)정보보호 관리체계, 보안기술, 보안이슈 대응	외주 보안, 입·퇴사자 보안, IT인프라 운영 보안
비(개인)정보보호 업무	인사, 총무	영업, 마케팅, 개발, IT운영, 인사, 총무

■ 정보보호 거버넌스(ISO 27014)

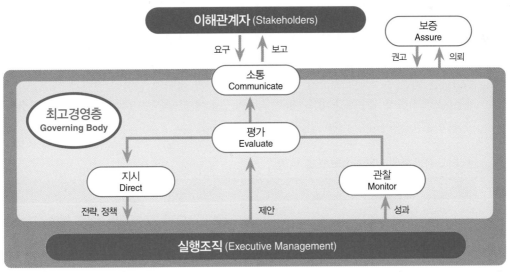

(출처 : ISO 27014)

순번	정보보호 거버넌스 프로세스
1	(개인)정보보호 조직과 비(非)정보보호 조직을 포함하여 실행 조직에서 정보보호 관련된 정책, 사업, 조직 등에 관하여 제안(보고)한다.
2	최고경영층은 실행조직의 보고 내용을 검토, 평가한다.
3	최고경영층은 보고 내용을 시행할 필요가 있다고 판단되면, 이에 관한 전략, 정책을 실행조직에 지시한다.
4	최고경영층은 실행조직이 수행한 결과를 관찰하여 평가한다.
5	최고경영층은 보안 과제 또는 그것을 수행한 결과를 이해관계자와 소통한다.
6	최고경영층은 보안 활동이 잘되고 있는지 객관적이고 전문적인 기관에 검토를 의뢰하고, 그 결과를 받아 검토한다.
7	실행조직은 최고경영층과의 소통과 보안업무를 수행하는 다른 조직의 협업을 통해 업무를 수행한다.

2.2.3 정보보호 조직 구성

최고경영층은 조직과 인력, 예산에서 최종 의사결정자이다. 정보보호와 관련해서도 마찬가지다. 특히 경영진의 일원으로서 전사 보안 위험을 관리할 임원급 CISO의 임명과 적절한 권한을 부여하는 일은 무엇보다도 중요하다. 기업은 직위와 직책에 부여된 권한과 책임을 행사하는 계층 구조의 조직이기 때문이다. CISO조직의 업무에 걸맞은 조직과 인력을 구성해 주는 일 또한 최고경영층이 해야 할 중요한 정보보호 업무이다.

■ 최고경영층의 (개인)정보보호 역할

최고경영층의 (개인)정보보호 역할	주요 활동
(개인)정보보호 조직 구성과 권한 부여	• (임원급) CISO, CPO 임명과 권한 부여 • (개인)정보보호 조직 구성 및 인력 지원
(개인)정보보호 사업계획 및 투자 승인, 지원	• 회사와 사업의 보안위험 완화 • 경영목표와 연관된 보안위험 이해
전사 조직들과의 소통과 협업 지원	• (개인)정보보호 조직과 라인조직의 협업 지원 • 주기적인 전사 보안위험 커뮤니케이션

■ 조직의 구성, 운영 방향

조직 구성	운영 방향
법무조직 산하	• 개인정보보호 Compliance 초점 • 해외 국가 법률적 전문지식 필요
CTO 산하	• 개인정보의 기술적 보호와 유·노출 예방 • 네트워크 보안, 데이터베이스 관리, 접근통제, 암호화
2개 이상 기능조직의 가상조직(CISO 위시)	정책과 기술의 조화를 원하는 기업

■ (개인)정보보호 조직의 역할

역할	설명
CISO 또는 CSO를 보좌하여 개인정보보호 합리적 보장	CEO의 의지를 CISO, CSO를 통해 확인하고, 실무부서에 전파, 통제하는 중간자 역할
개인정보보호 관련 법 규제 준수 담보	• 개인정보보호법, 정보통신망 이용 촉진 및 정보보호 등에 관한 법률 등 준수 • PIA(개인정보 영향평가). HIPPA, The Sarbanes-Oxley Act(SOA) 준수
개인정보보호 인식 향상	개인정보보호 인식 향상 교육, 워크숍, 포스터, 뉴스레터, Table Top Exercise(경영진 대상)
기타 개인정보보호 정책 수립 대외 활동	• 개인정보보호 세미나 참석, 관련 기관 동향 분석 • 통신비밀보호업무 관련 형사소송법, 통신비밀보호법, 전기통신사업법 등 숙지 및 관련 수사기관 등 요청 응대 • ISO27001, ISMS-P 등 국내외 인증 취득

가. (ISMS-P) 1.1.4 범위 설정

항목	1.1.4 범위 설정
인증기준	조직의 핵심 서비스와 개인정보 처리 현황 등을 고려하여 관리체계 범위를 설정하고, 관련된 서비스를 비롯하여 개인정보 처리 업무와 조직, 자산, 물리적 위치 등을 문서화하여야 한다.
주요 확인 사항	1) 조직의 핵심 서비스 및 개인정보 처리에 영향을 줄 수 있는 **핵심자산을 포함**하도록 **관리체계 범위를 설정**하고 있는가? 2) 정의된 범위 내에서 **예외사항**이 있을 경우 **명확한 사유 및 관련자 협의·책임자 승인 등 관련 근거를 기록·관리**하고 있는가? 3) 정보보호 및 개인정보보호 관리체계 **범위를 명확히 확인할 수 있도록 관련된 내용**(주요 서비스 및 업무 현황, 정보시스템 목록, 문서목록 등)이 포함된 **문서를 작성하여 관리**하고 있는가?
결함사례	• 정보시스템 및 개인정보처리시스템 개발업무에 관련한 개발 및 시험 시스템, 외주업체직원, PC, 테스트용 단말기 등이 관리체계 범위에서 누락된 경우 • 정보보호 및 개인정보보호 관리체계 범위로 설정된 서비스 또는 사업에 대하여 중요 의사결정자 역할을 수행하고 있는 임직원, 사업부서 등의 핵심 조직(인력)을 인증범위에 포함하지 않은 경우 • 정보시스템 및 개인정보처리시스템 개발업무에 관련한 개발 및 시험 시스템, 개발자 PC, 테스트용 단말기, 개발조직 등이 관리체계 범위에서 누락된 경우

확인 사항	요구 사항	관련 사항
핵심 서비스, 자산을 포함하도록 ISMS-P 범위 설정	조직의 핵심 서비스 및 개인정보 처리에 영향을 줄 수 있는 핵심 자산을 포함하도록 관리체계 범위를 설정하여야 함	• 관리체계 범위에는 사업(서비스)과 관련된 **임직원, 정보시스템, 정보, 시설** 등 유·무형의 핵심 자산을 누락 없이 포함 • 특히 **ISMS 의무대상자**의 경우 법적 요구사항에 따른 정보통신서비스 및 관련 **정보자산**은 **의무적으로 포함**되도록 범위 설정
범위 내 예외사항은 사유 및 책임자 승인 등 관련 근거 기록·관리	정의된 범위 내에서 예외사항이 있을 경우 명확한 사유 및 관련자 협의·책임자 승인 등 관련 근거를 기록·관리하여야 함	• 정보보호 관리체계와 개인정보보호 관리체계가 상이할 경우 인증범위 내의 정보자산 목록(개인정보, 시스템, 네트워크 등)을 **ISMS 및 ISMS-P** 관점에서 **명확하게 식별**하여 정의 • 인증 범위에서 **제외되는 서비스**, 정보시스템 등에 대해서는 내부 협의 및 **책임자 승인**을 거친 후 그 **사유 및 근거**에 대해 기록하여 관리

확인 사항	요구 사항	관련 사항
ISMS-P 범위 확인을 위해 문서화 관리	정보보호 및 개인정보보호 관리체계 범위를 명확히 확인할 수 있도록 관련된 내용(주요 서비스 및 업무 현황, 정보시스템 목록, 문서 목록 등)이 포함된 문서를 작성하여 관리하여야 함	• 주요 **서비스 및 업무 현황**(개인정보 처리 업무 현황 포함) • 서비스 제공과 관련된 **조직 현황**(조직도 등) • **정보보호 및 개인정보보호 조직 현황** • **주요 설비 목록** • **정보시스템 목록 및 네트워크 구성도** • 정보자산, 개인정보 관련 **자산식별 기준 및 자산현황** • **정보보호 및 개인정보보호 시스템 목록** • **서비스(시스템) 구성도 및 개인정보(수집, 이용, 제공, 저장, 관리, 파기) 처리 흐름** • **문서 목록**(⑩ 정책, 지침, 매뉴얼, 운영명세서 등) • **정보보호 및 개인정보보호 관리체계 수립 방법 및 절차, 관련 법적 준거성 검토, 내부감사** • 고객센터, IDC, IT 개발 및 운영 등 **외주(위탁)업체 현황 등**

 ## 2.3 정보보호 계획, 위험관리, 보호대책 수립

2.3.1 위험관리

위험관리(Risk Management)란 조직의 자산에 대한 위험을 감수할 수 있는 수준으로 유지하기 위하여 자산에 대한 위험을 분석하고 이러한 위험으로부터 자산을 보호하기 위한 비용 대비 효과적인 보호대책을 마련하는 일련의 과정을 말한다. 위험관리 과정은 첫째, 전략과 계획을 수립하고 둘째, 위험을 구성하는 요소들을 분석하고 셋째, 이러한 분석에 기초하여 위험을 평가하여 넷째, 필요한 정보보호대책을 선정하고 다섯째, 이들을 구현할 계획을 수립하는 5가지 세부 과정으로 이루어진다.

■ 위험관리 단계별 활동

단계	내용	세부 활동
1. 위험관리 전략 및 계획 수립	위험관리를 위한 전략과 계획, 우선순위 결정	• 정보보호 관리체계 범위 설정 • 정보보호 조직도 작성 • 위험관리 범위 설정
2. 위험분석	자산의 가치 평가 및 위협, 취약성 분석	• 자산 식별 및 평가 • 위협 식별 • 취약점 식별 • 위험 = f(자산, 위협, 취약성)

단계	내용	세부 활동
3. 위험평가	분석된 위험의 범위와 영향 평가	• 위험평가 수행 • 위험 인벤토리 검토 • 위험 = [발생가능성] × [손실의 정도]
4. 정보보호대책 선정	위험 완화를 위한 대응책 식별 및 선택	• 물리적, 기술적, 관리적 대책 수립 • 비용 대비 효과 분석 • 법률, 규정, 정책 요구사항 고려
5. 구현 계획 수립	선정된 정보보호대책의 실행 계획 작성	• 구현 우선순위 설정 • 일정 및 자원 할당 • 모니터링 및 검토 계획 수립

2.3.2 정보보호 계획 수립

높은 수준의 위험을 수용할 수 있는 수준으로 감소시킬 수 있는 대책이 마련된 후에는 유사한 대책들을 효과적으로 구현할 수 있는 프로젝트들로 통합한 후 이들에 대한 우선순위를 설정하고 이에 따라 일정계획을 수립하여야 한다. 유사한 대책들은 즉시 교정 가능한 취약점 제거, 정책 및 절차 수립, 분야별 정보보호 시스템 도입 및 관련 교육 수행, 모니터링 및 감사 관련 사항 등으로 통합, 분류될 수 있다. 유사 대책들을 모아 프로젝트로 구성한 후 각 프로젝트의 우선순위를 결정한다. 프로젝트별 우선순위를 설정하기 위해서는 위험의 규모에 따른 시급성, 대책 구현 시의 효과, 대책들 간의 논리적인 의존관계, 구현의 용이성 등을 고려하여야 한다.

■ 정보보호 계획 수립 시 고려사항

항목	주요 내용	고려사항
즉시 교정 가능한 취약점 제거	• 시스템 구성 설정 변경 • 파일 권한 변경 • 취약한 패스워드 변경	• 책임자, 완료 시한, 변경 확인 절차 필요 • 변경에 따른 영향 파악 • 운영담당자 참여 및 테스트 일정 고려
정책 및 절차 수립	• 정책 우선 수립 후 절차 마련 • 관련자들의 이해와 동의 획득 • 장기 프로젝트로 수행 가능	• 각 단계별 관련자 동의 필요 • 정책개발 가이드 참조 • 사업 연속성 계획 등 장기 프로젝트 고려
정보보호 시스템 도입 및 관련 교육	• 정책과 절차 준수 • 시스템 요구사항에 정책 반영 • 관련자 교육 포함	• 절차 변경 시 운영 효율성과 통제 균형 고려 • 네트워크, 서버, PC 등 분류하여 프로젝트 설정 • 기술적/관리적 대책 조화
모니터링 및 감사	• 정책, 절차, 책임 설정 • 모니터링/감사 시스템 도입 • 감사 체크리스트 작성	• 책임자 지정으로 연속성 유지 • 시스템 도입 시 감사 요구사항 반영 • 특정 상황에 대한 상세 로깅 고려

2.3.3 ISMS-P 인증 기준에 기초한 위험관리 방안

일반적인 조직에서 정보보호관리체계 인증심사 기준을 빠르고 쉽게 적용할 수 있다. 단, 위험도가 '매우 높음'으로 평가되는 경우 추가적인 상세 위험분석이 필요하다. 또한 본 방안을 조직 상황에 맞게 적절히 변경하여 사용하는 것도 가능하다.

■ 기본 위험분석 방안

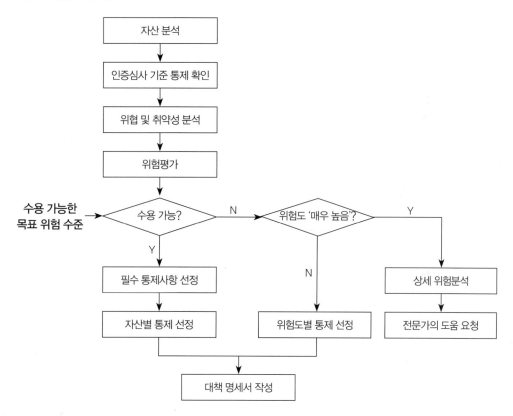

단계	주요 내용	세부 사항
1. 자산 평가	• 자산 조사 • 자산 가치 평가	• 조직의 모든 정보자산 식별 • 각 자산의 중요도 및 가치 평가
2. 위험분석	• 기존 대책 확인 • 우려사항 평가 • 법적/계약적 요구사항 확인	• 정보보호관리체계 인증심사 기준에 따른 대책 존재 여부 확인 • 위협과 취약성을 통합한 '우려사항' 평가 • 관련 법규 및 계약 요구사항 검토
3. 위험평가 및 대책 선정	• 위험평가 • 목표 위험 수준 비교 • 대책 선정 및 계획 수립	• 분석된 위험의 수준 평가 • 수용 가능한 목표 위험 수준과 비교 • 정보보호 관리체계 인증심사 기준에 따른 대책 선정 • 선정된 대책 구현을 위한 정보보호 계획 작성

2.3.4 구현 계획 수립

프로젝트별로 예산, 구현 일정, 프로젝트의 세부 내용, 해당 프로젝트 수행에 관한 책임 등이 포함된 정보보호 계획을 수립한다. 정보보호 계획 수립 과정에서는 실제 프로젝트를 수행하고 이에 영향을 받게 될 부서들의 책임자 및 실무자가 반드시 참여하여야 한다. 이들이 인력 및 자금 지원, 책임의 수용, 구현 일정의 타당성 및 실행 가능성 등을 검토하거나 피드백을 제공하여야만 실제 구현 가능한 계획이 작성될 수 있다. 즉, 관련 부서의 관리자가 포함된 정보보호위원회에서 검토되는 것이 좋다. 이렇게 작성된 계획은 최고경영진이나 정보보호책임자 등 인력 및 비용을 승인할 수 있는 지위에 있는 최종 의사 결정권자가 명시적으로 승인하여야 한다.

■ 프로젝트 설명 양식 예

프로젝트 명							우선순위	
프로젝트 목적								
소요 자원	예산			원	인력			인
전체 일정	시작		년	월	일		개월	
	완료		년	월	일			
책임자	부서				관련 부서			
	이름							

세부 업무 및 일정	세부업무명	M	M+1	M+2	M+3

목표 효과 (비구현대비 비용)		
타 프로젝트와의 관계/제약요소		
이관 및 운영 계획		
예상 문제점 및 해결 방안		

2.3.5 정보보호 대책 명세서 작성

대책을 선택한 후에는 모든 통제사항에 대해 선택한 내용과 선택하지 않은 이유를 명시한 정보보호 대책 명세서를 작성한다. 이것은 통제의 전반적인 정보보호 대책 현황을 파악하는 데 필요하고 장기적으로는 타 조직과의 협정 등에 사용될 수 있다. 정보보호 대책 명세서에는 선정된 정보보호 대책의 명세, 구현 확인 근거, 선정되지 않은 정보보호 대책 목록, 선정되지 않은 근거와 같은 사항이 포함되어야 한다.

▣ 정보보호 대책 명세서

항목	상세 내용	운영 여부 **1**	인증구분 **2**	운영현황 (또는 미선택 사유) **3**	관련문서(정책, 지침 등 세부조항번호까지) **4**	기록 (증적자료) **5**
인증 기준 번호	인증 기준 내용	Y/N	ISMS&ISMS-P	ISMS와 ISMS-P 모두 동일하게, 운영하는 경우의 운영현황 작성		
			ISMS	ISMS에만 적용되어 운영하는 경우의 운영현황 작성		
			ISMS-P	ISMS-P에만 적용되어 운영하는 경우의 운영현황 작성		

(출처 : ISMS-P 인증신청 양식, KISA)

1 운영여부
- 관리체계 수립 및 운영 : 모든 항목 필수
- 보호 대책 요구사항 : 운영 여부에 따른 Y/N/NA 선택
- 개인정보 처리단계별 요구사항 : ISMS-P 인증심사만 선택

2 인증구분
- ISMS, ISMS-P, ISMS & ISMS-P 인증의 구분자 표시

3 운영현황(또는 미선택 사유)
- 인증기준에 대한 구축 및 실제 운영내용을 요약하여 작성하되 구축의 특성 및 정당성을 파악할 수 있도록 인증기준보다 상세히 작성
- 운영하지 않는 경우 위험관리(위험평가 및 처리)의 결과 및 분석에 따른 미선택의 사유를 반드시 작성

4 관련문서(정책 또는 매뉴얼)
- 인증기준을 만족하는 내용이 포함되어 있는 기관의 문서(정책, 규정, 지침, 절차, 매뉴얼 등)의 제목을 작성하되 문서 내 부분에 해당할 경우 장, 절, 조 등을 상세하게 표시

5 기록(증적자료)
- 인증기준에 따른 운영기록(증적자료)의 제목(파일명) 및 번호를 작성
- 통제사항에 관련된 위험분석결과, 계획, 취약점 분석 관련 자료도 기록하여 운영명세서를 통해 관련 내용을 확인할 수 있도록 함
- 관련 증적이 시스템으로 관리되는 경우 해당 시스템 위치, 시스템명 및 관련 메뉴를 작성

2.3.6 정보보호 관리체계 활동계획서 예시

통제항목	정보보호 활동	주관 부서	협조 부서	운영 주기
위험관리	위험분석·평가 실시			연 1회
정보보호 대책 구현	위험관리 계획 수립 및 이행			연 1회
사후관리	개인정보보호 법적 준거성 검토			연 1회
	보안감사 실시			연 1회
정보보호 정책	정보보호 정책·지침 검토 및 제·개정			연 1회
정보보호 조직	정보보호 활동 및 보안 연간 계획 수립			연 1회
	정보보호위원회(또는 실무협의회) 운영			연 1회
	정보보호 실무 협의회 운영			분기 1회
외부자 보안	개인정보 업무 위탁에 관한 계약 체결			계약 시
	보안서약서 징구 및 갱신			계약 시
	정보자산 반출입 관리대장 작성 및 관리			계약 시/종료 시
	비밀유지서약서 징구			PJT인력 철수 시
	개인정보 위탁업체(수탁자) 점검			연 1회
정보자산 분류	정보자산목록 작성 및 갱신			정보자산 도입 시
	정보자산 중요도 평가			정보자산 도입 시
	정보자산 등록 및 보안성 검토			정보자산 도입 시
정보보호 교육	임직원 정보보호 교육 실시 및 평가			연 1회
	협력업체 정보보호 교육 실시 및 평가			PJT인력 투입 시
	정보보호 담당자 전문 교육 계획 수립 및 실시			연 1회
	시큐어 코딩 및 보안성 심의 절차 소개 교육			월 1회
	개인정보보호 취급자 전문 교육 계획 수립 및 실시			분기 1회

1월	2월	3월	4월	5월	6월	7월	8월	9월	10월	11월	12월	산출물 및 근거자료	비고
				■								위험분석·평가 보고서, 정보자산별 위험평가 결과	정기
				■								위험관리계획서	정기
												개인정보보호 법적 준거성 검토 결과보고서	수시
					■							보안감사 결과보고서	정기
						■					■	정보보호정책·지침 및 신구조견표	정기
■												정보보호 관리체계 운영현황표, 활동계획서, 교육계획서	신규
											■	정보보호위원회(또는 실무협의회) 보고자료 및 회의록	정기
		■									■	정보보호 실무 협의회 발표자료	정기
■	■	■	■	■	■	■	■	■	■	■	■	개인정보처리에 관한 특약서	수시
■	■	■	■	■	■	■	■	■	■	■	■	정보보호서약서, 개인정보보호서약서, 프로젝트 관리자 서약서	수시
■	■	■	■	■	■	■	■	■	■	■	■	정보자산 반출입 관리대장	수시
■	■	■	■	■	■	■	■	■	■	■	■	비밀유지서약서	수시
										■		개인정보 위탁업체(수탁자) 점검 결과보고서	정기
■	■	■	■	■	■	■	■	■	■	■	■	정보자산목록	수시
■	■	■	■	■	■	■	■	■	■	■	■	정보자산목록	수시
■	■	■	■	■	■	■	■	■	■	■	■	정보자산목록, 보안성 검토 결과서	수시
												연간 정보보호 교육 계획서, 교육자료, 출석부, 설문지	정기
	■											정보보호 교육자료, 출석부, 설문지	수시
												연간 정보보호 교육 계획서, 교육자료, 정보보호 교육 참석보고서	신규
■	■	■	■	■	■	■	■	■	■	■	■	–	정기
	■											개인정보보호 교육자료, 출석부, 설문지	정기

3 정보보호 관리체계(생명주기) 수립

🔐 3.1 조직의 정보보호 정책 및 관련 시행 규정 수립

3.1.1 정보보호 정책 및 관련 시행 규정 수립 개요

조직은 모든 정보보호 활동의 근거가 되는 최상위 수준의 정보보호 정책을 수립해야 하며, 이 정책에는 경영진의 의지, 조직의 정보보호 목적, 범위, 책임 등이 포함되어야 한다. 정책의 시행을 위해 세부적인 지침, 절차, 매뉴얼 등을 추가로 작성해야 하며, 이들은 수행주체, 방법, 절차 등을 구체적으로 명시해야 한다. 정보보호 정책과 관련 시행 문서는 경영진의 승인을 받고, 임직원들이 쉽게 이해하고 접근할 수 있는 형태로 제공되어야 한다.

■ 정책/지침 수립 및 검토의 효과

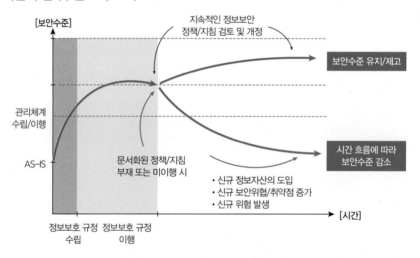

■ 정책, 지침, 절차

문서 유형	주요 내용	특징
정책 (Policy)	• 정보보호에 대한 상위 수준의 목표 및 방향 제시 • 조직의 경영목표 반영 • 정보보호 관련 상위 정책과 일관성 유지	• 고위경영진이 생성한 High Level Statement • 간단하지만 강력한 시행을 요구하는 의무사항 • 연간 주기로 검토 및 변화 반영
지침 (Guidelines)	• 정보보호 정책에 따른 특정 시스템 또는 분야별 세부 정보 설명 • 정보보호 활동에 필요하거나 도움이 되는 내용 제공	• 선택 가능하거나 권고적인 내용 • 융통성 있게 적용 가능 • 반드시 지켜야 하는 것은 아님

문서 유형	주요 내용	특징
절차 (Procedures)	• 정책을 만족하기 위해 수행해야 하는 사항을 단계적으로 설명 • 정보보호 활동의 구체적 적용을 위한 세부적인 방법 기술	• 순서에 따라 단계적으로 설명 • 구체적이고 세부적인 방법 제시 • 실제 수행 과정에 대한 상세 안내

3.1.2 정책/지침 수립 및 검토 시 고려사항

정보보호 규정 작성 시에는 상위 조직의 규정과 법적 요건을 반영하고, 중복을 피하며, 수행주체와 방법·주기를 명확히 해야 한다. 또한 승인권자를 지정하고 명확한 표현을 사용하며, 조직의 현재 보안 활동을 문서화하고 지속적으로 개선해야 한다. 마지막으로, 정보보호 감사 결과와 타사 보안사고 사례를 검토하여 필요시 규정을 개정하고, 임직원의 인식을 제고하는 것이 중요하다.

▣ 정책/지침 수립 및 검토 시 고려사항

고려사항	주요 내용	세부 설명
1. 법적 요건 반영	상위조직 규정 및 법적 요구사항 준수	• 지주사, 모회사 정책 반영 • 개인정보보호 관련 법률 및 행정규칙 반영 • 제·개정되는 법률 지속 모니터링
2. 규정 중복 방지	동일 내용의 중복 규정 금지	• 특정 지침에 규정 후 다른 지침에서 준용 • 개정 시 일관성 유지 용이
3. 명확한 책임과 주기 명시	수행주체, 방법, 주기 명확화	• 책임 추적성 확보 • 정보보호 활동의 지속성 보장 • 주기(반기/분기/월간/주간/일) 명확히 정의
4. 승인권자 지정	규정별 적절한 승인권자 지정	• 정책서/정책: 경영진 • 지침: 정보보호 최고책임자 • 매뉴얼/기준/가이드: 실무부서 팀장
5. 명확한 표현 사용	모호하지 않은 명확한 언어 사용	• '~~하여야 한다' 형식 사용 • 단서 조항 최소화 • 해석의 여지 최소화
6. 현행 보안활동 문서화	조직의 현재 상황에 맞는 규정 수립	• 타사 사례보다 현재 수행 중인 활동 반영 • 조직 문화와 업무 절차 고려 • 점진적인 보안 수준 향상 도모
7. 지속적인 개선	감사 결과 및 사고 사례 반영	• 정기적인 규정 검토 및 개정 • 임직원 교육을 통한 인식 제고 • 타사 사고 사례 분석 및 반영

3.1.3 정책/지침 구성 예시

일반적으로 정보보호 규정은 정책서 하위에 정보보호 정책, 개인정보보호 정책이 있고, 그 하위에 관련 지침을 수립할 수 있다.

▣ 정책/지침 구성 예시

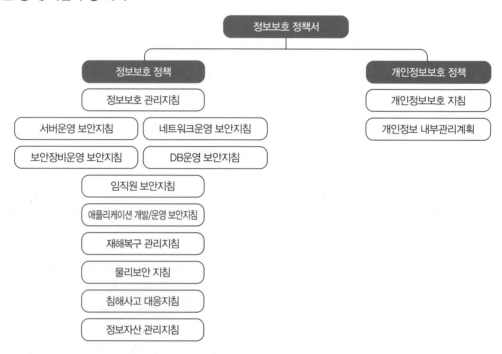

▣ 정책/지침 구성 예시

구분	주요 내용	세부 규정 사항
1. 정보보호 정책서	최고 경영진이 임직원에게 정보보호에 대한 원칙과 방향성을 제시하는 문서	• 정보보호의 필요성 및 중요성 • 정책의 적용 대상 • 정보자산 보호 • 정보보안 속성 유지 • 법규 준수 • 임직원의 보안 의식 • 주기적 위험관리 • 경영진의 지원 • 조직 구성 및 운영 • 임직원의 참여
2. 정보보호 관리지침	정보보호 관리체계의 수립과 운영에 필요한 규정	• 정보보호 조직 • 정보보호 교육 • 정보보호 감사 및 문서화 • 내부 임직원 보안절차 (채용 전/근무 중/퇴사 시) • 외부 계약 및 외부인 보안관리

구분	주요 내용	세부 규정 사항
3. 서버운영 보안지침	서버 관리에 필요한 보안 규정	• 도입/설치 시 사전 보안성 검토 • 보안취약점 점검 • 계정 및 패스워드 정책 • 접근권한 검토 • 로그 설정 및 분석 • 접근통제 • 백업 및 복구 • 자산 폐기
4. 네트워크운영 보안지침	네트워크 장비 관리에 필요한 보안 규정	• 도입/설치 시 사전 보안성 검토 • 보안취약점 점검 • 계정 및 패스워드 정책 • 접근권한 검토 • 로그 설정 및 분석 • 접근통제(ACL 정책) • 불필요한 서비스/포트 제거 • 백업 및 복구 • 자산 폐기
5. 보안장비 운영 보안지침	정보보호 시스템 운영에 필요한 보안 규정	• 도입/설치 시 보안성 검토 • Rule set 설정 및 관리 • 계정 및 패스워드 설정 절차 • 접근권한 검토 • 로그 설정 및 분석 • 불필요한 서비스 제거 • 백업 및 복구 • 자산 폐기 • Firewall/IPS/DDoS/SSL VPN/IPSec VPN 및 단말보안솔루션 운영 규정
6. DB운영 보안지침	DBMS 운영에 필요한 보안 규정	• 도입/설치 시 보안성 검토 • 계정 및 패스워드 설정 • 암호화 • 접근권한 검토 • 로그 설정 및 분석 • 백업 및 복구 • 자산 폐기
7. 임직원 보안지침	임직원의 정보보안 관련 규정	• 계정 및 패스워드 • PC 지급 및 사용 • 인터넷 및 이메일 사용 • 모바일기기 사용 • 소프트웨어 사용 시 보안절차

구분	주요 내용	세부 규정 사항
8. 애플리케이션 개발/ 운영 보안지침	애플리케이션 개발 및 운영 관련 보안 규정	• 개발/운영의 분리 • 보안 요구사항 분석 • 정보보안 요건 정의 • 계정/패스워드/인증/로그/접근권한 설계 • 안전한 프로그래밍 • 외주개발 보안 • 형상관리 및 운영 이관 • 소스 점검 및 취약점 점검 • 변경 및 긴급변경 절차
9. 재해복구 관리지침	재해 발생 시 복구 관련 규정	• 재해복구 조직 구성 • 업무 중요도 및 영향분석 • 업무 중요도에 따른 분류 • RTO/RPO 평가 • 재해복구계획 수립 • 재해복구계획 훈련 • 사후관리
10. 물리보안 지침	물리적 보안 관련 규정	• 보안구역 지정 • 통제구역에서 작업 • 케이블 및 전원선 보호 • 출입통제 • 자산 반출입 통제 • 사무실 보안 • 영상정보처리기기 운영
11. 침해사고 대응지침	침해사고 발생 시 대응 관련 규정	• 침해사고 대응조직 구성 및 책임/역할 • 침해사고 심각도 정의 • 침해사고 징후 분석 • 침해사고 접수 • 침해사고의 대외기관 신고 • 침해사고 조사 • 침해사고 대응 • 침해사고 복구 • 사후관리
12. 정보자산 관리지침	정보자산 관리 관련 규정	• 자산 관리절차 • 자산 식별 및 분류 • 자산 중요도 평가 • 자산의 도입 및 변경 • 유휴 장비의 관리 • 자산의 폐기 • 자산 등급별 보호대책
13. 개인정보보호 지침	개인정보보호 관련 법규 준수를 위한 내부 규정	• 정보통신망법 및 개인정보보호법 준수 절차 • 내부 업무절차 반영 • 정보보호 시스템 구현 방법 • 일반기업 관련 내용 중심 반영

가. (ISMS-P) 1.1.5 정책 수립

항목	1.1.5 정책 수립
인증기준	정보보호와 개인정보보호 정책 및 시행문서를 수립·작성하며, 이때 조직의 정보보호와 개인정보보호 방침 및 방향을 명확하게 제시하여야 한다. 또한 정책과 시행문서는 경영진 승인을 받고, 임직원 및 관련자에게 이해하기 쉬운 형태로 전달하여야 한다.
주요 확인 사항	1) 조직이 수행하는 모든 정보보호 및 개인정보보호 활동의 근거를 포함하는 **최상위 수준의 정보보호 및 개인정보보호 정책**을 수립하고 있는가? 2) 정보보호 및 개인정보보호 정책의 시행을 위하여 필요한 **세부적인 방법, 절차, 주기 등을 규정한 지침, 절차, 매뉴얼 등을 수립**하고 있는가? 3) 정보보호 및 개인정보보호 정책·시행문서의 **제·개정 시 최고경영자 또는 최고경영자로부터 권한을 위임받은 자의 승인**을 받고 있는가? 4) 정보보호 및 개인정보보호 정책·시행문서의 **최신본을 관련 임직원에게 접근하기 쉬운 형태로 제공**하고 있는가?
결함사례	• 내부 규정에 따르면 정보보호 및 개인정보보호 정책서 제·개정 시에는 정보보호 및 개인정보보호위원회의 의결을 거치도록 하고 있으나, 최근 정책서 개정 시 위원회에 안건으로 상정하지 않고 정보보호 최고책임자 및 개인정보보호책임자의 승인을 근거로만 개정한 경우 • 정보보호 및 개인정보보호 정책 및 지침서가 최근에 개정되었으나, 해당 사항이 관련 부서 및 임직원에게 공유·전달되지 않아 일부 부서에서는 구버전의 지침서를 기준으로 업무를 수행하고 있는 경우 • 정보보호 및 개인정보보호 정책 및 지침서를 보안부서에서만 관리하고 있고, 임직원이 열람할 수 있도록 게시판, 문서 등의 방법으로 제공하지 않는 경우

확인 사항	요구 사항	관련 사항
정보보호 정책수립 시 포함사항	정보보호 및 개인정보보호 활동의 근거를 포함하는 최상위 수준의 정보보호 및 개인정보보호 정책을 다음의 내용을 포함하여 수립하여야 함	• 정보보호에 대한 CEO 등 **경영진의 의지 및 방향** • 정보보호를 위한 **역할과 책임 및 대상과 범위** • 관리적, 기술적, 물리적 **정보보호 및 개인정보보호 활동의 근거**
정보보호 사항을 시행하기 위한 하위 실행 문서 수립	정책 시행을 위하여 세부 방법, 절차, 주기, 수행주체 등을 규정하는 지침, 절차, 매뉴얼, 가이드 등의 하위 실행 문서를 수립하여야 함	• 하위 실행 문서는 조직이 수행하는 모든 정보보호 활동의 근거를 구체적으로 제시할 수 있어야 하며, **보호 대상** 관점 또는 **수행주체 관점** 등 다양한 관점에서 조직 특성에 맞게 수립 ▶ 1) 참조 • 정책 및 시행문서는 조직이 제공하고 있는 서비스, 사업 등에 관련된 개인정보보호 관련 **법적 요구사항**(법률, 시행령, 시행규칙, 하위 고시, 가이드 등)을 반영 ▶ 2) 참조 • 개인정보를 처리하는 경우 개인정보보호법 및 정보통신망법에 따른 **내부관리계획**을 관련 법규에서 **요구하는 사항**을 모두 포함하여 수립 ▶ 3) 참조

확인 사항	요구 사항	관련 사항
정책·시행문서 제·개정 시 최고경영자 승인	정보보호 및 개인정보보호 정책·시행문서 제·개정 시 최고경영자 또는 최고경영자로부터 권한을 위임받은 자의 승인을 받아야 함	• 정책서와 시행문서를 제·개정하는 경우 **이해관계자**와 해당 내용을 충분한 **협의·검토** • 정책 및 시행문서 변경으로 인한 **업무, 서비스 영향도, 법적 준거성** 등을 고려 • 검토가 완료된 정책서 및 시행문서를 **경영진에게 보고**하고 승인
정책·시행문서의 제·개정 시 최신본을 임직원에게 제공	정보보보 및 개인정보보호 정책·시행문서의 제·개정 시 최신본을 관련 임직원에게 이해하기 쉬운 형태로 제공하여야 함	• 임직원 및 외부자가 용이하게 참고할 수 있는 형태(**전자게시판, 책자, 교육자료, 매뉴얼** 등)로 제공 • 정책서 및 시행문서는 제·개정사항이 발생되면 즉시 공표하고, **최신본 유지**

1) 하위 실행 문서(예시)

보호대상 관점	수행주체 관점
• 서버 보안 지침 • 네트워크 보안 지침 • 데이터베이스 보안 지침 • 애플리케이션 보안 지침 • 웹서비스 보안 지침	• 임직원 보안 지침 • 개발자 보안 지침 • 운영자 보안 지침 등

2) 정보보호 및 개인정보보호 관련 법률(예시)

• 정보통신망 이용촉진 및 정보보호 등에 관한 법률
• 개인정보보호법
• 신용정보의 이용 및 보호에 관한 법률
• 위치정보의 보호 및 이용 등에 관한 법률
• 전자금융거래법
• 전자상거래 등에서의 소비자보호에 대한 법률
• 저작권법
• 정보통신기반보호법
• 전자서명법
• 산업기술의 유출방지 및 영업비밀보호에 관한 법률
• 부정경쟁방지 및 영업비밀보호에 관한 법률 등

3) 내부관리계획에 포함되어야 하는 사항(개인정보의 안전성 확보조치 기준)

1. 개인정보보호 조직의 구성 및 운영에 관한 사항
2. 개인정보보호책임자의 자격요건 및 지정에 관한 사항
3. 개인정보보호책임자와 개인정보취급자의 역할 및 책임에 관한 사항
4. 개인정보취급자에 대한 관리·감독 및 교육에 관한 사항
5. 접근 권한의 관리에 관한 사항
6. 접근 통제에 관한 사항
7. 개인정보의 암호화 조치에 관한 사항
8. 접속기록 보관 및 점검에 관한 사항
9. 악성프로그램 등 방지에 관한 사항
10. 개인정보의 유출, 도난 방지 등을 위한 취약점 점검에 관한 사항
11. 물리적 안전조치에 관한 사항
12. 개인정보 유출사고 대응 계획 수립·시행에 관한 사항
13. 위험분석 및 관리에 관한 사항
14. 개인정보 처리업무를 위탁하는 경우 수탁자에 대한 관리 및 감독에 관한 사항
15. 개인정보 내부 관리계획의 수립, 변경 및 승인에 관한 사항
16. 그 밖에 개인정보보호를 위하여 필요한 사항
※ 다만, 1만 명 미만의 정보주체에 관하여 개인정보를 처리하는 소상공인·개인·단체의 경우에는 생략 가능

4) 내부관리계획에 포함되어야 하는 사항[신용정보 관리기준(※신용정보업감독규정 별표4의2)]

1. 신용정보처리기준	4. 신용정보주체의 권리보장
2. 신용정보관리·보호인	5. 신용정보활용체제의 공시
3. 신용정보의 누설 발생 시 조치	6. 신용정보업무(신용조사업무 제외)

나. (ISMS-P) 2.1.1 정책의 유지관리

항목	2.1.1 정책의 유지관리
인증기준	정보보호 및 개인정보보호 관련 정책과 시행문서는 법령 및 규제, 상위 조직 및 관련 기관 정책과의 연계성, 조직의 대내외 환경변화 등에 따라 주기적으로 검토하여 필요한 경우 제·개정하고 그 내역을 이력관리하여야 한다.
주요 확인 사항	1) 정보보호 및 개인정보보호 관련 **정책 및 시행문서**에 대한 **정기적인 타당성 검토** 절차를 수립·이행하고 있는가?
	2) 조직의 대내외 **환경에 중대한 변화 발생 시** 정보보호 및 개인정보보호 관련 **정책 및 시행문서에 미치는 영향을 검토**하고 필요시 제·개정하고 있는가?
	3) 정보보호 및 개인정보보호 관련 정책 및 시행문서의 제·개정 시 **이해 관계자의 검토**를 받고 있는가?
	4) 정보보호 및 개인정보보호 관련 정책 및 시행문서의 제·개정 내역에 대하여 **이력 관리**를 하고 있는가?

항목	2.1.1 정책의 유지관리
결함사례	• 지침서와 절차서 간 패스워드 설정 규칙에 일관성이 없는 경우 • 정보보호 활동(정보보호 교육, 암호화, 백업 등)의 대상, 주기, 수준, 방법 등이 관련 내부 규정, 지침, 절차에 서로 다르게 명시되어 일관성이 없는 경우 • 데이터베이스에 대한 접근 및 작업이력을 효과적으로 기록 및 관리하기 위하여 데이터 베이스 접근통제 솔루션을 신규로 도입하여 운영하고 있으나, 보안시스템 보안 관리지침 및 데이터베이스 보안 관리지침 등 내부 보안지침에 접근통제, 작업이력, 로깅, 검토 등에 관한 사항이 반영되어 있지 않은 경우 • 개인정보보호 정책이 개정되었으나 정책 시행 기준일이 명시되어 있지 않으며, 관련 정책의 작성일, 작성자 및 승인자 등이 누락되어 있는 경우 • 개인정보보호 관련 법규, 고시 등에 중대한 변경사항이 발생하였으나, 이러한 변경이 개인정보보호 정책 및 시행문서에 미치는 영향을 검토하지 않았거나 변경사항을 반영하여 개정하지 않은 경우

확인 사항	요구 사항	관련 사항
(개인)정보보호 정책 및 시행문서의 타당성 검토 절차 수립 및 필요시 정책 제·개정	정보보호 및 개인정보보호 관련 정책 및 시행문서(지침, 절차, 가이드 문서 등)에 대하여 정기적인 타당성 검토 절차를 수립·이행하고 필요 시 관련 정책 및 시행문서를 제·개정하여야 함	• 정보보호 및 개인정보보호 관련 **정책과 시행문서의 정기 타당성 검토 절차** 수립 • 정기 타당성 검토 절차에 포함되어야 할 사항(예시) – 검토 주기 및 시기(연 1회 이상), 관련 조직별 역할 및 책임, 담당 부서 및 담당자, 검토 방법, 후속조치 절차(정책 및 시행문서 제·개정이 필요한 경우 관련 절차, 내부 협의 및 보고 절차 등)

법규, 조직의 정책 연계성, 조직 환경 변화 등을 반영할 수 있도록 타당성 검토 수행	법령 및 규제, 상위 조직 및 관련 기관의 정책과의 연계성, 조직의 대내외 환경변화 등을 반영할 수 있도록 타당성 검토 수행	• 상위조직 및 관련 기관의 (개인)정보보호 정책의 연계성, 조직의 대내외 환경변화 등을 반영할 수 있도록 타당성 검토 수행
		  – **상위 조직 및 관련 기관의 (개인)정보보호 정책과의 연계성 등을 분석하여 상호 부합되지 않은 요소 존재 여부, 정책 간 상하체계**가 적절한 지 여부 검토
		  – (개인)정보보호 활동의 주기, 수준, 방법 등 문서 간의 일관성 유지 여부 검토
		• (개인)정보보호 관련 **법규 제·개정사항**(예정사항 포함) 발생 여부 및 이러한 사항이 **정책과 시행문서에 적절히 반영**되었는지 여부 검토
		• **위험평가 및 관리체계 점검 결과 반영**
		• 새로운 위협 및 취약점 발견, 비즈니스 환경의 변화, 신기술의 도입 등 IT환경 변화, (개인)정보보호 환경의 변화 반영

확인 사항	요구 사항	관련 사항
중대한 변화 발생 시 검토하고 필요시 정책 제·개정	조직의 대내외 환경에 중대한 변화 발생 시 (개인)정보보호 관련 정책 및 시행문서에 미치는 영향을 검토하고 필요시 제·개정하여야 함	• (개인)정보보호 관련 **법규 제·개정** • 비즈니스 환경변화(**신규 사업 영역 진출, 대규모 조직 개편**) • (개인)정보보호 및 IT 환경의 중대한 변화(**신규 보안시스템 또는 IT시스템 도입** 등) • 내외부의 중대한 **보안사고** 발생 • 새로운 위협 또는 **취약점의 발견** 등
제·개정 시 이해관계자와 협의·검토	(개인)정보보호 관련 정책 및 시행문서를 제·개정하는 경우 이해관계자와 해당 내용을 충분히 협의·검토하여야 함	• CISO 및 CPO, (개인)정보보호 관련 조직, IT부서, 중요정보 및 개인정보 처리부서, 중요정보취급자 및 개인정보취급자 등 **이해관계자 식별 및 협의** • (개인)정보보호 관련 정책 및 시행문서 변경으로 인한 **업무 영향도, 법적 준거성** 등을 고려 • 회의록 등 검토 사항에 대한 증적을 남기고 정책, 지침 등에 관련사항 반영
변경사항 이력관리	(개인)정보보호 관련 정책 및 시행문서의 변경사항(제정, 개정, 배포, 폐기 등)에 관한 이력을 기록·관리하기 위하여 문서관리 절차 마련·이행	• 문서 내에 **문서버전, 일자, 개정 사유, 작성자, 승인자** 등 **개정이력**을 기록하여 관리 • 관련 임직원들이 항상 최신본을 참조할 수 있도록 배포 및 관리

3.1.4 임직원 정보보호 교육

정보보호 교육은 개인정보보호법에 따라 개인정보를 처리하는 모든 근로자를 대상으로 실시되는 법정 의무교육으로, 개인정보의 정의, 처리 원칙, 안전한 처리 방법, 유출 대응 절차, 관련 법령 등을 다룬다. 온라인, 오프라인, 혼합형 등 다양한 교육 방법을 통해 개인정보 유출 및 보안 사고를 예방하고, 기업의 정보보호 역량을 강화하는 것을 목적으로 한다. 교육을 미이행할 경우 최대 3,000만 원의 과태료가 부과될 수 있으며, 개인정보보호의 중요성을 인식시키고 실무 처리 능력을 향상시키는 데 중점을 둔다.

■ 정보보호 교육 개요

구분	내용	세부 사항
목적	• 개인정보 유출 및 보안 사고 예방 • 관련 법령 준수 • 조직의 정보보호 역량 강화	• 개인정보보호법에 따른 법적 의무 이행 • 기업의 신뢰성과 보안 수준 유지 • 근로자의 정보보호 인식 제고
대상	• 개인정보를 처리하는 모든 근로자 • 주요 부서별 직원	• 인사팀, 회계팀 : 직접적인 개인정보 처리 • 마케팅팀 : 고객 정보 처리 • IT팀 : 시스템 보안 관리 • 고객서비스팀 : 고객 개인정보 접근

구분	내용	세부 사항
주요 내용	• 개인정보의 정의와 종류 • 개인정보 처리 원칙 • 안전한 개인정보 처리 방법 • 개인정보 유출 대응 절차 • 관련 법령	• 일반/민감/고유식별 정보의 구분 • 수집 최소화, 목적 제한 등의 원칙 • 암호화, 접근 권한 관리 등 기술적 조치 • 유출 시 신고 및 통지 절차 • 개인정보보호법, 정보통신망법 등
교육 방법	• 온라인 교육 • 오프라인 교육 • 혼합형 교육	• 온라인 : 시간/장소 제약 없음, 영상 강의 활용 • 오프라인 : 직접 강의, 질의응답 가능 • 혼합형 : 온라인 이론+오프라인 실습
법적 의무	• 정기적인 교육 실시 필요 • 미 이수 시 과태료 부과	• 최소 연 1회 이상 교육 실시 • 미 이수 시 최대 3,000만 원의 과태료
교육 효과	• 개인정보 유출 사고 예방 • 기업 이미지 개선 • 법적 문제 예방	• 근로자의 보안 의식 향상 • 고객과의 신뢰 관계 구축 • 개인정보 관련 법규 준수

가. (ISMS-P) 2.2.4 인식 제고 및 교육훈련

항목	2.2.4 인식 제고 및 교육훈련
인증기준	임직원 및 관련 외부자가 조직의 관리체계와 정책을 이해하고 직무별 전문성을 확보할 수 있도록 연간 인식 제고 활동 및 교육훈련 계획을 수립·운영하고, 그 결과에 따른 효과성을 평가하여 다음 계획에 반영하여야 한다.
주요 확인 사항	1) **정보보호 및 개인정보보호 교육**의 시기, 기간, 대상, 내용, 방법 등의 내용이 포함된 **연간 교육 계획을 수립하고 경영진의 승인**을 받고 있는가? 2) 관리체계 범위 내 모든 임직원과 외부자를 대상으로 **연간 교육계획에 따라 연 1회 이상 정기적으로 교육을 수행**하고, **관련 법규 및 규정의 중대한 변경 시 이에 대한 추가교육을 수행**하고 있는가? 3) **임직원 채용 및 외부자 신규 계약** 시, 업무 시작 전에 **정보보호 및 개인정보보호 교육을 시행**하고 있는가? 4) **IT 및 정보보호, 개인정보보호 조직 내 임직원**은 정보보호 및 개인정보보호와 관련하여 **직무별 전문성 제고를 위한 별도의 교육**을 받고 있는가? 5) **교육시행에 대한 기록**을 남기고 **교육 효과와 적정성을 평가**하여 다음 교육 계획에 반영하고 있는가?

항목	2.2.4 인식 제고 및 교육훈련
결함사례	• 전년도에는 연간 정보보호 및 개인정보보호 교육 계획을 수립하여 이행하였으나, 당해 연도에 타당한 사유 없이 연간 정보보호 및 개인정보보호 교육 계획을 수립하지 않은 경우 • 연간 정보보호 및 개인정보보호 교육 계획에 교육 주기와 대상은 명시하고 있으나, 시행 일정, 내용 및 방법 등의 내용이 포함되어 있지 않은 경우 • 연간 정보보호 및 개인정보보호 교육 계획에 전 직원을 대상으로 하는 개인정보보호 인식 교육은 일정시간 계획되어 있으나, 개인정보보호책임자 및 개인정보담당자 등 직무별로 필요한 개인정보보호 관련 교육 계획이 포함되어 있지 않은 경우 • 정보보호 및 개인정보보호 교육 계획서 및 결과 보고서를 확인한 결과, 인증범위 내의 정보자산 및 설비에 접근하는 외주용역업체 직원(전산실 출입 청소원, 경비원, 외주 개발자 등)을 교육 대상에서 누락한 경우 • 당해 연도 정보보호 및 개인정보보호 교육을 실시하였으나, 교육시행 및 평가에 관한 기록(교육 자료, 출석부, 평가 설문지, 결과보고서 등) 일부를 남기지 않고 있는 경우 • 정보보호 및 개인정보보호 교육 미 이수자를 파악하지 않고 있거나, 해당 미 이수자에 대한 추가교육 방법(전달교육, 추가교육, 온라인교육 등)을 수립·이행하고 있지 않은 경우

확인 사항	요구 사항	관련 사항
연간 (개인)정보보호 교육계획 수립 후 경영진 승인	연간 정보보호 및 개인정보보호 교육계획은 교육의 시기, 기간, 대상, 내용, 방법 등의 내용을 구체적으로 포함하여 수립하고 경영진의 승인을 받아야 함	• **교육 유형** : 임직원 인식 제고 교육, 주요 직무자, 개인정보취급자 교육, 수탁자 교육, 전문 교육 등 • **교육 방법** : 교육 목적, 교육 대상, 교육 일정, 교육 시간, 교육 내용, 온라인 및 집합교육 등 • **교육 승인** : 교육 계획을 검토, 승인하여 계획에 따라 이행될 수 있도록 예산 배정 지원 등
모든 임직원, 외부자를 연 1회 이상 정기적 교육	모든 임직원과 외부자를 포함하여 연 1회 이상 교육을 수행하고, 관련 법규 및 규정의 중대한 변경 시 이에 대한 추가교육을 수행하여야 함	• 정보자산에 직간접적으로 접근하는 **임직원, 임시직원, 외주용역업체** 등 모든 인력 포함 • **수탁자** 및 파견된 직원의 경우 해당 업체가 교육을 수행할 수 있도록 **관련 자료를 제공**하고 시행 여부 **관리 감독** • 최소 연 1회 이상 교육(**개인정보취급자**의 경우 법규에 따라 **연 1회 이상 개인정보보호 교육 시행**) • 교육 내용에는 임직원 및 관련 외부자가 조직의 관리체계와 정책을 이해하고 이를 준수할 수 있도록 필요한 내용을 모두 포함하여야 함 ▶ 1) 참조 • 출장, 휴가, 업무로 교육에 참석하지 못한 인력에 대한 교육 방법을 마련하여 시행(불참자 대상 **추가교육, 전달 교육, 온라인 교육** 등)

확인 사항	요구 사항	관련 사항
채용, 계약 시 업무 시작 전 교육 시행	임직원 채용 및 외부자 신규 계약 시, 업무 시 업무 시작 전에 정보보호 및 개인정보보호 교육을 시행하여야 함	**신규 인력 발생 시점 또는 업무 수행 전**에 정보보호 및 개인정보보호 **교육을 시행**하여 조직 정책, 주의해야 할 사항, 규정 위반 시 법적 책임 등에 대한 내용 숙지
주요 직무자에 직무별 전문성 제고를 위한 별도 교육 시행	IT 및 정보보호, 개인정보보호 조직 내 임직원이 정보보호 및 개인정보보호와 관련하여 직무별 전문성 제고를 위한 별도의 교육을 받을 수 있도록 하여야 함	• 관련 직무자 　– **IT직무자, CISO, CPO, 개인정보취급자, 정보보호 직무자** 등 • 교육 과정 　– 정보보호 및 개인정보보호 컨퍼런스, 세미나, 워크숍, 교육 전문기관 위탁 교육, 외부 전문가 초빙을 통한 내부교육 및 세미나 등
교육 시행 기록 보존 및 교육 효과와 적정성 평가하여 다음 교육 계획에 반영	교육 시행에 대한 기록을 남기고 교육 효과와 적정성을 평가하여 다음 교육 계획에 반영하여야 함	• 교육 시행 후 **교육 공지, 교육 자료, 출석부 등 기록**을 남기고, 미리 마련된 **평가 기준에 따라** 설문 또는 테스트를 통해 **적절성과 효과성 평가** • 교육 결과 내용에서 도출된 **개선점**에 대한 대책을 마련하고 **차기 교육 계획 수립 시 반영**

1) 정보보호 및 개인정보보호 관련 교육에 포함될 내용(예시)

• 정보보호 및 개인정보보호의 기본 개요, 관리체계 구축 및 방법, 관련 법률
• 정보보호 및 개인정보보호 관련 내부규정, 관리적·기술적·물리적 조치사항
• 중요정보 및 개인정보 침해(유출)사고 사례 및 대응방안, 규정 위반 시 법적 책임 등

🔐 3.2 정보보호 조직(CISO, CPO, 위원회, 보안팀) 구성

3.2.1 정보보호 거버넌스 상 조직

정보보호 거버넌스의 책임이 이사회에 있다는 말의 의미는 정보보호 거버넌스와 관련한 최종적인 책임이 이사회에 있다는 의미이며, 이사회만 정보보호 거버넌스의 이행에 요구되는 임무를 수행할 책임이 있다는 뜻이 아니다. 즉, 이사회뿐만 아니라 CISO와 정보보호 조직의 구성원들 역시 정보보호 거버넌스 구조를 구현하고 집행하는 데에 일정 부분의 역할들을 분담한다. 따라서 CISO를 위시한 정보보호 조직의 구성원들이 정보보호 거버넌스의 각 요소를 정확하게 이해하는 것이 매우 중요하다.

■ 정보보호 거버넌스에서 각 참여자들의 역할 및 책임 예시

역할	책임	요건
이사회 (Board of Directors)	• 정보보호 전략 승인 • 의사 결정 사항 승인 • 주주 등 stakeholder 소통	• 기업 경영 전반 이해 • 통찰적 시각
정보보호 최고책임자 (CISO)	• 정보보호 전략 수립 • 전략적 의사 결정 • 이사회 보고	• 실무 이해 • 전략적 판단 능력 • 중·대단위 조직 관리 능력
정보보호관리자 (Security Managers)	• 정보보호 전략의 집행 • 전술적 의사 결정 • 집행 상황의 관리·감독	• 실무 지식 및 경험 • 전술적 판단 능력 • 소규모 조직 관리 능력
정보보호실무자 (Security Staffs)	• 실무 이행 • 실무적 개선점 제안	실무 지식

3.2.2 정보보호 조직의 기능 및 역할

정보보호 조직은 일반적으로 정보보호 관리기획팀, 정보보호 운영팀, 침해사고 대응팀으로 구성된다. 관리기획팀은 정책 개발, 위험관리, 보안 아키텍처 설계 등 관리적 보안을 담당하고, 운영팀은 보안 장비 및 솔루션 운영, 보안 관제, 교육 등을 수행한다. 침해사고 대응팀은 사고 대응 계획 수립, 보안감사, 취약점 점검 등을 담당하며, 이러한 기능들이 유기적으로 작동하여 조직의 전반적인 정보보호 활동을 수행한다.

■ 정보보호 조직의 기능별 구조(1안)

조직 구분	주요 기능	세부 역할
정보보호 관리기획팀	• 정책 개발 • 위험관리 • 보안 아키텍처 설계	• 정보보호 정책 및 지침 수립 • 위험평가 및 대책 수립 • 보안 아키텍처 설계 및 검토
정보보호 운영팀	• 보안 장비 및 솔루션 운영 • 보안 관제 • 보안 교육	• 방화벽, IPS 등 보안 시스템 운영 • 24/7 보안 모니터링 및 대응 • 임직원 대상 보안 인식 교육 실시
침해사고 대응팀	• 사고 대응 계획 수립 • 보안감사 • 취약점 점검	• 침해사고 대응 절차 수립 및 훈련 • 정기적인 보안감사 수행 • 시스템 및 네트워크 취약점 분석

■ 정보보호 조직의 기능별 구조(2안)

조직 구분	주요 기능	세부 역할
정책 및 전략	• 정보보호 정책 수립 • 전략 기획	• 정보보호 정책 및 지침 개발 • 중장기 정보보호 전략 수립 • 정보보호 예산 계획 수립
보안 운영	• 일상적인 보안 업무 수행 • 보안 시스템 관리	• 접근 통제 관리 • 로그 모니터링 및 분석 • 보안 시스템 운영 및 유지보수
보안감사 및 대응	• 보안 취약점 점검 • 침해사고 대응	• 정기적인 보안감사 수행 • 취약점 분석 및 개선 • 침해사고 탐지 및 대응

■ 정보보호 조직의 기능별 구조(세분화)

조직 구분	주요 기능	세부 역할
정책 및 거버넌스	• 정보보호 정책 수립 • 규정 준수 관리	• 정보보호 정책 및 지침 개발 • 법규 및 규제 준수 모니터링 • 정보보호 거버넌스 체계 구축
위험관리	• 위험평가 • 위험처리	• 정보자산 식별 및 분류 • 위험분석 및 평가 수행 • 위험처리 계획 수립 및 이행
보안 운영	• 보안 시스템 관리 • 모니터링 및 대응	• 방화벽, IPS 등 보안 시스템 운영 • 로그 모니터링 및 분석 • 보안 이벤트 대응
보안 통제	• ID 관리 • 권한 관리	• 사용자 계정 생성 및 관리 • 접근 권한 부여 및 검토 • ID 세분화 정책 수립 및 적용
보안감사	• 내부 감사 • 취약점 점검	• 정기적인 보안감사 수행 • 시스템 및 네트워크 취약점 점검 • 개선 사항 도출 및 이행 관리
보안 교육	• 인식 제고 • 전문성 강화	• 임직원 대상 보안 인식 교육 실시 • 보안 담당자 전문 교육 프로그램 운영 • 보안 문화 확산 활동

3.2.3 정보보호 관련 부서 직무체계 예시

정보보호 조직은 최고책임자부터 일반사용자까지 다양한 계층으로 구성되며, 각 역할에 따른 명확한 책임과 권한이 부여된다. 정보보호위원회와 전담조직은 전사적 정보보호 정책 수립 및 실행을 담당하고, 팀별 정보보호담당자는 해당 부서의 정보보호 활동을 조율한다. 모든 구성원은 각자의 위치에서 정보보호 정책을 준수하고, 보안 사고 예방 및 대응에 참여하며, 회사의 정보자산을 보호하는 역할을 수행한다.

■ 정보보호 관련 부서 직무체계 예시

구분	정보보호 주요 역할
정보보호위원장 (기업최고책임자)	• 회사 정보보호 총괄 및 책임 • 회사 정보보호에 관한 주요사항을 최고경영자 및 임원회의에 보고
정보보호위원회 (Security Forum)	• 회사 정보보호 활동 계획 및 예산 편성 검토 • 정보보호 정책/지침/절차 등 규정의 검토 및 승인 • 회사 주요 정보보호 이슈에 대한 대책 결정 • 중대 정보보호 사고에 대한 검토 및 협의 • 정보보호 관리체계에 대한 개선 기회의 평가 및 변경에 대한 필요성 평가 실시 등을 통한 경영 검토 실시
정보보호 전담조직의 장 (Security Officer)	• 회사의 정보보호 실무 총괄 및 회사 정보보호 전담조직 관리 • 정보보호위원회 회의 소집, 안건 상정 및 활동기록 유지 • 회사 사업방향에 기초한 정보보호 계획 수립 및 수행 • 정보보호 관련 회사 소요 예산 편성/집행 • 유관기관의 정보보호 관련 법, 규정 검토 준수 총괄 • 정보보호 인식 제고를 위한 교육 계획의 수립 및 실시 총괄 • 보안 취약성 점검 계획 수립 및 주관
정보보호전담조직 (Information Security Team)	• 정보보호 지침, 절차의 제정/개정/폐기 주관 • 정보보호 사고 예방 및 대응 지원 • 시스템 도입 또는 개발 시 보안성 승인 시행 • 임직원에 대한 정보보호 교육 및 인식 제고 프로그램 주관 • 보안솔루션 운영 • 보안관제 시스템 운영 • 주기적인 보안 취약성 점검 • 회사 자산에 대한 위험평가 수행
팀별 정보보호 담당자 (Security Coordinator)	• 회사 정보보호 전담조직과 협업 체계를 통해 팀 내 정보보호 활동 수행 및 홍보 • 팀 내 자산 목록 관리 • 팀 내 보안사고 발생 시 회사 정보보호 전담조직과 협력하여 이를 처리 • 정보보호에 대한 팀 내 의견 수렴 및 전달 • 새로운 시스템 또는 서비스에 대한 정보보호 기능 구현 시 팀 내 적정성 평가 및 지원
팀별 품질관리자	• 정보보호 지침, 절차의 개정/폐기 관리 • 사업계획서 관리(정보보호 관련 사항)

구분	정보보호 주요 역할
각 팀장/파트장	• 팀 내 정보보호 활동의 감독 및 책임 • 정보보호 규정에 대한 팀 내 준수 여부 확인
시스템운영자	• 정보보호 정책/지침/절차 등의 규정에 준하여 시스템, 네트워크의 관리 및 운영 • 고객사 및 사용자들에게 원활한 시스템 및 네트워크 서비스의 제공 • 하드웨어, 소프트웨어 설치 및 관리
일반사용자	• 회사 정보보호 정책/지침/절차 등의 규정 준수 • 자신에게 부여된 자산의 보호 • 정보보호 취약점, 사고 및 각종 위반 발생 시 지체 없이 관련자에게 보고 • 회사 자산을 업무 외의 목적으로 사용하지 않음 • 허용되지 않은 정보에 접근을 시도하거나 업무와 무관한 활동을 위해 정보보호 기능을 우회하는 시도를 하지 않음 • 업무상 취득한 회사 또는 제3자 소유의 정보를 승인 없이 누설하지 않음

가. (ISMS-P) 1.1.3 조직 구성

항목	1.1.3 조직 구성
인증기준	최고경영자는 정보보호와 개인정보보호의 효과적 구현을 위한 실무조직, 조직 전반의 정보보호와 개인정보보호 관련 주요 사항을 검토 및 의결할 수 있는 위원회, 전사적 보호활동을 위한 부서별 정보보호와 개인정보보호 담당자로 구성된 협의체를 구성하여 운영하여야 한다.
주요 확인 사항	1) **정보보호 최고책임자 및 개인정보보호책임자의 업무를 지원**하고 조직의 **정보보호 및 개인정보보호 활동을 체계적으로 이행**하기 위해 **전문성을 갖춘 실무조직을 구성**하여 운영하고 있는가? 2) 조직 전반에 걸친 중요한 **정보보호 및 개인정보보호 관련 사항**에 대하여 **검토, 승인 및 의사결정을 할 수 있는 위원회를 구성**하여 운영하고 있는가? 3) 전사적 정보보호 및 개인정보보호 활동을 위하여 **정보보호 및 개인정보보호 관련 담당자 및 부서별 담당자로 구성된 실무협의체를 구성**하여 운영하고 있는가?
결함사례	• 정보보호 및 개인정보보호위원회를 구성하였으나, 임원 등 경영진이 포함되어 있지 않고 실무부서의 장으로 구성되어 있어 조직의 중요 정보 및 개인정보보호에 관한 사항을 결정할 수 없는 경우 • 내부 지침에 따라 중요 정보처리부서 및 개인정보처리부서의 장(팀장급)으로 구성된 정보보호 및 개인정보보호 실무협의체를 구성하였으나, 장기간 운영 실적이 없는 경우 • 정보보호 및 개인정보보호위원회를 개최하였으나, 연간 정보보호 및 개인정보보호 계획 및 교육 계획, 예산 및 인력 등 정보보호 및 개인정보보호에 관한 주요 사항이 검토 및 의사 결정이 되지 않은 경우 • 정보보호 및 개인정보보호 관련 심의·의결을 위해 정보보호위원회를 구성하여 운영하고 있으나, 운영 및 IT보안 관련 조직만 참여하고 개인정보보호 관련 조직은 참여하지 않고 있어 개인정보보호에 관한 사항을 결정할 수 없는 경우

확인 사항	요구 사항	관련 사항
ISMS-P 구축·운영 위한 실무조직 구성	조직의 정보보호 및 개인정보보호 관리체계를 구축·운영하기 위해 조직 구성의 근거를 정보보호 및 개인정보보호 정책서에 명시하고 전문성을 갖춘 실무조직을 구성하여 운영하여야 함	• CISO, CPO, 개인정보보호 실무 조직, 위원회 등 정보보호 및 개인정보보호 조직의 구성·운영에 대한 사항을 **정책서, 내부관리계획** 등에 명시 • 실무조직 구성 형태 및 규모는 조직 규모, 업무, 서비스 특성, 처리하는 (개인)정보 중요도, 민감도, 법제도 등 고려 ▶ 1) 참조 • 실무조직은 전담조직 또는 겸임조직으로 구성할 수 있으나, 겸임조직으로 구성하더라도 실질적인 역할 수행이 가능하도록 **역할 및 책임을 공식적으로 부여** • 실무조직 구성원의 (개인)정보보호 전문성과 다양한 서비스 이해도 및 경험이 많은 직원으로 구성 – 관련 **학위 및 자격증, 실무 경험, 관련 교육 이수** 등
정보보호 관련 사항 의사결정 위한 정보보호위원회 구성	조직 전반에 걸친 중요한 정보보호 및 개인정보보호 관련사항에 대하여 검토, 승인 및 의사결정을 할 수 있는 위원회를 구성하여야 함	• 정보보호위원회는 조직 내 이해관계를 대변하고 의사결정을 할 수 있도록 **경영진, 임원, CISO, CPO** 등 실질적인 검토 및 **의사결정 권한**이 있는 임직원으로 구성 • 정기 또는 수시로 **위원회 개최** • 위원회는 조직 전반에 걸친 주요 (개인)정보보호 사안에 대한 검토, 승인 및 의사결정
정보보호 담당자 및 부서별 담당자로 구성된 실무협의체 구성	전사적 정보보호 및 개인정보보호 활동을 위하여 정보보호 및 개인정보보호 관련 담당자 및 부서별 담당자로 구성된 실무협의체를 구성하여 운영하여야 함	• 조직의 규모 및 관리체계 범위 내 서비스의 중요도에 따라 실무협의체 구성원, 조직체계 등을 결정 • **실무협의체**에서 정보보호 및 개인정보보호 관련 사항에 대해 실무 차원에서 공유·조정·검토·개선하고, **의사결정 지원이 필요**한 경우에는 **위원회에 상정하여 논의**

1) 정보보호위원회에서 검토 및 의사결정이 필요한 주요 사안(예시)

1. 정보보호 및 개인정보보호 **정책·지침의제·개정**
2. **위험평가** 결과
3. 정보보호 및 개인정보보호 **예산 및 자원** 할당
4. 내부 보안사고 및 주요 **위반사항**에 대한 조치
5. **내부감사** 결과 등

2) 정보보호 실무협의체에서 검토가 필요한 주요 사안(예시)

1. 정보보호 경영위원회의 의제 검토, 결정사항의 후속 조치 등 실무 처리
2. 정보보호 정책에 관한 실무책임자급의 협업
3. 대내외 주요 보안 이슈에 대한 신속한 대응

3) 정보보호조직 예시

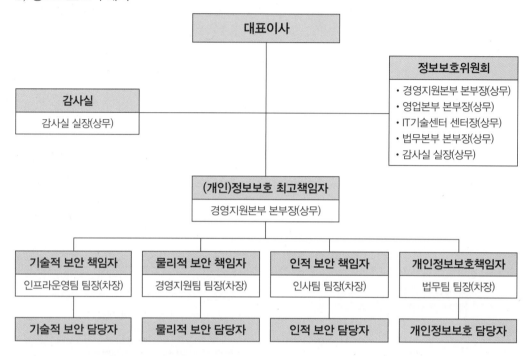

나. (ISMS-P) 2.1.2 조직의 유지관리

항목	2.1.2 조직의 유지관리
인증기준	조직의 각 구성원에게 정보보호와 개인정보보호 관련 역할 및 책임을 할당하고, 그 활동을 평가할 수 있는 체계와 조직 및 조직의 구성원 간 상호 의사소통 할 수 있는 체계를 수립하여 운영하여야 한다.
주요 확인 사항	1) 정보보호 및 개인정보보호 관련 **책임자와 담당자의 역할 및 책임을 명확히 정의**하고 있는가? 2) 정보보호 및 개인정보보호 관련 책임자와 담당자의 **활동을 평가할 수 있는 체계를 수립**하고 있는가? 3) 정보보호 및 개인정보보호 관련 **조직 및 조직의 구성원 간 상호 의사소통할 수 있는 체계 및 절차를 수립·이행**하고 있는가?
결함사례	• 내부 지침 및 직무기술서에 정보보호 최고책임자, 개인정보보호책임자 및 관련 담당자의 역할과 책임을 정의하고 있으나, 실제 운영현황과 일치하지 않는 경우 • 정보보호 최고책임자 및 관련 담당자의 활동을 주기적으로 평가할 수 있는 목표, 기준, 지표 등의 체계가 마련되어 있지 않은 경우 • 내부 지침에는 부서별 정보보호 담당자는 정보보호와 관련된 KPI를 설정하여 인사평가 시 반영하도록 되어 있으나, 부서별 정보보호 담당자의 KPI에 정보보호와 관련된 사항이 전혀 반영되어 있지 않은 경우 • 정보보호 최고책임자 및 개인정보보호책임자가 지정되어 있으나, 관련 법령에서 요구하는 역할 및 책임이 내부 지침이나 직무기술서 등에 구체적으로 명시되어 있지 않은 경우

확인 사항	요구 사항	관련 사항
정보보호 관련 책임자와 담당자의 역할 및 책임을 시행문서에 구체적으로 정의	(개인)정보보호 업무 수행과 관련된 조직의 특성을 고려하여 관련 책임자와 담당자의 역할 및 책임을 시행문서에 구체적으로 정의하여야 함	• **정보보호 최고책임자 및 개인정보보호책임자, 신용정보관리·보호인** • **정보보호 및 개인정보 관리자, 담당자** • **부서별 책임자, 담당자** • CISO, CPO는 (개인)정보보호 법적 요구사항 등을 반영하여 다음과 같은 업무를 수행 ▶ 1) 참조 • 정보보호 및 개인정보보호 관리자, 보호담당자, 보호실무자 등이 CISO 및 CPO의 관리 업무를 실무적으로 지원·이행할 수 있도록 **직무기술서** 등을 통해 **책임 및 역할을 구체적으로 정의** • CPO는 조직의 개인정보보호 관련 법령 준수 여부를 지속적으로 확인하여 위반 사실을 알게 된 경우 지체 없이 개선조치하고, 필요시 그 사실을 경영진 또는 최고경영자에게 보고하여야 함
정보보호 활동 평가체계 수립	정보보호 및 개인정보보호 관련 책임자와 담당자의 활동을 평가할 수 있는 체계를 수립하여야 함	조직 내 **핵심성과지표(KPI), 목표관리(MBO)**, 인사 평가 등 정보보호 및 개인정보보호 활동을 평가할 수 있는 방안을 마련하여 주기적 평가
정보보호 구성원 간 의사소통체계 수립·이행	정보보호 및 개인정보보호 관련 조직 및 조직의 구성원간 상호 의사소통할 수 있는 체계 및 절차를 수립·이행하여야 함	• 정보보호 및 개인정보보호 의사소통 관리 계획 수립 및 이행 • 정보보호 및 개인정보보호 관련 **의사소통 관리 계획**(예시) 1. 의사소통 관리 계획 개요 : 목적 및 범위 2. 의사소통 체계 : 협의체, 위원회 등 보고 협의체 운영방안, 역할 및 책임, 주기 등 3. 의사소통 방법 : 보고 및 회의(월간, 주간 등), 공지, 이메일, 메신저, 정보보호포털 등 4. 의사소통 양식 : 유형별 보고서, 회의록 양식 등

3.2.4 정보보호 예산 수립 및 집행

CISO는 정보보호 관련 예산 계획을 수립하고, 이를 최고경영층에 보고하여 검토와 승인을 받는다. 승인된 예산 계획은 CEO가 참석하는 임원회의나 전사적 위원회에서 최종 결정되며, 이 과정에서 CISO는 예산의 필요성과 효과를 설명한다. 최종 승인된 예산을 바탕으로 CISO는 정보보호 활동을 수행하고, 주기적으로 예산 집행 현황과 효과를 최고경영층에 보고한다.

■ 정보보호 예산 수립 및 집행 절차

단계	절차	세부 내용
1. 예산 계획 수립	• CISO가 정보보호 관련 예산 계획 수립 • 정보보호 관리체계 계획, 취약점 분석·평가, 침해사고 예방 및 대응 등을 고려 • 법적 요구사항 충족 (예) 금융기관의 경우 IT 예산의 7% 이상)	• 전년도 예산 집행 결과 분석 • 신규 보안 위협 및 기술 동향 파악 • 조직의 전략적 목표와 연계
2. 검토 및 승인 요청	• CISO가 수립한 예산 계획을 경영진에 보고 • CEO 참석 임원회의나 전사적 위원회에서 검토 • 정보보호 조직이 비(非)정보보호 조직을 포함한 실행 조직에 제안 • 최고경영층이 실행조직의 보고 내용을 검토, 평가	• 예산 규모의 적정성 검토 • 투자 우선순위 결정 • 타 부서와의 협력 필요성 검토
3. 최종 승인 및 집행	• 최고경영층이 승인된 예산 계획을 실행조직에 지시 • CISO가 승인된 예산을 바탕으로 정보보호 활동 수행 • 최고경영층이 실행 결과를 관찰하고 평가 • 필요시 외부 전문기관의 객관적 검토 의뢰 • CISO가 다른 조직과의 협업을 통해 예산 집행	• 분기별 또는 반기별 예산 집행 현황 보고 • 예산 집행의 효과성 평가 • 필요시 예산 조정 검토

가. (ISMS-P) 1.1.6 자원 할당

항목	1.1.6 자원 할당
인증기준	최고경영자는 정보보호와 개인정보보호 분야별 전문성을 갖춘 인력을 확보하고, 관리체계의 효과적 구현과 지속적 운영을 위한 예산 및 자원을 할당하여야 한다.
주요 확인 사항	1) 정보보호 및 개인정보보호 분야별 **전문성을 갖춘 인력을 확보**하고 있는가?
	2) 정보보호 및 개인정보보호 관리체계의 효과적 구현과 지속적 운영을 위해 필요한 **자원을 평가**하여 필요한 **예산과 인력을 지원**하고 있는가?
	3) 연도별 정보보호 및 개인정보보호 업무 세부추진 계획을 수립·시행하고 그 **추진결과**에 대한 **심사분석·평가를 실시**하고 있는가?

항목	1.1.6 자원 할당
결함사례	• 정보보호 및 개인정보보호 조직을 구성하는데, 분야별 전문성을 갖춘 인력이 아닌 정보보호 관련 또는 IT 관련 전문성이 없는 인원으로만 보안인력을 구성한 경우 • 개인정보처리시스템의 기술적·관리적 보호조치의 요건을 갖추기 위한 최소한의 보안솔루션 도입, 안전조치 적용 등을 위한 비용을 최고경영자가 지원하지 않고 있는 경우 • 인증을 취득한 이후에 인력과 예산 지원을 대폭 줄이고 기존 인력을 다른 부서로 배치하거나 일부 예산을 다른 용도로 사용하는 경우

확인 사항	요구 사항	관련 사항
정보보호 활동을 수행하기 위한 전문성 갖춘 인력 확보	최고경영자는 정보보호 및 개인정보보호 활동을 원활하게 수행하기 위하여 전문성을 갖춘 인력을 확보하여야 함	• 전문 지식 및 관련 자격 보유 – 정보보호 및 개인정보보호 **관련 학위** 또는 자격증 보유 • 정보보호 및 개인정보보호 **관련 실무 경력** 보유 • 정보보호 및 개인정보보호 **관련 직무교육** 이수
ISMS-P 구현과 운영에 필요한 예산 및 인력 지원	최고경영자는 정보보호 및 개인정보보호 관리체계의 효과적 구현과 지속적 운영을 위해 필요한 자원을 평가하여 필요한 예산과 인력을 지원하여야 함	• 매년 ISMS-P의 효과적 구축 및 지속적 운영을 위하여 예산과 자원을 평가하여 **예산 및 인력운영 계획** 수립 및 승인 • 예산 및 운영계획에 따라 필요한 **자원(인력, 조직, 예산 등)**을 지속적으로 **지원**
연도별 정보보호 업무 세부추진계획 수립·시행·분석·평가	연도별 정보보호 및 개인정보보호 업무 세부추진 계획을 수립·시행하고 그 추진결과에 대한 심사분석·평가를 실시하여야 함	• 해당 연도의 **정보보호 및 개인정보보호 업무 세부추진 계획**을 수립·시행하고 그 추진결과에 대한 심사분석·평가를 실시하여야 함 • 세부추진 계획에 따른 **추진결과**를 심사분석 및 평가하여 **경영진에게 보고**

1) 금융회사 정보보호 자원 할당 기준

정보기술부문 인력 비율	정보보호 인력 비율	정보보호 예산 비율
정보기술부문 인력은 총 임직원 수의 100분의 5 이상이 되도록 할 것	정보보호 인력은 정보기술부문 인력의 100분의 5 이상이 되도록 할 것	정보보호 예산을 정보기술부문 예산의 100분의 7 이상이 되도록 할 것

3.3 정보보호 법규, 정책 준수 여부 점검

3.3.1 PDCA 기반 정보보호 법규, 정책 준수 여부 점검

정보보호 법규, 정책 준수 여부 점검은 PDCA 사이클을 기반으로 시행된다. 점검 및 개선 활동은 매년 1회 이상 반복적으로 수행되어야 하며, 점검 결과는 경영진에게 보고되어야 한다. 이를 통해 조직은 지속적으로 정보보호 관리체계를 개선하고 법규 준수 수준을 향상시킬 수 있다.

■ 정보보호 법규, 정책 준수 여부 점검의 PDCA

단계	주요 활동	세부 내용
Plan (계획)	• 요구사항 식별 • 점검 계획 수립	• 관련 법규 및 내부 정책 파악 • 점검 범위, 일정, 방법 정의 • 점검 기준 및 체크리스트 작성
Do (실행)	• 정책 검토 • 증적 수집 • 현장 점검	• 내부 정책 및 지침 검토 • 관련 문서 및 로그 수집 • 담당자 인터뷰 및 시스템 점검
Check (점검)	• 정보 분석 • 준수 여부 평가 • 개선점 식별	• 수집된 정보 종합 분석 • 법규 및 정책 준수 상태 평가 • 미준수 사항 및 취약점 도출
Act (개선)	• 개선 계획 수립 • 개선 활동 실행 • 결과 보고	• 식별된 문제점에 대한 개선 방안 수립 • 단기 및 중장기 개선 과제 실행 • 경영진 보고 및 차기 점검 계획 반영

가. (ISMS-P) 1.4.1 법적 요구사항 준수 검토

항목	1.4.1 법적 요구사항 준수 검토
인증기준	조직이 준수하여야 할 정보보호 및 개인정보보호 관련 법적 요구사항을 주기적으로 파악하여 규정에 반영하고, 준수 여부를 지속적으로 검토하여야 한다.
주요 확인 사항	1) 조직이 준수하여야 하는 **정보보호 및 개인정보보호 관련 법적 요구사항을 파악하여 최신성을 유지**하고 있는가? 2) **법적 요구사항의 준수 여부를 연 1회 이상 정기적으로 검토**하고 있는가? 3) 경영진은 **전자금융거래 안전성 확보 및 이용자 보호와 개인신용정보의 관리 및 보호 실태**에 대한 **법적 요구사항에 대해 준수 여부를 정기적으로 점검하고 최고경영자에게 보고**하고 있는가?
결함사례	• 정보통신망법 및 개인정보보호법이 최근 개정되었으나 개정사항이 조직에 미치는 영향을 검토하지 않았으며, 정책서·시행문서 및 법적준거성 체크리스트 등에도 해당 내용을 반영하지 않아 정책서·시행문서 및 법적준거성 체크리스트 등의 내용이 법령 내용과 일치하지 않은 경우 • 조직에서 준수하여야 할 법률이 개정되었으나, 해당 법률 준거성 검토를 1년 이상 수행하지 않은 경우 • 법적 준거성 준수 여부에 대한 검토가 적절히 이루어지지 않아 개인정보보호법 등 법규 위반 사항이 다수 발견된 경우 • 개인정보보호법에 따라 개인정보 손해배상책임 보장제도 적용 대상이 되었으나, 이를 인지하지 못하여 보험 가입이나 준비금 적립을 하지 않은 경우 또는 보험 가입을 하였으나 이용자 수 및 매출액에 따른 최저가입금액 기준을 준수하지 못한 경우 • 정보보호 공시 의무대상 사업자이지만 법에 정한 시점 내에 정보보호 공시가 시행되지 않은 경우 • 모바일 앱을 통해 위치정보사업자로부터 이용자의 개인위치정보를 전송받아 서비스에 이용하고 있으나, 위치기반서비스사업 신고를 하지 않은 경우 • 국내에 주소 또는 영업소가 없는 개인정보처리자로서 전년도 말 기준 직전 3개월간 그 개인정보가 저장·관리되고 있는 국내 정보주체의 수가 일일평균 100만 명 이상인 자에 해당되어 국내대리인 지정의무에 해당됨에도 불구하고, 국내대리인을 문서로 지정하지 않은 경우 • 정보보호최고책임자는 정보보안점검의 날을 지정하고, 임직원이 정보보안 점검항목을 준수했는지 매월 점검하고 그 점검 결과 및 보완 계획을 최고경영자에 보고하여야 하나, 점검을 실시하지 않았거나 최고 경영자에게 보고를 누락한 경우

확인 사항	요구 사항	관련 사항
정보보호 및 개인정보보호 법적 요구사항 파악 최신성 유지	조직이 준수하여야 하는 정보보호 및 개인정보보호 관련 법적 요구사항을 파악하여 최신성을 유지하여야 함	• 조직이 준수하여야 하는 **정보보호 및 개인정보보호 관련 법규 파악** • 관련 법규의 제·개정 현황을 지속적으로 **모니터링하여 제·개정이 이루어질 경우** 조직에 미치는 영향을 분석하고 필요시 **내부 정책·지침 및 체크리스트** 등에 반영하여 최신성을 유지
법적 요구사항 준수 여부 연1회 정기적 검토	법적 요구사항의 준수 여부를 연 1회 이상 정기적으로 검토하여야 함	• 법적 요구사항 **준수 여부를 정기적으로 검토**할 수 있는 **절차 수립(검토 주기, 대상, 담당자, 방법 등)** 및 이행 • 법적 요구사항 준수 결과 발견된 문제점에 대해 신속하게 개선 조치
전자금융거래 법적 요구사항 준수 여부 점검 및 결과 보고	경영진은 전자금융거래 안전성 확보 및 이용자 보호와 개인신용정보의 관리 및 보호 실태에 대해 법적 요구사항 준수 점검체계에 따라 정기적으로 임직원의 준수 여부를 점검하고, 그 결과를 최고경영자에게 보고하여야 함	• 정보보호 최고책임자(CISO)는 정보보안 관련 법규 준수 여부를 정기적으로 점검하고, 그 결과를 최고경영자에게 보고 • 신용정보관리·보호인은 처리하는 개인신용정보의 관리 및 보호실태를 점검하고 그 결과를 대표자 및 이사회에 보고

나. (ISMS-P) 1.4.2 관리체계 점검

항목	1.4.2 관리체계 점검
인증기준	관리체계가 내부 정책 및 법적 요구사항에 따라 효과적으로 운영되고 있는지 독립성과 전문성이 확보된 인력을 구성하여 연 1회 이상 점검하고, 발견된 문제점을 경영진에게 보고하여야 한다.
주요 확인 사항	1) 법적 요구사항 및 수립된 정책에 따라 **정보보호 및 개인정보보호 관리체계가 효과적으로 운영되는지를 점검**하기 위한 관리체계 점검기준, 범위, 주기, 점검인력 자격요건 등을 포함한 **관리체계 점검 계획을 수립**하고 있는가? 2) 관리체계 점검 계획에 따라 **독립성, 객관성 및 전문성이 확보된 인력을 구성**하여 **연 1회 이상 점검을 수행**하고 발견된 **문제점을 경영진에게 보고**하고 있는가?
관련 법규	• 개인정보보호법 제29조(안전조치의무) • 개인정보의 안전성 확보조치 기준 제4조(내부 관리계획의 수립·시행 및 점검) 제4항
증적 자료 등 준비사항	• 관리체계 점검 계획서(내부점검 계획서, 내부감사 계획서) • 관리체계 점검 결과보고서 • 정보보호 및 개인정보보호 위원회 회의록
결함사례	• 관리체계 점검 인력에 점검 대상으로 식별된 전산팀 직원이 포함되어 있어 점검의 독립성이 훼손된 경우 • 금년도 관리체계 점검을 실시하였으나, 점검 범위가 일부 영역에 국한되어 있어 정보보호 및 개인정보보호 관리체계 범위를 충족하지 못한 경우 • 관리체계 점검팀이 위험평가 또는 취약점 점검 등 관리체계 구축 과정에 참여한 내부 직원 및 외부 컨설턴트로만 구성되어, 점검의 독립성이 확보되었다고 볼 수 없는 경우

확인 사항	요구 사항	관련 사항
법규 및 내규에 따라 관리체계가 운영되는지 점검 계획 수립 및 경영진 보고	법적 요구사항 및 수립된 정책에 따라 정보보호 및 개인정보보호 관리체계가 효과적으로 운영되는지를 점검하기 위한 점검 기준, 범위, 주기, 점검 인력 등을 포함한 관리체계 점검 계획을 수립하고 경영진에게 보고하여야 함	• **점검 기준** – 정보보호 및 개인정보보호 관리체계 인증 기준 포함 • **점검 범위** – 전사 또는 인증범위 포함 • **점검 주기** – 최소 연 1회 이상 수행 필요 • **점검 인력 자격 요건** – 점검의 객관성, 독립성, 전문성을 확보할 수 있도록 자격 요건 정의
독립성, 객관성, 전문성이 확보된 인력이 점검 수행 및 문제점 경영진 보고	관리체계 점검 계획에 따라 독립성, 객관성 및 전문성이 확보된 인력을 구성하여 연 1회 이상 점검을 수행하고 발견된 문제점을 CISO, CPO 등 경영진에게 보고하여야 함	• 점검의 <u>객관성, 독립성 및 전문성</u>을 확보할 수 있도록 점검조직 구성 • 점검 계획에 따라 **연 1회 이상 점검** 수행 • 점검 결과 발견된 문제점에 대해서는 조치 계획을 수립·이행하고 조치 완료 여부에 대하여 추가 확인 • **점검 결과보고서**를 작성하여 CISO, CPO 등 **경영진에게 보고**

다. (ISMS-P) 1.4.3 관리체계 개선

항목	1.4.3 관리체계 개선
인증기준	법적 요구사항 준수 검토 및 관리체계 점검을 통해 식별된 관리체계상의 문제점에 대한 원인을 분석하고 재발 방지 대책을 수립·이행하여야 하며, 경영진은 개선 결과의 정확성과 효과성 여부를 확인하여야 한다.
주요 확인 사항	1) 법적 요구사항 준수 검토 및 관리체계 점검을 통해 식별된 **관리체계상의 문제점에 대한 근본 원인을 분석**하여 **재발 방지 및 개선 대책을 수립·이행**하고 있는가?
	2) **재발 방지 및 개선 결과의 정확성 및 효과성 여부를 확인**하기 위한 **기준과 절차를 마련**하고 있는가?
결함사례	• 내부점검을 통하여 발견된 정보보호 및 개인정보보호 관리체계 운영상 문제점이 매번 동일하게 반복되어 발생되는 경우 • 내부 규정에는 내부점검 시 발견된 문제점에 대해서는 근본원인에 대한 분석 및 재발 방지 대책을 수립하도록 되어 있으나, 최근에 수행된 내부점검에서는 발견된 문제점에 대하여 근본원인 분석 및 재발 방지 대책이 수립되지 않은 경우 • 관리체계상 문제점에 대한 재발 방지 대책을 수립하고 핵심성과지표를 마련하여 주기적으로 측정하고 있으나, 그 결과에 대하여 경영진 보고가 장기간 이루어지지 않은 경우 • 관리체계 점검 시 발견된 문제점에 대하여 조치계획을 수립하지 않았거나 조치 완료 여부를 확인하지 않은 경우

확인 사항	요구 사항	관련 사항

식별된 관리체계상의 문제점에 대한 근본원인 분석 및 재발 방지 대책 수립·이행	법적 요구사항 준수 검토 및 관리체계 점검을 통해 식별된 관리체계상 문제점에 대한 근본원인을 분석하여 재발 방지 및 개선대책을 수립·이행하여야 함	• 식별된 관리체계상의 문제점 및 결함사항에 대한 **근본원인을 분석**
		• 근본원인 분석결과를 바탕으로 문제점의 재발 방지 및 개선을 위한 대책을 수립·이행
		• **재발 방지대책**(예시)
		  – (개인)정보보호 정책, 지침, 절차 개정
		  – 임직원 및 외부자에 대한 교육 강화 또는 개선
		  – 이상행위 등 모니터링 강화
		  – (개인)정보보호 운영자동화(계정관리 등)
		  – (개인)정보보호 관련 검토, 승인 절차 개선 : 내부점검 체크리스트 또는 방식 개선 등
		• 수립된 재발 방지 대책에 대하여 **관련자들에게 공유 및 교육** 수행

재발 방지 및 개선 결과 효과성 여부를 확인할 기준과 절차 마련	재발 방지 및 개선 결과의 정확성 및 효과성 여부를 확인하기 위한 기준과 절차를 마련하여야 함	• **재발 방지 및 개선조치의 정확성 및 효과성을 측정**하기 위해 관리체계 측면에서의 **핵심성과지표(보안성과지표)** 도출(예시)
		  – 보안 정책·지침 위반율(외부 전송규정 위반율, 보안 우회 시도율 등)
		  – 보안 예외 승인 건수
		  – 보안 프로그램 설치율
		• 핵심성과지표(보안성과지표)에 대한 측정 및 모니터링 절차 수립·이행
		• 재발 방지 및 개선조치의 정확성·효과성에 대한 확인 및 측정 결과는 경영진에게 보고

기본

1 다음 중 「정보통신망 이용촉진 및 정보보호 등에 관한 법률」에서 명시하는 정보보호의 주요 목적에 해당하지 않는 것은 무엇인가?

① 정보의 기밀성 유지　　　　　　② 정보의 무결성 보장

③ 정보의 가용성 확보　　　　　　④ 정보의 경제성 증대

> **해설** 「정보통신망 이용촉진 및 정보보호 등에 관한 법률」에서는 정보보호의 주요 목적을 기밀성, 무결성, 가용성으로 정의하고 있다. 경제성 증대는 정보보호의 직접적인 목적에 포함되지 않는다.

2 「정보통신망 이용촉진 및 정보보호 등에 관한 법률」에 따라 정보통신서비스제공자가 준수해야 할 정보보호 조치로 옳지 않은 것은?

① 개인정보의 암호화 저장

② 정보보호 최고책임자(CISO)의 지정

③ 정보보호 관리체계(ISMS) 인증 의무

④ 정보보호 교육의 정기적 실시

> **해설** 「정보통신망 이용촉진 및 정보보호 등에 관한 법률」 제45조의3에 따르면, 정보통신서비스제공자는 정보보호 최고책임자(CISO)를 지정해야 하며, 개인정보의 암호화 저장과 정보보호 교육의 정기적 실시 등 정보보호 조치를 취해야 한다. 그러나 ISMS 인증은 일정 규모 이상의 정보통신서비스제공자에게만 의무화되어 있으며, 모든 정보통신서비스제공자에게 의무화된 것은 아니다.

3 다음 중 정보자산 관리에 대한 설명으로 옳은 것을 모두 골라 바르게 묶은 것은?

> ㉠ 정보자산별로 책임자 및 관리자를 지정하고 자산목록에 기록한다.
> ㉡ (전자)문서는 보안등급(기밀, 대외비, 일반 등)을 식별할 수 있도록 문서 표지 또는 워터마킹을 통하여 표시한다.
> ㉢ 정보자산의 도입·변경·폐기 등으로 정보자산 현황이 변경될 경우 정보자산별 책임자 및 담당자를 파악하여 자산목록에 반영한다.
> ㉣ 서버 등 하드웨어 자산은 자산번호 또는 바코드 표시를 통해 보안등급을 확인한다.
> ㉤ 정보자산의 보안등급과는 별개로 취급절차(생성·도입, 저장, 이용, 파기 등) 및 보안통제 기준을 수립·이행한다.

① ㉠, ㉡, ㉢　　　　　　　　② ㉠, ㉡, ㉢, ㉤

③ ㉠, ㉡, ㉢, ㉣　　　　　　④ ㉠, ㉡, ㉢, ㉣, ㉤

해설 식별된 정보자산에 대하여 자산 도입, 변경, 폐기, 반·출입, 보안관리 등의 책임을 질 수 있는 책임자와 자산을 실제 관리·운영하는 책임자, 관리자(또는 담당자)를 지정하여 책임 소재를 명확하게 하여야 한다. 정보자산 보안등급별로 취급절차(생성·도입, 저장, 이용, 파기 등) 및 보안통제 기준을 수립·이행하여야 한다.

4 정보보호 정책 수립 시 위험평가를 위하여 고려하여야 하는 사항이 아닌 것은?

① 조직의 특성 반영
② 정보시스템 이용자 수
③ 선정할 위험평가 방법
④ 최신 위협동향 고려

해설 조직의 특성을 반영하여 관리적·기술적·물리적·법적 분야 등 다양한 측면에서 발생할 수 있는 정보보호 및 개인정보보호 관련 위험을 식별하고 평가할 수 있도록 위험평가 방법을 정의하고 문서화하여야 한다. 위험평가 방법론은 조직의 특성에 맞게 자체적으로 정하여 적용할 수 있으나, 위험평가의 과정은 합리적이어야 하고, 위험평가 결과는 실질적인 위험의 심각성을 대변할 수 있어야 한다. 정보시스템 이용자 수도 시스템 규모 측면에서 고려할 수도 있겠으나 다른 답에 비해 중요도가 낮다.

5 위험평가를 위한 정보자산의 식별 과정에서의 조치로 옳지 않은 것은?

① 정보자산의 분류기준을 수립하고 정보보호 및 개인정보보호 관리체계 범위 내의 모든 자산을 식별하여 목록으로 관리한다.
② 식별된 정보자산에 대한 법적 요구사항 및 업무에 미치는 영향 등을 고려하여 중요도를 결정하고 보안 등급을 부여한다.
③ 정기적으로 정보자산 현황을 조사하여 정보자산목록을 최신으로 유지한다.
④ 정보보호 및 개인정보보호 관리체계 범위 내에서 제3자로부터 제공받은 개인정보가 있으나, 당사의 개인정보가 아니므로 제외한다.

해설 조직의 특성에 맞게 정보자산의 분류기준을 수립하고, 분류 기준에 따라 정보자산을 빠짐 없이 식별하여야 한다. 제3자로부터 제공받은 개인정보도 당사가 처리한다면 보호대상에 포함하여야 한다.

6 주요정보통신기반시설의 취약점 분석·평가 기준으로 옳지 않은 것은?

① 주요정보통신기반시설 관리기관은 취약점 분석·평가 수행주체(자체·외부위탁), 수행절차, 소요예산, 산출물 등을 포함한 자체 세부 계획을 수립한다.
② 정보시스템, 제어시스템 등 자산을 식별하고, 유형별(네트워크, 보안, 시스템)로 그룹화하여, 취약점 분석·평가 대상 목록을 작성한다.
③ 식별된 대상목록의 각 자산에 대하여 중요도를 산정한다.
④ 주요정보통신기반시설의 특성을 고려하여 최상·상·중·하, 1~4등급 등으로 구분하여 중요도를 나눈다.

해설 위험등급은 상·중·하 등 3단계로 표시한다.

★ 정답 ★ | 1 ④ | 2 ③ | 3 ③ | 4 ② | 5 ④ | 6 ④

7 정보보호 최고책임자의 자격요건으로 옳은 것은?

① 정보기술 분야의 국내 학사학위를 취득한 사람

② 정보보호 분야의 해외 석사학위 이상을 취득한 사람

③ 정보보호 분야의 학위 없이 해당 분야의 업무를 12년 수행한 경력이 있는 사람

④ 정보보호 분야의 국내 학사학위를 취득하고 정보보호 분야의 업무를 2년 수행한 경력이 있는 사람

> **해설** 비(非)(개인) 정보보호 분야의 국내 학사학위를 취득한 사람의 경우, 정보보호 분야의 업무를 3년 이상 수행한 경력이 있어야 한다.

8 위험관리를 위해 정보보호담당자가 수행하는 업무에 대한 설명으로 옳지 않은 것은?

① 조직의 특성에 맞게 정보자산의 분류기준을 수립하고, 분류기준에 따라 정보자산을 빠짐없이 식별한다.

② 법적 요구사항이나 업무에 미치는 영향 등 각 자산 특성에 맞는 보안등급 평가기준을 결정한다.

③ 보안등급 평가기준에 따라 정보자산별 보안등급 산정 및 목록으로 관리한다.

④ 위험관리를 수행할 때 제3자로부터 제공받은 개인정보의 경우, 자산 식별 시 제외하고 진행하여야 한다.

> **해설** 정보보호 및 개인정보보호 관리체계 범위 내에서 있는 모든 유·무형의 자산을 식별하여야 한다.

9 경영진은 주기적으로 위험관리 활동의 효과성을 평가하여야 한다. 경영진이 필요시 조치하는 개선 방안에 해당하지 않는 것은?

① 수행 주체 변경　　　　　　② 수행 주기 조정

③ 수행 장비 변경　　　　　　④ 운영활동의 추가·변경·삭제 등

> **해설** 경영진은 관리체계 운영활동의 효과성을 평가하여 필요시 개선 조치(수행 주체 변경, 수행 주기 조정, 운영활동의 추가·변경·삭제 등)한다.

10 위험관리 방안과 그를 위한 조치사항을 바르게 묶은 것을 모두 고르면?

> ㉠ 위험 수용 : 개인정보처리시스템의 로그인 패스워드 복잡도와 길이를 3가지 문자조합 및 8글자 이상으로 강제 설정되도록 패스워드 설정 모듈을 개발하여 적용한다.
>
> ㉡ 위험 회피 : 회사 홍보용 인터넷 홈페이지에서는 회원 관리에 따른 리스크가 크므로 회원 가입을 받지 않는 것으로 변경하고 기존 회원정보는 모두 파기한다.
>
> ㉢ 위험 전가 : 중요정보 및 개인정보 유출 시 손해배상 소송 등에 따른 비용 손실을 줄이기 위하여 관련 보험에 가입한다.
>
> ㉣ 위험 감소 : 개인정보 처리 수탁자 중 정부로부터 보안인증을 획득한 경우에는 개인정보보호법에 따른 문서체결 이외의 별도 관리·감독은 생략할 수 있도록 한다.

① 1개　　　　　　② 2개

③ 3개　　　　　　④ 4개

해설 ㉠ 패스워드 복잡도 설정은 위험 감소에 해당한다.
㉢ 개인정보 처리 수탁자 중 정부로부터 보안인증을 획득한 경우에는 개인정보보호법에 따른 문서체결 이외의 별도
관리·감독을 생략하는 것은 위험 수용에 해당한다.

11 위험평가 시 정보보호 최고책임자가 승인하는 업무에 해당하는 것은?
① 위험 식별 및 평가 시행을 위한 예산 계획 수립
② 수용 가능한 목표 위험수준(DoA, Degree of Assurance) 결정
③ 위험 식별 및 평가 결과 보고서 작성
④ 각종 위험이 조직에 미치는 영향(발생가능성, 심각도 등)을 고려하여 위험도 산정기준 마련

해설 위험 식별 및 평가 시행을 위한 예산 계획 수립도 정보보호 최고책임자의 업무에 해당하지만, 회사의 조직 운영에
관한 자료로서 별도로 승인을 받아 증거자료를 남길 필요는 없다.

12 조직 내 정보보호 및 개인정보보호를 위한 교육훈련 시 잘못 조치한 사항이 아닌 것은?
① 연간 정보보호 및 개인정보보호 교육계획에 시행일정, 내용 및 방법이 포함되어 있지 않은
경우
② 개인정보보호책임자 및 개인정보담당자 등 직무별로 필요한 교육 사항이 포함되어 있지
않은 경우
③ 모든 외주용역업체 직원(전산실 출입 청소원, 경비원, 외주개발자 등)을 교육하지 않은 경우
④ 정보보호 및 개인정보보호 교육 미이수자를 파악하고 있지 않은 경우

해설 주요 정보통신기반시설을 보유한 모든 외주용역업체 직원을 대상으로 교육을 진행하지 않더라도, 인증 범위 내의
정보자산 및 설비에 접근하는 직원을 대상으로 교육을 진행한 경우 결함사례로 볼 수 없다.

13 조직 내 정보보호 및 개인정보보호 교육훈련을 진행할 때 확인 사항으로 옳지 않은 것은?
① 정보보호 및 개인정보보호 교육의 시기, 기간, 대상, 내용, 방법 등의 내용이 포함된 연간
교육 계획을 수립하고 경영진의 승인을 받고 있는가?
② IT 및 정보보호, 개인정보보호 조직 내 임직원은 정보보호 및 개인정보보호와 관련하여 직
무별 전문성 제고를 위한 별도의 교육을 받고 있는가?
③ 모든 임직원과 외부자를 대상으로 연간 교육 계획에 따라 비정기적으로 교육을 수행하고,
관련 법규 및 규정의 중대한 변경 시 이에 대한 추가교육을 수행하고 있는가?
④ 교육시행에 대한 기록을 남기고 교육 효과와 적정성을 평가하여 다음 교육 계획에 반영하
고 있는가?

해설 교육 대상은 관리체계 범위 내 모든 임직원과 외부자를 대상으로 하며, 정기적으로 교육을 수행해야 한다.

★ 정답 ★ | **7** ③ | **8** ④ | **9** ③ | **10** ② | **11** ① | **12** ③ | **13** ③

14 다음 중 정보보호 정책 수립 시 포함하여야 하는 사항이 아닌 것은?

① 경영진의 의지 및 방향
② 정보보호를 위한 역할과 책임
③ 정보보호를 위한 예산 수준
④ 정보보호 대상과 범위

해설 정보보호를 위한 예산은 정보보호 정책에 포함하지 않는다.

15 다음 중 부서별로 할당된 위험관리를 위한 보호대책 운영 업무가 틀린 것은?

① 인프라 운영부서 : 서버 및 네트워크 장비 보안 설정, 인프라 운영자 계정관리·권한관리 등
② 개발 부서 : 개발보안, 소스코드보안, 개발환경에 대한 접근 등
③ 정보보호 운영부서 : 접근통제 장비 운영, 보안 모니터링 등
④ 인사부서 : 퇴직자 보안관리, 퇴직자의 개인정보 파기 등

해설 인사부서는 퇴직자의 보안관리 업무를 수행하나, 개인정보 파기는 IT부서(디지털) 또는 개인정보보호 부서(지류)에서 수행하는 것이 일반적이다.

16 다음 문장은 정보보호 정책 수립 과정이다. 괄호 안에 들어갈 적합한 내용은?

> 영향도 및 법적 준거성 검토 → 검토 기록 등 관련 사항 반영 → (   ) → 전사 공포

① 이해관계자와의 협의 및 검토
② 회의록 작성 및 보고
③ 경영진 보고 및 승인
④ 그룹웨어 공지글 작성 및 게시

해설 정보보호 정책 수립 시에는 경영진 보고 및 승인 절차가 필수적으로 이행되어야 한다.

17 다음 중 정보보호 정책 관리 시 적절하게 조치한 사례는 무엇인가?

① 정보보호 법령의 최근 개정 내용을 검토 및 반영한 정보보호 정책을 경영진에게 보고 및 승인을 받는 경우
② 내부규정에 따라 정보보호 정책 재·개정 시 정보보호위원회의 의결을 거치고 있으나, 정보보호 최고책임자의 승인을 근거로만 개정한 경우
③ 정보보호 정책이 개정되었으나, 해당 사항이 관련 부서 및 임직원이 구버전의 지침서를 기준으로 업무를 수행하고 있는 경우
④ 정보보호 정책을 정보보호부서에서만 관리하고 있고, 임직원이 열람할 수 있도록 게시판, 문서 등의 방법으로 제공하지 않는 경우

해설 ② 내부규정에 따라 정보보호 정책 재·개정 시 정보보호위원회의 의결을 거치고 있으나, 정보보호 최고책임자의 승인을 근거로만 개정한 경우 절차 미흡으로 적절하지 않다.
③ 정보보호 정책이 개정되었으나, 해당 사항이 관련 부서 및 임직원이 구버전의 지침서를 기준으로 업무를 수행하고 있는 경우 업무 수행의 기준이 상이하므로 적절하지 않다.
④ 정보보호 정책을 정보보호부서에서만 관리하고 있고, 임직원이 열람할 수 있도록 게시판, 문서 등의 방법으로 제공하지 않는 경우 정책 공유 미흡으로 적절하지 않다.

18 정보보호 위원회의 의사결정이 필요한 업무에 해당하지 않는 것은?

① 정보보호 및 개인정보보호 예산 및 자원 할당

② 내부 보안사고 및 주요 위반사항에 대한 조치

③ 개인정보 유출 및 오·남용 방지를 위한 내부통제시스템 구축

④ 내부 감사결과 및 위험평가 결과에 대한 보안대책 수립

해설 내부 감사결과 및 위험평가 결과에 대한 보안대책 수립은 하위 수준의 업무로 의사결정이 필요한 부분이라기보다는 실무자의 일반적인 보안 업무이다.

19 다음 중 정보보호 조직 구성에 대한 설명으로 옳지 않은 것은?

① 조직의 규모, 업무 중요도 등의 특성을 고려하여 정보보호 및 개인정보보호 관리체계를 구축하여야 한다.

② 조직 전반에 걸친 중요한 정보보호 및 개인정보보호 관련사항에 대하여 검토, 승인 및 의사결정을 할 수 있는 위원회를 구성하여 운영할 수 있다.

③ 조직 규모 및 관리체계 범위 내에서 서비스의 중요도에 따라 정보보호 및 개인정보보호 관련 담당자 및 부서별 담당자로 구성된 실무협의체를 구성하여 운영할 수 있다.

④ 정보보호 및 개인정보보호 관리체계의 수립 및 운영활동 전반에 대한 의사결정은 실무 차원에서 공유, 조정, 검토하면 안된다.

해설 실무진 차원에서 공유, 조정, 검토, 개선하고 필요시 경영진 지원이 필요한 경우에 위원회에서 논의한다.

20 다음 중 정보보호 및 개인정보보호 관리체계 수립 및 운영 과정에서 지적하는 미흡 사항에 해당하는 것을 바르게 묶은 것은?

> ㉠ 정보보호 및 개인정보보호위원회를 개최하였으나, 연간 정보보호 및 개인정보보호 계획 및 교육 계획, 예산 및 인력 등 정보보호 및 개인정보보호에 관한 주요 사항이 검토 및 의사 결정이 되지 않은 경우
> ㉡ 정보보호 및 개인정보보호 정책 및 지침서가 최근에 개정되었으나, 해당 사항이 관련 부서 및 임직원에게 공유·전달되지 않아 일부 부서에서는 구버전의 지침서를 기준으로 업무를 수행하고 있는 경우

① ㉠ 정책 수립 ㉡ 조직 구성

② ㉠ 경영진의 참여 ㉡ 자원 할당

③ ㉠ 조직 구성 ㉡ 정책 수립

④ ㉠ 정책 수립 ㉡ 경영진의 참여

해설 ㉠ 조직 구성 ㉡ 정책 수립

정보보호
위험평가

1 위험관리 평가 방법론 선정 및 준비

1.1 위험평가 방법의 정의, 분류 및 선정

1.1.1 위험(Risk)의 정의와 구성요소

위험(Risk)이란 원하지 않는 사건이 발생하여 손실 또는 부정적인 영향을 미칠 가능성을 말한다. 위험의 유형과 규모를 확인하기 위해서는 위험에 관련된 모든 요소들과 그들이 어떻게 위험의 규모에 영향을 미치는지를 분석하여야 한다.

■ 위험(Risk)의 정의와 구성요소

구성 요소	설명	예시
위험의 정의	• 원하지 않는 사건 발생 가능성 • 손실 또는 부정적 영향을 미칠 수 있음 • 위험 = 발생가능성 × 손실의 정도	화재로 인한 위험 : 화재 발생 가능성과 잠재적 피해 비용
위험 계산 방법	• 확률 법칙 사용 • 사건 발생 확률 × 발생 시 비용 • 기댓값 형태로 표현	주사위 게임 : 1/6 × 100 = 16.67원(기댓값)
위험평가 요소	• 자산 : 보호 대상 • 위협 : 잠재적 위험 요인 • 취약성 : 위협에 대한 노출 정도 • 위험 = f(자산, 위협, 취약성)	• 데이터 자산 : 해킹에 취약 • 문서 자산 : 해킹에 덜 취약

■ 위험(Risk)의 금괴 도난 비유

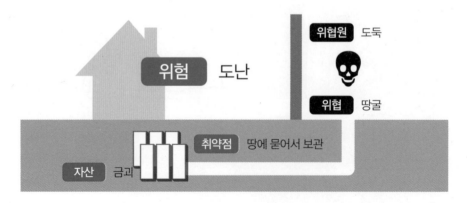

- 가치있는 유/무형의 자산을 위험(도난, 손실, 유출 등)으로부터 보호하는 행위
- 자산 : 조직이 보호해야 할 유/무형의 대상
  유 – H/W, S/W(물리보안이 필요)   무 – 정보, data(정보보안이 필요)
- 위협(Threat) : 자산에 손실을 줄 수 있는 사건의 잠재적 원인 또는 행위자
- 위험(Risk) : 외부의 위협이 내부의 취약점을 이용하여 보유한 각종 자산에 피해를 줄 수 있는 잠재적인 가능성
- 취약점(Vulnerability) : 위협 발생의 잠재적 조건으로 자산에 내재된 보안에 취약한 속성
※ 위험 = 자산(가치) X 취약점(영향) X 위협(빈도)

1.1.2 위험관리 용어 정의

위험관리는 조직의 정보자산을 보호하기 위해 위협과 취약성을 분석하고 적절한 보호 대책을 마련하여 위험을 수용 가능한 수준으로 유지하는 전체적인 과정이다. 위험관리는 위험식별, 위험분석, 위험평가, 위험처리의 단계를 통해 위험에 대한 대응방안을 선택하고 실행한다.

▣ 위험관리 관련 용어

구분	개념	특징	비고
위험관리	조직의 자산에 대한 위험을 수용 가능한 수준으로 유지하기 위해 위험을 분석하고, 적절한 보호 대책을 마련하는 전체적인 과정	• 조직의 정보보호를 위한 전체 프로세스 • 지속적인 과정	• 위험식별부터 분석, 평가, 처리까지 모든 단계를 포함 • 전략적 의사결정에 관여
위험식별	자산, 위협, 취약점을 파악하여 조직이 직면할 수 있는 잠재적 위험 요소를 찾아내는 초기 단계	• 보호해야 할 정보자산과 이를 위협하는 요소를 명확히 정의 • 정보자산 보호에 기여	• 자산, 위협, 취약점을 식별하는 초기 단계 • 내부 및 외부 위협 식별 및 문서화
위험분석	식별된 위험 요소들에 대해 발생 가능성과 영향을 평가하여 위험의 심각도를 산출하는 과정	• 위험의 정도를 평가하는 데 필요 • 자산, 위협, 취약점 분석 포함	• 자산의 가치 평가 및 위협, 취약성 분석에 중점 • 위험 시나리오 작성
위험평가	조직의 IT 시스템과 데이터에 대한 잠재적인 위협과 취약성을 식별하고, 이를 기반으로 위험의 심각도를 평가하는 체계적인 과정	• 위험의 정도를 평가 • 정량적/정성적 방법 사용 가능	• 식별된 위험의 규모와 중요도를 결정 • 수용 가능한 위험수준(DoA) 설정
위험처리	평가된 위험에 대해 구체적인 대응 방안을 선택하고 실행하는 과정	• 위험관리의 실행 단계 • 조직의 위험 수용 수준 고려	• 위험 감소, 회피, 전가, 수용 등의 대응 방안 선택 • 구체적인 정보보호 계획 수립

1.1.3 위험관리 관계도

조직은 보호해야 할 정보자산을 식별하고, 이 자산들이 어떤 위협에 노출될 수 있는지 분석한다. 각 자산은 고유한 취약성을 가지고 있으며, 이러한 취약성은 위협과 결합하여 실제 위험으로 전환될 수 있다. 위험의 크기는 위협의 강도, 취약성의 심각성, 그리고 잠재적 피해 규모에 따라 결정된다. 최종적으로 조직은 식별된 위험을 효과적으로 관리하기 위해 적절한 보호대책을 수립하고 이행한다. 이러한 보호대책은 취약성을 감소시키고 위협의 영향을 최소화하여 전체적인 위험 수준을 허용 가능한 범위로 낮추는 것을 목표로 한다.

■ 위험관리 관계도

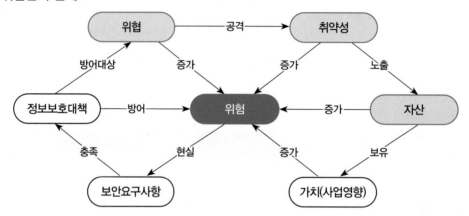

(출처 : ISO 13335, Part1)

구성 요소	설명	관계
자산	조직이 보호해야 할 대상	• 위협의 대상이 됨 • 취약성을 가질 수 있음
위협	자산에 손실을 초래할 수 있는 잠재적 원인	• 취약성을 이용하여 자산에 영향을 줌 • 위험의 한 요소
취약성	위협이 이용할 수 있는 자산의 약점	• 위협과 결합하여 위험을 생성 • 보호대책으로 감소 가능
위험	위협이 취약성을 이용하여 자산에 손실을 줄 가능성	• 자산, 위협, 취약성의 함수 • 보호대책의 대상
보호대책	위험을 감소시키기 위한 조치	• 취약성을 감소시킴 • 위험 수준에 영향을 줌

1.1.4 위험(Risk)관리 프로세스

위험관리 프로세스는 일반적으로 자산 식별, 위험분석 및 평가, 위험 대응 계획 수립의 단계로 구성된다. 자산 식별 단계에서는 자산을 파악하고 문서화하며, 위험분석 및 평가 단계에서는 식별된 위험의 영향력과 발생 가능성을 평가하여 우선순위를 결정한다. 마지막으로 위험 대응 계획 단계에서는 위험을 수용, 감소, 회피, 또는 전가하는 등의 전략을 수립하고 실행한다.

■ 위험관리 프로세스

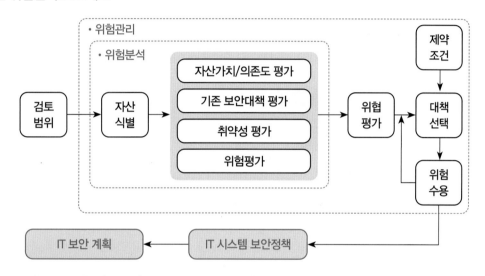

■ 위험관리 절차별 주요 활동

단계	주요 활동	세부 내용
검토 범위	• 위험관리 계획 수립 • 대상 시스템 선정	• 프로젝트 위험에 대한 접근 방법 결정 • 위험관리 계획서 작성 • 분석 대상 시스템 및 자산 범위 설정
자산 식별	• 자산 식별 및 평가 • 자산 그룹화	• 조직의 정보자산 식별 • 자산의 가치 및 중요도 산출 • CIA 평가 결과에 따른 자산 그룹화
위험평가	• 위협 분석 • 취약점 분석 • 위험도 산출	• 잠재적 위협 요인 파악 • 자산의 취약점 식별 • 위험의 영향력과 발생가능성 평가
대책 선택	• 대응책 분석 • 위험처리 전략 수립	• 필요한 보안 대책 조사 • 위험 수용, 감소, 회피, 전가 등의 전략 결정 • 비용 효과적인 보안 대책 선정

1.1.5 위험(Risk)평가 방법론

ISO 13335-1은 위험평가 전략을 베이스라인, 비정형, 상세 위험분석, 복합 접근법의 4가지로 분류한다. 위험평가 방법은 정량적 방법과 정성적 방법으로 나뉘며, 정량적 방법은 위험을 금액으로 표현하고 정성적 방법은 상대적 척도로 평가한다. 각 전략과 방법은 조직의 규모, 자원, 위험 수준에 따라 선택되며, 효과적인 위험관리를 위해 적절히 조합하여 사용된다.

■ 위험분석의 종류

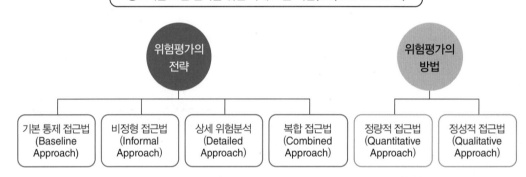

■ 위험평가 전략과 방법

구분	종류	특징
위험평가 전략	베이스라인 접근법	• 표준화된 보호대책 체크리스트 사용 • 비용과 시간 절약 • 과보호 또는 부족한 보호 가능성 존재
	비정형 접근법	• 경험자의 지식 활용 • 빠르고 비용 저렴 • 새로운 위험 놓칠 가능성
	상세 위험분석	• 자산, 위협, 취약성 분석 수행 • 적절한 대책 수립 가능 • 시간과 노력 많이 소요
	복합 접근법	• 고위험 영역은 상세 분석, 나머지는 베이스라인 접근 • 비용과 자원 효과적 사용 • 고위험 영역 잘못 식별 시 문제 발생 가능
위험평가 방법	정량적 방법	• 손실 및 위험을 금액으로 표현 • 객관적 수치 제공 • 정확한 데이터 필요
	정성적 방법	• 손실이나 위험을 상대적 척도로 표현 • 주관적 판단 포함 • 빠른 평가 가능

1.1.6 위험(Risk)평가 전략

위험평가 전략에서 가장 일반적인 베이스라인 접근법은 표준화된 보안대책 체크리스트를 사용하여 빠르고 비용 효율적이지만 조직 특성을 반영하지 못할 수 있다. 비정형 접근법은 경험자의 지식을 활용하여 중요 위험을 분석하지만 새로운 위험을 놓칠 수 있다. 상세 위험분석은 자산, 위협, 취약성을 체계적으로 분석하여 정확하지만 시간과 비용이 많이 들며, 복합 접근법은 고위험 영역에 상세 분석을, 나머지에 베이스라인 접근법을 적용하여 효율성을 높인다.

■ 위험평가 전략 비교

구분	베이스라인 접근법	비정형 접근법	상세 위험분석	복합 접근법
개념	• 모든 시스템에 대해 표준화된 보안대책 세트를 체크리스트 형태로 제공 • 체크리스트의 보안대책 구현 여부를 판단하고 미구현 항목을 구현하는 방식	• 구조적인 방법론에 기반하지 않고 경험자의 지식을 사용하여 위험분석 수행 • 특정 위험분석 모델과 기법을 선정하지 않고 수행자의 경험에 따라 중요 위험 중심으로 분석 • 전문가 판단법이라고도 함	• 잘 정립된 모델에 기초하여 자산 분석, 위협 분석, 취약성 분석의 각 단계를 수행하여 위험을 평가 • 조직의 자산 및 보안 요구사항을 구체적으로 분석하여 적절한 대책 수립	• 고위험 영역은 상세 위험분석을 수행하고, 다른 영역은 베이스라인 접근법을 사용하는 방식 • 여러 방법론을 동시에 사용하여 위험분석을 수행하는 접근법
장점	• 위험분석을 위한 시간과 비용이 크게 절약됨 • 모든 조직에서 기본적으로 필요한 보호대책 선택 가능 • 작은 조직에서 부담 없이 접근 가능	• 상세 위험분석보다 빠르고 비용이 덜 듦 • 계산에 대한 노력이 적게 듦 • 정보자산에 대한 가치를 평가할 필요가 없음	• 조직 내 적절한 보안 수준 마련 가능 • 자산, 위협, 취약성 목록 작성으로 보안환경 변화에 적절히 대처 가능 • 중요도에 따라 선별적인 보호 대책 적용 가능	• 비용과 자원을 효과적으로 사용할 수 있음 • 고위험 영역을 빠르게 식별하고 처리할 수 있음 • 부분적 계량화가 가능함
단점	• 조직의 특성이 미반영되어 과보호 또는 부족한 보호가 될 가능성 존재 • 보안환경 변화(자산 변동, 새로운 위협/취약성 발생 등)를 적절히 반영하지 못함 • 체크리스트 점수에 집착하여 보안 필요성보다 구현 용이성에 따라 대책을 선택할 위험 있음	• 새로운 위험이나 수행자의 경험이 적은 영역을 놓칠 가능성 있음 • 검토자의 개인적 경험에 지나치게 의존하여 실패 위험 있음 • 진단 및 결과가 주관적이어서 사람마다 결과가 달라질 수 있음	• 분석에 시간과 노력이 많이 소요됨 • 채택한 위험분석 방법론과 모델을 잘 이해해야 함 • 고급의 인적 자원이 필요함	• 고위험 영역이 잘못 식별되었을 경우 위험분석 비용이 낭비되거나 부적절하게 대응할 수 있음 • 베이스라인 접근법을 적용한 영역의 잠재적 위험 요인이 체크리스트에 포함되지 않을 경우 대응할 수 없음

구분	베이스라인 접근법	비정형 접근법	상세 위험분석	복합 접근법
사례	• BS 7799(또는 ISO 17799)를 사용한 갭 분석(Gap analysis) • ISO27001, ISMS, PIMS 등의 인증 심사 시 활용	단일 서비스를 운영하는 소규모 업체에서 서비스의 위험을 식별하기 위해 해당 분야 전문가를 초빙하여 예측 가능한 위험을 도출	위험 시나리오와 자산/위험/취약성 매트릭스를 작성하고 분석하여 주요 자산의 위험수준을 결정	최근 보안 사고가 발생했던 사업 영역에 대해서는 상세 위험분석을 적용하고, 그 이외의 사업 영역에 대해서는 베이스라인 접근법을 적용하는 방식

1.1.7 위험(Risk)평가 방법

정성적 위험평가에서는 위험을 어떤 상황에 대한 설명(Descriptive variable)으로 묘사한다. 즉, '네트워크 호스트의 기술적 장애'라든가, '외부인에 의한 사용자 ID 도용'과 같은 표현으로 위험을 분류하며, 그 정도는 '매우 높음(Very High)', '높음(High)', '중간(Medium)', '낮음(Low)' 등으로 표현된다. 정량적 위험분석에서는 위험을 손실액과 같은 숫자값으로 표현한다. 이러한 방식은 연간 예상 손실액(ALE, Annualized Loss Expectancy)을 계산하기 위하여 관련된 모든 값들을 정량화시켜 표현한다. 연간 기대 손실은 어떤 위협이 성공했을 경우의 예상 손실액(SLE, Single Loss Expectancy)에 그 위협의 연간 발생률(ARO, Annual Rate of Occurrence)을 곱한 값이다.

■ 위험평가 방법 비교

구분	정량적 방법	정성적 방법
개념	• 위험을 숫자값이나 금액으로 표현 • 연간 예상 손실액(ALE) 등을 계산 • 주로 미국에서 사용됨	• 위험을 설명적 변수나 등급으로 표현 • '매우 높음', '높음', '중간', '낮음' 등으로 평가 • 주로 유럽에서 사용됨(예 CRAMM)
평가 방식	• ALE = SLE × ARO • 자산 가치와 위협 발생 확률을 구간의 대표값으로 수치화 • 예 자산가치 10,001~100,000달러 → 50,000달러로 평가	• 5점 척도, 10점 척도 등의 점수화 사용 • 위험을 상황에 대한 설명으로 묘사 • 예 '네트워크 호스트의 기술적 장애', '외부인에 의한 사용자 ID 도용'
장점	• 비용/가치 분석 가능 • 예산 계획에 활용 가능 • 평가된 값의 의미가 명확 • 객관적인 비교 가능	• 금액으로 평가하기 어려운 정보 평가 가능 • 분석 시간이 상대적으로 짧음 • 이해가 쉬움 • 복잡한 상황을 간단히 표현 가능
단점	• 분석에 많은 시간과 노력 필요 • 정확한 자산 가치 반영의 어려움 • 모든 위험을 수치화하기 어려움 • 정확성에 대한 과신 가능성	• 표현이 주관적 • 평가자에 따라 이해가 달라질 수 있음 • 정확한 비용 산정 어려움 • 우선순위 결정에 어려움 발생 가능

사례	• 단일 손실 기댓값(SLE) 분석: 특정 위험에 대한 금전적 손실을 계산 • 의사결정나무 분석: 다양한 의사결정 경로와 그에 따른 결과를 트리 구조로 분석 • 몬테카를로 시뮬레이션: 다양한 변수를 고려하여 여러 시나리오를 시뮬레이션 • 민감도 분석: 특정 변수의 변화가 전체 위험에 미치는 영향을 분석 • 과거자료 분석법: 과거의 데이터를 기반으로 위험을 분석	• 델파이법: 전문가 집단의 의견을 수렴하여 위험을 분석 • 시나리오법: 다양한 상황을 가정하여 발생 가능한 결과를 추정 • 순위 결정법: 위험 항목들의 우선순위를 비교하여 결정 • 퍼지행렬법: 위험 요소들을 정성적 언어로 표현하여 평가 • 체크리스트: 미리 준비된 항목들을 확인하며 위험을 식별

▣ 위험평가 방법

구분	분석 방법	설명	적용 사례
정량적 위험평가	연간예상손실 (ALE: Annualized Loss Expectancy)	특정 자산에 특정 위협 발생 시 연간 예상되는 손실액을 산정하는 방법	• 정보보안 예산 책정, 위험관리 전략 수립, 보안 투자 결정 등에 활용 • ALE = SLE(단일예상손실액) × ARO(연간발생률) • SLE = 자산가치(AV) × 노출계수(EF) • 예 서버의 자산가치가 1억 원, 노출계수 30%, 연간발생률 0.1인 경우, ALE = (1억 원 × 30%) × 0.1 = 300만 원
	의사결정나무 분석	다양한 의사결정 경로와 그에 따른 결과를 트리 구조로 분석하는 방법	새로운 보안 시스템 도입 여부 결정. 예 도입 비용, 예상 효과, 미도입 시 위험 등을 트리 구조로 나타내어 최적의 결정을 내림
	몬테카를로 시뮬레이션	다양한 변수를 고려하여 여러 시나리오를 시뮬레이션하는 방법	사이버 보안 침해 사고의 발생 확률과 손실을 예측. 예 다양한 유형의 사이버 공격 시나리오를 생성하고 각 시나리오에 대한 확률과 손실을 계산하여 전체적인 위험을 평가
	민감도 분석	특정 변수의 변화가 전체 위험에 미치는 영향을 분석하는 방법	정보보안 투자의 효과 평가. 예 방화벽 강화, 직원 교육, 암호화 기술 도입 등 다양한 보안 조치의 비용과 효과를 분석하여 가장 효율적인 투자 방안 결정
	과거자료 분석법	과거의 자료를 통하여 위험 발생 가능성을 예측하는 방법	정보보안 사고 예측. 예 과거 3년 간의 보안 사고 데이터를 분석하여 향후 1년간 발생 가능한 보안 사고의 유형과 빈도를 예측

구분	분석 방법	설명	적용 사례
정량적 위험평가	확률분포법	미지의 사건을 확률적으로 편차를 이용하여 최저, 보통, 최고 위험평가를 예측하는 방법	데이터 유출 위험평가. 예 다양한 유출 시나리오에 대해 최소, 평균, 최대 손실액을 추정하여 전체적인 데이터 유출 위험을 평가
	수학공식 접근법	위협 발생 빈도를 계산하는 식을 이용하여 위험을 계량화하는 방법	네트워크 침입 위험평가. 예 방화벽 로그 데이터를 기반으로 침입 시도 빈도와 성공률을 계산하여 전체 네트워크의 위험도를 수치화
정성적 위험평가	델파이법	전문가 집단의 의견을 수렴하여 위험을 분석하는 방법	새로운 기술 도입에 따른 보안 위험평가. 예 클라우드 서비스 도입 시 보안 전문가들의 의견을 수렴하여 잠재적 위험과 대응 방안을 도출
	시나리오법	어떤 사건도 기대대로 발생하지 않는다는 사실에 근거하여 일정 조건하의 위협에 대해 발생가능한 결과를 추정하는 방법	사이버 공격 대응 계획 수립. 예 DDoS 공격, 랜섬웨어 감염 등 다양한 사이버 공격 시나리오를 작성하고 각 상황에 대한 대응 절차를 수립
	체크리스트	미리 준비된 항목들을 확인하며 위험을 식별하는 방법	정보 시스템의 보안 상태 점검. 예 패스워드 정책 준수 여부, 접근 제어 설정, 백업 절차 등을 체크리스트로 만들어 정기적으로 점검
	HAZOP (위험과 운전 분석)	공정이나 운영 절차의 이탈 가능성을 체계적으로 검토하여 위험을 식별하는 방법	데이터 백업 절차의 위험분석. 예 "백업이 실행되지 않으면 어떻게 될까?", "백업 용량이 부족하다면?" 등의 질문을 통해 잠재적 위험을 식별
	퍼지행렬법	퍼지 이론을 기반으로 모호성과 불확실성을 체계적으로 의사결정 과정에 반영하여 모형화하는 방법	자산의 가치, 위험의 심각도, 취약점의 정도를 언어적 변수로 표현하고 이를 퍼지 넘버로 변환하여 위험을 평가

1.1.8 상세 위험분석 절차

상세 위험분석 절차는 자산 분석, 위협 및 취약성 평가, 기존 정보보호대책 평가를 통해 잔존 위험을 평가하는 단계로 구성된다. 자산 분석 단계에서는 주요 자산을 분류하고 가치를 평가하며, 위협 및 취약성 분석 단계에서는 발생 가능한 위협을 목록화하고 취약성을 평가한다. 마지막으로 기존 정보보호대책의 효과를 평가하여 최종적으로 조직의 현재 위험 규모를 산정한다.

▣ 상세 위험분석 절차

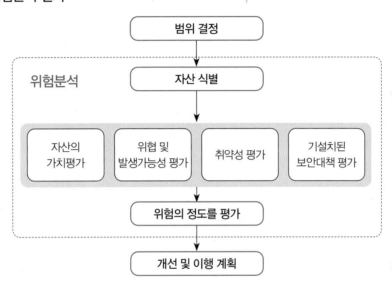

▣ 상세 위험분석 절차별 주요 활동

단계	주요 활동	세부 내용
1. 자산 분석	• 주요 자산 분류 및 목록 작성 • 자산 가치 평가 • 보안 속성 평가	• 자산을 유형별로 분류하고 목록 작성 • 각 자산의 조직에 대한 가치 평가 • 비밀성, 무결성, 가용성 요구 정도 평가 • 자산의 가치와 보안 속성을 기반으로 위협에 따른 영향 판단
2. 위협 및 취약성 분석	• 위협 목록화 및 발생 가능성 예측 • 취약성 확인 및 정도 결정 • 위협과 취약성 통합 평가	• 발생 가능한 주요 위협 식별 및 목록화 • 각 위협의 발생 가능성 추론 • 자산별 취약성 평가 또는 표준 대책 목록 대비 구현 여부 확인 • '우려(concern)' 개념으로 위협과 취약성 통합 평가 가능
3. 기존 정보보호 대책 평가 및 잔존 위험평가	• 기존 보안 대책의 효과 평가 • 원천 위험 대비 잔존 위험평가 • 최종 조직의 위험 규모 평가	• 이미 설치된 정보보호대책의 보호 효과 고려 • 대책에 따른 취약성 감소, 피해 규모 감소, 위협 발생 가능성 감소 평가 • 원천 위험과 대책 효과를 고려한 최종 조직의 위험 규모 평가

1.1.9 위험평가 방법 선정

위험평가 방법 선정 시 조직의 규모와 특성에 맞는 방법을 선택하는 것이 중요하다. 소규모 조직의 경우 체크리스트법과 같은 간단한 방법을 활용할 수 있으며, 대규모 조직은 더 복잡한 방법을 선택할 수 있다.

■ 위험평가 방법 선정 단계별 내용

단계	내용	세부 사항
1. 조직 특성 파악	• 조직의 규모와 특성 고려 • 비즈니스 목표 및 서비스 유형 분석 • 컴플라이언스 요구사항 확인	• 소규모 조직은 체크리스트법 등 간단한 방법 고려 • 대규모 조직은 복잡한 방법 선택 가능 • 산업 특성에 따른 위험 요소 파악
2. 평가 방법 검토	• 다양한 위험평가 방법 조사 • 정량적/정성적 방법 비교 • 조직에 적합한 방법 선별	• 베이스라인 접근법, 상세위험분석법, 복합 접근법 등 검토 • 빈도−강도법, 체크리스트법 등 구체적 기법 고려 • 최신 위협 동향 및 취약점 반영 여부 확인
3. 방법 선정 및 문서화	• 선정된 방법의 적절성 검증 • 위험평가 실시 규정 작성 • 평가 절차 및 기준 문서화	• 선정 이유 및 기대 효과 명시 • 평가 주기 및 담당자 지정 • 위험성 수준 판단 기준 설정(예 3단계 이상)

1.1.10 위험평가 관리계획(절차) 수립

위험평가 관리계획 수립은 사전준비, 유해·위험요인 파악, 위험성 결정, 위험성 감소대책 수립 및 실행, 위험성평가 공유, 기록 및 보존의 6단계로 구성된다. 각 단계에서는 평가 대상 확정, 다양한 방법을 통한 위험요인 파악, 위험성 추정 및 허용 가능 여부 판단, 감소대책 수립 및 실행, 결과 공유 및 기록 보존 등의 활동이 이루어진다. 이 과정은 지속적으로 반복되며, 조직의 위험을 체계적으로 관리하기 위한 중요한 절차이다.

■ 위험평가 관리계획 수립 개요

요소	내용	세부 사항
수행인력	• 위험관리 전문가 • 정보보호·개인정보보호 전문가 • 법률 전문가 • IT 실무 책임자 • 현업부서 실무 책임자 • 외부 전문컨설턴트	• 이해관계자의 참여 필요 • 위험관리 방법, 조직의 업무 및 시스템에 대한 전문성을 갖춘 인력 포함 • 관련 부서 실무책임자의 참여 필수
기간	최소 연 1회 이상 수행	• 매년 위험관리계획 수립 및 이행 • 구체적인 일정 수립 (예 사전준비 2주, 유해·위험요인 파악 2주, 위험성 결정 1주 등)

요소	내용	세부 사항
대상	인증 범위 내 모든 서비스 및 자산	• 정보자산, 개인정보, 시스템, 물리적 시설 등 포함 • 정보보호 관리체계 인증범위 내 핵심자산 및 서비스를 누락 없이 포함
방법	조직의 특성을 반영한 위험평가 방법론 정의	• 관리적, 기술적, 물리적, 법적 분야 등 조직 전 영역에 대한 위험식별 및 평가가 가능하도록 각 영역별 특성을 반영한 위험관리 방법 선정 • 정성적, 정량적 방법 중 선택 또는 혼합
수행 예산	위험식별 및 평가 시행을 위한 예산 계획 수립	• 매년 예산 계획 수립 • 정보보호 최고책임자 등 경영진의 승인 필요
역할과 책임	• 위험관리 전문가 : 전반적인 위험관리 프로세스 주도 • 정보보호관리자 : 정보보호 관련 위험식별 및 평가 • IT 실무 책임자 : 기술적 위험평가 지원 • 현업부서 실무 책임자 : 각 부서별 위험 요소 식별 및 평가 참여	• 각 역할별 구체적인 책임과 권한 정의 • 위험관리 결과에 대한 보고 체계 수립 • 위험 감소 대책 실행에 대한 책임 할당

가. (ISMS-P) 1.2.3 위험평가

항목	1.2.3 위험평가
인증기준	조직의 대내외 환경분석을 통해 유형별 위협정보를 수집하고 조직에 적합한 위험평가 방법을 선정하여 관리체계 전 영역에 대하여 연 1회 이상 위험을 평가하며, 수용할 수 있는 위험은 경영진의 승인을 받아 관리하여야 한다.
주요 확인 사항	1) 조직 또는 서비스의 특성에 따라 다양한 측면에서 발생할 수 있는 **위험을 식별하고 평가할 수 있는 방법을 정의**하고 있는가? 2) 위험관리 방법 및 절차(수행인력, 기간, 대상, 방법, 예산 등)를 구체화한 **위험관리계획을 매년 수립**하고 있는가? 3) 위험관리계획에 따라 **연 1회 이상 정기적으로 또는 필요한 시점에 위험평가를 수행**하고 있는가? 4) 조직에서 **수용 가능한 목표 위험수준을 정하고 그 수준을 초과하는 위험을 식별**하고 있는가? 5) **위험식별 및 평가 결과를 경영진에게 보고**하고 있는가?

결함사례	• 수립된 위험관리계획서에 위험평가 기간 및 위험관리 대상과 방법이 정의되어 있으나, 위험관리 수행 인력과 소요 예산 등 구체적인 실행계획이 누락되어 있는 경우 • 전년도에는 위험평가를 수행하였으나, 금년도에는 자산 변경이 없었다는 사유로 위험평가를 수행하지 않은 경우 • 위험관리 계획에 따라 위험식별 및 평가를 수행하고 있으나, 범위 내 중요 정보자산에 대한 위험식별 및 평가를 수행하지 않았거나, 정보보호 관련 법적 요구 사항 준수 여부에 따른 위험을 식별 및 평가하지 않은 경우 • 위험관리 계획에 따라 위험식별 및 평가를 수행하고 수용 가능한 목표 위험수준을 설정하였으나, 관련 사항을 경영진(정보보호 최고책임자 등)에 보고하여 승인받지 않은 경우 • 내부 지침에 정의한 위험평가 방법과 실제 수행한 위험평가 방법이 상이할 경우 • 정보보호 관리체계와 관련된 관리적·물리적 영역의 위험식별 및 평가를 수행하지 않고, 단순히 기술적 취약점진단 결과를 위험평가 결과로 갈음하고 있는 경우 • 수용 가능한 목표 위험수준(DoA)을 타당한 사유 없이 과도하게 높이는 것으로 결정함에 따라, 실질적으로 대응이 필요한 주요 위험들이 조치가 불필요한 위험(수용 가능한 위험)으로 지정된 경우

확인 사항	요구 사항	관련 사항
위험식별 및 평가 방법을 정의하고 문서화	조직의 특성을 반영하여 관리적, 기술적, 물리적, 법적 분야 등 다양한 측면에서 발생할 수 있는 정보보호 및 개인정보보호 관련 위험을 식별하고 평가할 수 있도록 위험평가 방법을 정의하고 문서화하여야 함	• 위험평가 방법 선정 　– 베이스라인 접근법, 상세위험 접근법, 복합접근법, 위협 및 시나리오 기반 등 • 비즈니스 및 조직 특성 반영 　– 조직의 비전 및 미션, 목표, 서비스 유형, 컴플라이언스 등 • 다양한 관점 고려 　– 해킹, 내부자 유출, 외부자 관리 소홀, 법규 위반 등 • 최신 위협 동향 고려 • 위험평가 방법론은 조직의 특성에 맞게 자체적으로 정하여 적용할 수 있으나, 위험평가의 과정은 합리적이어야 하고 위험평가 결과는 실질적인 위험의 심각성을 대변할 수 있어야 함
위험관리 방법 및 절차 등 위험관리 계획 수립	위험관리 방법 및 절차(수행인력, 기간, 대상, 방법, 예산 등)를 구체화한 위험관리계획을 수립하여야 함	• 수행인력 　– 위험관리 전문가, 정보보호·개인정보보호 전문가, 법률 전문가, IT 실무 책임자, 현업부서 실무 책임자, 외부 전문컨설턴트 등 참여(이해관계자의 참여 필요) • 기간 : 최소 연 1회 이상 • 대상 : 인증 범위 내 모든 서비스 및 자산(정보자산, 개인정보, 시스템, 물리적 시설 등) • 방법 : 조직 특성에 따라 방법론 정의 • 예산 : 위험식별 및 평가 시행을 위한 예산계획을 매년 수립하고 CISO 등 경영진 승인

확인 사항	요구 사항	관련 사항
연 1회 이상 수행	위험관리계획에 따라 정보보호 및 개인정보보호 관리체계 범위 전 영역에 대한 위험평가를 연 1회 이상 정기적으로 또는 필요한 시점에 수행하여야 함	• 사전에 수립된 위험관리 방법 및 계획에 따라 체계적 수행 • 위험평가는 **연 1회 정기적 수행**하되, 조직의 변화, 신규시스템 도입 등 **중요한 사유 발생 시 별도 위험평가 수행** • 서비스 및 정보자산의 **현황과 흐름분석 결과 반영** • **최신 법규**를 기반으로 정보보호 및 개인정보보호 관련 법적 요구사항 준수 여부 확인 • 정보보호 및 개인정보보호 관리체계 **인증기준의 준수 여부** 확인 • 기 적용된 **정보보호대책의 실효성** 검토 포함
수용 가능한 수준 초과 위험식별	조직에서 수용 가능한 목표 위험 수준을 정하고 그 수준을 초과하는 위험을 식별하여야 함	• 각종 위험이 조직에 미치는 영향(**발생가능성, 심각도** 등)을 고려하여 **위험도 산정 기준** 마련 • 위험도 산정기준에 따라 식별된 위험에 대하여 **위험도 산정** • 수용 가능한 목표위험수준(DoA)을 CISO, CPO 등 **경영진의 의사결정을 통해 결정** • DoA 초과 위험에 대해 **문서화**
위험식별 및 평가 결과 경영진 보고	위험식별 및 평가 결과를 정보보호 최고책임자, 개인정보보호책임자 등 경영진이 이해하기 쉽게 작성하여 보고하여야 함	• **식별된 위험에 대한 평가보고서 작성** • 식별된 위험별로 관련된 **이해관계자에게 내용 공유 및 논의**(실무협의체, 위원회 등) • IT, 법률적 전문 용어보다는 경영진의 눈높이에서 쉽게 이해하고 의사 결정할 수 있도록 보고서를 작성하여 보고

2 정보보호 위험평가

🔐 2.1 정보자산 식별 및 중요도 평가

2.1.1 정보자산 식별

정보자산 식별은 조직의 모든 정보 관련 자산(전자정보, 문서, 소프트웨어, 하드웨어, 인력 등)을 파악하는 과정으로, 조직의 특성에 따라 중점적으로 식별해야 할 자산 유형이 달라질 수 있다. 중요도 평가는 식별된 자산에 대해 기밀성, 무결성, 가용성을 기준으로 상, 중, 하 등급을 부여하는 과정이다. 이러한 식별과 평가를 통해 조직은 효과적인 정보보호 정책을 수립하고, 자산의 특성에 맞는 보안 대책을 적용할 수 있다.

■ 정보자산 식별 과정

구분	내용	세부 사항
정보자산 식별	• 조직의 모든 정보 관련 자산 파악 • 자산 유형별 분류 및 목록 작성	• 전자정보, 문서, 소프트웨어, 하드웨어, 시설, 인력 등 • 조직 특성에 따라 중점 식별 대상 결정(예 IT 기업은 서버, 네트워크 장비 중심)
중요도 평가 기준	• 기밀성(C) • 무결성(I) • 가용성(A)	• 기밀성 : 인가된 접근만 허용, 유출 시 손실 정도 • 무결성 : 인가된 방식의 변경만 허용, 위변조 가능성 • 가용성 : 적시 접근 가능성, 서비스 연속성
중요도 등급 산정	• 상 : 높은 보호 필요 • 중 : 중간 수준의 보호 필요 • 하 : 기본적인 보호 필요	• 상 : CIA 모두 높음, 즉각 대응 필요 • 중 : CIA 중 일부 높음, 대체 수단으로 업무 연속성 확보 가능 • 하 : CIA 모두 낮음, 기타 업무용 또는 예비 장비

가. (ISMS-P) 1.2.1 정보자산 식별

항목	1.2.1 정보자산 식별
인증기준	조직의 업무특성에 따라 정보자산 분류기준을 수립하여 관리체계 범위 내 모든 정보자산을 식별·분류하고, 중요도를 산정한 후 그 목록을 최신으로 관리하여야 한다.
주요 확인 사항	1) **정보자산의 분류기준을 수립**하고 정보보호 및 개인정보보호 관리체계 범위 내의 **모든 자산을 식별하여 목록으로 관리**하고 있는가? 2) 식별된 정보자산에 대해 **법적 요구사항 및 업무에 미치는 영향 등을 고려하여 중요도를 결정**하고 **보안등급을 부여**하고 있는가? 3) 정기적으로 정보자산 현황을 조사하여 **정보자산목록을 최신으로 유지**하고 있는가?

항목	1.2.1 정보자산 식별
결함사례	• 정보보호 및 개인정보보호 관리체계 범위 내의 자산 목록에서 중요정보 취급자 및 개인정보 취급자 PC를 통제하는 데 사용되는 출력물 보안, 문서암호화, USB매체제어 등의 내부정보 유출통제 시스템이 누락되어 있는 경우 • 정보보호 및 개인정보보호 관리체계 범위 내에서 제3자로부터 제공받은 개인정보가 있으나, 해당 개인정보에 대한 자산 식별이 이루어지지 않은 경우 • 내부 지침에 명시된 정보자산 및 개인정보 보안등급 분류 기준과 자산관리 대장의 분류 기준이 일치하지 않은 경우 • 온프레미스 자산에 대해서는 식별이 이루어졌으나, 외부에 위탁한 IT 서비스(웹호스팅, 서버호스팅, 클라우드 등)에 대한 자산 식별이 누락된 경우(단, 인증범위 내) • 고유식별정보 등 개인정보를 저장하고 있는 백업서버의 기밀성 등급을 (하)로 산정하는 등 정보자산 중요도 평가의 합리성 및 신뢰성이 미흡한 경우

확인 사항	요구 사항	관련 사항
정보자산 분류기준을 수립하고 ISMS-P 범위 내 자산 식별 및 목록화	정보자산의 분류기준을 수립하고 정보보호 및 개인정보보호 관리체계 범위 내의 모든 자산을 식별하여 목록으로 관리하여야 함	• 조직의 특성에 맞게 정보자산의 **분류기준**을 수립하고 기준에 따라 **정보자산을 빠짐 없이 식별** ▶ 1) 참조 • **자산명, 용도, 위치, 책임자 및 관리자, 관리정보** 등 자산정보 확인하여 목록 작성 • 자산관리시스템 또는 전자문서(엑셀) 형태로 관리 • 클라우드 서비스를 이용하는 경우, 클라우드 서비스의 특성을 반영한 분류기준(예 가상서버, 오브젝트 스토리지 등)을 마련하고 이에 따라 클라우드 자산 식별·관리
정보자산 중요도 평가 및 보안등급 부여	식별된 정보자산에 대해 법적 요구사항 및 업무에 미치는 영향 등을 고려하여 중요도를 결정하고 보안등급을 부여하여야 함	• 법적 요구사항이나 업무 영향 등 각 자산 특성에 맞는 보안등급 평가기준 결정 – **기밀성, 무결성, 가용성, 법적준거성, 서비스 영향, 이익손실, 고객 상실, 대외이미지 손상** 등도 고려 • 보안등급 **평가기준**에 따라 **보안등급 산정** 및 목록으로 관리 ▶ 2)~3) 참조
정기적 정보자산목록 최신 유지	정기적으로 정보자산 현황을 조사하여 정보자산목록을 최신으로 유지하여야 함	• 신규 도입, 변경, 폐기되는 자산 현황을 확인할 수 있도록 절차 마련 • **정기적**으로 정보자산 현황 조사를 수행하고 **정보자산목록을 최신**으로 유지

1) 정보자산 분류(예시)

- 자산 유형별 분류 : 서버, 데이터(DMMS), 정보시스템(응용프로그램), 소프트웨어, 네트워크장비, 보안시스템, PC, 정보, 설비, 시설 등

자산유형	식별 항목
서버	Host 명칭, 자산 일련번호, 모델명, 용도, IP주소, 관리 부서명, 관리 실무자, 관리 책임자, 보안등급 등
데이터	DB명, Table명, (개인)정보 항목(예 이름, 성별, 생년월일, 휴대폰번호, 이메일 등), 관리 부서명, 관리 실무자, 관리 책임자, 저장 시스템(host 명칭), 저장 위치(IP주소), 보안등급 등
정보시스템	서버, PC 등 단말기, 보조저장매체, 네트워크 장비, 응용 프로그램 등 정보의 수집, 가공, 저장, 검색, 송수신에 필요한 하드웨어 및 소프트웨어
보안시스템	침입차단시스템, 침입탐지시스템, 침입방지시스템, 개인정보유출방지시스템 등
정보	문서적 정보, 전자적 정보 등 포함(중요정보, 개인정보 등)

2) 정보자산 목록 및 중요성 평가 예시

기본사항						자산 중요도			등급
관리번호	관리부서	자산명	관련시스템	책임자	관리자	C	I	A	

3) 자산 중요도 평가 등급 기준표 예시

중요성 등급	정보자산 중요성 지수 범위
'가' 등급	8 ～ 9점
'나' 등급	5 ～ 7점
'다' 등급	3 ～ 4점

구분		무결성(I) + 가용성(A)				
		2	3	4	5	6
기밀성(C)	1	3	4	5	6	7
	2	4	5	6	7	8
	3	5	6	7	8	9

4) 정보자산 관리지침

◼ 분류기준

정보자산 유형	내용	대상
IT_서버	회사의 내·외부 IT서비스를 제공하기 위한 목적으로 사용되는 Windows, Linux 등의 IT시스템을 말하며, 개발 및 테스트용으로 사용하는 시스템도 포함한다.	ERP 서버, WEB/WAS 서버, 파일서버, 개발 및 테스트용 서버 등
IT_DB	고객정보 등 회사의 중요정보를 저장, 관리하는 데이터베이스 시스템을 말한다.	ERP DB, 쇼핑몰 DB, 채용 DB 등
IT_네트워크	회사의 IT서비스를 제공하기 위하여 업무망, 외부 접점 등에 설치되어 있는 IT장비를 말한다.	라우터, 스위치, L4 장비 등
IT_보안시스템	회사 IT서비스를 안정적으로 제공하기 위하여 주요 네트워크 접점 및 시스템, PC 등에 설치되어 있는 정보보호솔루션을 말한다.	침입차단시스템(방화벽), 웹방화벽, 침입방지시스템(IPS), PC 보안 솔루션 등
업무용PC	전 임직원이 업무용으로 사용하는 개인컴퓨터로 PC, 노트북 또는 POS 등을 말한다.	PC, 업무용 노트북 등
소프트웨어 (애플리케이션)	회사의 업무를 위하여 도입된 업무 프로그램, 상용 프로그램 등을 말한다.	Windows, MS office, 쇼핑몰 관리자페이지 등
종이문서	최초 종이로 생성되거나 전자문서 형태로 관리되고 있는 중요정보가 포함된 문서를 말한다.	각종 계약서, 이력서, 매뉴얼 등
물리적자산	IT시스템 및 인력 등을 보호하기 위해 설치된 물리적 구성 요소를 말한다.	CCTV, 출입통제시스템, 항온항습기, UPS, 방재 설비 등
인력 (조직)	ISMS-P 인증대상 범위에 포함되는 부서 및 부서의 임직원을 말한다.	EA팀, 개발 플랫폼팀, 인사총무팀 등
정보 (Information)	회사의 대·내외 서비스 및 업무 프로그램 내 포함된 개인정보(고객정보)를 말한다.	홈페이지 및 업무 프로그램 내 고객정보 및 게시정보 등

▣ 평가기준

정보자산 평가는 정보자산에 대한 중요도 산정 기준인 기밀성(Confidentiality), 무결성(Integrity), 가용성(Availability) 측면에서 파악하여 정보자산의 중요도를 산정하고 이를 등급화하는 단계이다.

▶ 정보자산 중요도 산정 기준

정보자산 중요도 평가를 위해 각 정보자산에 대하여 다음과 같은 기준에 따라 '상', '중', '하' 3단계로 등급화한다.

등급		기밀성(C)	무결성(I)	가용성(A)
상	3	정보자산 유출 시 경쟁사에 막대한 이익을 주거나 회사 경영에 심각한 손실을 초래할 우려가 있는 경우	정보자산 변조 또는 훼손 시 정보의 정확성 또는 완전성을 검증/복구하기 힘든 경우	정보자산을 사용할 수 없을 시 관련 서비스 전반에 심각한 영향을 미치는 경우
		정보자산 유출 시 금전적 손실이 10억 원 이상인 경우	정보자산 변조 또는 훼손 시 금전적 손실이 10억 원 이상인 경우	정보자산을 사용할 수 없을 시 금전적 손실이 10억 원 이상인 경우
중	2	정보자산 유출 시 경쟁 우위 일부 손실 등의 불이익이 발생할 수 있는 경우	정보자산 변조 또는 훼손 시 정보의 정확성 또는 완전성을 일정시간 내에 검증/복구가 가능한 경우	정보자산을 사용할 수 없을 시 관련 서비스 일부에 영향을 미치는 경우
		정보자산 유출 시 금전적 손실이 1억 원 이상인 경우	정보자산 변조 또는 훼손 시 금전적 손실이 1억 원 이상인 경우	정보자산을 사용할 수 없을 시 금전적 손실이 1억 원 이상인 경우
하	1	정보자산 유출 시 경쟁 우위에 영향을 미치지 않는 경우	정보자산 변조 또는 훼손 시 정보의 정확성 또는 완전성을 즉시(쉽게) 검증/복구가 가능한 경우	정보자산을 사용할 수 없을 시 관련 서비스에 영향이 없거나, 미비한 경우
		정보자산 유출 시 금전적 손실이 없거나, 정보자산 구입비용 이상의 손실을 입을 가능성이 없는 경우	정보자산 변조 또는 훼손 시 금전적 손실이 없거나, 정보자산 구입비용 이상의 손실을 입을 가능성이 없는 경우	정보자산을 사용할 수 없을 시 금전적 손실이 없거나, 정보자산 구입비용 이상의 손실을 입을 가능성이 없는 경우

▶ 정보자산 중요도 산정 및 등급화

정보자산 중요도는 산정 기준에 따라 파악된 기밀성(C), 무결성(I), 가용성(A)의 값의 합으로 평가한다.

정보자산 중요도 = 기밀성(C) + 무결성(I) + 가용성(A)

평가된 정보자산 중요도는 다음과 같은 기준에 따라 3단계로 등급화한다.

정보자산 보안등급	정보자산 중요도 기준	정보자산 중요도
1등급	8 ~ 9	상(3)
2등급	5 ~ 7	중(2)
3등급	3 ~ 4	하(1)

■ 서버 자산

No.	서비스		정보자산명 (HostName)	상세 설명							자산위치	중요도			보안등급	관리주체		운영주체	
	대구분	중구분		용도	분류	OS버전	IP주소	NW존	제품명	도입/설치일자		기밀성	무결성	가용성		회사/부서	성명	회사/부서	성명
1	Amall	운영	ASHOPPLGDB1	DB모니터링(운영서버)	Windows	Windows Server 2012 R2 Std	10.1.1.13	DB (VALN11)	VM	2018.08.06/2018.08.06	A-IDC	중	중	중	2등급	인프라팀	김열정팀장	인프라팀	김정열과장
2	Amall	운영	ASHOPPLG2	쇼핑몰 로그분석 (로그모니터링 운영서버)	Windows	Windows Server 2012 R2 Std	10.1.2.13	WEB (VLAN21)	VM	2017.11.12/2017.11.12	A-IDC	중	중	중	2등급	인프라팀	김열정팀장	인프라팀	김정열과장
3	Amall	분석	ASHOPPLG3	이미지 Resizing 서버 (imageQ 운영서버)	Windows	Windows Server 2012 R2 Std	10.1.2.15	WEB (VLAN21)	VM	2017.11.12/2017.11.12	A-IDC	하	하	중	3등급	인프라팀	김열정팀장	인프라팀	김정열과장
	Amall	분석	ASHOPPLG1	이미지 Resizing 서버 (imageQ 운영서버)	Windows	Windows Server 2012 R2 Std	10.1.2.17	WEB (VLAN21)	VM	2017.11.12/2017.11.12	A-IDC	하	하	중	3등급	인프라팀	김열정팀장	인프라팀	김정열과장

■ 인력(조직)

No.	성명	USER_ID	구분	사업부	부서	직위	인증대상 부서여부	개인정보 취급자 여부	보안등급
1	김하나	onekim	협력사	IT부문	IT개발	부장	●	●	1등급
2	김두울	twokim	협력사	IT부문	IT개발	차장	●	●	1등급
3	김세엣	threekim	협력사	IT부문	IT개발	과장	●	●	1등급
4	김네엣	fourkim	자사	IT부문	인프라팀	과장	●	●	1등급
5	김다섯	fivekim	자사	IT부문	플랫폼팀	대리	●	●	1등급

나. (ISMS-P) 2.1.3 정보자산 관리

항목	2.1.3 정보자산 관리
인증기준	정보자산의 용도와 중요도에 따른 취급 절차 및 보호대책을 수립·이행하고, 자산별 책임소재를 명확히 정의하여 관리하여야 한다.
주요 확인 사항	1) **정보자산의 보안등급에 따른 취급절차**(생성·도입, 저장, 이용, 파기) 및 **보호대책을 정의하고 이행**하고 있는가? 2) 식별된 정보자산에 대하여 **책임자 및 관리자를 지정**하고 있는가?
결함사례	• 내부 지침에 따라 문서에 보안등급을 표기하도록 되어 있으나, 이를 표시하지 않은 경우 • 정보자산별 담당자 및 책임자를 식별하지 않았거나, 자산목록 현행화가 미흡하여 퇴직, 전보 등 인사이동이 발생하여 주요 정보자산의 담당자 및 책임자가 변경되었음에도 이를 식별하지 않은 경우 • 식별된 정보자산에 대한 중요도 평가를 실시하여 보안등급을 부여하고 정보자산목록에 기록하고 있으나, 보안등급에 따른 취급절차를 정의하지 않은 경우

확인 사항	요구 사항	관련 사항
정보자산의 보안등급에 따른 취급절차 및 보호대책 정의·이행	정보자산의 보안등급에 따른 취급절차(생성·도입, 저장, 이용, 파기 등)를 정의하고 이에 따라 암호화, 접근통제 등 적절한 보호대책을 정의하고 이행하여야 함	• 임직원이 정보자산별 **보안등급(기밀, 대외비, 일반 등)**을 식별할 수 있도록 표시 　– **(전자)문서** : **표지나 워터마킹**을 통해 표시 　– **서버 등 하드웨어 자산 : 자산번호 또는 바코드** 표시를 통한 보안등급 확인 • 정보자산 **보안등급별로 취급절차**(생성·도입, 저장, 이용, 파기 등) 및 **보안통제 기준** 수립·이행
정보자산 책임자, 관리자 지정	식별된 정보자산에 대하여 자산 도입, 변경, 폐기, 반출입, 보안관리 등의 책임을 질 수 있는 책임자와 자산을 실제 관리·운영하는 책임자, 관리자(또는 담당자)를 지정하여 책임소재를 명확하게 하여야 함	• 정보자산별로 **책임자 및 관리자**를 지정하고 자산목록에 기록 • 퇴직, 전보 등 인사이동이 발생하거나 정보자산의 도입·변경·폐기 등으로 **정보자산 현황이 변경될 경우** 정보자산별 책임자 및 담당자를 파악하여 **자산목록에 반영**

2.2 위협 분류, 식별 및 발생 가능성 등 평가

2.2.1 정보보호 위협(Threat) 개요

위협은 자산에 손실을 초래할 수 있는 잠재적 원인이나 행위자로, 환경적 요인과 인간에 의한 것(의도적/우연)으로 나눌 수 있다. 위협 분석 시 일반적으로 많이 발생하는 위협을 중심으로 담당자 및 책임자가 우려하는 위협을 추가로 고려하며, 가능한 한 구체적으로 표현하는 것이 좋다. 위협의 주요 속성인 발생 가능성은 연간 발생 횟수나 정도로 표현되지만, 위협의 발생이 반드시 피해로 이어지는 것은 아니며 자산의 취약성과 보호 대책에 따라 결과가 달라질 수 있다.

■ **정보보호 위협 개요**

구분	내용	세부 사항
정의 및 유형	• 자산에 손실을 초래할 수 있는 잠재적 원인이나 행위자 • 환경적 요인과 인간에 의한 위협으로 구분 • 인간에 의한 위협은 의도적/우연한 위협으로 세분화	• 결과로 표현 : '비인가된 노출' • 방식으로 표현 : 'IP spoofing 위협' • 환경적 요인 : 자연재해, 장비 고장 등 • 의도적 위협 : 해킹, 악성코드 유포 등 • 우연한 위협 : 실수로 인한 데이터 삭제 등
위협 분석 방법	• 일반적으로 많이 발생하는 위협 중심으로 분석 • 담당자 및 책임자가 우려하는 위협 추가 고려 • 구체적인 표현 필요	• 위협 목록 작성 : 완벽한 목록은 없음 • 조직 특성에 맞는 위협 식별 • 위협의 유형에 따라 대응 대책 선정에 영향 • ⑩ 멀웨어, 피싱, 랜섬웨어, 내부자 위협 등
위협 평가	• 발생 가능성(likelihood, frequency) 파악 • 위협 발생과 피해 발생의 구분 • 위험분석 모델에 따른 평가 방법 차이	• 연간 발생 횟수 또는 발생 정도로 표현 • 자산의 취약성과 보호 대책에 따라 결과 달라짐 • 위협 발생 가능성 vs 위협 성공 가능성 • ⑩ 외부 해킹 시도(발생) vs 홈페이지 변조(성공) • 위험 매트릭스 활용 : 가능성과 영향에 따른 우선순위 지정

2.2.2 최신 정보보호 위협

최신 정보보호 위협들은 더욱 고도화되고 복잡해질 것으로 예상되며, 기업과 개인 모두에게 심각한 영향을 미칠 수 있다. 따라서 AI 기반의 보안 기술 개발, 자동화된 보안 시스템 구축, 정기적인 취약점 점검, 그리고 신속한 사고 대응 체계 마련 등 다각도의 대비가 필요하다.

■ 최신 정보보호 위협

위협 유형	주요 특징	구체적 사례
AI 기반 공격	• 생성형 AI 기술 악용 • 사회공학적 해킹 고도화 • 적응형 멀웨어 제작	• 딥페이크를 활용한 신뢰 인물 위장 공격 • AI를 이용한 취약점 발견 및 악성코드 개발 • 머신러닝 기반 보안 솔루션 우회 공격
융복합 사이버 공격	• 다중 공격 기법 결합 • 공격의 복잡성 증가 • 피해 복구 어려움 가중	• 랜섬웨어와 DDoS 하이브리드 공격 • 서비스 마비 후 랜섬웨어 침투 • 2중, 3중의 피해 유발 공격
공급망 및 클라우드 보안 위협	• SW 공급망 공격 증가 • 클라우드 환경 취약점 공격 • 제3자 서비스를 통한 간접 공격	• 오픈소스 취약점을 이용한 대규모 공격 • AX(AI Transformation) 시대 클라우드 보안 위협 • 클라우드 설정 오류를 이용한 데이터 유출

2.3 취약점 식별 및 평가

2.3.1 취약점 식별 및 평가

정보보호 취약점 식별 및 평가는 자산 조사 및 분석, 진단 대상 선정, 취약점 진단 수행, 결과 분석 및 보고의 단계로 이루어진다. 취약점 진단은 관리적, 기술적, 물리적 관점에서 수행되며, 자동화 도구와 수동 테스트를 병행하여 효과적으로 진행된다. 취약점은 그 심각도에 따라 4단계로 평가되며, 이를 바탕으로 우선순위를 설정하고 적절한 보안 대책을 수립하여 지속적인 개선을 추진하여야 한다.

■ 취약점 식별 및 평가 절차

단계	주요 활동	세부 내용
사전 분석	• 평가 계획 수립 • 환경 파악	• 수행 방법, 절차, 예산 등이 포함된 실행 계획 수립 • 평가 대상의 자산 현황, 업무 현황 등 시스템 운영 및 업무환경 파악
취약점 분석 및 평가	• 자산 분석 및 분류 • 취약점 식별 • 취약점 평가	• 자산의 중요도 평가 및 업무 특성별 분류 • 관리적, 기술적, 물리적 관점에서 취약점 식별 • 식별된 취약점의 위험도 평가 및 정보보호 관리 상황 정량적 평가
대책 수립 및 사후 관리	• 우선순위 산정 • 보안대책 수립 • 이행 계획 수립	• 식별된 취약점의 조치 우선순위 결정 • 종합적인 보안대책 수립 • 취약점 조치 이행 계획 수립 및 결과 보고

가. (ISMS-P) 2.11.2 취약점 점검 및 조치

항목	2.11.2 취약점 점검 및 조치
인증기준	정보시스템의 취약점이 노출되어 있는지를 확인하기 위하여 정기적으로 취약점 점검을 수행하고 발견된 취약점에 대해서는 신속하게 조치하여야 한다. 또한 최신 보안취약점의 발생 여부를 지속적으로 파악하고 정보시스템에 미치는 영향을 분석하여 조치하여야 한다.
주요 확인 사항	1) **정보시스템 취약점 점검 절차를 수립하고 정기적으로 점검을 수행**하고 있는가? 2) **발견된 취약점에 대한 조치를 수행하고 그 결과를 책임자에게 보고**하고 있는가? 3) **최신 보안취약점 발생 여부를 지속적으로 파악**하고 **정보시스템에 미치는 영향을 분석하여 조치**하고 있는가? 4) **취약점 점검 이력을 기록관리**하여 **전년도에 도출된 취약점이 재발생하는 등의 문제점에 대해 보호대책을 마련**하고 있는가? 5) 전자금융기반시설에 대한 **취약점 점검(분석·평가)을 자체적으로 수행하는 경우 적절한 자격을 갖춘 전담반을 구성**하고 있는가? 6) 전자금융기반시설의 **취약점 분석·평가 수행을 종료한 후 30일 이내에 금융위원회에 결과보고 및 이행계획서를 제출**하고 있는가?
결함사례	• 내부 규정에 연 1회 이상 주요 시스템에 대한 기술적 취약점 점검을 하도록 정하고 있으나, 주요 시스템 중 일부가 취약점 점검 대상에서 누락된 경우 • 취약점 점검에서 발견된 취약점에 대한 보완조치를 이행하지 않았거나, 단기간 내에 조치할 수 없는 취약점에 대한 타당성 검토 및 승인 이력이 없는 경우

확인 사항	요구 사항	관련 사항

취약점 점검 절차 수립 및 정기적 점검 수행	정보시스템 취약점 점검 절차를 수립하고 정기적으로 점검을 수행하여야 함	• **취약점 점검 절차**에 포함되어야 할 사항
		  – 취약점 점검 대상(예 서버, 네트워크 장비 등)
		  – 취약점 점검 주기(법적 요구사항, 중요도 등 고려)
		  – 취약점 점검 담당자 및 책임자 지정
		  – 취약점 점검 절차 및 방법 등
		  – 중요도에 따른 조치 기준
		  – 취약점 점검 결과 보고 절차
		  – 미 조치 취약점에 대한 보안성 검토 등
		  – 기타 보안사고 예방 및 복구를 위하여 필요한 사항 등
		• **취약점 점검 대상**
		  – 라우터, 스위치 등 네트워크시스템 구성 및 설정 취약점
		  – 서버 OS 보안 설정 취약점
		  – 방화벽 등 보안시스템 취약점
		  – 애플리케이션 취약점
		  – 웹서비스 취약점
		  – 스마트기기 및 모바일 서비스(모바일 앱 등) 취약점 등

		• 취약점 점검 시 회사의 규모 및 보유하고 있는 **정보의 중요도에 따라 모의침투테스트**를 수행하는 것을 고려 • 개인정보처리자는 개인정보의 유출, 도난 방지 등을 위한 **취약점 점검에 관한 사항을 내부관리계획에 포함하여 수립·시행** 필요(개인정보의 안전성 확보조치 기준 제4조제1항제10호) • 금융회사 및 전자금융업자는 다음 사항에 대해 취약점 분석·평가 수행 – 정보기술부문의 조직, 시설 및 내부통제에 관한 사항 – 정보기술부문의 전자적 장치 및 접근매체에 관한 사항 – 전자금융거래의 유지를 위한 침해사고 대응조치에 관한 사항 – 정보기술부문과 연계된 전자금융보조업자의 정보처리시스템 등에 관한 사항 – 전자금융거래의 안정성과 신뢰성을 확보하기 위해 필요한 사항 • 전자금융기반시설에 해당되는 정보시스템, 네트워크 장비, 정보보호시스템 등에 대해서는 취약점 분석·평가를 연 1회 이상(홈페이지 6개월 1회 이상) 실시 • 취약점 점검 결과 발견된 취약점이 실제 위험이 있는 여부를 확인하기 위해 (인증기준1.2.3 위험평가)에 따라 기술적 위험식별 및 평가 수행
발견된 취약점 조치 수행 및 책임자 보고	발견된 취약점에 대한 조치를 수행하고 그 결과를 책임자에게 보고하여야 함	• 취약점 점검 시 이력관리가 될 수 있도록 점검일시, 점검대상, 점검방법, 점검내용 및 결과, 발견사항, 조치사항 등이 포함된 **보고서를 작성** • 취약점별로 대응 조치 완료 후 이행점검 등을 통하여 완료 여부 확인 • 불가피하게 **대응조치를 할 수 없는 취약점에 대해서는 그 사유**를 명확하게 확인하고 이에 따른 위험성, 보완대책 등을 **책임자에게 보고** • 정기적으로 수행하는 전자금융기반시설 취약점 분석·평가의 경우에는 발견된 취약점별로 대응방안(이행계획)을 수립·시행, 적절히 조치되었는지 여부 검토 및 조치결과 문서화를 하여야 하며 조치결과서는 최고경영자에게 보고 • 취약점의 제거 또는 이에 상응하는 조치가 불가한 경우 그 사유를 명확하게 확인하고 최고경영자의 승인을 득해야 하며, 이행계획의 시행 결과를 최고경영자에게 보고 • 일상 또는 수시적인 취약점 점검인 경우 그 시행 결과 등을 정보보호 최고책임자에게 보고

최신 보안취약점 파악 및 영향도 분석·조치	최신 보안취약점 발생 여부를 지속적으로 파악하고 정보시스템에 미치는 영향을 분석하여 조치하여야 함	• 정기적인 보안취약점 점검 이외에도 지속적으로 최신 보안취약점 파악 ▶ 1) 참조 • 최신 보안취약점이 발견된 경우 해당 보안취약점이 정보시스템에 미치는 영향을 분석하여 필요 시 대응 조치
취약점 점검 이력 기록관리	취약점 점검 이력을 기록관리하여 전년도에 도출된 취약점 재발생 등의 문제점에 대해 보호대책을 마련하여야 함	• **취약점 점검 이력에 대해 기록관리** • 취약점 점검 시 지난 취약점 점검결과와 비교 분석하여 취약점 재발 여부 확인 • 유사한 취약점이 재발되고 있는 경우 분석 및 **재발방지 대책** 마련
전자금융기반시설 취약점 분석·평가 수행 자체 전담반 구성	전자금융기반시설에 대한 취약점 분석·평가를 수행하기 위해 **자체 전담반을 구성**하여야 함	• **총자산 2조 원 이상이고, 상시 종업원 수 300명 이상인 금융회사** 등이 해당 • **정보보호 최고책임자(CISO)를 포함하여 5인 이상**으로 구성 • 구성원 중 **100분의 30 이상은 「정보보호산업의 진흥에 관한 법률 시행규칙」 제8조의 정보보호 전문서비스 기업 지정기준에서 정한 고급 기술인력 이상의 자격**을 갖출 것 • 자체 전담반원은 금융회사 내 컴플라이언스 관련 담당자, 전자금융업무 범위 내 보안 담당자, 전자금융업무 범위 내 IT 개발 및 운영 관련 담당자, 전산실 또는 전산장비를 관리하는 시설 담당자, 건물을 관리하는 총괄 담당자 등을 고려하여 선정 • 다음과 같은 평가전문기관에 위탁하는 경우에는 자체전담반을 미구성 가능 　– 「정보통신기반 보호법」 제16조에 따라 금융분야 정보공유·분석센터로 지정된 자 　– 「정보보호산업의 진흥에 관한 법률」 제23조에 따라 지정된 정보보호전문서비스 기업 　– 침해사고대응기관 　– 금융위원장이 지정하는 자
전자금융기반시설 취약점 분석·평가 수행 종료 후 30일 이내 결과 보고 및 보완조치 이행계획서 제출	금융회사 및 **전자금융업자는 전자금융기반시설의 취약점 분석·평가수행을 종료한 후 30일 이내**에 다음과 같은 사항이 포함된 **결과보고 및 보완조치 이행계획서를 금융위원회에 제출**하여야 함	• 취약점 분석·평가의 사유, 대상, 기간 등 실시개요 • 취약점 분석·평가의 세부 수행방법 • 취약점 분석·평가 결과 • 취약점 분석·평가 결과에 따른 필요한 보완조치의 이행계획

1) CCE, CVE, CWE 비교

구분	CCE(Common Configuration Enumeration)	CVE(Common Vulnerabilities and Exposures)	CWE(Common Weakness Enumeration)
개념	시스템 설정상의 취약점	소프트웨어나 하드웨어의 보안 취약점	소프트웨어 보안 약점의 분류 체계
목적	시스템 설정 취약점 식별 및 관리	공개된 보안 취약점의 표준화된 식별	보안 약점의 카테고리화 및 분류
주관	NIST(미국 국립표준기술연구소)	MITRE Corporation	MITRE Corporation
주체	• 취약점 생성 : 사용자 • 취약점 조치 : 사용자	• 취약점 생성 : 솔루션 업체 • 취약점 조치 : 솔루션 업체	• 취약점 생성 : 솔루션 업체 • 취약점 조치 : 솔루션 업체
예시	불필요한 서비스 실행, 취약한 암호 정책	CVE-2020-0010(2020년에 식별된 10번째 취약점)	CWE-79(크로스 사이트 스크립팅)

2) 주요정보통신기반시설 기술적 취약점 분석·평가

■ 분야별 점검 주요 대상이며, 기반시설 환경에 따라 대상은 상이할 수 있음

분야	주요 대상		
1. 유닉스	• AIX • LINUX	• HP-UX	• SOLARIS
2. 윈도우	WINDOWS SEVER		
3. 보안장비	• 방화벽 • IDS	• IPS • Anti-DDOS 등	• VPN
4. 네트워크 장비	• Cisco • Juniper	• Alteon • Piolink	• Passport
5. 제어시스템	범용 벤더(DCS, PLC, EWS, HMI 등 제어시스템 구성요소)		
6. PC	WINDOWS		
7. 데이터베이스	• ORACLE • ALTIBASE	• MSSQL • TIBERO	• MYSQL • POSTGRE SQL
8. Web(웹)	웹 서버, 웹 방화벽 등		
9. 이동통신	이동통신 관련 설비		
10. 클라우드	VMware, KVM 등 가상화 장비		

■ Unix 서버 취약점 분석·평가 항목

분류	점검 항목	항목 중요도	항목 코드
1. 계정 관리	root 계정 원격 접속 제한	상	U-01
	패스워드 복잡성 설정	상	U-02
	계정 잠금 임계값 설정	상	U-03
	패스워드 파일 보호	상	U-04
	root 이외의 UID가 '0' 금지	중	U-44
	root 계정 su 제한	하	U-45
	패스워드 최소 길이 설정	중	U-46
	패스워드 최대 사용기간 설정	중	U-47
	패스워드 최소 사용기간 설정	중	U-48
	불필요한 계정 제거	하	U-49
	관리자 그룹에 최소한의 계정 포함	하	U-50
	계정이 존재하지 않는 GID 금지	하	U-51
	동일한 UID 금지	중	U-52
	사용자 shell 점검	하	U-53
	Session Timeout 설정	하	U-54
2. 파일 및 디렉터리 관리	root 홈, 패스 디렉터리 권한 및 패스 설정	상	U-05
	파일 및 디렉터리 소유자 설정	상	U-06
	/etc/passwd 파일 소유자 및 권한 설정	상	U-07
	/etc/shadow 파일 소유자 및 권한 설정	상	U-08
	/etc/hosts 파일 소유자 및 권한 설정	상	U-09
	/etc/(x)inetd.conf 파일 소유자 및 권한 설정	상	U-10
	/etc/syslog.conf 파일 소유자 및 권한 설정	상	U-11
	/etc/services 파일 소유자 및 권한 설정	상	U-12
	SUID, SGID, Sticky bit 설정 파일 점검	상	U-13
	사용자, 시스템 시작파일 및 환경파일 소유자 및 권한 설정	상	U-14
	world writable 파일 점검	상	U-15
	/dev에 존재하지 않는 device 파일 점검	상	U-16
	$HOME/.rhosts, hosts.equiv 사용 금지	상	U-17
	접속 IP 및 포트 제한	상	U-18
	hosts.lpd 파일 소유자 및 권한 설정	하	U-55
	UMASK 설정 관리	중	U-56
	홈디렉토리 소유자 및 권한 설정	중	U-57
	홈디렉토리로 지정한 디렉토리의 존재 관리	중	U-58
	숨겨진 파일 및 디렉토리 검색 및 제거	하	U-59

🔓 2.4 법적 준거성 식별 및 평가

2.4.1 법적 준거성 식별 및 평가

정보보호 위험평가 중 법적 준거성 식별 및 평가는 조직이 준수해야 할 정보보호 및 개인정보보호 관련 법적 요구사항을 주기적으로 파악하고 규정에 반영하는 과정이다. 최소 연 1회 이상 관련 법규의 제·개정 현황을 검토하여 조직에 미치는 영향을 분석하고, 이를 정책 및 절차에 반영한다. 이를 통해 법규 미준수로 인한 위험을 식별하고, 조직의 정보보호 관리체계에 반영하여 지속적으로 관리해야 한다.

■ 법적 준거성 식별 및 평가 절차

단계	주요 활동	세부 내용
법적 요구사항 파악	• 최신 법규 검토 • 관련 법률 식별	• 정보통신망법, 전자금융거래법, 개인정보보호법 등 검토 • 조직에 적용되는 정보보호 및 개인정보보호 관련 법적 요구사항 식별
준수 여부 평가	• 법적 요구사항 준수 여부 확인 • GAP 분석 수행	• 식별된 법적 요구사항에 대한 현재 준수 상태 평가 • 법적 요구사항과 현재 운영 상태의 차이 확인
위험식별 및 관리	• 법적 준거성 위험식별 • 위험도 산정 • 주기적 평가 수행	• 법적 요구사항 미준수 사항을 위험으로 식별 • 식별된 위험에 대한 위험도 산정 • 연 1회 이상 정기적으로 법적 준거성 평가 수행

🔓 2.5 종합 위험평가 및 목표 위험수준 평가

2.5.1 종합 위험평가 개요

정보자산의 위험은 위협, 취약성, 정보의 영향도를 종합적으로 평가하여 산출('위험 = 위협 + 취약성 + 정보의 영향도')되며, 이는 외부 위협이 내부 취약성을 악용하여 정보자산에 피해를 줄 수 있는 잠재성을 나타낸다. 위협과 취약성은 기술적 문제뿐만 아니라 사회공학적 측면에서도 평가되어야 하며, 특히 취약성의 80% 이상이 인적 요인에 의해 발생한다는 점에 주목해야 한다. 위험 관리를 위해서는 위협 DB를 주기적으로 갱신하고, 다양한 형태의 취약성을 고려하며, 정보자산의 기밀성, 무결성, 가용성을 종합적으로 보호하는 전략이 필요하다.

■ 종합 위험평가 구성요소

구성 요소	설명	예시 및 세부 사항
위협	• 정보자산에 손실을 초래할 수 있는 잠재적 원인 • 물리적, 논리적 공간의 특성에 따라 다르게 평가됨 • 발생 빈도를 측정하거나 추정하여 DB화	• 컴퓨터 바이러스 • 해킹 • 자연재해 • 시나리오 예시 : 2점
취약성	• 위협이 악용할 수 있는 정보자산의 약점 • 기술적 문제부터 사회공학적 문제까지 다양 • 대부분 인적 요인에 의해 발생(80% 이상)	• 백신 미업데이트 • 패치 미적용 • 정보 비암호화 • 접근권한 불확실성 • 시나리오 예시 : 3점
정보의 영향도	• 위협이 실현될 경우 정보자산에 미치는 영향의 정도 • 기밀성, 무결성, 가용성 측면에서 평가	• 업무 중단 • 재정적 손실 • 평판 손상 • 시나리오 예시 : 3점

2.5.2 종합 위험평가 방법

위협요소는 해당 정보가 존재하는 물리적, 논리적 공간의 특성에 따라 다르게 평가될 수 있으며, 컴퓨터 바이러스 이외에도 다양한 위협들을 대입시켜 볼 수 있다. 또 위협요소가 이미 발생한 경우, 누적된 히스토리 정보를 바탕으로 통계적 분석을 통해 빈도를 측정하고, 아직 발생하지 않은 위협은 기존에 발행한 위협과 비교하여 빈도를 추정해 위협요소와 함께 DB화하여 각 정보자산에 대입시키는 것이 필요하다. 물론 구축된 위협 DB는 사고 및 침해 발생 시 주기적으로 갱신함으로써 현실과의 부합성을 유지하도록 지속적으로 관리해야 한다.

■ 위협과 취약성 DB 예시

No	위협(Threat)	No	취약성(Vulnerability)	No	우려사항(위협 + 취약성)
1	정보의 삭제	1	접근 통제 절차의 부재 혹은 부적절함	1+1	접근 통제 절차의 부재 혹은 부적절함으로 인한 정보의 삭제
	정보의 삭제	3	사용자 등록에 대한 관리 부족 혹은 결여	1+3	사용자 등록에 대한 관리 부족 혹은 결여로 인한 정보의 삭제
	정보의 삭제	4	정보 분류의 부정확성	1+4	정보 분류의 부정확성으로 인한 정보의 삭제
2	정보의 변조	1	접근 통제 절차의 부재 혹은 부적절함	2+1	접근 통제 절차의 부재 혹은 부적절함으로 인한 정보의 변조
	정보의 변조	2	외부에서 장비 사용 시 보안 결여	2+2	외부에서 장비 사용 시 보안 결여로 인한 정보의 변조
	정보의 변조	3	암호화 통제 정책의 부재 혹은 부적절함	2+3	암호화 통제 정책의 부재 혹은 부적절함으로 인한 정보의 변조

■ 위험평가와 보장수준 정의

No	자산	자산 가치			위협/취약성(Concern)	Concern Value	Risk Value		
		C	I	A			C	I	A
1	메일	2	2	2	접근 통제 절차의 부재 혹은 부적절함으로 인한 정보의 삭제	2	6	6	6
2	메일	2	2	2	사용자의 부주의로 인한 정보의 삭제	2	6	6	6
3	메일	2	2	2	사용자 등록에 대한 관리 부족 혹은 결여로 인한 정보의 삭제	2	6	6	6
4	메일	2	2	2	정보 분류의 부정확성으로 인한 정보의 삭제	2	6	6	6
5	메일	2	2	2	접근 통제 절차의 부재 혹은 부적절함으로 인한 정보의 변조	2	6	6	6
6	메일	2	2	2	외부에서 장비 사용 시 보안 결여로 인한 정보의 변조	2	6	6	6
7	메일	2	2	2	암호화 통제 정책의 부재 혹은 부적절함으로 인한 정보의 변조	2	6	6	6
8	메일	2	2	2	사용자 등록에 대한 관리 부족 혹은 결여로 인한 정보의 변조	2	6	6	6
9	메일	2	2	2	입출력 데이터 검증의 부재로 인한 정보의 변조	2	6	6	6
10	메일	2	2	2	키 관리의 부적절함으로 인한 정보의 변조	2	6	6	6
11	관리직 고과	3	3	1	접근 통제 절차의 부재 혹은 부적절함으로 인한 정보의 유출	2	7	7	5
12	관리직 고과	3	3	1	사용자의 부주의로 인한 정보의 유출	2	7	7	5
13	관리직 고과	3	3	1	암호화 통제 정책의 부재 혹은 부적절함으로 인한 정보의 유출	2	7	7	5
14	관리직 고과	3	3	1	사용자 등록에 대한 관리 부족 혹은 결여로 인한 정보의 유출	2	7	7	5
15	관리직 고과	3	3	1	키 관리의 부적절함으로 인한 정보의 유출	2	7	7	5

2.5.3 목표 위험수준 평가

DoA(Degree of Assurance)는 조직이 수용 가능한 목표 위험 수준을 의미하며, 정보보호 최고책임자나 개인정보보호책임자 등 경영진의 의사결정에 의해 결정된다. 이는 조직의 위험관리 전략에서 중요한 기준점 역할을 하며, 이를 초과하는 위험에 대해서는 적절한 대응 조치가 필요하다. DoA는 조직의 특성, 예산, 업무 효율성 등을 고려하여 설정되며, 이를 통해 효과적인 위험관리와 자원 할당이 가능해진다.

■ DoA 개념 및 산정 예시

구분	내용	설명
개념	수용 가능한 위험 수준	조직이 감당할 수 있는 최대 위험 수준을 의미함
산정 기준	1. 유관부서 인터뷰 2. 적절한 수준 결정 3. CISO 승인	다양한 이해관계자의 의견을 수렴하고 최종적으로 정보보안 최고책임자의 승인이 필요함
예시	위험도 구간에 따른 위험처리 전략 결정	DoA를 기준으로 위험 감소, 전가, 회피, 수용 등의 전략을 선택함
주의점	1. 연 1회 이상 위험분석 수행 2. 정량적, 정성적 분석 병행 3. 지속적인 모니터링 및 조정	위험 환경의 변화에 따라 DoA도 주기적으로 재평가되어야 함

2.5.4 위험평가와 보장수준 정의 및 가이드라인 수립

정보자산에 대한 위험평가와 보장수준(DoA) 설정은 기업의 한정된 자원을 효율적으로 활용하기 위해 필요하다. 모든 정보에 대해 완벽한 보안환경을 구축하는 것은 비용과 시간 측면에서 비효율적일 수 있으므로, 정보자산의 중요도와 위협, 취약성을 명확히 평가하고 분석해야 한다. 이를 통해 기업은 중요한 자산을 보호하는 데 집중적으로 예산을 투자할 수 있으며, 보안활동의 효율성을 높일 수 있다. 감내할 위험의 수준을 6이라고 가정했을 경우, 앞선 위험도 산출표에서 위험 가치가 7 이상이라고 평가된 관리적 고과의 경우, 사용자의 부주의로 인한 정보 유출이 발생할 경우 기밀성과 무결성 측면의 정보 훼손이 기업에 치명적인 영향을 가져오게 될 것이므로 적절한 보안대책이 필요하다는 것을 의미한다.

■ 위험평가 필요성

구분	주요 내용	세부 사항
보안 환경의 변화	• 단순 통제에서 복잡한 서비스로 진화 • 다양한 취약점 노출	• 인터넷 카페, 실시간 예약, 인터넷 뱅킹 등 서비스 다양화 • 운영체제, 웹서버, 웹 애플리케이션 취약점 증가 • DMZ 구성만으로는 내부망 보호 불충분
보안 설정의 중요성	• 사전 예방 활동의 필요성 • 주기적인 점검과 관리 필요	• 사후 대응보다 사전 설정이 비용 효율적 • 지속적인 보안 활동 필요 • 심층방어(Defense in Depth) 개념 적용
보안 설정 가이드라인	• 5개 주요 영역 체크리스트 제공 • 실제 적용 시 고려사항	• 웹서버(IIS, Apache) • 운영체제(Windows NT, UNIX, Linux) • 네트워크 장비(Router) • PC • DB • 체크리스트는 기본 지식 전제, 설정 방법보다는 항목 중심

2.5.5 보안감사 개요

보안감사는 회사에서 이뤄지는 보안활동이 적절히 이뤄지고 있는지 확인하는 활동으로 각 회사의 업무와 정해진 정책 그리고 수행되고 있는 보안 활동에 따라 감사활동은 다르게 수행되어야 한다. 보안감사는 감사 주체에 따라 내부감사와 외부감사로 나눌 수 있으며, 감사시기에 따라 정기 보안감사와 수시 보안점검으로 나눌 수 있다.

■ 보안감사 유형

분류 기준	유형	특징
보안감사 주체	내부 보안감사	보안팀 또는 감사팀에 의해 수행
	외부 보안감사	• 감리회사, 회계법인, 보안 컨설팅 전문회사 • 정보보호안전진단 등 • 금융감독원 등 정부기관
보안감사 시기	정기 보안감사	• 연간 감사계획에 따라 보안영역 전반에 대하여 정기적으로 실시하는 보안감사 • 매월 또는 분기, 반기 등 일정한 기간마다 시행되는 보안감사
	수시 보안감사	• 보안사고 발생 직후 또는 보안사고 징후가 있다고 판단될 경우 실시되는 특별한 보안감사 • 감사 대상의 평시 보안 상태를 점검하기 위해 공지하지 않은 상태에서 실시하는 보안감사

2.5.6 보안감사 정책 수립

정보보호 관련 부서는 회사의 비즈니스에 대한 보안 위협 및 위험(Risk)을 감소시키기 위해 감사 정책을 수립하여 관련 부서에 공지하고 이를 추진하여야 한다. 불필요한 보안감사는 업무 프로세스에 부담을 줄 수 있으며, 인원 및 시간 등 업무 자원의 낭비를 초래하고 임직원 간의 불필요한 오해를 야기할 수 있으므로 보안감사 기준에 대한 정책수립이 우선되어야 한다.

■ 보안감사 정책 수립 절차

단계	내용	세부 사항
1. 위협 및 위험 분석	비즈니스에 대한 위협 및 위험분석	• 조직의 비즈니스 프로세스 파악 • 잠재적 위협 식별 • 위험평가
2. 정책 및 지침 수립	• 보안정책 및 지침 수립 • 보안감사 정책 설정	• 보안 목표 설정 • 감사대상 보안 영역 결정 • 감사목적 정의 • 감사범위 및 중점감사항목 설정 • 감사일정 및 기간 계획 • 감사대상 부서 선정 • 참여 감사자 지정 • 감사기법 및 감사기준 결정

단계	내용	세부 사항
3. 점검 리스트 작성 및 배포	보안감사 점검 리스트 작성 및 배포	• 세부 점검 항목 개발 • 점검 기준 명확화 • 관련 부서에 리스트 배포

2.5.7 보안감사 영역

보안감사의 영역은 보안감사 정책 설정 시 결정되며, 일반적으로 아래와 같은 영역으로 구분할 수 있다. 보안감사 영역은 각 기업이 필수적으로 따라야 하는 영역은 아니며, 각 영역 중 각회사의 업무상 필요에 따라 대상영역을 설정하면 된다. 다만 보안감사를 기술적인 취약점 위주보다는 보안 프로세스를 점검하는 방향으로 하는 것이 바람직하다.

■ 보안감사 영역

감사 영역	주요 감사 항목	세부 내용
인적 보안감사	• 인력 관리 • 보안 교육	• 입사자, 퇴사자에 대한 보안 활동 감사 • 계약직, 임시직에 대한 보안 활동 감사 • 외부 인원에 대한 보안 활동 감사 • 보안 교육 실시 여부 및 효과성 감사
물리적 보안감사	• 전산실 보안 • 시설 관리	• 전산실 출입 통제 및 로깅 감사 • 전산실 전원 설비 및 공조 감사 • 전산실 환경 및 비상 사태 대비 감사
정보 시스템 보안감사	• 시스템 보안 • 네트워크/보안장비 • 데이터베이스 보안 • PC 보안 • 내부 접속 프로그램	• 사용자 관리 및 접근통제 감사 • 로깅 및 모니터링 감사 • 백업 및 복구 절차 감사 • 데이터 추가/삭제/변경 활동 감사 • PC 보안 설정 및 백신 설치 감사 • VPN 접속 및 업무 내역 감사
업무용 프로그램 감사	• 계정 관리 • 권한 관리	• 프로그램 계정 생성 및 폐기 감사 • 중요 권한에 대한 권한 부여자 감사
법적 준거성 감사	• 관련 법규 준수 • 내부 정책 준수	• 정보보호 관련 법규 준수 여부 감사 • 개인정보보호법 준수 여부 감사 • 내부 보안 정책 및 지침 준수 여부 감사

기본

1 다음 문장의 괄호 안에 들어갈 적합한 용어는?

> 위험분석 방법론의 하나인 복합 접근법은 고위험 영역을 식별하여 상세위험분석을 수행하고, 그 외의 다른 영역은 (　　　)을 사용하는 방식이다. 이 방식은 비용과 자원을 효과적으로 사용할 수 있다.

① 비정형 접근법　　　　　　　　② 베이스라인 접근법
③ 상세위험분석법　　　　　　　　④ 복합 접근법

해설 베이스라인 접근법에 대한 설명이다.

2 다음 중 위험평가 방법의 하나인 상세위험분석법에 대한 설명으로 틀린 것은?
① 분석에 시간과 노력이 많이 소요되며 채택한 위험분석 방법론을 잘 이해해야 한다.
② 비정형 접근법과 마찬가지로 고급의 인적 자원이 필요 없다.
③ 조직의 자산 및 보안 요구사항을 구체적으로 분석하여 가장 적절한 대책을 수립할 수 있다.
④ 자산 분석, 위협 분석, 취약성 분석의 각 단계를 수행하여 위험을 평가하는 것이다.

해설 비정형 접근법과 마찬가지로 고급의 인적 자원이 필요하다.

3 위험평가의 정의로 옳은 것은?
① 원하지 않는 사건이 발생하여 손실 또는 부정적인 영향을 미칠 가능성을 말한다.
② 자산에 손실을 초래할 수 있는 원하지 않는 사건의 잠재적 원인(source) 또는 행위자(agent)를 말한다.
③ 조직의 자산에 대한 위험을 감수할 수 있는 수준으로 유지하기 위하여 자산에 대한 위험을 분석하고 이러한 위험으로부터 자산을 보호하기 위한 비용 대비 효과적인 보호대책을 마련하는 일련의 과정이다.
④ 분석된 위험을 수용 가능한 위험수준과 대비하여 위험의 대응 여부와 우선순위를 결정하는 것이다.

해설 위험평가는 분석된 위험을 수용 가능한 위험수준과 대비하여 위험의 대응 여부와 우선순위를 결정하는 것이다.

4 다음 문장이 설명하는 것은?

> • 위험을 일정 수준 이하로 관리하기 위한 위험분석, 평가, 대책 선정을 포함하는 전체 절차이다.
> • 조직의 자산에 대한 위험을 감수할 수 있는 수준으로 유지하기 위하여 자산에 대한 위험을 분석하고 이러한 위험으로부터 자산을 보호하기 위한 비용 대비 효과적인 보호대책을 마련하는 일련의 과정을 말한다.

① 위험 감사   ② 위험 점검

③ 위험 관리   ④ 위협 감시

해설 위험 관리에 대한 설명이다.

5 다음 중 위험평가 방법의 하나인 정성적 분석 방법에 대한 설명으로 틀린 것은?

① 위험을 어떠한 상황에 대한 설명으로 묘사한다.

② 정도는 매우 높음, 높음, 중간, 낮음 또는 5점 척도, 10점 척도의 점수화가 사용되기도 한다.

③ 델파이법, 순위결정법, 시나리오법 등이 이에 해당된다.

④ 위험평가 결과가 금액, 기간 등 단위로 산출된다.

해설 위험평가 결과가 금액, 기간 등 단위로 산출되는 것은 정량적 위험평가 방법론이다.

6 다음 중 위험평가의 절차에 대한 설명으로 옳지 않은 것은?

① 위험평가의 시작은 조직이 보유한 자산의 범위 결정과 식별로부터 시작한다.

② 자산분석 단계에서는 최대한 상세하게 조직이 가진 자산을 분류하여 목록을 작성한다.

③ 자산에 대한 모든 위협 및 취약성을 빠트리지 않고 분석하여야 한다.

④ 위협 및 취약성 분석 단계에서 파악한 위험을 원천 위험이라고 한다.

해설 위험등급은 자산에 대한 모든 위협 및 취약성을 빠트리지 않기 위해 주의해야 하지만, 실제로 모든 위협을 고려한다는 것은 불가능하다.

7 다음 문장의 괄호 안에 들어갈 적합한 내용은?

> 위험평가 단계에서는 자산의 가치를 평가하고 자산에 대한 위협, 취약성을 분석한다. 해당 정보자산의 가치와 위협 및 취약성의 정도에 따라 비밀성, 무결성, 가용성 손상에 따른 잠재적 ( )의 규모를 평가하여야 한다.

① 자산   ② 손실

③ 가치   ④ 위험

해설 손실이 적합한 내용이다.

★ 정답 ★ | 1 ② | 2 ② | 3 ④ | 4 ③ | 5 ④ | 6 ③ | 7 ②

8 다음 중 조직의 위험평가 계획 수립에 참여하는 인력이 아닌 것은?

① 정보주체
② 위험관리 전문가
③ 현업부서 실무 책임자
④ 정보보호·개인정보보호 전문가

해설 정보주체(고객)는 해당 조직의 위험관리 계획 수립에 직접 참여하지 않는다.

9 식별된 정보자산의 중요도를 결정하고 보안등급을 산정하는 기준으로 옳지 않은 것은?

① 법적 요구사항이나 업무에 미치는 영향 등 각 자산 특성에 맞는 보안등급 평가기준을 결정한다.
② 정보자산에 대해 신규 도입, 변경, 폐기되는 자산이 많지 않으면 2년에 한 번 현황 조사를 수행한다.
③ 보안등급 산정 시 서비스 영향, 이익손실, 고객 상실, 대외 이미지 손상 등도 고려한다.
④ 보안등급 산정 시 기밀성, 무결성, 가용성, 법적 준거성 등에 따라 중요도를 평가한다.

해설 1년에 한 번 정기적으로 점검한다.

10 다음 문장은 무엇을 기준으로 정보자산의 중요도를 평가한 것인가?

> 외부로부터 악의적인 의도를 가진 해커가 공격을 감행하여, A쇼핑몰 홈페이지에 변조를 발생시켜, 홈페이지에 게시된 상품의 가격이 임의로 변경되거나 고객의 주문 정보가 변경되어 잘못된 주소로 배송되는 문제가 발생할 경우, A쇼핑몰은 잠정적으로 사업을 중단할 수도 있다. 따라서, A쇼핑몰 입장에서 홈페이지는 중요도가 매우 높은 자산이다.

① 장애 복구를 위한 목표 시간
② 기밀성
③ 무결성
④ 침해 사고 발생 시 피해 규모

해설 무결성을 기준으로 한 중요도 판단이다.

11 다음 중 정보자산의 위험 산정 시 고려해야 할 구성요소에 해당하지 않는 것은?

① 자산에 대한 위협
② 자산을 사용하는 직원
③ 자산의 취약점(취약성)
④ 자산의 가치

해설 위험 산정 시 자산을 사용하는 직원에 대한 고려는 포함되지 않는다.

12 다음 정보자산에 대한 위협 식별에 대한 설명으로 옳지 않은 것은?

① 조직에서 이미 발생하였거나 파악된 알려진 위협도 분석한다.

② 취약점 진단 결과가 분석되면 전체적인 내용을 결과 보고서로 작성한다.

③ 위협 발생 시 일어나는 손실뿐만 아니라 위협의 발생 주기도 정확하게 평가하여야 한다.

④ 관리적인 취약점 진단은 최고 경영자층과의 면담을 통해 진행한다.

해설 관리적인 취약점 진단은 담당자와의 인터뷰를 통해 진행한다.

13 다음 중 취약점 진단 방식에 대한 설명으로 바른 것은?

① 진단 업무 범위와 일정 계획 시, 취약점 점검을 수행하는 인력의 규모는 고려하지 않는다.

② 기술적 취약점 진단은 사람에 의한 수동 진단 방법에 의해서만 이루어져야 한다.

③ 물리적인 취약점 진단을 위해 실사가 진행될 수도 있다.

④ 관리적인 취약점 진단은 최고 경영자층과의 면담을 통해 진행한다.

해설 ① 진단 업무 범위와 일정 계획 시, 취약점 점검을 수행하는 인력의 규모를 고려하지 않고 해야 할 업무가 과도한 경우 문제가 발생할 수 있다.
② 기술적 취약점 진단은 수동적인 방법과 자동적인 방법을 모두 사용할 수 있다.
④ 관리적인 취약점 진단은 담당자와의 인터뷰를 통해 진행한다.

14 다음은 위험의 세 가지 구성요소에 대한 설명이다. 괄호 안에 적합한 용어는?

> • (㉠)은(는) 조직이 보호해야 할 대상으로서 정보, 하드웨어, 소프트웨어, 시설 등을 말하며 관련 인력, 기업 이미지 등의 무형자산을 포함하기도 한다.
> • (㉡)은(는) 일반적으로 (㉠)원천에 따라 크게 자연재해나 장비 고장 등의 환경적 요인에 의한 것과 인간에 의한 것으로 나눌 수 있다.
> • (㉢)란 자산의 잠재적인 속성으로서 (㉠)의 이용 대상이 되는 것으로 정의되나, 때로 정보보호 대책의 미비로 정의되기도 한다.

① ㉠ 위협 ㉡ 취약성 ㉢ 자산

② ㉠ 자산 ㉡ 취약성 ㉢ 위협

③ ㉠ 자산 ㉡ 위협 ㉢ 취약성

④ ㉠ 취약성 ㉡ 위협 ㉢ 자산

해설 ③ ㉠ 자산 ㉡ 위협 ㉢ 취약성

| ★ 정답 ★ | 8 ① | 9 ② | 10 ③ | 11 ② | 12 ④ | 13 ③ | 14 ③ |

15 정보보호 위험평가 시, 법적 준거성 검토 평가 단계에 대한 설명으로 틀린 것은?

① 관련 법규의 제·개정 사항이 조직에 미치는 영향을 분석하여 위험을 식별하여야 한다.

② 법적 요구사항의 준수 여부는 비정기적으로 최고경영진의 요청이 있을 때 검토하여야 한다.

③ 관련 법규의 제·개정으로 변경이 필요할 경우 내부 정보보호 정책·지침 및 체크리스트에 반영하여 최신성을 유지하여야 한다.

④ 법적 요구사항 준수 검토 결과 발견된 문제점은 신속하게 개선하여 위험을 줄여야 한다.

> 해설 ② 법적 요구사항의 준수 여부를 정기적으로 검토할 수 있는 절차를 수립(검토 주기, 대상, 담당자, 방법 등)하여 이행하여야 한다.

16 다음 중 위험평가 단계에서 법적 요구사항 검토가 필요한 상황이 아닌 것은?

① 정보통신서비스제공자이자 개인정보처리자로서 직전 사업연도의 매출액이 3천만 원을 달성하였다.

② 국내에 주소지가 없는 사업자이자 개인정보처리자로서 전년도 말 기준 직전 3개월간 저장·관리되고 있는 국내 정보주체의 수가 일일평균 100만 명을 넘었다.

③ 개인정보보호법이 최근 광범위하게 개정되었다.

④ 전기통신사업자로서 일일평균 이용자 수 100만 명 이상을 달성하였다.

> 해설 ① 직전 사업연도의 매출액이 5천만 원 이상이면, 개인정보 손해배상책임 보상제도 적용 대상이다.
> ② 일일평균 100만 명을 넘으면, 국내대리인 지정의무에 해당한다.
> ④ 개인정보보호법, 정보통신망법 등의 개정 사항을 모니터링하여, 내부 지침 등에 반영하여야 한다.
> ④ 정보보호산업법에 따라 2024년 공시 의무 대상 기업은 △기간통신사업자 △상급 종합병원 △클라우드 컴퓨팅 서비스 제공 사업자 △데이터센터 사업자 △전년도 매출액 3000억 원 이상 △일일평균 이용자 수 100만 명 이상 중 하나에 해당하며 총 652곳이다.

17 다음 중 위험관리 계획 수립 시 지켜야 할 사항으로 옳지 않은 것은?

① 조직의 비전 및 미션, 비즈니스 목표 등을 고려하여 조직의 특성을 반영한다.

② 최신의 취약점 및 위협 동향을 고려한다.

③ 위험식별 및 평가 시행을 위한 예산 계획을 매년 수립하고 정보보호 담당자가 승인한다.

④ 위험관리 전문가, 정보보호·개인정보보호 전문가를 비롯하여 다양한 이해관계자가 참여하도록 한다.

> 해설 정보보호 최고책임자 등 경영진의 승인을 받아 시행한다.

18 다음은 정보보호 및 개인정보보호 인증평가를 위한 위험평가 시 지켜야 할 인증기준이다. 괄호 안에 들어갈 적합한 내용은?

> 조직의 대내외 환경분석을 통하여 유형별 위험 정보를 수집하고 조직에 적합한 위험평가방법을 선정하여 관리체계 전 영역에 대하여, (   ) 이상 위험을 평가하며, 수용할 수 있는 위험은 경영진의 승인을 받아 관리하여야 한다.

① 반기 1회
② 연 1회
③ 연 2회
④ 분기 1회

해설 위험관리계획에 따라 정보보호 및 개인정보보호 관리체계 범위 전 영역에 대한 위험평가를 연 1회 이상 정기적으로 또는 필요한 시점에 수행하여야 한다.

19 다음 제시된 조건을 기준으로, 연간 예상 손실액은 얼마인가?

> 동일한 조건을 갖는 조직에 대한 통계조사 결과를 기반으로 추정하면, A사의 전산실에 화재는 10년에 1회 발생할 수 있을 것으로 예상된다. 만약 A사의 전산실에 화재가 발생할 경우, 당장 발생하는 손실액은 10억 원으로 추정된다. 그렇다면, A사의 전산실에 화재가 발생할 경우를 상정하여 보안대책을 구현하고자 할 경우 고려해야 하는 연간 예상 손실액은 얼마인가?

① 1억 원
② 10억 원
③ 100억 원
④ 1,000억 원

해설 10억 원(1회 손실 예상액) × 0.1(연간 발생 빈도/10년에 1회) = 1억 원
* ALE = SLE × ARO
연간 예상 손실액 ALE(Annualized Loss Expectancy)는 어떤 위협이 한 번 발생했을 때 예상되는 손실을 나타내는 SLE(Single Loss Expectancy, 1회 손실 예상액)와 1년 동안의 발생 횟수를 나타내는 ARO(Annualized Rate of Occurence, 연간 발생 빈도)의 곱으로 구해진다.

20 다음 중 위험처리 전략에 대한 설명으로 옳지 않은 것은?
① 현재의 위험을 받아들이고 잠재적 손실 비용을 감수하는 것은 위험 수용 전략이다.
② 위험을 완전히 제거할 수 있는 보안대책을 채택하여 구현하는 것은 위험 제거 전략이다.
③ 위험이 존재하는 프로세스나 사업을 수행하지 않고 포기하는 것은 위험 회피 전략이다.
④ 보험이나 외주 등으로 잠재적 비용을 제3자에게 미루거나 할당하는 것은 위험 전가 전략이다.

해설 위험을 완전히 제거할 수 있는 전략은 없다. 이는 위험감소 전략에 대한 설명이다.

★ 정답 ★ | 15 ② | 16 ① | 17 ③ | 18 ② | 19 ① | 20 ②

21 다음은 개인정보처리자가 신규 서비스를 기획하면서 준수해야 할 개인정보 보호 원칙을 근거로 해서 법적 위험을 고려해야 할 사항에 대한 설명이다. 밑줄 친 단어의 법적 용어가 적절하지 않은 것으로 짝지어진 것을 고르시오.

> • 개인정보처리자는 개인정보의 처리 목적을 명확하게 하여야 하고 그 목적에 필요한 범위에서 최소한의 개인정보만을 ⓐ 적법하고 정당하게 수집하여야 한다.
> • 개인정보처리자는 개인정보의 처리 목적에 필요한 범위에서 적합하게 개인정보를 처리하여야 하며, 그 목적 외의 용도로 활용하여서는 아니 된다.
> • 개인정보처리자는 개인정보의 처리 목적에 필요한 범위에서 개인정보의 ⓑ 기밀성, 무결성 및 가용성이 보장되도록 하여야 한다.
> • 개인정보처리자는 개인정보의 처리 방법 및 종류 등에 따라 정보주체의 권리가 침해받을 가능성과 그 위험 정도를 고려하여 개인정보를 안전하게 관리하여야 한다.
> • 개인정보처리자는 제30조에 따른 ⓒ 이용약관 등 개인정보의 처리에 관한 사항을 공개하여야 하며, 열람청구권 등 정보주체의 권리를 보장하여야 한다.
> • 개인정보처리자는 정보주체의 사생활 침해를 최소화하는 방법으로 개인정보를 처리하여야 한다.
> • 개인정보처리자는 개인정보를 익명 또는 가명으로 처리하여도 개인정보 수집목적을 달성할 수 있는 경우 ⓓ 익명처리가 가능한 경우에는 ⓓ 익명처리에 의하여, ⓓ 익명처리 처리로 목적을 달성할 수 없는 경우에는 가명에 의하여 처리될 수 있도록 하여야 한다.
> • 개인정보처리자는 이 법 및 관계 법령에서 규정하고 있는 책임과 의무를 준수하고 실천함으로써 정보주체의 신뢰를 얻기 위하여 노력하여야 한다.

① ⓐ, ⓑ
② ⓑ, ⓒ
③ ⓒ, ⓓ
④ ⓓ, ⓐ

해설 ⓑ : 정확성, 완전성 및 최신성
　　　ⓒ : 개인정보처리방침

22 다음은 정보보호 최고책임자(CISO)의 직위와 지위 및 겸직금지 관련 사항으로 적정하지 않은 것으로 짝지어진 것을 고르시오.

> ⓐ 겸직금지 대상 기업은 직전 사업 연도 말 기준 자산총액이 5조 원 이상이거나 정보보호 관리체계 인증 의무 대상자 중 직전 사업 연도 말 기준 자산총액이 5천 억 이상인 정보통신서비스제공자를 의미한다.
> ⓑ 겸직금지에 해당하는 대상기업은 임원급으로 직무상 독립하여 권한과 책임을 가진 자를 지정하여야 한다는 점을 고려하여 CEO 직속 또는 해당 부서의 장으로 정보보호 조직과 위임전결을 가지고 있는 팀장급 이상으로 지정한다.
> ⓒ 겸직이 가능한 업무에는 정보보호 공시에 관한 업무, 정보통신기반보호법에 따른 정보보호책임자 업무 모두가 겸직이 가능한 업무이다.
> ⓓ 정보보호 최고책임자는 일반 자격요건을 충족하고 임원급으로 비상근 정보보호 업무를 수행하는 경우에도 자격 요건을 충족하는 것으로 간주한다.
> ⓔ 정보보호 및 정보기술 업무경력이 10년 이상인 경우, 정보보호 관리체계 인증심사원 자격을 보유한 경우는 정보보호 최고책임자의 자격요건을 갖추고 있다고 볼 수 있다.
> ⓕ 정보기술 업무를 수행 총괄하고 있는 CIO가 산하의 정보보호 업무를 포괄하여 정보기술 관련한 정보보호 관련 사항을 반드시 고려할 수 있도록 겸직이 가능하다.

① ⓐ, ⓑ, ⓒ   ② ⓑ, ⓓ, ⓕ
③ ⓐ, ⓒ, ⓔ   ④ ⓓ, ⓔ, ⓕ

해설 ⓐ 겸직금지 대상 기업은 직전 사업 연도 말 기준 자산총액이 5조 원 이상이거나 정보보호 관리체계 인증의무 대상자 중 직전 사업 연도 말 기준 자산총액이 5천억 이상인 정보 통신서비스 제공자를 의미한다.
     ⓑ 겸직금지에 해당하는 대상기업은 이사(상법 제401조의2제1항제3호에 따른 자 또는 같은 법 제408조의2에 따른 집행 임원 포함)로 직무상 독립하여 권한과 책임을 가진 자를 지정하여야 한다는 점을 고려하여 CEO 직속 또는 해당 부서의 장으로 정보보호 조직과 위임전결을 가지고 있는 임원급 이상으로 지정한다.
     ⓒ 겸직이 가능한 업무에는 정보보호 공시에 관한 업무, 정보통신기반보호법에 따른 정보 보호책임자 업무 모두가 겸직이 가능한 업무이다. 또한, 전자금융거래법에 따른 정보보호 최고책임자 업무, 개인정보 보호법에 따른 개인정보 보호책임자(CPO) 업무와 그 밖에 이법 또는 관계법령상 업무로서 정보보호 최고책임자의 업무와 유사한 업무가 가능하다.
     ⓓ 정보보호 최고책임자는 일반 자격요건을 충족하고 임원급으로 상근(날마다 일정한 시간에 출근하여 정해진 시간 동안 근무하는 것) 정보보호 업무를 수행하는 경우에도 자격 요건을 충족하는 것으로 간주한다.
     ⓕ 정보기술 업무를 수행 총괄하고 있는 CIO가 산하의 정보보호 업무를 포괄하여 정보기술 관련한 정보보호 관련 사항을 반드시 고려할 수 있도록 겸직을 수행할 수 없는 업무이다.

23 다음 조직의 정보보호 정책 및 관련 하위지침에 관련된 사항 중에서 적절하지 않은 것으로 짝 지어진 것을 고르시오.

> ⓐ 정보보호 및 개인정보보호 정책서 제·개정 시에는 정보보호 위원회의 의결을 거치도록 하고 있으나 내부 문서규정에 따라서 정책서 검토 이후에 개정사항이 없는 경우에는 위원회 의결이 아닌 정보 보호 최고책임자가 직접 결정할 수 있다는 내용에 따라서 위원회 승인을 받지 않는 경우
> ⓑ 정보보호 및 개인정보보호에 관련된 정책 및 지침서는 주로 관련된 정보보호 및 개인정보보호 부서의 운영 사항이므로 정보보호 부서의 게시판에 게시하여 관리하고 내부에서 참조할 수 있게 편리성을 제공한 경우
> ⓒ 조직의 정보보호 및 개인정보보호 활동의 근거를 포함하고 있는 것이므로 최고경영자의 의지 및 방향이 반드시 포함되어야만 하는 경우
> ⓓ 법령 및 규제, 상위 조직 및 관련기관의 정책과의 연계성, 조직의 대내외 환경변화 등을 반영할 수 있도록 위험평가 및 새로운 위협에 대한 사항은 반드시 정책과 지침 등에 반영을 해야 하는 경우
> ⓔ 정보보호 및 개인정보보호 관련 정책 및 시행문서를 제·개정하는 경우 관련 정보보호 부서 이외의 이해관계자가 관련사항을 검토하고 문제가 있어 이해관계자가 이의를 제기하였으나 정보보호 및 개인정보보호에 대한 정보보호 부서의 의지이므로 정책 및 시행문서에 반영하지 않는 경우

① ⓐ, ⓓ
② ⓑ, ⓔ
③ ⓒ, ⓓ
④ ⓐ, ⓒ

해설 ⓐ 정보보호 및 개인정보보호 정책서 제·개정 시에는 정보보호 위원회의 의결을 거치도록 하고 있으나 내부 문서규정에 따라서 정책서 검토 이후에 개정사항이 없는 경우에는 위원회 의결이 아닌 정보보호 최고책임자가 직접 결정할 수 있다는 내용에 따라서 위원회 승인을 받지 않는 경우에는 문제가 없다. 내부 문서규정에 따라서 위임전결 등의 사항으로 판단된다.

　　ⓑ 정보보호 및 개인정보보호에 관련된 정책 및 지침서는 주로 관련된 정보보호 및 개인정보보호 부서의 운영 사항이므로 정보보호 부서의 게시판에 게시하여 관리하고 내부에서 참조할 수 있게 편리성을 제공한 경우에는 문제가 발생된다. 즉, 정책 및 지침 등은 정보보호 관련 부서만 아니라 전 임직원 손쉽게 열람(게시판, 문서 등)할 수 있도록 제공해야 한다.

　　ⓒ 조직의 정보보호 및 개인정보보호 활동의 근거를 포함하고 있는 것이므로 최고경영자의 의지 및 방향이 반드시 포함되어야만 하는 경우는 문제가 없다. 조직의 정보보호 및 개인정보보호를 위한 경영진의 참여와 의지 표명이 반드시 필요하다.

　　ⓓ 법령 및 규제, 상위 조직 및 관련기관의 정책과의 연계성, 조직의 대내외 환경변화 등을 반영할 수 있도록 위험평가 및 새로운 위협에 대한 사항은 반드시 정책과 지침 등에 반영을 해야 하는 경우에는 문제가 없다. 정책과 지침은 새로운 변화에 대하여 항상 검토하고 필요한 경우 반영이 필요하다.

　　ⓔ 정보보호 및 개인정보보호 관련 정책 및 시행문서를 제·개정하는 경우 관련 정보보호 부서 이외의 이해관계자가 관련사항을 검토하고 문제가 있어 이해관계자가 이의를 제기하였으나 정보보호 및 개인정보보호에 대한 정보보호 부서의 의지이므로 정책 및 시행 문서에 반영하지 않는 경우에는 문제가 있다. 이해관계자의 검토가 반드시 필요하고 이의제기에 대하여 모든 사항을 반영할 수 없지만, 충분한 검토를 통해서 이의제기한 사항이 보안부서의 의견과 맞지 않는다고 모두 반영하지 않는 것은 현실성 없는 정책 및 지침이 될 수 있는 요소가 된다.

24 다음은 조직의 정보보호 및 개인정보보호 관리체계 수립을 위한 생명주기에 대한 사항에 대한 설명이다. 적절하지 않은 것을 고르시오.

> ⓐ 정보보호 정책은 관련 시행문서(지침, 절차, 가이드 문서 등)에 대하여 정기적인 타당성 검토 절차를 수립·이행하고, 필요시 관련 정책 및 시행문서를 제·개정하여야 한다. 최소 연 1회 이상 정기 타당성 검토를 수행하여야 한다.
>
> ⓑ 정보보호 교육은 임직원을 채용 및 외부자 신규 계약 시에 업무 시작 전에 정보보호 교육을 수행하여 조직의 정책, 주의사항, 규정 위반 시 법적 책임 등에 대한 내용을 숙지할 수 있도록 고려해야 하며, 교육시행에 대한 기록을 남기고 교육 효과성을 위해 개선사항을 차기 교육에 반드시 반영하여야 한다.
>
> ⓒ 개인정보보호 정책은 개인정보보호 관련 법률 개정이 발생되면, 시행되기 전에 내부적으로 검토한 이후에 반드시 정책에 반영해야 하며, 법령 적용 시점보다 항상 먼저 정책에 반영될 수 있도록 개정 작업이 필수적이다.
>
> ⓓ 개인정보보호 교육은 개인정보취급자를 대상으로 교육을 시행하며 법정 의무교육이므로 반드시 이수해야 하는 교육이며, 개인정보를 처리하는 임직원을 개인정보취급자로 판단하지만 그 대상을 판단하기 어려워 전임직원을 개인정보취급자로 판단하여 일반적인 개인정보보호 교육을 수행하는 것이 필요하다.
>
> ⓔ 정보보호 조직은 정보보호 업무 수행과 관련된 조직의 특성을 고려하여 관련 책임자와 담당자의 역할 및 책임을 시행문서에 구체적으로 정의하여야 한다.
>
> ⓕ 개인정보보호 점검은 개인정보의 안전성 확보조치에 대한 고시에 따라서 내부관리계획을 수립하고 연1회 이상 개인정보의 기술적, 관리적, 물리적 보호조치에 대하여 점검하여야 한다.
>
> ⓖ 개인정보보호 조직은 정보보호와 업무 연관성이 높아 같은 정보보호 조직 내에서 개인정보보호 업무를 수행할 수 있으나, 정보보호 부서의 장이 정보보호의 최고책임자 및 개인정보보호책임자는 겸직금지 대상이므로 개인정보보호책임자는 개인정보 업무를 다루고 있는 부서의 장으로 분리하여 업무를 수행하여야 한다.
>
> ⓗ 정보보호 점검은 정보보호 및 개인정보보호 관련 법적 요구사항을 주기적으로 파악하여 규정에 반영하고, 준수 여부를 지속적으로 검토하여야 한다. 내부 정책 및 법적 요구사항에 따라 효과적으로 운영되고 있는지를 정보보호부서 인력으로 점검팀을 구성하여 연 1회 이상 점검하고, 발견된 문제점을 경영진에게 보고하여야 한다.

① ⓐ, ⓑ
② ⓒ, ⓓ
③ ⓔ, ⓕ
④ ⓖ, ⓗ

해설 ⓓ 개인정보보호 교육은 개인정보취급자를 대상으로 교육을 시행하며 법정 의무교육이므로 반드시 이수해야 하는 교육이며, 개인정보를 처리하는 임직원을 개인정보취급자로 판단하지만 그 대상을 판단하기 어려워 전임직원을 개인정보취급자로 판단하여 일반적인 개인정보보호 교육을 수행하는 것이 필요하다. 개인정보취급자는 일반 직원의 개인정보보호 교육과 차별화하여 전문성 있는 교육을 시행하여야 한다.

ⓖ 개인정보보호 조직은 정보보호와 업무 연관성이 높아 같은 정보보호 조직 내에서 개인정보보호 업무를 수행할 수 있으나, 정보보호 부서의 장이 정보보호의 최고책임자 및 개인정보보호책임자는 겸직금지 대상이므로 개인정보보호책임자는 개인정보 업무를 다루고 있는 부서의 장으로 분리하여 업무를 수행하여야 한다. 정보보호 최고책임자와 개인정보보호책임자는 겸직이 가능하다.

ⓗ 정보보호 점검은 정보보호 및 개인정보보호 관련 법적 요구사항을 주기적으로 파악하여 규정에 반영하고, 준수 여부를 지속적으로 검토하여야 한다. 내부 정책 및 법적 요구사항에 따라 효과적으로 운영되고 있는지를 정보보호부서 인력으로 점검팀을 구성하여 연 1회 이상 점검하고, 발견된 문제점을 경영진에게 보고하여야 한다. 점검팀은 전문성, 독립성을 고려하여 정보보호 부서 이외의 관련 부서와 같이 진행하여야 한다.

★ 정답 ★ | 23 ② | 24 ④

25 다음 절차는 개인정보보호에 관련한 위험평가 절차 중의 하나이며, 공공기관의 대상의 「개인정보 보호법」 제33조(개인정보 영향평가)의 절차이다. ⓐ, ⓑ, ⓒ, ⓓ, ⓔ 각 빈칸에 적절한 항목을 순서대로 나열한 것을 고르시오

[개인정보보호 영향평가 절차]

(출처 : 개인정보영향평가 수행안내서)

① 평가팀 구성, 개인정보처리업무 현황 분석, 대상시스템 관련 자료 분석, 개인정보 위험도 산정, 평가항목 작성

② 개인정보처리업무 현황 분석, 평가팀 구성, 대상시스템 관련 자료 분석 개인정보 위험도 산정, 평가항목 작성

③ 대상시스템 관련 자료 분석, 평가팀 구성, 개인정보처리업무 현황 분석, 평가항목 작성, 개인정보 위험도 산정

④ 평가팀 구성, 대상시스템 관련 자료 분석, 개인정보처리업무 현황 분석, 평가항목 작성, 개인정보 위험도 산정

해설 ⓐ 평가팀 구성 : 평가기관의 PM(Project Manager : 프로젝트 책임자)은 대상기관 사업 관리 담당자의 협조 하에 개인정보보호 담당자, 유관부서 담당자, 외부전문가 등의 참여를 요청
ⓑ 대상시스템 관련 자료 분석 : 대상사업 및 개인정보보호 관련 기관 내·외부 정책환경 분석을 위한 자료 수집
ⓒ 개인정보처리업무 현황 분석 : 대상사업에서 처리되는 개인정보 흐름에 대한 파악을 위해 정보시스템 내 개인정보 흐름 분석
ⓓ 평가항목 작성 : 개인정보 처리업무 현황 분석을 위해서는 평가자료 수집 단계에서 수집한 산출물 분석을 수행하고 업무 담당자 인터뷰 및 현장 실사 등을 통해 업무 이해
ⓔ 개인정보 위험도 산정 : 도출된 침해요인은 모두 개선하는 것이 원칙이나, 기관 내 예산이 부족한 경우 등 불가피한 사유가 있는 경우에는 위험분석 결과에 따라 개선사항의 우선 순위를 정하여 선택적 조치 가능

26 내부감사계획을 수립하여 감사를 수행한 결과, 다음과 같이 일부 미흡한 사항을 발견한 내용을 감사보고서에 기술하였다. 위험관리 관점으로 해당 문제점을 보고 개선대책으로 적절하지 않은 것으로 짝지어진 것을 고르시오.

내부감사보고서 중 일부	
지적 사항	주요 문제점
ⓐ 개인정보처리시스템 권한 관리 미흡	• 개인정보처리시스템의 권한 부여 시 승인 받지 않고 관리자가 임의적으로 권한을 발급하고 있음 • 인사이동 시 권한에 대한 적절성 여부를 확인(모니터링)하고 있지 않음
ⓑ 개인정보처리시스템 접속로그 관리 미흡	법적 요건에 맞게 접속이력을 남기고 있으나 접속기록의 위변조 방지에 대한 조치가 되어 있지 않음

① ⓐ : 권한 신청을 내부 결재절차에 따라서 신청서를 받아서 해당 시스템 담당자가 관리대장으로 전자적으로만 권한을 관리한다.
ⓑ : 접속기록을 Secure OS에 설치된 서버에 기록하고, 별도의 접근통제를 한다.
② ⓐ : 퇴사자가 발생 시에 인사팀에게 통보하도록 하여 퇴사자의 권한을 담당자가 직접 삭제한다.
ⓑ : 접속기록은 해당 서버에 계속 기록하고, 다른 서버에 복제본을 전송하여 별도 접근통제를 한다.
③ ⓐ : 업무 변경으로 권한 유지 여부를 보안팀에서 확인하기 어렵기 때문에 연 1회 장기미사용자에 대한 권한을 삭제한다.
ⓑ : 접속기록은 해당 서버에 계속 기록하고, DVD-RW에 복제본을 기록하여 별도 금고에 보관한다.
④ ⓐ : 계정 및 권한관리시스템을 도입하여 회사 내의 조직변경이 발생되면, 모든 권한을 반납받고 신규 조직에서 권한을 새로 승인받고 사용할 수 있도록 관리한다.
ⓑ : 접속기록은 해당 서버에 계속 기록하고, 로그서버를 별도로 구축하여 별도의 접근통제를 한다.

해설 업무 변경에 대해서는 보안팀에서 직접 확인하기 어렵고 해당 조직장 또는 본인이 관련 권한이 불필요하다고 판단하면 반납 또는 삭제해야 하지만, 운영의 어려움이 있어서 통상 1~3개월 정도 해당 권한을 사용하지 않을 경우에는 일시 잠금을 하거나 삭제하는 것이 바람직하며, 접속기록은 기록을 수정할 수 없도록 조치가 필요하여 DVD-RW 매체보다는 재사용되지 않은 미디어를 사용하는 것이 바람직하다.

★ 정답 ★ 25 ④ 26 ③

27 다음은 정량, 정성적 위험분석 방법론과 각 방법론에 대한 설명이다. 다음 중 적절하지 않은 설명을 짝지은 것을 고르시오.

ⓐ 수학공식 접근법은 정량적 위험분석의 방법 중의 하나로 위협의 발생빈도를 계산하는 식을 이용하여 위험을 계량하는 방법으로 이 방법은 현재 자료의 획득이 어려울 경우 위험 발생 빈도를 추정하여 분석하는 데 유용하다.

ⓑ 확률 분포법은 정량적 위험분석의 방법 중의 하나로 미지의 사건을 추정하는 데 사용되는 방법이다. 이 방법은 미지의 사건을 확률적(통계적)편차를 이용하여 최저, 보통, 최고의 위험평가를 예측할 수 있다.

ⓒ 순위결정법은 정성적 위험분석 방법 중의 하나로 시스템에 관한 전문적인 지식을 가진 전문가의 집단을 구성하고 위험을 분석 및 평가하여 정보시스템이 직면한 다양한 위험과 취약성을 토론을 통해 분석하는 방법으로, 위험분석을 짧은 기간에 도출할 수 있어 시간과 비용을 절약할 수 있지만 추정의 정확도가 낮다.

ⓓ 시나리오법은 정성적 위험분석 방법 중의 하나로 어떤 사건도 기대대로 발생하지 않는다는 사실에 근거하여 일정 조건하에서 위협에 대한 발생 가능한 결과들을 추정하는 방법으로, 적은 정보를 가지고 전반적인 가능성을 추론할 수 있고, 위험분석팀과 관리층 간의 원활한 의사소통을 가능케 한다. 그러나 발생 가능한 사건의 이론적인 추측에 불과하고 정확도, 완성도, 이용기술의 수준 등이 낮다.

---

① ⓐ, ⓒ
② ⓑ, ⓓ
③ ⓑ, ⓒ
④ ⓓ, ⓐ

해설 ⓐ는 정량적인 수학공식 접근법으로 과거 자료의 획득이 어려울 경우 위험 발생 빈도를 추정하여 분석하는 데 유용하다.
ⓒ는 정성적인 델파이법에 관련된 내용이다.

[정량적 위험분석]
1) ALE(연간예상손실)
   • 자산가치×노출계수 = 단일예상손실 (SLE)
   • 단일예상손실×연간발생률 = 연간예상손실 (ALE)
2) 과거자료 분석법은 과거의 자료를 통해 위험발생 가능성을 예측하는 방법이다. 이 방법은 위협에 대한 과거 자료가 많을수록 분석의 정확도가 높아진다.
3) 수학공식 접근법은 수학공식 접근법은 위협의 발생빈도를 계산하는 식을 이용하여 위험을 계량하는 방법으로 이 방법은 과거자료의 획득이 어려울 경우 위험 발생 빈도를 추정하여 분석하는 데 유용하다.
4) 확률 분포법은 미지의 사건을 추정하는 데 사용되는 방법이다. 이 방법은 미지의 사건을 확률적(통계적)편차를 이용하여 최저, 보통, 최고의 위험평가를 예측할 수 있다.

[정성적 위험분석]
1) 델파이법은 시스템에 관한 전문적인 지식을 가진 전문가의 집단을 구성하고 위험을 분석 및 평가하여 정보시스템이 직면한 다양한 위험과 취약성을 토론을 통해 분석하는 방법으로, 위험분석을 짧은 기간에 도출할 수 있어 시간과 비용을 절약할 수 있지만 추정의 정확도가 낮다.
2) 시나리오법은 어떤 사건도 기대대로 발생하지 않는다는 사실에 근거하여 일정 조건하에서 위협에 대한 발생 가능한 결과들을 추정하는 방법으로, 적은 정보를 가지고 전반적인 가능성을 추론할 수 있고, 위험분석팀과 관리층 간의 원활한 의사소통을 가능케 한다. 그러나 발생 가능한 사건의 이론적인 추측에 불과하고 정확도, 완성도, 이용기술의 수준 등이 낮다.
3) 순위 결정법은 각각의 위협을 상호 비교하여 최종 위협요인의 우선순위를 도출하는 방법으로, 위험분석에 소요되는 시간과 분석하여야 하는 자원의 양이 적다는 장점이 있으나, 위험 추정의 정확도가 낮은 단점이 있다.

28 다음의 개인정보 흐름표는 OOO 공공기관 홈페이지 시스템 보유·이용단계 개인정보 흐름 중 회원 관리 관련해서 개인정보보호 영향 평가기관에서 작성한 위험평가 보고서의 일부 내용이다. 개인정보 흐름표를 통해서 파악한 현황 중에서 가장 적절하지 않은 것을 선택하고 그 이유를 설명하시오.

NO	업무명	보유·이용					
		보유 형태	암호 항목	이용 항목	이용 목적	개인정보 취급자	이용 방법
1-1	회원관리 (회원가입)	DB	비밀 번호, 병명	(필수)성명, 생년월일, 성별, 장애구분, 병명, 회원ID, 비밀번호, 주소, 직업, 전화번호, 휴대전화번호, 이메일 (선택)장애인증명파일, 관심분야	담당자가 회원 정보를 관리	홈페이지 담당자	개인 PC를 이용하여 홈페이지에 접속한 후 해당 메뉴 선택하여 회원정보 조회
1-2	회원관리 (회원정보 수정)	DB	비밀 번호	(필수)성명, 생년월일, 성별, 장애구분, 병명, 회원ID, 비밀번호, 주소, 직업, 전화번호, 휴대전화번호, 이메일	회원이 자신의 개인정보를 수정하고 조회	홈페이지 회원	개인 PC를 이용하여 홈페이지에 접속한 후 해당 메뉴 선택하여 회원정보를 선택하여 수정 및 정보조회
1-3	회원관리 (아이디/ 비밀번호 찾기)	DB	비밀 번호	(필수)성명, 생년월일, 회원ID, 비밀 번호, 전화번호, 휴대전화번호, 이메일	회원이 자신의 아이디 또는 비밀번호를 조회	홈페이지 회원	개인 PC를 이용하여 홈페이지에 접속한 후 해당 메뉴 선택하여 정보조회(기존 비밀번호를 사용자 메일로 전송)
1-4	회원관리 (회원탈퇴)	DB		(필수)회원ID, 성명, 비밀번호	회원이 자신의 회원 탈퇴 처리	홈페이지 회원	개인 PC를 이용하여 홈페이지에서 해당 메뉴 선택하여 본인확인 (로그인) 후 회원탈퇴 처리
2	OO신청 관리	DB, 문서		(필수)성명(신청자), 이메일, 주소, 소속(단체명), 인솔자 (선택)휴대전화번호	OO신청 자에 대한 정보관리	OO업무 담당자	홈페이지의 해당 메뉴 선택하여 방문예약 업무를 선택하여 처리하면 예약내용을 이메일로 답변
· · ·	· · ·	· · ·	· · ·	· · ·	· · ·	· · ·	· · ·

★ 정답 ★   27 ①   28 ③

① 회원관리(아이디/비밀번호 찾기) 업무에서 비밀번호를 암호화하였으나, 비밀번호를 이메일로 사용자에게 전달하는 것은 일방향 암호화가 아닌 대칭키 암호화 방식을 사용하거나 평문으로 저장되어 있어 개선이 필요함

② 회원관리(탈퇴) 업무에서 회원탈퇴 시 본인확인 절차(휴대폰 인증 등) 없이 로그인 확인 후 회원탈퇴하는 절차는 문제가 없음

③ OO신청관리 업무에서 '휴대전화번호'는 반드시 연락에 필요한 필수정보이므로 필수항목으로 변경하는 것이 필요함

④ 회원관리(가입) 업무에서 '병명'은 민감정보이지만 법률적 암호화 대상은 아니기 때문에 반드시 암호화 처리가 필요하지 않음

> **해설** ③ 회원들에게 휴대전화번호 이외에 연락할 수 있는 이메일 정보가 있기 때문에 휴대폰번호가 반드시 필요한 필수 정보로 판단하여 필수정보로 변경하도록 하는 것은 바람직하지 않다.
> ① 비밀번호는 일방향 암호화해야 되지만, 비밀번호 찾기를 통해서 원래 비밀번호를 이용자에게 제공했다면, 비밀 번호를 복호화할 수 있는 암호알고리즘을 사용했기 때문에 법률 위반이므로 개선이 필요한 사항이다.
> ② 회원탈퇴 시 본인확인 인증(휴대폰 인증 등)이 법률적 요구사항이 아니기 때문에 로그인 절차를 통해 회원 탈퇴 하는 것은 문제가 없다.
> ④ '병명'은 법률적 암호화 대상이 아니다.

29 아래 지문의 문제점은 위험분석을 통해서 도출된 문제점이다. 다음 중 위험처리 전략에 따라서 해당 문제점을 적절한 보호대책을 선정해야 한다. 법적 요구사항 준수로 인하여 부득이하게 '위험 수용'으로 처리하기에 가장 적절하지 못한 것은 총 몇 개인가?

ⓐ 고객 비밀번호 변경 주기가 미흡함
ⓑ 서버 관리자 계정 및 권한 공유
ⓒ 내부 시스템 간의 전송구간 암호화 미적용
ⓓ 내부 중요 정보(제조관련 설계도면) 저장 시 암호화 미흡
ⓔ 신분증 이미지 파일 저장 시 암호화
ⓕ 이름, 전화번호, 이메일 주소의 안전한 암호 알고리즘 미사용
ⓖ 개인정보처리스템 접속기록 보관 및 검토 미흡
ⓗ 출력물에 대한 보호대책 미적용 / 출력된 프린트물 방치
ⓘ 정보보호 업무 담당자의 업무 겸직 수행
ⓙ 정보보호 담당자 정보보호 교육 미참석
ⓚ 개발 완료 후, 시큐어코딩 표준 가이드 이행 여부 및 소스코드에 대한 미점검
ⓛ 고객정보를 처리하고 있는 시스템의 사용자 비밀번호를 MD5로 해시하여 저장
ⓜ 해지고객 정보 미파기
ⓝ 개인정보 취급자 PC에 백신 미설치
ⓞ 정보보호 정책 및 지침 정기적 미개정

---

① 3개   ② 4개
③ 5개   ④ 6개

30 다음은 OOO기업이 애플리케이션 서버 자산에 대하여 위험분석을 통해서 도출된 결과이다. 단일 손실 예상 금액과 연간 손실 예상 금액을 산출하여 맞는 것으로 짝지어진 것을 고르시오.

> 자산적 가치가 2천만 원에 해당하는 애플리케이션 서버의 취약점 중에서 최신 OS 및 보안 업데이트를 실시하지 않음으로 노출인자는 50%에 해당되는데 이에 따라서 발생되는 단일 손실 예상은 (ⓐ)로 산정되고 있으며, 이를 통해서 연간 분기별로 발생되고 있는 경우 연간 손실 예상 금액은 (ⓑ)로 추정된다.

① 1천만 원, 4천만 원
② 5백만 원, 2천 5백만 원
③ 1천만 원, 2천 5백만 원
④ 5백만 원, 4천만 원

해설 • 자산가치×노출계수 = 단일예상손실(SLE) 2천만 원×50% = 1천만 원
 • 단일예상손실×연간발생률 = 연간예상손실(ALE) 1천만 원×400% = 4천만 원

정보보호 위험대응

1 보호대책 구현

1.1 식별된 위험에 대한 처리 전략 및 보호대책 수립

1.1.1 위험에 대한 처리 전략

정보보호 위험으로 인한 정보자산의 침해는 적절하게 처리해야 한다. 그러나 무조건적으로 위험 감소전략을 추구할 수는 없다. 위험 조치에 대한 비용과 효과성을 고려해야 한다. 현재 존재하는 위험이 조직에서 수용할 수 있는 수준을 넘어선다면, 이 위험을 어떤 방식으로든 처리하여야 한다. 위험의 처리 방식은 위험 수용, 위험 감소, 위험 회피, 위험 전가의 네 가지로 나눌 수 있다.

▣ 위험처리 전략의 정의 및 예시

위험처리 전략	설명	예시
위험 수용	현재의 위험을 받아들이고 잠재적 손실 비용을 감수	일정 수준 이하의 위험을 인정하고 사업 진행
위험 감소	위험을 감소시킬 수 있는 대책을 채택하여 구현	정보보호대책 구현(비용-효과 분석 필요)
위험 회피	위험이 존재하는 프로세스나 사업을 수행하지 않음	위험한 프로젝트 포기
위험 전가	잠재적 비용을 제3자에게 이전하거나 할당	보험 가입, 외주 위탁

1.1.2 정보보호 대책의 선정

정보보호관리체계 인증심사기준에 따라 통제사항을 선정하되, 위험의 내용과 규모에 따라 더 세부적이거나 구체적인 대책이 필요할 수 있다. 선택된 통제사항은 기술, 재정, 법 제도, 시간, 조직 문화 등의 제약조건을 고려하여 적용해야 한다. 각 통제사항은 비용·효과 분석을 통해 정당화되어야 하며, 특히 정성적 위험분석의 경우 자산, 위협, 위험을 구체적으로 설명하여 현실 상황과 연관지어 이해할 수 있도록 해야 한다.

▣ 정보보호 대책 수립

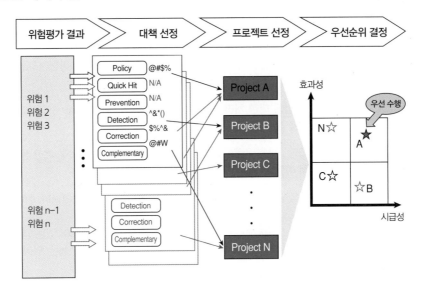

▣ 정보보호 대책 수립 시 고려사항

시사점	고려사항	영향
위험 평가	• 위험 수준 • 수용 가능한 위험 수준 • 대응 비용	• 전략 선택의 기준이 됨 • 구체적인 대책 명시
비용 효과성	• 위험 수용 → 회피 → 전가 → 감소 순 고려 • 조직의 기본 태도(안전 vs 비용) • 통제 구현 및 유지 비용 〈 위험 감소량 • 정성적 위험분석 시 구체적 정당화 어려움 • 자산, 관련 위협, 우려되는 위험을 구체적으로 설명	• 전략 우선순위 결정에 영향 • 비용과 효과를 현실 상황과 관련하여 이해할 수 있도록 제시
제약 조건	• 기술 적용 가능성 • 재정 • 법 제도 • 시간 • 조직 문화 • 규정 준수 요구사항	• 전략 선택의 유연성과 범위 제한 • 전략 선정 시 적용된 제약조건들 지속 고려

가. (ISMS-P) 1.2.4 보호대책 선정

항목	1.2.4 보호대책 선정
인증기준	위험 평가 결과에 따라 식별된 위험을 처리하기 위하여 조직에 적합한 보호대책을 선정하고, 보호대책의 우선순위와 일정·담당자·예산 등을 포함한 이행계획을 수립하여 경영진의 승인을 받아야 한다.
주요 확인 사항	1) 식별된 **위험에 대한 처리 전략(감소, 회피, 전가, 수용 등)을 수립**하고 위험처리를 위한 **보호대책을 선정**하고 있는가? 2) 보호대책의 우선순위를 고려하여 **일정, 담당부서 및 담당자, 예산 등의 항목**을 포함한 **보호대책 이행계획을 수립하고 경영진에 보고**하고 있는가?
결함사례	• 정보보호 및 개인정보보호 대책에 대한 이행계획은 수립하였으나, 정보보호 최고책임자 및 개인정보보호책임자에게 보고가 이루어지지 않은 경우 • 위험 감소가 요구되는 일부 위험의 조치 이행계획이 누락되어 있는 경우 • 법에 따라 의무적으로 이행하여야 할 사항, 보안 취약성이 높은 위험 등을 별도의 보호조치 계획 없이 위험 수용으로 결정하여 조치하지 않은 경우 • 위험 수용에 대한 근거와 타당성이 미흡하고, 시급성 및 구현 용이성 등의 측면에서 즉시 또는 단기 조치가 가능한 위험요인에 대해서도 특별한 사유 없이 장기 조치계획으로 분류한 경우

확인 사항	요구 사항	관련 사항
식별된 위험에 대해 위험처리 전략 수립 및 보호대책 선정	식별된 위험에 대해 처리전략(위험 감소, 위험 회피, 위험 전가, 위험 수용 등)을 수립하고 이에 따라 각 위험별로 위험처리를 위한 적절한 정보보호 및 개인정보보호 대책을 선정하여야 함	• 위험 수준 감소를 목표로 처리전략을 수립하는 것이 일반적이며, 상황에 따라 **위험 회피, 위험 전가, 위험 수용** 전략을 고려 ▶ 1) 참조 • 보호대책 선정 시 정보보호 및 개인정보보호 대책은 ISMS, ISMS-P **인증기준 연계성** 고려 • 불가피한 사유가 있는 경우에는 위험 수용 전략을 선택할 수 있으나 **무조건적인 위험 수용은 지양**하여야 하며 사유의 적정성, 보완대책 적용가능성 등을 충분히 검토한 후 **명확하고 객관적 근거**에 기반하여 **위험 수용 전략**을 선택 ▶ 2) 참조 • **법률 위반**에 해당하는 위험은 **수용 가능 위험에 포함되지 않도록 주의** • 수용가능한 위험수준(DoA)을 초과하지 않은 위험 중 내·외부 환경의 변화에 따라 위험수준이 상승할 가능성이 높거나 조직이 중요하다고 판단되는 부분에 대해서는 보호대책 수립 고려

확인 사항	요구 사항	관련 사항
정보보호 대책의 이행계획 수립 및 경영진 보고	정보보호 및 개인정보보호 대책의 우선순위를 고려하여 일정, 담당부서 및 담당자, 예산 등의 항목을 포함한 보호대책 이행계획을 수립하고 CISO 및 CPO 등 경영진에게 보고하여야 함	• 위험의 **심각성 및 시급성, 구현의 용이성, 예산 할당, 자원의 가용성, 선후행 관계**를 고려하여 우선순위 결정 • **일정, 담당부서 및 담당자, 예산** 등을 포함한 이행계획을 수립하여 **경영진에 보고 및 승인**

1) 위험처리 절차

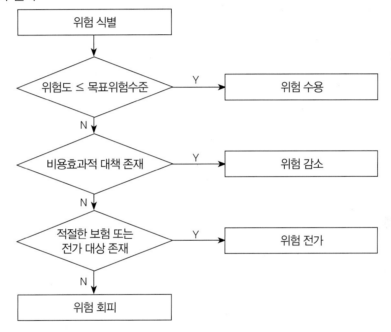

2) 위험처리 전략

① 위험 **수**용(Acceptance)
- 개념 : 위험이 발생할 가능성을 그대로 받아들이는 것
- 예시 : 기존시스템 운영, 대형 수탁자 관리·감독 생략

② 위험 **감**소(Mitigation)
- 개념 : 위험을 줄이기 위한 대책을 구현하는 것
- 예시 : 시스템 도입, 응용프로그램 구현

③ 위험 **전**가(Transfer)
- 개념 : 위험으로 인한 손실을 누군가에게 부담시키는 선택
- 예시 : 전문업체 활용, 보험

④ 위험 **회**피(Avoidance)
- 개념 : 위험이 발생할 상황 자체를 피하는 것
- 예시 : 시스템 사용 중지, 데이터 파기

위험처리 전략	예시
위험 감소	패스워드 도용의 위험을 줄이기 위하여 개인정보처리시스템의 로그인 패스워드 복잡도와 길이를 3가지 문자조합 및 8글자 이상으로 강제 설정되도록 패스워드 설정 모듈을 개발하여 적용한다.
위험 회피	회사 홍보용 인터넷 홈페이지에서는 회원 관리에 따른 위험이 크므로 회원 가입을 받지 않는 것으로 변경하고 기존 회원정보는 모두 파기한다.
위험 전가	중요정보 및 개인정보 유출 시 손해배상 소송 등에 따른 비용 손실을 줄이기 위하여 관련 보험에 가입한다.
위험 수용	유지보수 등 협력업체, 개인정보 처리 수탁자 중 당사에서 직접 관리·감독할 수 없는 PG사, 본인확인기관 등과 같은 대형 수탁자에 대하여는 해당 수탁자가 법령에 의한 정부감독을 받거나 정부로부터 보안인증을 획득한 경우에는 개인정보보호법에 따른 문서체결 이외의 별도 관리·감독은 생략할 수 있도록 한다.

1.2 보호대책 구현 시 고려사항

1.2.1 보호대책 구현 시 고려사항

정보보호 보호대책 구현 시 주요 고려사항은 일정 수립, 담당부서 및 담당자 지정, 역할과 책임(R&R) 정의, 보호대책 공유 및 교육, 경영진의 의사결정 및 승인, 그리고 예산 할당 등이 있다. 이행계획에 따라 구체적인 일정을 수립하고, 보호대책을 실제 운영할 부서와 담당자를 명확히 지정하며, 정보보호 최고책임자부터 부서별 담당자까지의 역할과 책임을 정의해야 한다. 또한, 구현된 보호대책에 대해 관련 부서 및 담당자와 내용을 공유하고 교육을 실시하며, 경영진에게 이행계획을 보고하고 승인을 받아 필요한 예산을 할당하고 대책을 이행한다. 이행현황을 모니터링하며 보호대책의 효과성을 검토하고, 지속적인 개선 및 최적화가 필요하다.

■ 보호대책 구현 시 고려사항

고려사항	세부 내용	중요성
일정 수립	• 위험처리의 시급성 고려 • 구현에 요구되는 기간 산정 • 이행 우선순위 결정	효율적인 자원 배분과 시간 관리
담당자 지정 및 R&R	• 구현 담당부서 및 담당자 명확히 지정 • 정보보호 책임자, 관리자, 부서별 담당자의 역할과 책임 정의	책임소재 명확화 및 원활한 협업
공유 및 교육	• 보호대책 내용 관련 부서 및 담당자에게 공유 • 구현된 보호대책에 대한 교육 실시	보호대책의 효과적 운영 및 시행

고려사항	세부 내용	중요성
의사결정 및 예산	• 경영진에게 이행계획 보고 및 승인 획득 • 필요 예산 할당 및 이행계획에 포함	경영진 지원 확보 및 재정적 뒷받침
모니터링 및 효과성 검토	• 구현 진행 상황 정기적 파악 • 이행 결과 경영진 보고 • 보호대책의 정확성 및 효과성 검토 • 필요시 대안 수립 또는 추가 위험평가	지속적인 개선 및 최적화

가. (ISMS-P) 1.3.1 보호대책 구현

항목	1.3.1 보호대책 구현
인증기준	선정한 보호대책은 이행계획에 따라 효과적으로 구현하고, 경영진은 이행결과의 정확성과 효과성 여부를 확인하여야 한다.
주요 확인 사항	1) 이행계획에 따라 **보호대책을 효과적으로 구현**하고 **이행결과의 정확성 및 효과성 여부를 경영진이 확인할 수 있도록 보고**하고 있는가? 2) 관리체계 **인증기준별로 보호대책 구현 및 운영 현황을 기록한 운영명세서를 구체적으로 작성**하고 있는가?
결함사례	• 정보보호 및 개인정보보호 대책에 대한 이행완료 결과를 정보보호 최고책임자 및 개인정보보호책임자에게 보고하지 않은 경우 • 위험조치 이행결과보고서는 '조치 완료'로 명시되어 있으나, 관련된 위험이 여전히 존재하거나 이행결과의 정확성 및 효과성이 확인되지 않은 경우 • 전년도 정보보호대책 이행계획에 따라 중·장기로 분류된 위험들이 해당연도에 구현이 되고 있지 않거나 이행결과를 경영진이 검토 및 확인하고 있지 않은 경우 • 운영명세서에 작성된 운영 현황이 실제와 일치하지 않고, 운영명세서에 기록되어 있는 관련 문서, 결재 내용, 회의록 등이 존재하지 않는 경우 • 이행계획 시행에 대한 결과를 정보보호 최고책임자 및 개인정보보호책임자에게 보고하였으나, 일부 미이행된 건에 대한 사유 보고 및 후속 조치가 이루어지지 않은 경우

확인 사항	요구 사항	관련 사항
보호대책 구현 및 이행결과를 경영진에 보고하여 효과성 확인	이행계획에 따라 선정된 보호대책을 효과적으로 구현하고 그 이행결과를 CISO, CPO 등 경영진에게 보고하여 이행결과의 정확성 및 효과성 여부를 확인하여야 함	• **이행계획**에 따른 **진행경과**에 대해 **정기적**으로 완료여부, 진행 사항, 미이행 또는 지연이 있는 경우 사유를 파악 후 CISO, CPO 등 경영진에게 보고 • 경영진은 정보보호 및 개인정보보호 대책이 이행계획에 따라 정확하고 효과적으로 이행되었는지 여부를 검토 • 미이행, 일정 지연 시 원인을 분석하여 필요시 이행계획을 변경하고 경영진에게 보고 및 승인 • **구현 결과에 대한 효과성 및 정확성 검토 결과** 적절한 대책으로 판단하기 어렵거나 **효과성에 상당한 의문이 제기되는 경우 대안을 수립**하거나 추가적인 위험평가를 통한 보완할 수 있는 절차 마련
보호대책 구현 및 운영현황을 기록한 운영명세서 작성	관리체계 인증기준별 보호대책 구현 및 운영현황 기록한 운영 명세서를 구체적으로 작성하여야 함 ▶ 1), 2) 참조	• **인증 기준 선정여부(YES/NO) 확인** – **관리체계 수립 및 운영 영역**은 **필수사항** • 운영 현황 – 해당기관의 정책 및 인증기준 대비 운영현황을 상세히 기재 • **관련문서(정책, 지침 등) 기재** – 해당 기준에 해당하는 관련 문서명과 세부 문서번호를 명확히 기재 • **기록(증적자료) 제시** – 관련 문서, 결재 내용, 회의록 등 해당 기준이 실제 운영되는 과정에서 생성되는 문서 또는 증적자료 제시 • **인증기준 미선정 시 사유** – 인증범위 내의 서비스, 시스템 등이 해당 항목에 전혀 관련이 없는 경우에 미선정 사유를 상세하게 기입

1) 운영명세서 작성 방법

항목	상세 내용	운영 여부 **1**	인증구분 **2**	운영현황 (또는 미선택사유) **3**	관련문서(정책, 지침 등 세부조항번호까지) **4**	기록 (증적자료) **5**
인증 기준 번호	인증 기준 내용	Y/N	ISMS&ISMS-P	ISMS와 ISMS-P 모두 동일하게 운영하는 경우의 운영현황 작성		
			ISMS	ISMS에만 적용되어 운영하는 경우의 운영현황 작성		
			ISMS-P	ISMS-P에만 적용되어 운영하는 경우의 운영현황 작성		

(출처 : ISMS-P 인증신청 양식, KISA)

1 운영여부
- 관리체계 수립 및 운영 : 모든 항목 필수
- 보호대책 요구사항 : 운영여부에 따른 Y/N/NA 선택
- 개인정보 처리단계별 요구사항 : ISMS-P 인증심사만 선택

2 인증구분
- ISMS, ISMS-P, ISMS & ISMS-P 인증의 구분자 표시

3 운영현황(또는 미선택 사유)
- 인증기준에 대한 구축 및 실제 운영내용을 요약하여 작성하되 구축의 특성 및 정당성을 파악할 수 있도록 인증기준보다 상세히 작성
- 운영하지 않는 경우 위험관리(위험평가 및 처리)의 결과 및 분석에 따른 미선택의 사유를 반드시 작성

4 관련문서(정책 또는 매뉴얼)
- 인증기준을 만족하는 내용이 포함되어 있는 기관의 문서(정책, 규정, 지침, 절차, 매뉴얼 등)의 제목을 작성하되 문서 내 부분에 해당할 경우 장, 절, 조 등을 상세하게 표시

5 기록(증적자료)
- 인증기준에 따른 운영기록(증적자료)의 제목(파일명) 및 번호를 작성
- 통제사항에 관련된 위험분석결과, 계획, 취약점 분석 관련 자료도 기록하여 운영명세서를 통해 관련내용을 확인할 수 있도록 함
- 관련증적이 시스템으로 관리되는 경우 해당 시스템 위치, 시스템명 및 관련 메뉴를 작성

2) 운영명세서 작성 사례

ISMS-P 운영명세서(기업명 : ㈜ISMSP WIN)							
분야	항목	상세내용	① 운영여부	② 인증구분	③ 운영현황 (또는 미선택사유)	④ 관련문서 (정책, 지침 등 세부조항 번호까지)	⑤ 기록 (증적자료)
1. 관리체계 수립 및 운영							
1.1. 관리체계 기반 마련	1.1.1 경영진의 참여	최고경영자는 정보보호 및 개인정보보호 관리체계의 수립과 운영활동 전반에 경영진의 참여가 이루어질 수 있도록 보고 및 의사결정 체계를 수립하여 운영하여야 한다.	Y	ISMS-P	1.1.1-01 "S01. 정보보호조직 운영지침" 내 경영진의 참여가 이루어질 수 있도록, CISO 및 유관(개인)정보보호 조직의 책임 및 역할을 명시하고 있음 1.1.1-02 "S01. 정보보호조직 운영지침" 내 정보보호위원회는 전사 정보보호최고책임자(CISO)를 의장으로 하고, 부문(CEO, IT 보안, 고객정보 보안, 쇼핑몰 보안, 직원·물리적 보안, 법률 자문)별 임원급 인원을 위원으로 함을 명시하고 있으며, 이에 따라 최소 연 1회 이상 실시하고 있음	S-Org 01. 정보보호조직 운영지침 제6조 ~ 제11조 S-Prv-05. 개인정보보호 지침 제24조~ 제32조	1. 정보보호 조직도 2. 정보보호 위원회 운영이력 3. 정보보호 실무협의회 운영이력 4. 개인정보 내부관리 계획

나. (ISMS-P) 1.3.2 보호대책 공유

항목	1.3.2 보호대책 공유
인증기준	보호대책의 실제 운영 또는 시행할 부서 및 담당자를 파악하여 관련 내용을 공유하고 교육하여 지속적으로 운영되도록 하여야 한다.
주요 확인 사항	1) 구현된 **보호대책을 운영 또는 시행할 부서 및 담당자를 명확하게 파악**하고 있는가? 2) 구현된 보호대책을 운영 또는 시행할 부서 및 담당자에게 **관련 내용을 공유 또는 교육**하고 있는가?
관련 법규	해당사항 없음
증적 자료 등 준비사항	• 정보보호 및 개인정보보호 대책별 운영 또는 시행부서 현황 • 정보보호 및 개인정보 관리계획 내부공유 증적(공지 내역, 교육/공유 자료 등)
결함사례	정보보호대책을 마련하여 구현하고 있으나, 관련 내용을 충분히 공유·교육하지 않아 실제 운영 또는 수행 부서 및 담당자가 해당 내용을 인지하지 못하고 있는 경우

확인 사항	요구 사항	관련 사항
보호대책 운영 부서 및 담당자 파악	구현된 보호대책을 운영 또는 시행할 부서 및 담당자를 명확하게 파악하여야 함	보호대책의 운영 또는 시행부서(예시) – **인프라 운영 부서**(서버 및 네트워크 장비 보안설정, 인프라 운영자 계정관리·권한관리 등) – **개발 부서**(개발보안, 소스코드 보안, 개발환경에 대한 접근 등) – **개인정보 취급 부서**[취급자 권한 관리(응용프로그램), 개인정보 파기, PC저장 시 암호화 등] – **정보보호 운영 부서**(접근통제 장비 운영, 보안 모니터링 등) – **인사 부서**(퇴직자 보안관리 등)
보호대책 운영 담당자에게 관련 내용 공유 또는 교육	정보보호 및 개인정보보호 관리체계를 내재화하기 위하여 구현된 보호대책을 운영 또는 시행할 부서 및 담당자에게 관련 내용을 공유 또는 교육하여야 함	• 공유 내용 – 정보보호 및 개인정보보호 **정책과 시행문서 제·개정, 이행계획 및 구현결과, 보안시스템 도입 및 개선사항** • 공유 대상 – 해당 정책·지침 및 보호대책을 실제 운영, 시행할 부서 및 담당자 • 공유 방법 – **게시판, 이메일 공지(간단한 이슈일 경우), 회의, 설명회, 교육** 등

1.3 보호대책 구현 완료 후 이행점검

정보보호 보호대책 구현 완료 후 이행점검은 관리체계의 안전성을 확인하기 위해 수행된다.
이 과정은 개발된 체크리스트를 바탕으로 한 보안점검, 정밀 취약점 진단, 그리고 발견된 취약
점에 대한 보호대책 적용을 포함한다. 많은 기관과 기업들은 이러한 점검을 효율적으로 수행
하기 위해 자동화된 취약점 진단 및 조치 솔루션을 활용하고 있다.

■ 보호대책 구현 완료 후 이행점검 절차

단계	주요 활동	세부 내용
이행 점검	• 취약점 진단 결과 검토 • 중장기 마스터 플랜 확인 • 이행증적 목록 활용	• IT인프라 취약점 점검 • 웹 애플리케이션 취약점 점검 • 모바일 앱 취약점 점검 • 보호대책 적용 여부 확인
증적 자료 관리	이행증적 목록 작성	• 정보보호 정책/지침 고려 • 관리체계 통제 기준 반영 • 이행증적 명칭, 수행주기, 시스템/문서 여부, 담당부서/담당자 포함

■ 보안 진단 결과 대시 보드 화면

보안 진단 자동화 솔루션 Smart[Guard](스마트가드)

(출처: 이글루시큐리티)

2 정보통신서비스제공자 적용 보호대책

2.1 정보통신서비스제공자 적용 법률 및 제도 개요

2.1.1 정보통신서비스제공자 적용 법률

정보통신서비스제공자에게는 주로 정보통신망법, 정보통신기반 보호법, 전기통신사업법, 개인정보보호법 등이 적용된다. 이 법률들은 정보통신서비스제공자의 업무 특성, 개인정보 처리, 서비스 제공 방식에 따라 복합적으로 적용되며, 각각 서비스제공자의 의무와 책임, 사업자 규정, 개인정보보호에 관한 사항을 다룬다. 특히 정보통신망법은 정보통신서비스제공자의 의무와 책임을 구체적으로 규정하고 있어 가장 중요한 법률로 간주된다.

■ 정보통신서비스제공자 적용 법률 개요

법률명	소관부처	목적	수범자	주요 내용
정보통신망 이용 촉진 및 정보보호 등에 관한 법률 (약칭:정보통신망법)	방송통신위원회, 과학기술정보통신부	정보통신망의 이용 촉진 및 정보보호	정보통신서비스제 공자, 이용자	정보통신망의 이용 촉진, 개인정보보 호, 안전한 정보통 신망 환경 조성
정보통신기반 보호법	과학기술정보통신부 (사이버침해대응과)	정보통신기반시설 의 보호 및 안전한 정보통신망 운영	정보통신기반시설 운영자	정보통신기반시설 보호, 안전한 정보 통신망 운영
개인정보보호법	개인정보보호위원회	개인정보의 유출, 오 용, 남용으로부터 사 생활 보호, 국민의 권리와 이익 증진	개인정보처리자	개인정보 처리 원 칙, 정보주체의 권 리 보장, 개인정보 보호 의무
전기통신사업법	방송통신위원회, 과학기술정보통신부	전기통신사업의 공 정한 경쟁 및 이용 자 권익 보호	전기통신사업자	전기통신사업자의 등록, 허가, 이용자 보호
전자상거래 등에서의 소비자 보호에 관한 법률 (약칭:전자상거래법)	공정거래위원회 (소비자거래정책과)	전자상거래에서 소 비자 권익 보호 및 공정한 거래 질서 확립	전자상거래 사업자	소비자 권익 보호, 공정한 거래 질서 확립
저작권법	문화체육관광부 (저작권정책과)	저작권 및 저작인 접권 보호	저작권자, 이용자	저작물의 공정한 이용 촉진, 저작권 보호

2.1.2 정보통신서비스제공자 적용 제도

정보통신망법과 정보통신기반 보호법은 정보통신 환경의 안전성과 신뢰성을 확보하기 위한 다양한 제도를 규정하고 있다. 정보통신망법은 정보통신서비스제공자의 책무, 개인정보보호, 정보보호 관리체계 인증(ISMS) 등을 다루며, 주민등록번호 사용 제한과 본인확인기관 지정 제도를 포함한다. 또한 정보보호 최고책임자 지정, 정보보호 사전점검, 불법촬영물 유통방지 등의 제도를 통해 안전한 정보통신 환경을 조성하고자 한다. 정보통신기반 보호법은 주요정보통신기반시설의 보호, 취약점 분석·평가, 정보공유분석센터 운영 등을 규정하여 국가 핵심 정보통신기반의 안전성을 확보하고자 한다.

▣ 정보통신서비스제공자 적용 제도 개요

제도	목적	대상	주요 내용
ISMS 인증	기업의 정보보호 관리체계 수준 제고	정보통신서비스제공자	• 정보보호 관리체계 구축 및 운영 평가 • 인증 취득 시 혜택 제공
정보보호 관리등급	기업의 자율적 정보보호 강화 유도	정보통신서비스제공자	• 정보보호 수준 평가 및 등급 부여 • 등급에 따른 인센티브 제공
본인확인기관	안전한 본인확인 서비스 제공	본인확인서비스 제공 기관	• 본인확인기관 지정 및 관리 • 주민번호 대체 수단 개발·제공
정보통신서비스 제공자 국내대리인	해외 사업자의 국내 법규 준수 강화	국내에 주소 또는 영업소가 없는 정보통신서비스제공자	• 국내대리인 지정 의무화 • 법적 의무 이행 대리
불법촬영물 방지	디지털 성범죄 예방	정보통신서비스제공자	• 불법촬영물 유통방지 기술적·관리적 조치 의무화 • 신고·삭제요청 대응 체계 구축
정보보호 최고책임자 지정	기업의 정보보호 관리체계 강화	일정 규모 이상의 정보통신서비스제공자	• 정보보호 최고책임자 지정 및 신고 의무화 • 정보보호 업무 총괄 책임 부여
정보보호 사전점검	정보통신망 안전성 확보	정보통신서비스제공자	• 신규 정보통신망 구축 시 사전 보안점검 실시 • 보안 취약점 개선 조치
집적정보통신시설	정보통신시설의 안정성 확보	IDC 등 집적정보통신시설 사업자	• 시설 보호조치 의무화 • 정기적인 보호조치 현황 점검
영리목적 광고성 정보 전송	스팸 방지 및 이용자 보호	영리목적으로 광고성 정보를 전송하는 자	• 수신자 사전 동의 의무화 • 야간 광고전송 제한 등 규제
침해사고의 신고 등	피해 확산 조기 차단 및 대응	정보통신서비스제공자	사고 인지 후 24시간 이내 최초 신고
주요정보통신 기반시설	국가 핵심 정보통신 기반 보호	지정된 주요정보통신기반시설 관리기관	• 보호대책 수립 및 이행 • 정기적인 취약점 분석·평가
정보공유 분석센터	사이버위협 정보 공유 및 대응	정보통신서비스제공자 등	• 사이버위협 정보 수집·분석·공유 • 실시간 탐지·대응 체계 구축

2.1.3 정보통신망법

정보통신망법(정보통신망 이용촉진 및 정보보호 등에 관한 법률)은 정보통신망의 이용을 촉진하고 정보통신서비스를 이용하는 자를 보호함과 아울러 정보통신망을 건전하고 안전하게 이용할 수 있는 환경을 조성하여 국민생활의 향상과 공공복리의 증진에 이바지함을 목적으로 한다. 기존에는 정보통신서비스제공자에게 개인정보보호 관련 전반에 대해 규정하였으나, 현재는 정보보호 관련 규정으로 일부가 남아있다.

▣ 정보통신망법 구성

장	조
제1장 총칙	제1조 목적, 제2조 정의, 제3조 정보통신서비스제공자 및 이용자의 책무, 제4조 정보통신망 이용촉진 및 정보보호 등에 관한 시책의 마련, 제4조의2 합성영상 등으로 인한 피해 예방을 위한 시책, 제5조 다른 법률과의 관계, 제5조의2 국외행위에 대한 적용
제2장 정보통신망의 이용촉진	제6조 기술개발의 추진 등, 제7조 기술관련 정보의 관리 및 보급, 제8조 정보통신망의 표준화 및 인증, 제9조 인증기관의 지정 등, 제10조 정보내용물의 개발 지원, 제11조 정보통신망 응용서비스의 개발 촉진 등, 제12조 정보의 공동활용체제 구축, 제13조 정보통신망의 이용촉진 등에 관한 사업, 제14조 인터넷 이용의 확산, 제15조 인터넷 서비스의 품질 개선, 제16조, 제17조
제3장 삭제	–
제4장 정보통신서비스의 안전한 이용환경 조성	제18조, 제19조, 제20조, 제21조, 제22조, 제22조의2 접근권한에 대한 동의, 제23조, 제23조의2 주민등록번호의 사용 제한, 제23조의3 본인확인기관의 지정 등, 제23조의4 본인확인업무의 정지 및 지정취소, 제23조의5 연계정보의 생성·처리 등, 제23조의6 연계정보의 안전조치 의무 등, 제24조, 제24조의2, 제25조, 제26조, 제26조의2, 제27조, 제27조의2, 제27조의3, 제28조, 제28조의2, 제29조, 제29조의2, 제30조, 제30조의2, 제31조, 제32조, 제32조의2, 제32조의3, 제32조의4, 제32조의5 국내대리인의 지정, 제33조, 제33조의2, 제34조, 제35조, 제36조, 제37조, 제38조, 제39조, 제40조
제5장 정보통신망에서의 이용자 보호 등	제41조 청소년 보호를 위한 시책의 마련 등, 제42조 청소년유해매체물의 표시, 제42조의2 청소년유해매체물의 광고금지, 제42조의3 청소년 보호 책임자의 지정 등, 제43조 영상 또는 음향정보 제공사업자의 보관의무, 제44조 정보통신망에서의 권리보호, 제44조의2 정보의 삭제요청 등, 제44조의3 임의의 임시조치, 제44조의4 자율규제, 제44조의5 게시판 이용자의 본인 확인, 제44조의6 이용자 정보의 제공청구, 제44조의7 불법정보의 유통금지 등, 제44조의8 대화형정보통신서비스에서의 아동 보호, 제44조의9 불법촬영물 등 유통방지 책임자, 제44조의10 명예훼손 분쟁조정부

장	조
제6장 정보통신망의 안정성 확보 등	제45조 정보통신망의 안정성 확보 등, 제45조의2 정보보호 사전점검, 제45조의3 정보보호 최고책임자의 지정 등, 제46조 집적된 정보통신시설의 보호, 제46조의2 집적정보통신시설 사업자의 긴급대응, 제46조의3, 제47조 정보보호 관리체계의 인증, 제47조의2 정보보호 관리체계 인증기관 및 정보보호 관리체계 심사기관의 지정취소 등, 제47조의3, 제47조의4 이용자의 정보보호, 제47조의5 정보보호 관리등급 부여, 제47조의6 정보보호 취약점 신고자에 대한 포상, 제47조의7 정보보호 관리체계 인증의 특례, 제48조 정보통신망 침해행위 등의 금지, 제48조의2 침해사고의 대응 등, 제48조의3 침해사고의 신고 등, 제48조의4 침해사고의 원인 분석 등, 제48조의5 정보통신망연결기기등 관련 침해사고의 대응 등, 제48조의6 정보통신망연결기기 등에 관한 인증, 제49조 비밀 등의 보호, 제49조의2 속이는 행위에 의한 정보의 수집금지 등, 제49조의3 속이는 행위에 사용된 전화번호의 전기통신역무 제공의 중지 등, 제50조 영리목적의 광고성 정보 전송 제한, 제50조의2, 제50조의3 영리목적의 광고성 정보 전송의 위탁 등, 제50조의4 정보 전송 역무 제공 등의 제한, 제50조의5 영리목적의 광고성 프로그램 등의 설치, 제50조의6 영리목적의 광고성 정보 전송차단 소프트웨어의 보급 등, 제50조의7 영리목적의 광고성 정보 게시의 제한, 제50조의8 불법행위를 위한 광고성 정보 전송금지, 제51조 중요 정보의 국외유출 제한 등, 제52조 한국인터넷진흥원
제7장 통신과금서비스	제53조 통신과금서비스제공자의 등록 등, 제54조 등록의 결격사유, 제55조 등록의 취소명령, 제56조 약관의 신고 등, 제57조 통신과금서비스의 안전성 확보 등, 제58조 통신과금서비스이용자의 권리 등, 제58조의2 구매자정보 제공 요청 등, 제59조 분쟁 조정 및 해결 등, 제60조 손해배상 등, 제61조 통신과금서비스의 이용제한
제8장 국제협력	제62조 국제협력, 제63조, 제63조의2
제9장 보칙	제64조 자료의 제출 등, 제64조의2 자료 등의 보호 및 폐기, 제64조의3, 제64조의4 청문, 제64조의5 투명성 보고서 제출의무 등, 제65조 권한의 위임·위탁, 제65조의2, 제66조 비밀유지 등, 제67조, 제68조, 제68조의2, 제69조 벌칙 적용 시의 공무원 의제, 제69조의2
제10장 벌칙	제70조 벌칙, 제70조의2 벌칙, 제71조 벌칙, 제72조 벌칙, 제73조 벌칙, 제74조 벌칙, 제75조 양벌규정, 제75조의2 몰수·추징, 제76조 과태료

2.1.4 정보통신기반 보호법

정보통신서비스제공자는 주로 정보통신기반시설을 이용하기에 정보통신기반 보호법이 적용된다. 정보통신기반 보호법은 전자적 침해행위에 대비하여 주요정보통신기반시설의 보호에 관한 대책을 수립·시행함으로써 동 시설을 안정적으로 운용하도록 하여 국가의 안전과 국민생활의 안정을 보장하는 것을 목적으로 한다. 정보통신기반시설이라 함은 국가안전보장·행정·국방·치안·금융·통신·운송·에너지 등의 업무와 관련된 전자적 제어·관리시스템 및 「정보통신망 이용촉진 및 정보보호 등에 관한 법률」에 따른 정보통신망을 말한다.

▣ 정보통신기반 보호법 구성

장	조
제1장 **총칙**	제1조 목적, 제2조 정의
제2장 **주요정보통신기반시설의** **보호체계**	제3조 정보통신기반보호위원회, 제4조 위원회의 기능, 제5조 주요정보통신기반시설보호대책의 수립 등, 제5조의2 주요정보통신기반시설보호대책 이행 여부의 확인, 제6조 주요정보통신기반시설보호계획의 수립 등, 제7조 주요정보통신기반시설의 보호지원
제3장 **주요정보통신기반시설의** **지정 및 취약점 분석**	제8조 주요정보통신기반시설의 지정 등, 제8조의2 주요정보통신기반시설의 지정 권고, 제9조 취약점의 분석·평가
제4장 **주요정보통신기반시설의** **보호 및 침해사고의 대응**	제10조 보호지침, 제11조 보호조치 명령, 제12조 주요정보통신기반시설 침해행위 등의 금지, 제13조 침해사고의 통지, 제14조 복구조치, 제15조 대책본부의 구성 등, 제16조 정보공유·분석센터
제5장 **삭제**	제17조, 제18조, 제19조, 제20조, 제21조, 제22조, 제23조
제6장 **기술지원 및 민간협력 등**	제24조 기술개발 등, 제25조 관리기관에 대한 지원, 제26조 국제협력, 제27조 비밀유지의무
제7장 **벌칙**	제28조 벌칙, 제29조 벌칙, 제30조 과태료

2.2 정보통신서비스제공자 준수 법률 요구사항

2.2.1 (망) 접근권한에 대한 동의

정보통신망법 (2025. 7. 22) 제22조의2

제22조의2(접근권한에 대한 동의)
① 정보통신서비스제공자는 해당 서비스를 제공하기 위하여 이용자의 이동통신단말장치 내에 저장되어 있는 정보 및 이동통신단말장치에 설치된 기능에 대하여 접근할 수 있는 권한(이하 "접근권한"이라 한다)이 필요한 경우 다음 각 호의 사항을 이용자가 명확하게 인지할 수 있도록 알리고 이용자의 동의를 받아야 한다.
　　1. 해당 서비스를 제공하기 위하여 반드시 필요한 접근권한인 경우
　　　　가. 접근권한이 필요한 정보 및 기능의 항목
　　　　나. 접근권한이 필요한 이유
　　2. 해당 서비스를 제공하기 위하여 반드시 필요한 접근권한이 아닌 경우
　　　　가. 접근권한이 필요한 정보 및 기능의 항목
　　　　나. 접근권한이 필요한 이유
　　　　다. 접근권한 허용에 대하여 동의하지 아니할 수 있다는 사실
② 정보통신서비스제공자는 해당 서비스를 제공하기 위하여 반드시 필요하지 아니한 접근권한을 설정하는 데 이용자가 동의하지 아니한다는 이유로 이용자에게 해당 서비스의 제공을 거부하여서는 아니 된다.
③ 이동통신단말장치의 기본 운영체제(이동통신단말장치에서 소프트웨어를 실행할 수 있는 기반 환경을 말한다)를 제작하여 공급하는 자와 이동통신단말장치 제조업자 및 이동통신단말장치의 소프트웨어를 제작하여 공급하는 자는 정보통신서비스제공자가 이동통신단말장치 내에 저장되어 있는 정보 및 이동통신단말장치에 설치된 기능에 접근하려는 경우 접근권한에 대한 이용자의 동의 및 철회방법을 마련하는 등 이용자 정보 보호에 필요한 조치를 하여야 한다.
④ 방송통신위원회는 해당 서비스의 접근권한의 설정이 제1항부터 제3항까지의 규정에 따라 이루어졌는지 여부에 대하여 실태조사를 실시할 수 있다.
⑤ 제1항에 따른 접근권한의 범위 및 동의의 방법, 제3항에 따른 이용자 정보보호를 위하여 필요한 조치 및 그 밖에 필요한 사항은 대통령령으로 정한다.

제9조의2(접근권한의 범위 등)

① 정보통신서비스제공자가 법 제22조의2제1항에 따라 이용자의 동의를 받아야 하는 경우는 이동통신단말장치의 소프트웨어를 통하여 다음 각 호의 정보와 기능에 대하여 접근할 수 있는 권한(이하 이 조에서 "접근권한"이라 한다)이 필요한 경우로 한다. 다만, 이동통신단말장치의 제조·공급 과정에서 설치된 소프트웨어가 통신, 촬영, 영상·음악의 재생 등 이동통신단말장치의 본질적인 기능을 수행하기 위하여 접근하는 정보와 기능은 제외한다.

  1. 연락처, 일정, 영상, 통신내용, 바이오정보(지문, 홍채, 음성, 필적 등 개인을 식별할 수 있는 신체적 또는 행동적 특징에 관한 정보를 말한다. 이하 같다) 등 이용자가 이동통신단말장치에 저장한 정보
  2. 위치정보, 통신기록, 인증정보, 신체활동기록 등 이동통신단말장치의 이용과정에서 자동으로 저장된 정보
  3. 「전기통신사업법」 제60조의2제1항에 따른 고유한 국제 식별번호 등 이동통신단말장치의 식별을 위하여 부여된 고유정보
  4. 촬영, 음성인식, 바이오정보 및 건강정보 감지센서 등 입력 및 출력 기능

② 정보통신서비스제공자는 이동통신단말장치의 소프트웨어를 설치 또는 실행하는 과정에서 소프트웨어 안내정보 화면 또는 별도 화면 등에 표시하는 방법으로 이용자에게 법 제22조의2제1항 각 호의 사항을 알리고, 다음 각 호의 구분에 따라 이용자의 동의를 받아야 한다.

  1. 이동통신단말장치의 기본 운영체제(이동통신단말장치에서 소프트웨어를 실행할 수 있는 기반 환경을 말하며, 이하 "운영체제"라 한다)가 이용자가 접근권한에 대한 동의 여부를 개별적으로 선택할 수 있는 운영체제인 경우: 법 제22조의2제1항제1호 및 제2호에 따른 접근권한을 구분하여 알린 후 접근권한이 설정된 정보와 기능에 최초로 접근할 때 이용자가 동의 여부를 선택하도록 하는 방법
  2. 이동통신단말장치의 운영체제가 이용자가 접근권한에 대한 동의 여부를 개별적으로 선택할 수 없는 운영체제인 경우: 법 제22조의2제1항제1호에 따른 접근권한만을 설정하여 알린 후 소프트웨어를 설치할 때 이용자가 동의 여부를 선택하도록 하는 방법
  3. 제1호 또는 제2호의 운영체제에 해당함에도 불구하고 제1호 또는 제2호의 방법이 불가능한 경우: 제1호 또는 제2호의 방법과 유사한 방법으로 이용자에게 동의 내용을 명확하게 인지할 수 있도록 알리고 이용자가 동의 여부를 선택하도록 하는 방법

③ 법 제22조의2제1항에 따라 이용자의 동의를 받아야 하는 사항이 같은 항 제1호 또는 제2호에 따른 접근권한 중 어느 것에 해당하는지 여부를 판단할 때에는 이용약관, 「개인정보보호법」 제30조제1항에 따른 개인정보처리방침 또는 별도 안내 등을 통하여 공개된 정보통신서비스의 범위와 실제 제공 여부, 해당 정보통신서비스에 대한 이용자의 합리적 예상 가능성 및 해당 정보통신서비스와 접근권한의 기술적 관련성 등을 고려하여야 한다.

④ 이동통신단말장치의 운영체제를 제작하여 공급하는 자, 이동통신단말장치 제조업자 및 이동통신단말장치의 소프트웨어를 제작하여 공급하는 자는 법 제22조의2제3항에 따른 이용자 정보 보호를 위하여 다음 각 호의 구분에 따라 필요한 조치를 하여야 한다.

  1. 이동통신단말장치의 운영체제를 제작하여 공급하는 자: 정보통신서비스제공자가 제2항 각 호의 구분에 따른 방법으로 동의를 받을 수 있는 기능과 이용자가 동의를 철회할 수 있는 기능이 구현되어 있는 운영체제를 제작하여 공급하고, 운영체제에서 설정하고 있는 접근권한 운영 기준을 이동통신단말장치의 소프트웨어를 제작하여 공급하는 자가 이해하기 쉽도록 마련하여 공개할 것
  2. 이동통신단말장치 제조업자: 제1호에 따른 동의 및 철회 기능이 구현되어 있는 운영체제를 이동통신단말장치에 설치할 것
  3. 이동통신단말장치의 소프트웨어를 제작하여 공급하는 자: 제1호 및 제2호에 따른 조치를 한 운영체제와 이동통신단말장치에 맞는 동의 및 철회방법을 소프트웨어에 구현할 것

2.2.2 (망) 주민등록번호의 사용 제한

정보통신망법 (2025. 7. 22) 제23조의2~제23조의3

제23조의2(주민등록번호의 사용 제한)
① 정보통신서비스제공자는 다음 각 호의 어느 하나에 해당하는 경우를 제외하고는 이용자의 주민등록번호를 수집·이용할 수 없다.
  1. 제23조의3에 따라 본인확인기관으로 지정받은 경우
  2. 삭제
  3. 「전기통신사업법」 제38조제1항에 따라 기간통신사업자로부터 이동통신서비스 등을 제공받아 재판매하는 전기통신사업자가 제23조의3에 따라 본인확인기관으로 지정받은 이동통신사업자의 본인확인업무 수행과 관련하여 이용자의 주민등록번호를 수집·이용하는 경우
② 제1항제3호에 따라 주민등록번호를 수집·이용할 수 있는 경우에도 이용자의 주민등록번호를 사용하지 아니하고 본인을 확인하는 방법(이하 "대체수단"이라 한다)을 제공하여야 한다.

제23조의3(본인확인기관의 지정 등)
① 방송통신위원회는 다음 각 호의 사항을 심사하여 대체수단의 개발·제공·관리 업무(이하 "본인확인업무"라 한다)를 안전하고 신뢰성 있게 수행할 능력이 있다고 인정되는 자를 본인확인기관으로 지정할 수 있다.
  1. 본인확인업무의 안전성 확보를 위한 물리적·기술적·관리적 조치계획
  2. 본인확인업무의 수행을 위한 기술적·재정적 능력
  3. 본인확인업무 관련 설비규모의 적정성
② 본인확인기관이 본인확인업무의 전부 또는 일부를 휴지하고자 하는 때에는 휴지기간을 정하여 휴지하고자 하는 날의 30일 전까지 이를 이용자에게 통보하고 방송통신위원회에 신고하여야 한다. 이 경우 휴지기간은 6개월을 초과할 수 없다.
③ 본인확인기관이 본인확인업무를 폐지하고자 하는 때에는 폐지하고자 하는 날의 60일 전까지 이를 이용자에게 통보하고 방송통신위원회에 신고하여야 한다.
④ 제1항부터 제3항까지의 규정에 따른 심사사항별 세부 심사기준·지정절차 및 휴지·폐지 등에 관하여 필요한 사항은 대통령령으로 정한다.

2.2.3 (망) 본인확인기관의 지정 등

정보통신망법 (2025. 7. 22) 제23조의3

제23조의3(본인확인기관의 지정 등)

① 방송통신위원회는 다음 각 호의 사항을 심사하여 대체수단의 개발·제공·관리 업무(이하 "본인확인 업무"라 한다)를 안전하고 신뢰성 있게 수행할 능력이 있다고 인정되는 자를 본인확인기관으로 지정할 수 있다.
1. 본인확인업무의 안전성 확보를 위한 물리적·기술적·관리적 조치계획
2. 본인확인업무의 수행을 위한 기술적·재정적 능력
3. 본인확인업무 관련 설비규모의 적정성

② 본인확인기관이 본인확인업무의 전부 또는 일부를 휴지하고자 하는 때에는 휴지기간을 정하여 휴지하고자 하는 날의 30일 전까지 이를 이용자에게 통보하고 방송통신위원회에 신고하여야 한다. 이 경우 휴지기간은 6개월을 초과할 수 없다.

③ 본인확인기관이 본인확인업무를 폐지하고자 하는 때에는 폐지하고자 하는 날의 60일 전까지 이를 이용자에게 통보하고 방송통신위원회에 신고하여야 한다.

④ 제1항부터 제3항까지의 규정에 따른 심사사항별 세부 심사기준·지정절차 및 휴지·폐지 등에 관하여 필요한 사항은 대통령령으로 정한다.

본인확인기관 지정 등에 관한 기준 (2022. 3. 1)

제2조(정의)

이 기준에서 사용하는 용어의 정의는 다음과 같다.
1. "본인확인기관"이라 함은 이용자의 주민등록번호를 사용하지 아니하고 본인을 확인하는 방법(이하 "대체수단"이라 한다)을 제공하는 자로서 법 제23조의3제1항에 따라 방송통신위원회로부터 본인확인기관의 지정을 받은 자를 말한다.
2. "지정신청기관"이라 함은 본인확인기관지정을 받고자 하는 국가기관, 지방자치단체, 법인 또는 단체를 말한다.
3. "본인확인입력정보"라 함은 본인확인을 위하여 이용자에게 발급된 대체수단(아이디, 휴대전화 번호 등) 및 이용자가 입력하는 부가정보(비밀번호 등)를 말한다.
4. "본인확인결과정보"라 함은 이용자의 본인확인에 따라 본인확인기관이 본인확인서비스를 이용하는 기관에게 제공하는 결과정보(이름, 생년월일, 연계정보 등)를 말한다.
5. "이용자"라 함은 본인확인기관에 자신의 개인정보를 제공하고 대체수단을 부여 받은 자를 말한다.
6. "중복가입확인정보"라 함은 웹사이트에 가입하고자 하는 이용자의 중복가입 여부를 확인하는 데 사용되는 정보로서 본인확인기관이 이용자의 주민등록번호, 웹사이트 식별번호 및 본인확인기관간 공유비밀정보를 이용하여 생성한 정보를 말한다.
7. "웹사이트 식별정보"라 함은 정보통신서비스제공자가 운영하는 웹사이트를 다른 웹사이트와 구별하기 위하여 본인확인기관이 부여한 정보를 말한다.
8. "공유비밀정보"라 함은 본인확인기관이 특정 이용자에 대해 동일한 중복가입확인정보와 연계정보를 생성하기 위해 공유하는 정보를 말한다.
9. "연계정보"라 함은 정보통신서비스제공자의 온·오프라인 서비스 연계를 위해 본인확인기관이 이용자의 주민등록번호와 본인확인기관간 공유 비밀정보를 이용하여 생성한 정보를 말한다.
10. "본인확인서비스"라 함은 본인확인입력정보를 이용하여 이용자를 안전하게 식별·인증하기 위해 본인확인기관이 제공하는 서비스를 말한다.

본인확인기관 지정 등에 관한 기준 (2022. 3. 1)

제3조(지정심사 일정 및 절차 등의 공고)

방송통신위원회는 매년 3월 31일까지 지정심사의 일정 및 절차 등을 포함한 지정심사 계획을 공고할 수 있다.

제4조(지정신청방법)

① 지정신청기관은 별지 제1호 서식의 본인확인기관지정신청서에 다음 각 호의 서류를 첨부하여 방송통신위원회에 제출하여야 한다.

  1. 조직·인력 및 설비 등의 현황을 기재한 사업계획서
  2. 영 제9조의3제1항에 따른 심사사항별 세부 심사기준이 충족됨을 증명할 수 있는 서류
  3. 정관 또는 규약(법인 또는 단체인 경우에만 해당한다)
  4. 과거 3개년간의 재무제표(법인 또는 단체인 경우에만 해당한다)

② 제1항제1호의 사업계획서는 별표 1의 "사업계획서 작성요령"에 따라 작성하여야 한다.

③ 본인확인기관지정신청서 및 신청서류의 제출 부수는 다음 각 호와 같다.

  1. 본인확인기관지정신청서 : 1부
  2. 제1항 각 호에 따른 신청서류 : 원본 각 1부, 사본 각 15부 및 이동식 저장매체 1벌

제7조(심사기준)

① 지정심사는 본인확인서비스의 안전성과 신뢰성을 보장하기 위한 물리적·기술적·관리적 보호조치와 정보통신설비 관련 시설 및 장비를 대상으로 한다.

② 영 제9조의3제2항에 따른 심사사항별 세부심사기준의 평가기준은 별표 3과 같다.

제8조(심사일)

지정심사는 이 기준에서 달리 정하지 않는 한 지정신청 접수일로부터 60일 이내에 실시한다. 다만, 특별한 사정이 있는 경우에는 30일 범위 내에서 1회에 한하여 연장할 수 있다.

제9조(심사방법)

① 지정심사는 서류심사와 현장실사, 종합심사로 구분하여 실시한다.

② 지정신청기관이 종합심사에서 별표 4에 따른 세부 심사기준별 점수 총점 1,000점 만점에 800점 이상 받고, 중요 심사항목 및 계량평가 항목에 대해 적합 판정을 받은 경우 지정신청기관을 지정대상기관으로 선정한다.

③ 제2항에도 불구하고 별표 4에 따른 중요심사 항목 및 계량평가 항목에서 적합 판정을 받고 총점 800점 미만을 받은 경우 조건을 붙여 지정대상기관으로 선정할 수 있다.

④ 방송통신위원회가 심사에 필요하다고 인정하는 때에는 지정신청기관에게 자료제출을 요구하거나 지정신청기관의 의견을 들을 수 있다.

제11조(심사결과 통보)

① 본인확인기관의 지정 여부는 방송통신위원회의 심의·의결을 거쳐 확정한다. 이 경우 일부 항목에 대한 개선이 필요하다고 판단되는 경우에는 일정기간 내에 해당 사항에 대한 개선 등 조건을 붙일 수 있다.

② 방송통신위원회는 지정신청일로부터 90일 이내에 심사결과를 지정신청기관에게 통지하여야 한다. 다만, 부득이한 사유가 있을 때에는 그 사유를 알리고 30일의 범위 내에서 그 기한을 연기할 수 있다.

2.2.4 (망) 국내대리인의 지정

정보통신망법 (2025. 7. 22) 제32조의5

제32조의5(국내대리인의 지정)
① 국내에 주소 또는 영업소가 없는 정보통신서비스제공자 등으로서 이용자 수, 매출액 등을 고려하여 대통령령으로 정하는 기준에 해당하는 자는 다음 각 호의 사항을 대리하는 자(이하 "국내대리인"이라 한다)를 서면으로 지정하여야 한다.
  1. 삭제
  2. 삭제
  3. 제64조제1항에 따른 관계 물품·서류 등의 제출
② 국내대리인은 국내에 주소 또는 영업소가 있는 자로 한다.
③ 제1항에 따라 국내대리인을 지정한 때에는 다음 각 호의 사항 모두를 인터넷 사이트 등에 공개하여야 한다.
  1. 국내대리인의 성명(법인의 경우에는 그 명칭 및 대표자의 성명을 말한다)
  2. 국내대리인의 주소(법인의 경우에는 영업소 소재지를 말한다), 전화번호 및 전자우편 주소
④ 국내대리인이 제1항 각 호와 관련하여 이 법을 위반한 경우에는 정보통신서비스제공자 등이 그 행위를 한 것으로 본다.

정보통신망법 시행령 (2024. 12. 31) 제19조

제19조(국내대리인 지정 대상자의 범위)
① 법 제32조의5제1항에서 "대통령령으로 정하는 기준에 해당하는 자"란 다음 각 호의 어느 하나에 해당하는 자를 말한다.
  1. 전년도[법인인 경우에는 전(前) 사업연도를 말한다] 매출액이 1조 원 이상인 자
  2. 정보통신서비스 부문 전년도(법인인 경우에는 전 사업연도를 말한다) 매출액이 100억 원 이상인 자
  3. 삭제
  4. 이 법을 위반하여 정보통신서비스 이용의 안전성을 현저히 해치는 사건·사고가 발생하였거나 발생할 가능성이 있는 경우로서 법 제64조제1항에 따라 방송통신위원회로부터 관계 물품·서류 등을 제출하도록 요구받은 자
② 제1항제1호 및 제2호에 따른 매출액은 전년도(법인인 경우에는 전 사업연도를 말한다) 평균환율을 적용하여 원화로 환산한 금액을 기준으로 한다.

2.2.5 (망) 정보통신망에서의 권리보호

정보통신망법 (2025. 7. 22) 제44조~제44조의3

제44조(정보통신망에서의 권리보호)

① 이용자는 사생활 침해 또는 명예훼손 등 타인의 권리를 침해하는 정보를 정보통신망에 유통시켜서는 아니 된다.

② 정보통신서비스제공자는 자신이 운영·관리하는 정보통신망에 제1항에 따른 정보가 유통되지 아니하도록 노력하여야 한다.

③ 방송통신위원회는 정보통신망에 유통되는 정보로 인한 사생활 침해 또는 명예훼손 등 타인에 대한 권리침해를 방지하기 위하여 기술개발·교육·홍보 등에 대한 시책을 마련하고 이를 정보통신서비스제공자에게 권고할 수 있다.

제44조의2(정보의 삭제요청 등)

① 정보통신망을 통하여 일반에게 공개를 목적으로 제공된 정보로 사생활 침해나 명예훼손 등 타인의 권리가 침해된 경우 그 침해를 받은 자는 해당 정보를 처리한 정보통신서비스제공자에게 침해사실을 소명하여 그 정보의 삭제 또는 반박내용의 게재(이하 "삭제등"이라 한다)를 요청할 수 있다. 이 경우 삭제 등을 요청하는 자(이하 이 조에서 "신청인"이라 한다)는 문자메시지, 전자우편 등 그 처리 경과 및 결과를 통지받을 수단을 지정할 수 있으며, 해당 정보를 게재한 자(이하 이 조에서 "정보게재자"라 한다)는 문자메시지, 전자우편 등 제2항에 따른 조치 사실을 통지받을 수단을 미리 지정할 수 있다.

② 정보통신서비스제공자는 제1항에 따른 해당 정보의 삭제 등을 요청받으면 지체 없이 삭제·임시조치 등의 필요한 조치를 하고 즉시 신청인 및 정보게재자에게 알려야 한다. 이 경우 정보통신서비스제공자는 필요한 조치를 한 사실을 해당 게시판에 공시하는 등의 방법으로 이용자가 알 수 있도록 하여야 한다.

③ 정보통신서비스제공자는 자신이 운영·관리하는 정보통신망에 제42조에 따른 표시방법을 지키지 아니하는 청소년유해매체물이 게재되어 있거나 제42조의2에 따른 청소년 접근을 제한하는 조치 없이 청소년유해매체물을 광고하는 내용이 전시되어 있는 경우에는 지체 없이 그 내용을 삭제하여야 한다.

④ 정보통신서비스제공자는 제1항에 따른 정보의 삭제요청에도 불구하고 권리의 침해 여부를 판단하기 어렵거나 이해당사자 간에 다툼이 예상되는 경우에는 해당 정보에 대한 접근을 임시적으로 차단하는 조치(이하 "임시조치"라 한다)를 할 수 있다. 이 경우 임시조치의 기간은 30일 이내로 한다.

⑤ 정보통신서비스제공자는 필요한 조치에 관한 내용·절차 등을 미리 약관에 구체적으로 밝혀야 한다.

⑥ 정보통신서비스제공자는 자신이 운영·관리하는 정보통신망에 유통되는 정보에 대하여 제2항에 따른 필요한 조치를 하면 이로 인한 배상책임을 줄이거나 면제받을 수 있다.

제44조의3(임의의 임시조치)

① 정보통신서비스제공자는 자신이 운영·관리하는 정보통신망에 유통되는 정보가 사생활 침해 또는 명예훼손 등 타인의 권리를 침해한다고 인정되면 임의로 임시조치를 할 수 있다.

② 제1항에 따른 임시조치에 관하여는 제44조의2제2항 후단, 제4항 후단 및 제5항을 준용한다.

2.2.6 (망) 불법촬영물 등 유통방지 책임자

정보통신망법 (2025. 7. 22) 제44조의9

제44조의9(불법촬영물 등 유통방지 책임자)

① 정보통신서비스제공자 중 일일 평균 이용자의 수, 매출액, 사업의 종류 등이 대통령령으로 정하는 기준에 해당하는 자는 자신이 운영·관리하는 정보통신망을 통하여 일반에게 공개되어 유통되는 정보 중 다음 각 호의 정보(이하 "불법촬영물 등"이라 한다)의 유통을 방지하기 위한 책임자(이하 "불법촬영물 등 유통방지 책임자"라 한다)를 지정하여야 한다.

　　1. 「성폭력범죄의 처벌 등에 관한 특례법」 제14조에 따른 촬영물 또는 복제물(복제물의 복제물을 포함한다)

　　2. 「성폭력범죄의 처벌 등에 관한 특례법」 제14조의2에 따른 편집물·합성물·가공물 또는 복제물(복제물의 복제물을 포함한다)

　　3. 「아동·청소년의 성보호에 관한 법률」 제2조제5호에 따른 아동·청소년성착취물

② 불법촬영물 등 유통방지 책임자는 「전기통신사업법」 제22조의5제1항에 따른 불법촬영물 등의 삭제·접속차단 등 유통방지에 필요한 조치 업무를 수행한다.

③ 불법촬영물 등 유통방지 책임자의 수 및 자격요건, 불법촬영물 등 유통방지 책임자에 대한 교육 등에 관하여 필요한 사항은 대통령령으로 정한다.

정보통신망법 시행령 (2024. 12. 31) 제35조의2

제35조의2(불법촬영물 등 유통방지 책임자)

① 법 제44조의9제1항에 따라 불법촬영물 등의 유통을 방지하기 위한 책임자를 지정해야 하는 정보통신서비스제공자는 다음 각 호의 자로 한다.

1. 「전기통신사업법」 제22조의3제1항에 따른 특수유형부가통신사업자 중 같은 법 제2조제14호가목에 해당하는 부가통신역무를 제공하는 자
2. 「전기통신사업법」 제22조제1항에 따라 부가통신사업을 신고한 자(같은 법 제22조제4항 각 호의 어느 하나에 해당하는 자를 포함한다)로서 다음 각 목의 어느 하나에 해당하는 자
   가. 정보통신서비스 부문 전년도(법인인 경우에는 전 사업연도를 말한다) 매출액이 10억 원 이상이고 별표 1의2에 따른 정보통신서비스를 제공하는 자
   나. 전년도 말 기준 직전 3개월간의 하루 평균 이용자 수가 10만 명 이상이고 별표 1의2에 따른 정보통신서비스를 제공하는 자

② 제1항 각 호의 정보통신서비스제공자(이하 "불법촬영물 등 유통방지 책임자 지정의무자"라 한다)는 법 제44조의9제1항에 따른 불법촬영물 등(이하 "불법촬영물 등"이라 한다)의 유통을 방지하기 위한 책임자(이하 "불법촬영물 등 유통방지 책임자"라 한다)를 1명 이상 지정해야 한다.

③ 불법촬영물 등 유통방지 책임자는 다음 각 호의 어느 하나에 해당하는 지위에 있는 사람이어야 한다.

1. 불법촬영물 등 유통방지 책임자 지정의무자 소속 임원
2. 불법촬영물 등 유통방지 책임자 지정의무자 소속의 불법촬영물 등 유통방지 업무를 담당하는 부서의 장

④ 불법촬영물 등 유통방지 책임자는 방송통신위원회가 관련 기관·단체와 협력하여 실시하는 다음 각 호의 내용을 포함한 2시간 이상의 교육(정보통신망을 이용한 원격교육을 포함한다)을 매년 받아야 한다.

1. 불법촬영물 등의 유통방지 관련 제도 및 법령에 관한 사항
2. 법 제44조의9제2항에 따른 유통방지에 필요한 조치에 관한 사항
3. 불법촬영물 등에 대한 「방송통신위원회의 설치 및 운영에 관한 법률」 제18조에 따른 방송통신심의위원회(이하 "방송통신심의위원회"라 한다)의 심의 기준에 관한 사항
4. 그 밖에 불법촬영물 등의 유통방지를 위하여 방송통신위원회가 필요하다고 인정하는 사항

2.2.7 (망) 정보통신망의 안정성 확보 등

정보통신망법 (2025. 7. 22) 제45조

제45조(정보통신망의 안정성 확보 등)
① 다음 각 호의 어느 하나에 해당하는 자는 정보통신서비스의 제공에 사용되는 정보통신망의 안정성 및 정보의 신뢰성을 확보하기 위한 보호조치를 하여야 한다.
  1. 정보통신서비스제공자
  2. 정보통신망에 연결되어 정보를 송·수신할 수 있는 기기·설비·장비 중 대통령령으로 정하는 기기·설비·장비(이하 "정보통신망연결기기 등"이라 한다)를 제조하거나 수입하는 자
② 과학기술정보통신부장관은 제1항에 따른 보호조치의 구체적 내용을 정한 정보보호조치에 관한 지침(이하 "정보보호지침"이라 한다)을 정하여 고시하고 제1항 각 호의 어느 하나에 해당하는 자에게 이를 지키도록 권고할 수 있다.
③ 정보보호지침에는 다음 각 호의 사항이 포함되어야 한다.
  1. 정당한 권한이 없는 자가 정보통신망에 접근·침입하는 것을 방지하거나 대응하기 위한 정보보호시스템의 설치·운영 등 기술적·물리적 보호조치
  2. 정보의 불법 유출·위조·변조·삭제 등을 방지하기 위한 기술적 보호조치
  3. 정보통신망의 지속적인 이용이 가능한 상태를 확보하기 위한 기술적·물리적 보호조치
  4. 정보통신망의 안정 및 정보보호를 위한 인력·조직·경비의 확보 및 관련 계획수립 등 관리적 보호조치
  5. 정보통신망연결기기등의 정보보호를 위한 기술적 보호조치
④ 과학기술정보통신부장관은 관계 중앙행정기관의 장에게 소관 분야의 정보통신망연결기기등과 관련된 시험·검사·인증 등의 기준에 정보보호지침의 내용을 반영할 것을 요청할 수 있다.

정보통신망법 시행령 (2024. 12. 31) 제36조의2

제36조의2(정보통신망연결기기 등의 범위)
법 제45조제1항제2호에서 "대통령령으로 정하는 기기·설비·장비"란 별표 1의3에 따른 분야 중 어느 하나의 분야에 속하는 기기·설비·장비로서 다음 각 호의 기기·설비·장비(이하 "정보통신망연결기기 등"이라 한다)를 말한다.
1. 침해사고가 발생했거나 발생할 가능성이 큰 기기·설비·장비
2. 침해사고가 발생할 경우 정보통신망의 안정성 및 정보의 신뢰성 확보에 중대한 위험성을 가져오는 기기·설비·장비

2.2.8 (망) 정보보호 사전점검

정보통신망법 (2025. 7. 22) 제36조의3~5, 제45조의2

제36조의3(정보보호 사전점검기준)
법 제45조의2제2항에 따른 정보보호 사전점검기준은 다음 각 호의 사항을 고려하여 과학기술정보통신부장관이 정하여 고시한다.
1. 정보통신망을 구축하거나 정보통신서비스를 제공하기 위한 시스템의 구조 및 운영환경
2. 제1호에 따른 시스템의 운영을 위한 하드웨어, 프로그램, 콘텐츠 등 자산 중 보호해야 할 대상의 식별 및 위험성
3. 보호대책의 도출 및 구현현황

제36조의4(정보보호 사전점검 권고 대상)
① 법 제45조의2제2항제1호에서 "대통령령으로 정하는 정보통신서비스 또는 전기통신사업"이란 정보시스템 구축에 필요한 투자금액이 5억 원 이상(하드웨어·소프트웨어의 단순한 구입비용은 제외한 금액을 말한다)인 정보통신서비스 또는 전기통신사업을 말한다.
② 법 제45조의2제2항제2호에서 "대통령령으로 정하는 정보통신서비스 또는 전기통신사업"이란 과학기술정보통신부장관이 신규 정보통신서비스 또는 전기통신사업의 발굴·육성을 위하여 사업비의 전부 또는 일부를 지원하는 정보통신서비스 또는 전기통신사업을 말한다. 세부 사항은 과학기술정보통신부장관이 정하여 고시한다.

제36조의5(정보보호 사전점검의 방법 및 절차 등)
① 법 제45조의2제2항에 따른 정보보호 사전점검은 서면점검, 현장점검 또는 원격점검(외부에서 정보통신망을 통하여 제36조의3제1호에 따른 시스템에 접속하여 보안 관련 사항을 점검하는 것을 말한다)의 방법으로 실시한다.
② 법 제45조의2제2항에 따른 정보보호 사전점검은 다음 각 호의 순서로 진행한다.
　1. 사전점검 준비
　2. 설계 검토
　3. 보호대책 적용
　4. 보호대책 구현현황 점검
　5. 사전점검 결과 정리
③ 법 제45조의2제2항에 따른 과학기술정보통신부장관의 권고를 받은 자는 정보보호 사전점검을 직접 실시하거나 법 제52조에 따른 한국인터넷진흥원(이하 "인터넷진흥원"이라 한다) 또는 외부 전문기관으로 하여금 실시하게 할 수 있다. 이 경우 정보보호 사전점검은 별표 2에 따른 정보보호 기술인력의 자격기준을 갖춘 사람만 수행할 수 있다.
④ 제1항부터 제3항까지에서 규정한 사항 외에 정보보호 사전점검의 방법 및 절차에 관하여 필요한 세부 사항은 과학기술정보통신부장관이 정하여 고시한다.

제45조의2(정보보호 사전점검)
① 정보통신서비스제공자는 새로이 정보통신망을 구축하거나 정보통신서비스를 제공하고자 하는 때에는 그 계획 또는 설계에 정보보호에 관한 사항을 고려하여야 한다.
② 과학기술정보통신부장관은 다음 각 호의 어느 하나에 해당하는 정보통신서비스 또는 전기통신사업을 시행하고자 하는 자에게 대통령령으로 정하는 정보보호 사전점검기준에 따라 보호조치를 하도록 권고할 수 있다.
　1. 이 법 또는 다른 법령에 따라 과학기술정보통신부장관의 인가·허가를 받거나 등록·신고를 하도록 되어 있는 사업으로서 대통령령으로 정하는 정보통신서비스 또는 전기통신사업
　2. 과학기술정보통신부장관이 사업비의 전부 또는 일부를 지원하는 사업으로서 대통령령으로 정하는 정보통신서비스 또는 전기통신사업
③ 제2항에 따른 정보보호 사전점검의 기준·방법·절차·수수료 등 필요한 사항은 대통령령으로 정한다.

2.2.9 (망) 정보보호 최고책임자의 지정 등

정보통신망법(2025. 7. 22) 제45조의3

제45조의3(정보보호 최고책임자의 지정 등)

① 정보통신서비스제공자는 정보통신시스템 등에 대한 보안 및 정보의 안전한 관리를 위하여 대통령령으로 정하는 기준에 해당하는 임직원을 정보보호 최고책임자로 지정하고 과학기술정보통신부장관에게 신고하여야 한다. 다만, 자산총액, 매출액 등이 대통령령으로 정하는 기준에 해당하는 정보통신서비스제공자의 경우에는 정보보호 최고책임자를 신고하지 아니할 수 있다.

② 제1항에 따른 신고의 방법 및 절차 등에 대해서는 대통령령으로 정한다.

③ 제1항 본문에 따라 지정 및 신고된 정보보호 최고책임자(자산총액, 매출액 등 대통령령으로 정하는 기준에 해당하는 정보통신서비스제공자의 경우로 한정한다)는 제4항의 업무 외의 다른 업무를 겸직할 수 없다.

④ 정보보호 최고책임자의 업무는 다음 각 호와 같다.

  1. 정보보호 최고책임자는 다음 각 목의 업무를 총괄한다.

    가. 정보보호 계획의 수립·시행 및 개선

    나. 정보보호 실태와 관행의 정기적인 감사 및 개선

    다. 정보보호 위험의 식별 평가 및 정보보호 대책 마련

    라. 정보보호 교육과 모의 훈련 계획의 수립 및 시행

  2. 정보보호 최고책임자는 다음 각 목의 업무를 겸할 수 있다.

    가. 「정보보호산업의 진흥에 관한 법률」 제13조에 따른 정보보호 공시에 관한 업무

    나. 「정보통신기반 보호법」 제5조제5항에 따른 정보보호책임자의 업무

    다. 「전자금융거래법」 제21조의2제4항에 따른 정보보호최고책임자의 업무

    라. 「개인정보보호법」 제31조제2항에 따른 개인정보보호책임자의 업무

    마. 그 밖에 이 법 또는 관계 법령에 따라 정보보호를 위하여 필요한 조치의 이행

⑤ 정보통신서비스제공자는 침해사고에 대한 공동 예방 및 대응, 필요한 정보의 교류, 그 밖에 대통령령으로 정하는 공동의 사업을 수행하기 위하여 제1항에 따른 정보보호 최고책임자를 구성원으로 하는 정보보호 최고책임자 협의회를 구성·운영할 수 있다.

⑥ 정부는 제5항에 따른 정보보호 최고책임자 협의회의 활동에 필요한 경비의 전부 또는 일부를 지원할 수 있다.

⑦ 정보보호 최고책임자의 자격요건 등에 필요한 사항은 대통령령으로 정한다.

정보통신망법 시행령(2024. 12. 31) 제36조의7

제36조의7(정보보호 최고책임자의 지정 및 겸직금지 등)

① 법 제45조의3제1항 본문에서 "대통령령으로 정하는 기준에 해당하는 임직원"이란 다음 각 호의 구분에 따른 사람을 말한다.

  1. 다음 각 목의 어느 하나에 해당하는 정보통신서비스제공자: 사업주 또는 대표자

    가. 자본금(법인의 경우 납입자본금을 말하고, 법인이 아닌 경우 영업용 자산평가액을 말한다)이 1억 원 이하인 자

    나. 「중소기업기본법」 제2조제2항에 따른 소기업

    다. 「중소기업기본법」 제2조제2항에 따른 중기업으로서 다음의 어느 하나에 해당하지 않는 자

      1) 「전기통신사업법」에 따른 전기통신사업자

      2) 법 제47조제2항에 따라 정보보호 관리체계 인증을 받아야 하는 자

　　　　3) 「개인정보보호법」 제30조제2항에 따라 개인정보 처리방침을 공개해야 하는 개인정보처리자

　　　　4) 「전자상거래 등에서의 소비자보호에 관한 법률」 제12조에 따라 신고를 해야 하는 통신판매업자

　2. 다음 각 목의 어느 하나에 해당하는 정보통신서비스제공자: 이사(「상법」 제401조의2제1항제3호에 따른 자와 같은 법 제408조의2에 따른 집행임원을 포함한다)

　　가. 직전 사업연도 말 기준 자산총액이 5조 원 이상인 자

　　나. 법 제47조제2항에 따라 정보보호 관리체계 인증을 받아야 하는 자 중 직전 사업연도 말 기준 자산총액이 5천억 원 이상인 자

　3. 제1호 및 제2호에 해당하지 않는 정보통신서비스제공자: 다음 각 목의 어느 하나에 해당하는 사람

　　가. 사업주 또는 대표자

　　나. 이사(「상법」 제401조의2제1항제3호에 따른 자와 같은 법 제408조의2에 따른 집행임원을 포함한다)

　　다. 정보보호 관련 업무를 총괄하는 부서의 장

② 법 제45조의3제1항 단서에서 "자산총액, 매출액 등이 대통령령으로 정하는 기준에 해당하는 정보통신서비스제공자"란 정보통신서비스제공자로서 제1항제1호 각 목의 어느 하나에 해당하는 자를 말한다.

③ 법 제45조의3제1항 단서에 해당하는 자가 정보보호 최고책임자를 신고하지 않은 경우에는 사업주나 대표자를 정보보호 최고책임자로 지정한 것으로 본다.

④ 법 제45조의3제1항 및 제7항에 따라 정보통신서비스제공자가 지정·신고해야 하는 정보보호 최고책임자는 다음 각 호의 어느 하나에 해당하는 자격을 갖추어야 한다. 이 경우 정보보호 또는 정보기술 분야의 학위는 「고등교육법」 제2조 각 호의 학교에서 「전자금융거래법 시행령」 별표 1 비고 제1호 각 목에 따른 학과의 과정을 이수하고 졸업하거나 그 밖의 관계법령에 따라 이와 같은 수준 이상으로 인정되는 학위로 하고, 정보보호 또는 정보기술 분야의 업무는 같은 비고 제3호 및 제4호에 따른 업무로 한다.

　1. 정보보호 또는 정보기술 분야의 국내 또는 외국의 석사학위 이상 학위를 취득한 사람

　2. 정보보호 또는 정보기술 분야의 국내 또는 외국의 학사학위를 취득한 사람으로서 정보보호 또는 정보기술 분야의 업무를 3년 이상 수행한 경력(학위 취득 전의 경력을 포함한다)이 있는 사람

　3. 정보보호 또는 정보기술 분야의 국내 또는 외국의 전문학사학위를 취득한 사람으로서 정보보호 또는 정보기술 분야의 업무를 5년 이상 수행한 경력(학위 취득 전의 경력을 포함한다)이 있는 사람

　4. 정보보호 또는 정보기술 분야의 업무를 10년 이상 수행한 경력이 있는 사람

　5. 법 제47조제6항제5호에 따른 정보보호 관리체계 인증심사원의 자격을 취득한 사람

　6. 해당 정보통신서비스제공자의 소속인 정보보호 관련 업무를 담당하는 부서의 장으로 1년 이상 근무한 경력이 있는 사람

⑤ 법 제45조의3제3항에서 "자산총액, 매출액 등 대통령령으로 정하는 기준에 해당하는 정보통신서비스제공자"란 정보통신서비스제공자로서 제1항제2호 각 목의 어느 하나에 해당하는 자를 말한다. 다만, 제1항제2호가목에 해당하는 자 중 「독점규제 및 공정거래에 관한 법률」 제2조제7호에 따른 지주회사로서 자회사의 경영관리업무와 그에 부수하는 업무 외에 영리를 목적으로 하는 다른 업무를 영위하지 않는 자는 제외한다.

⑥ 제5항에 따른 정보통신서비스제공자가 지정·신고해야 하는 정보보호 최고책임자는 제4항에 따른 자격과 다음 각 호의 어느 하나에 해당하는 자격을 추가로 갖춰야 하며, 상근(常勤)해야 한다. 이 경우 정보보호 또는 정보기술 분야의 업무는 「전자금융거래법 시행령」 별표 1 비고 제3호 및 제4호에 따른 업무로 한다.

　1. 정보보호 분야의 업무를 4년 이상 수행한 경력(제4항제1호부터 제3호까지에서 정한 학위 또는 같은 항 제5호의 자격 취득 전의 경력을 포함한다)이 있는 사람

　2. 정보보호 또는 정보기술 분야의 업무를 5년 이상 수행(그중 2년 이상은 정보보호 분야의 업무를 수행해야 한다)한 경력(제4항제1호부터 제3호까지에서 정한 학위 또는 같은 항 제5호의 자격 취득 전의 경력을 포함한다)이 있는 사람

정보통신망법 시행령(2024. 12. 31) 제36조의8~제36조의9

제36조의8(정보보호 최고책임자의 신고 방법 및 절차)
법 제45조의3제1항에 따라 정보보호 최고책임자를 지정하고 신고해야 하는 정보통신서비스제공자는 신고의무가 발생한 날부터 180일 이내에 과학기술정보통신부령으로 정하는 정보보호 최고책임자 지정신고서를 과학기술정보통신부장관에게 제출해야 한다.

제36조의9(정보보호 최고책임자 협의회의 사업 범위)
법 제45조의3제5항에서 "대통령령으로 정하는 공동의 사업"이란 다음 각 호의 사업을 말한다.
1. 정보통신서비스제공자의 정보보호 강화를 위한 정책의 조사, 연구 및 수립 지원
2. 정보통신서비스 이용에 따른 침해사고 분석 및 대책 연구
3. 정보보호 최고책임자 교육 등 정보통신서비스제공자의 정보보호 능력 및 전문성 향상
4. 정보통신서비스 보안 관련 국제교류 및 협력
5. 그 밖에 정보통신시스템 등에 대한 보안 및 정보의 안전한 관리를 위하여 필요한 사업

2.2.10 (망) 정보보호 관리등급

정보통신망법 (2025. 7. 22) 제47조의5

제47조의5(정보보호 관리등급 부여)
① 제47조에 따라 정보보호 관리체계 인증을 받은 자는 기업의 통합적 정보보호 관리수준을 제고하고 이용자로부터 정보보호 서비스에 대한 신뢰를 확보하기 위하여 과학기술정보통신부장관으로부터 정보보호 관리등급을 받을 수 있다.
② 과학기술정보통신부장관은 한국인터넷진흥원으로 하여금 제1항에 따른 등급 부여에 관한 업무를 수행하게 할 수 있다.
③ 제1항에 따라 정보보호 관리등급을 받은 자는 대통령령으로 정하는 바에 따라 해당 등급의 내용을 표시하거나 홍보에 활용할 수 있다.
④ 과학기술정보통신부장관은 다음 각 호의 어느 하나에 해당하는 사유를 발견한 경우에는 부여한 등급을 취소할 수 있다. 다만, 제1호에 해당하는 경우에는 부여한 등급을 취소하여야 한다.
1. 거짓이나 그 밖의 부정한 방법으로 정보보호 관리등급을 받은 경우
2. 제5항에 따른 등급기준에 미달하게 된 경우
⑤ 제1항에 따른 등급 부여의 심사기준 및 등급 부여의 방법·절차·수수료, 등급의 유효기간, 제4항에 따른 등급취소의 방법·절차, 그 밖에 필요한 사항은 대통령령으로 정한다.

정보통신망법 시행령 (2024. 12. 31) 제55조의2~제55조의5

제55조의2(정보보호 관리등급 부여의 심사기준)
① 법 제47조의5제1항에 따른 정보보호 관리등급 부여의 심사기준은 다음 각 호와 같다.
　1. 정보보호 관리체계의 구축 범위 및 운영기간
　2. 정보보호를 위한 전담조직 및 예산
　3. 정보보호 관리 활동 및 보호조치 수준
② 제1항에 따른 심사기준별 세부 평가기준 및 평가방법 등에 관하여 필요한 사항은 과학기술정보통신부장관이 정하여 고시한다.

제55조의3(정보보호 관리등급 부여의 방법 및 절차)
① 법 제47조의5제1항에 따라 정보보호 관리등급을 부여받으려는 자는 정보보호 관리등급 신청서(전자문서로 된 신청서를 포함한다)에 정보보호 관리체계 인증서 사본을 첨부하여 인터넷진흥원에 제출하여야 한다.
② 정보보호 관리등급 부여를 위한 심사는 서면심사 또는 현장심사의 방법으로 실시한다.
③ 제2항에 따른 심사는 인증심사원만 수행할 수 있다.
④ 인터넷진흥원은 제2항에 따른 심사 결과가 제55조의2에 따른 심사기준에 적합한 때에는 그 관리등급 부여를 신청한 자에게 정보보호 관리등급 증명서를 발급하여야 한다.
⑤ 제1항부터 제4항까지에서 규정한 사항 외에 정보보호 관리등급 부여의 신청·심사 및 정보보호 관리등급 증명서의 발급 등에 필요한 세부 사항은 과학기술정보통신부장관이 정하여 고시한다.

제55조의4(정보보호 관리등급 부여의 수수료 등)
정보보호 관리등급 부여의 수수료, 등급표시 및 홍보에 관하여는 제48조 및 제52조를 준용한다.

제55조의5(정보보호 관리등급의 유효기간)
제55조의3에 따른 정보보호 관리등급의 유효기간은 1년으로 한다.

정보보호 관리등급 부여에 관한 고시 (2017. 8. 24)

제2조(용어의 정의)
이 고시에서 사용하는 용어의 정의는 다음 각 호와 같다.
1. "정보보호 관리등급"이란 정보보호 관리수준을 평가하여 관리수준에 따라 우수, 최우수로 나누어 부여하는 등급을 말한다.
2. "우수 등급"이란 정보보호 관리등급 우수 심사기준을 만족하는 경우 부여하는 등급을 말한다.
3. "최우수 등급"이란 정보보호 관리등급 최우수 심사기준을 만족하는 경우 부여하는 등급을 말한다.

제3조(신청 자격)
정보보호 관리등급을 신청하려는 자는 법 제47조제1항에 따라 받은 정보보호 관리체계 인증을 연속하여 3년 이상 유지하여야 한다.

제4조(심사 신청)
정보보호 관리등급을 부여받으려는 자는 별지 제1호 서식의 정보보호 관리등급 신청서(전자문서를 포함한다)와 신청서에 기재된 제출서류(전자문서를 포함한다)를 첨부하여 한국인터넷진흥원에 제출하여야 한다. (중략)

제8조(평가방법)
① 정보보호 관리등급은 최우수와 우수의 2개 등급으로 한다.
② 영 제55조의2제2항에 따른 평가방법은 우수등급은 우수에 해당하는 세부 평가기준을 모두 만족하여야 하며 최우수등급은 우수등급과 최우수등급의 세부 평가기준을 모두 만족하여야 한다.

제11조(심사결과 통지 및 재신청 등)
① 심사팀장은 정보보호 관리등급 심사결과 심사기준을 충족하지 못하다고 판단되는 경우 그 사유를 서면으로 신청인에 전달하여야 한다.
② 제1항에 따른 정보보호 관리등급 심사기준을 충족하지 못한 신청인에게는 별도의 보완조치 기간을 부여하지 않는다.
③ 신청인이 제1항의 결과를 통보 받은 후 재심사를 받고자 하는 경우 제1항에 따른 사유를 보완하여야 하며 90일이 경과한 뒤에 재신청 할 수 있다.
④ 제3항에 따른 재신청 절차는 본 장에서 규정한 정보보호 관리등급 부여 절차에 따른다.
⑤ 한국인터넷진흥원장은 신청인에 대한 정보보호 관리등급 심사결과가 법 제47조에 따른 정보보호 관리체계 인증 요건에 부합하다고 인정되는 경우에는 정보보호 관리체계 인증을 부여할 수 있다. 다만, 별지 제1호 서식에 따른 동의를 하지 않은 자에게는 정보보호 관리체계 인증을 부여하지 않는다.
⑥ 제5항에 따른 정보보호 관리체계 인증을 받은 경우 그 유효기간은 1년으로 한다.

2.2.11 (망) 집적된 정보통신시설의 보호

정보통신망법 (2025. 7. 22) 제46조~제46조의2

제46조(집적된 정보통신시설의 보호)

① 다음 각 호의 어느 하나에 해당하는 정보통신서비스제공자 중 정보통신시설의 규모 등이 대통령령으로 하는 기준에 해당하는 자(이하 "집적정보통신시설 사업자 등"이라 한다)는 정보통신시설을 안정적으로 운영하기 위하여 대통령령으로 정하는 바에 따른 보호조치를 하여야 한다.

  1. 타인의 정보통신서비스 제공을 위하여 집적된 정보통신시설을 운영·관리하는 자(이하 "집적정보통신시설 사업자"라 한다)

  2. 자신의 정보통신서비스 제공을 위하여 직접 집적된 정보통신시설을 운영·관리하는 자

② 집적정보통신시설 사업자는 집적된 정보통신시설의 멸실, 훼손, 그 밖의 운영장애로 발생한 피해를 보상하기 위하여 대통령령으로 정하는 바에 따라 보험에 가입하여야 한다.

③ 과학기술정보통신부장관은 정기적으로 제1항에 따른 보호조치의 이행 여부를 점검하고, 보완이 필요한 사항에 대하여 집적정보통신시설 사업자 등에게 시정을 명할 수 있다. 다만, 집적정보통신시설 사업자 등에 대하여 「방송통신발전 기본법」 제36조의2제2항에 따른 점검을 실시한 사항의 경우에는 제1항에 따른 보호조치의 이행 여부 점검 사항에서 제외한다.

④ 과학기술정보통신부장관은 집적정보통신시설 사업자 등에 해당하는지 여부의 확인 및 제3항에 따른 점검을 위하여 제1항 각 호의 어느 하나에 해당하는 정보통신서비스제공자, 관계 중앙행정기관의 장, 지방자치단체의 장 및 「공공기관의 운영에 관한 법률」 제4조에 따라 공공기관으로 지정된 기관의 장에게 자료의 제출을 요구할 수 있다. 이 경우 자료제출 요구를 받은 자는 정당한 사유가 없으면 그 요구에 따라야 하며, 자료제출 요구의 절차·방법 등에 관하여는 제64조제6항 및 제9항부터 제11항까지를 준용한다.

⑤ 제4항에 따라 제출받은 자료의 보호 및 폐기에 관하여는 제64조의2를 준용한다.

⑥ 집적정보통신시설 사업자 등은 재난이나 재해 및 그 밖의 물리적·기능적 결함 등으로 인하여 대통령령으로 정하는 기간 동안 정보통신서비스 제공의 중단이 발생한 때에는 그 중단 현황, 발생원인, 응급조치 및 복구대책을 지체 없이 과학기술정보통신부장관에게 보고하여야 한다. 이 경우 과학기술정보통신부장관은 집적된 정보통신시설의 복구 및 보호에 필요한 기술적 지원을 할 수 있다.

⑦ 집적정보통신시설 사업자가 제공하는 집적된 정보통신시설을 임차한 정보통신서비스제공자는 집적정보통신시설 사업자의 제1항에 따른 보호조치의 이행 등에 적극 협조하여야 하며, 제1항에 따른 보호조치에 필요한 설비를 직접 설치·운영하거나 출입 통제를 하는 등 임차시설을 배타적으로 운영·관리하는 경우에는 대통령령으로 정하는 바에 따라 보호조치의 이행, 재난 등으로 인한 서비스 중단 시 보고 등의 조치를 하여야 한다.

⑧ 과학기술정보통신부장관은 제3항에 따른 점검과 제6항에 따른 기술적 지원에 관한 업무를 대통령령으로 정하는 전문기관에 위탁할 수 있다.

⑨ 제3항에 따른 점검의 주기 및 방법, 제6항에 따른 보고의 방법, 그 밖에 필요한 사항은 대통령령으로 정한다.

제46조의2(집적정보통신시설 사업자의 긴급대응)

① 집적정보통신시설 사업자는 다음 각 호의 어느 하나에 해당하는 경우에는 이용약관으로 정하는 바에 따라 해당 서비스의 전부 또는 일부의 제공을 중단할 수 있다.

  1. 집적정보통신시설을 이용하는 자(이하 "시설이용자"라 한다)의 정보시스템에서 발생한 이상현상으로 다른 시설이용자의 정보통신망 또는 집적된 정보통신시설의 정보통신망에 심각한 장애를 발생시킬 우려가 있다고 판단되는 경우

  2. 외부에서 발생한 침해사고로 집적된 정보통신시설에 심각한 장애가 발생할 우려가 있다고 판단되는 경우

3. 중대한 침해사고가 발생하여 과학기술정보통신부장관이나 한국인터넷진흥원이 요청하는 경우
② 집적정보통신시설 사업자는 제1항에 따라 해당 서비스의 제공을 중단하는 경우에는 중단사유, 발생 일시, 기간 및 내용 등을 구체적으로 밝혀 시설이용자에게 즉시 알려야 한다.
③ 집적정보통신시설 사업자는 중단사유가 없어지면 즉시 해당 서비스의 제공을 재개하여야 한다.

정보통신망법 시행령 (2024. 12. 31) 제37조~제39조

제37조(집적정보통신시설 사업자 등의 보호조치)

① 법 제46조제1항 각 호 외의 부분에서 "대통령령으로 정하는 기준에 해당하는 자"란 다음 각 호의 어느 하나에 해당하는 자를 말한다. 다만, 「공공기록물 관리에 관한 법률 시행령」 제3조에 따른 공공기관은 제외한다.
  1. 법 제46조제1항제1호에 해당하는 자로서 운영·관리하는 집적된 정보통신시설의 전산실 바닥 면적이 500제곱미터 이상인 자
  2. 법 제46조제1항제2호에 해당하는 자로서 다음 각 목의 요건을 모두 충족하는 자
      가. 운영·관리하는 집적된 정보통신시설의 전산실 바닥 면적이 500제곱미터 이상일 것
      나. 정보통신서비스 부문 전년도(법인인 경우에는 전 사업연도를 말한다) 매출액이 100억 원 이상일 것
      다. 전년도 말 기준 직전 3개월 간 하루 평균 국내 이용자 수가 100만 명 이상일 것
② 법 제46조제1항 각 호 외의 부분에 따른 집적정보통신시설 사업자 등(이하 "집적정보통신시설 사업자 등"이라 한다)이 정보통신시설을 안정적으로 운영하기 위하여 해야 하는 보호조치는 다음 각 호와 같다.
  1. 정보통신시설에 대한 접근 권한이 없는 자의 접근 통제 및 감시를 위한 기술적·관리적 조치
  2. 정보통신시설의 지속적·안정적 운영을 확보하고 화재·지진·수해 등의 각종 재해와 테러 등의 각종 위협으로부터 정보통신시설을 보호하기 위한 물리적·기술적 조치
  3. 정보통신시설의 안정적 관리를 위한 관리인원 선발·배치 등의 조치
  4. 정보통신시설의 안정적 운영을 위한 내부관리계획(비상시 계획을 포함한다)의 수립 및 시행
  5. 침해사고의 확산을 차단하기 위한 기술적·관리적 조치의 마련 및 시행
③ 과학기술정보통신부장관은 관련 사업자의 의견을 수렴하여 제2항에 따른 보호조치의 구체적인 기준을 정하여 고시한다.

제38조(보험가입)

① 법 제46조제1항제1호에 따른 집적정보통신시설 사업자(이하 "집적정보통신시설 사업자"라 한다)는 법 제46조제2항에 따라 사업 개시와 동시에 책임보험에 가입하여야 한다.
② 제1항에 따라 사업자가 가입해야 하는 책임보험의 최저보험금액은 별표 3과 같다.

제39조(보호조치의 이행점검 주기 및 방법)

① 과학기술정보통신부장관은 법 제46조제3항에 따른 보호조치의 이행 여부 점검(이하 "이행점검"이라 한다)을 매년 실시해야 한다.
② 과학기술정보통신부장관은 이행점검이 다른 행정기관의 업무분야와 관계되는 경우에는 해당 기관의 장과 미리 협의해야 한다.

정보통신망법 시행령 (2024. 12. 31) 제40조~제42조

제40조(집적정보통신시설 사업자 등의 서비스 중단 보고 방법)

① 법 제46조제6항에서 "대통령령으로 정하는 기간"이란 다음 각 호의 어느 하나에 해당하는 기간을 말한다.

　1. 연속해서 30분 이상

　2. 24시간 이내에 2회 이상 중단된 경우에는 그 중단된 기간의 합이 45분 이상

② 법 제46조제6항에 따른 보고에는 다음 각 호의 사항이 포함되어야 한다.

　1. 정보통신서비스 제공의 중단이 발생한 일시 및 장소

　2. 정보통신서비스 제공의 중단이 발생한 원인 및 피해내용

　3. 응급조치 사항

　4. 대응 및 복구대책

　5. 향후 조치계획

　6. 그 밖에 정보통신서비스 제공의 중단에 대한 대응 및 복구에 필요한 사항

③ 집적정보통신시설 사업자 등은 법 제46조제6항에 따라 정보통신서비스 제공의 중단이 발생하였을 때에는 과학기술정보통신부장관에게 문서로 보고해야 한다.

제41조(집적된 정보통신시설 임차사업자의 조치의무)

집적된 정보통신시설을 임차하여 배타적으로 운영·관리하는 정보통신서비스제공자는 법 제46조제7항에 따라 다음 각 호의 조치를 해야 한다.

　1. 제37조제2항에 따른 보호조치를 이행할 것

　2. 재난 등으로 인하여 정보통신서비스가 제40조제1항 각 호의 기간 동안 중단된 경우에는 과학기술정보통신부장관에게 보고하고 시설을 임대한 집적정보통신시설 사업자에게 통지할 것. 이 경우 보고 방법에 관하여는 제40조제2항 및 제3항을 준용한다.

제42조(보호조치 및 기술지원 전문기관)

① 법 제46조제8항에서 "대통령령으로 정하는 전문기관"이란 다음 각 호의 기관을 말한다.

　1. 「공공기관의 운영에 관한 법률」 제4조에 따른 공공기관

　2. 「민법」 제32조에 따라 과학기술정보통신부장관의 허가를 받아 설립된 비영리법인 중 집적된 정보통신시설의 안정성 확보와 관련된 업무를 수행하는 법인

　3. 그 밖에 집적된 정보통신시설의 안정성에 관한 전문성이 있다고 과학기술정보통신부장관이 인정하는 기관 또는 단체

② 과학기술정보통신부장관은 법 제46조제8항에 따라 업무를 위탁하는 경우에는 위탁받는 전문기관 및 위탁할 업무의 내용을 고시해야 한다.

2.2.12 (망) 정보보호 관리체계의 인증

정보통신망법 (2025. 7. 22) 제47조

제47조(정보보호 관리체계의 인증)

① 과학기술정보통신부장관은 정보통신망의 안정성·신뢰성 확보를 위하여 관리적·기술적·물리적 보호조치를 포함한 종합적 관리체계(이하 "정보보호 관리체계"라 한다)를 수립·운영하고 있는 자에 대하여 제4항에 따른 기준에 적합한지에 관하여 인증을 할 수 있다.

② 「전기통신사업법」 제2조제8호에 따른 전기통신사업자와 전기통신사업자의 전기통신역무를 이용하여 정보를 제공하거나 정보의 제공을 매개하는 자로서 다음 각 호의 어느 하나에 해당하는 자는 제1항에 따른 인증을 받아야 한다.

1. 「전기통신사업법」 제6조제1항에 따른 등록을 한 자로서 대통령령으로 정하는 바에 따라 정보통신망서비스를 제공하는 자(이하 "주요정보통신서비스제공자"라 한다)

2. 집적정보통신시설 사업자

3. 전년도 매출액 또는 세입 등이 1,500억 원 이상이거나 정보통신서비스 부문 전년도 매출액이 100억 원 이상 또는 전년도 일일평균 이용자수 100만 명 이상으로서, 대통령령으로 정하는 기준에 해당하는 자

③ 과학기술정보통신부장관은 제2항에 따라 인증을 받아야 하는 자가 과학기술정보통신부령으로 정하는 바에 따라 국제표준 정보보호 인증을 받거나 정보보호 조치를 취한 경우에는 제1항에 따른 인증 심사의 일부를 생략할 수 있다. 이 경우 인증 심사의 세부 생략 범위에 대해서는 과학기술정보통신부장관이 정하여 고시한다.

④ 과학기술정보통신부장관은 제1항에 따른 정보보호 관리체계 인증을 위하여 관리적·기술적·물리적 보호대책을 포함한 인증기준 등 그 밖에 필요한 사항을 정하여 고시할 수 있다.

⑤ 제1항에 따른 정보보호 관리체계 인증의 유효기간은 3년으로 한다. 다만, 제47조의5제1항에 따라 정보보호 관리등급을 받은 경우 그 유효기간 동안 제1항의 인증을 받은 것으로 본다.

⑥ 과학기술정보통신부장관은 한국인터넷진흥원 또는 과학기술정보통신부장관이 지정한 기관(이하 "정보보호 관리체계 인증기관"이라 한다)으로 하여금 제1항 및 제2항에 따른 인증에 관한 업무로서 다음 각 호의 업무를 수행하게 할 수 있다.

1. 인증 신청인이 수립한 정보보호 관리체계가 제4항에 따른 인증기준에 적합한지 여부를 확인하기 위한 심사(이하 "인증심사"라 한다)

2. 인증심사 결과의 심의

3. 인증서 발급·관리

4. 인증의 사후관리

5. 정보보호 관리체계 인증심사원의 양성 및 자격관리

6. 그 밖에 정보보호 관리체계 인증에 관한 업무

⑦ 과학기술정보통신부장관은 인증에 관한 업무를 효율적으로 수행하기 위하여 필요한 경우 인증심사 업무를 수행하는 기관(이하 "정보보호 관리체계 심사기관"이라 한다)을 지정할 수 있다.

⑧ 한국인터넷진흥원, 정보보호 관리체계 인증기관 및 정보보호 관리체계 심사기관은 정보보호 관리체계의 실효성 제고를 위하여 연 1회 이상 사후관리를 실시하고 그 결과를 과학기술정보통신부장관에게 통보하여야 한다.

⑨ 제1항 및 제2항에 따라 정보보호 관리체계의 인증을 받은 자는 대통령령으로 정하는 바에 따라 인증의 내용을 표시하거나 홍보할 수 있다.

⑩ 과학기술정보통신부장관은 다음 각 호의 어느 하나에 해당하는 사유를 발견한 경우에는 인증을 취소할 수 있다. 다만, 제1호에 해당하는 경우에는 인증을 취소하여야 한다.
  1. 거짓이나 그 밖의 부정한 방법으로 정보보호 관리체계 인증을 받은 경우
  2. 제4항에 따른 인증기준에 미달하게 된 경우
  3. 제8항에 따른 사후관리를 거부 또는 방해한 경우
⑪ 제1항 및 제2항에 따른 인증의 방법·절차·범위·수수료, 제8항에 따른 사후관리의 방법·절차, 제10항에 따른 인증취소의 방법·절차, 그 밖에 필요한 사항은 대통령령으로 정한다.
⑫ 정보보호 관리체계 인증기관 및 정보보호 관리체계 심사기관 지정의 기준·절차·유효기간 등에 필요한 사항은 대통령령으로 정한다.

정보통신망법 (2025. 7. 22) 제47조의7

제47조의7(정보보호 관리체계 인증의 특례)
① 과학기술정보통신부장관은 제47조제1항 및 제2항에 따른 인증을 받으려는 자 중 다음 각 호의 어느 하나에 해당하는 자에 대하여 제47조에 따른 인증기준 및 절차 등을 완화하여 적용할 수 있다.
  1. 「중소기업기본법」 제2조제2항에 따른 소기업
  2. 그 밖에 정보통신서비스의 규모 및 특성 등에 따라 대통령령으로 정하는 기준에 해당하는 자
② 과학기술정보통신부장관은 정보통신망의 안정성·신뢰성 확보를 위하여 제1항에 관련된 비용 및 기술 등 필요한 지원을 할 수 있다.
③ 과학기술정보통신부장관은 제1항에 따른 인증기준 및 절차 등 그 밖에 필요한 사항을 정하여 고시할 수 있다.

정보통신망법 시행령 (2024. 12. 31) 제47조~제49조

제47조(정보보호 관리체계 인증의 방법·절차·범위 등)

① 법 제47조제1항 또는 제2항에 따라 정보보호 관리체계의 인증을 받으려는 자는 정보보호 관리체계 인증신청서(전자문서로 된 신청서를 포함한다)에 다음 각 호의 사항에 대한 설명이 포함된 정보보호 관리체계 명세서(전자문서를 포함한다)를 첨부하여 인터넷진흥원, 법 제47조제6항에 따라 지정된 기관(이하 "정보보호 관리체계 인증기관"이라 한다) 또는 법 제47조제7항에 따라 지정된 기관(이하 "정보보호 관리체계 심사기관"이라 한다)에 제출하여야 한다.

1. 정보보호 관리체계의 범위
2. 정보보호 관리체계의 범위에 포함되어 있는 주요 정보통신설비의 목록과 시스템 구성도
3. 정보보호 관리체계를 수립·운영하는 방법과 절차
4. 정보보호 관리체계와 관련된 주요 문서의 목록
5. 정보보호 관리체계와 관련된 국내외 품질경영체제의 인증을 취득한 경우에는 그 명세

② 제1항에 따른 신청을 받은 인터넷진흥원, 정보보호 관리체계 인증기관 또는 정보보호 관리체계 심사기관은 법 제47조제6항제1호에 따른 인증심사(이하 "인증심사"라 한다)를 하는 경우 같은 조 제4항에 따라 과학기술정보통신부장관이 정하여 고시하는 정보보호 관리체계 인증을 위한 관리적·기술적·물리적 보호대책을 포함한 인증기준 등(이하 "관리체계인증고시"라 한다)에 따라 신청인과 인증의 범위 및 일정 등에 관한 협의를 하여야 한다.

③ 인터넷진흥원, 정보보호 관리체계 인증기관 또는 정보보호 관리체계 심사기관은 인증심사를 하는 경우 인증 신청인이 수립한 정보보호 관리체계가 관리체계인증고시에 적합한지 여부를 심사하여야 한다. 이 경우 인증심사는 서면심사 또는 현장심사의 방법으로 실시한다.

④ 인증심사는 제53조제1항제1호에 따른 인증심사원만 수행할 수 있다.

⑤ 정보보호 관리체계 심사기관은 인증심사의 결과를 인터넷진흥원 또는 정보보호 관리체계 인증기관에 제출하여야 한다.

⑥ 인터넷진흥원 또는 정보보호 관리체계 인증기관은 인증심사의 결과를 심의하기 위하여 정보보호에 관한 학식과 경험이 풍부한 자를 위원으로 하는 인증위원회를 설치·운영하여야 한다.

⑦ 인터넷진흥원 또는 정보보호 관리체계 인증기관은 제6항에 따른 인증위원회의 심의 결과 관리체계인증고시에 적합한 때에는 그 인증신청을 한 자에게 정보보호 관리체계 인증서를 발급하여야 한다.

⑧ 제1항부터 제7항까지에서 규정한 사항 외에 인증신청, 인증심사, 인증위원회의 설치·운영 및 인증서의 발급 등에 필요한 세부 사항은 과학기술정보통신부장관이 정하여 고시한다.

제48조(정보보호 관리체계 인증의 수수료)

① 제47조제1항에 따라 인증을 신청하는 자는 인터넷진흥원, 정보보호 관리체계 인증기관 또는 정보보호 관리체계 심사기관에 수수료를 납부하여야 한다.

② 과학기술정보통신부장관은 인증심사에 투입되는 인증심사원의 수, 인증심사에 필요한 일수 등을 고려하여 정보보호 관리체계 인증 수수료 산정을 위한 구체적인 기준을 정하여 고시한다.

제49조(정보보호 관리체계 인증 대상자의 범위)

① 법 제47조제2항제1호에서 "대통령령으로 정하는 바에 따라 정보통신망서비스를 제공하는 자"란 서울특별시 및 모든 광역시에서 정보통신망서비스를 제공하는 자를 말한다.

② 법 제47조제2항제3호에서 "대통령령으로 정하는 기준에 해당하는 자"란 다음 각 호의 어느 하나에 해당하는 자를 말한다.

1. 전년도 매출액 또는 세입이 1,500억 원 이상인 자로서 다음 각 목의 어느 하나에 해당하는 자
   가. 「의료법」 제3조의4에 따른 상급종합병원
   나. 직전연도 12월 31일 기준으로 재학생 수가 1만 명 이상인 「고등교육법」 제2조에 따른 학교

2. 정보통신서비스 부문 전년도(법인인 경우에는 전 사업연도를 말한다) 매출액이 100억 원 이상인 자. 다만, 「전자금융거래법」 제2조제3호에 따른 금융회사는 제외한다.
3. 전년도 일일평균 이용자 수가 100만 명 이상인 자. 다만, 「전자금융거래법」 제2조제3호에 따른 금융회사는 제외한다.

정보통신망법 시행령 (2024. 12. 31) 제49조의2~제52조

제49조의2(정보보호 관리체계 인증의 특례 대상자의 범위)
① 법 제47조의7제1항제2호에 따른 정보보호 관리체계 인증의 특례 대상은 「중소기업기본법」 제2조제2항에 따른 중기업으로서 다음 각 호의 어느 하나에 해당하는 자로 한다.
1. 정보통신서비스 부문 전년도(법인인 경우에는 전 사업연도를 말한다) 매출액이 300억 원 미만인 자
2. 정보통신서비스 부문 전년도(법인인 경우에는 전 사업연도를 말한다) 매출액이 300억 원 이상인 자 중 주요 정보통신설비를 직접 설치·운영하지 않는 자로서 다음 각 목의 어느 하나에 해당하는 서비스(법 제47조제1항에 따른 인증, 「개인정보보호법」 제32조의2제1항에 따른 인증 또는 「클라우드컴퓨팅 발전 및 이용자 보호에 관한 법률」 제23조의2제1항에 따른 인증을 받은 자가 제공하는 서비스로 한정한다)를 이용하는 자
   가. 호스팅서비스(인터넷 홈페이지 구축 및 웹서버 관리 등을 해주는 서비스를 말한다)
   나. 「클라우드컴퓨팅 발전 및 이용자 보호에 관한 법률 시행령」 제3조제2호 및 제3호에 따른 클라우드컴퓨팅서비스
② 제1항에도 불구하고 다음 각 호의 어느 하나에 해당하는 자는 법 제47조의7제1항제2호에 따른 정보보호 관리체계 인증의 특례 대상에서 제외한다.
1. 법 제47조제2항제1호 또는 제2호에 해당하는 자
2. 제49조제2항제1호 또는 제3호에 해당하는 자
3. 「특정 금융거래정보의 보고 및 이용 등에 관한 법률」 제2조제1호하목에 따른 가상자산사업자
4. 「전자금융거래법」 제2조제3호에 따른 금융회사

제51조(인증의 사후관리)
① 법 제47조제8항에 따른 사후관리는 서면심사 또는 현장심사의 방법으로 실시한다.
② 정보보호 관리체계 심사기관은 법 제47조제8항에 따라 사후관리를 실시한 결과 같은 조 제10항 각 호의 사유가 있는 경우에는 인터넷진흥원 또는 정보보호 관리체계 인증기관에 그 사후관리 실시결과를 즉시 제출하여야 한다.
③ 인터넷진흥원 또는 정보보호 관리체계 인증기관은 다음 각 호의 어느 하나에 해당하는 경우에는 제47조제6항에 따른 인증위원회의 심의를 거쳐 그 결과를 과학기술정보통신부장관에게 통보하여야 한다.
1. 법 제47조제8항에 따른 사후관리를 실시한 결과 같은 조 제10항 각 호의 사유가 있는 경우
2. 제2항에 따라 정보보호 관리체계 심사기관으로부터 그 사후관리 실시결과를 제출받은 경우

제52조(인증표시 및 홍보)
법 제47조제1항 및 제2항에 따라 정보보호 관리체계 인증을 받은 자는 같은 조 제9항에 따라 인증받은 내용을 문서·송장·광고 등에 표시·홍보하는 경우 과학기술정보통신부장관이 정하여 고시하는 정보보호 관리체계 인증표시를 사용할 수 있다. 이 경우 인증의 범위와 유효기간을 함께 표시하여야 한다.

2.2.13 (망) 영리목적의 광고성 정보 전송 제한

정보통신망법 (2025. 7. 22) 제50조

제50조(영리목적의 광고성 정보 전송 제한)

① 누구든지 전자적 전송매체를 이용하여 영리목적의 광고성 정보를 전송하려면 그 수신자의 명시적인 사전 동의를 받아야 한다. 다만, 다음 각 호의 어느 하나에 해당하는 경우에는 사전 동의를 받지 아니한다.

　1. 재화 등의 거래관계를 통하여 수신자로부터 직접 연락처를 수집한 자가 대통령령으로 정한 기간 이내에 자신이 처리하고 수신자와 거래한 것과 같은 종류의 재화 등에 대한 영리목적의 광고성 정보를 전송하려는 경우

　2. 「방문판매 등에 관한 법률」에 따른 전화권유판매자가 육성으로 수신자에게 개인정보의 수집출처를 고지하고 전화권유를 하는 경우

② 전자적 전송매체를 이용하여 영리목적의 광고성 정보를 전송하려는 자는 제1항에도 불구하고 수신자가 수신거부의사를 표시하거나 사전 동의를 철회한 경우에는 영리목적의 광고성 정보를 전송하여서는 아니 된다.

③ 오후 9시부터 그 다음 날 오전 8시까지의 시간에 전자적 전송매체를 이용하여 영리목적의 광고성 정보를 전송하려는 자는 제1항에도 불구하고 그 수신자로부터 별도의 사전 동의를 받아야 한다. 다만, 대통령령으로 정하는 매체의 경우에는 그러하지 아니하다.

④ 전자적 전송매체를 이용하여 영리목적의 광고성 정보를 전송하는 자는 대통령령으로 정하는 바에 따라 다음 각 호의 사항 등을 광고성 정보에 구체적으로 밝혀야 한다.

　1. 전송자의 명칭 및 연락처

　2. 수신의 거부 또는 수신동의의 철회 의사표시를 쉽게 할 수 있는 조치 및 방법에 관한 사항

⑤ 전자적 전송매체를 이용하여 영리목적의 광고성 정보를 전송하는 자는 다음 각 호의 어느 하나에 해당하는 행위를 하여서는 아니 된다.

　1. 광고성 정보 수신자의 수신거부 또는 수신동의의 철회를 회피·방해하는 행위

　2. 숫자·부호 또는 문자를 조합하여 전화번호·전자우편주소 등 수신자의 연락처를 자동으로 만들어 내는 행위

　3. 영리목적의 광고성 정보를 전송할 목적으로 전화번호 또는 전자우편주소를 자동으로 등록하는 행위

　4. 광고성 정보 전송자의 신원이나 광고 전송 출처를 감추기 위한 각종 행위

　5. 영리목적의 광고성 정보를 전송할 목적으로 수신자를 기망하여 회신을 유도하는 각종 행위

⑥ 전자적 전송매체를 이용하여 영리목적의 광고성 정보를 전송하는 자는 수신자가 수신거부나 수신동의의 철회를 할 때 발생하는 전화요금 등의 금전적 비용을 수신자가 부담하지 아니하도록 대통령령으로 정하는 바에 따라 필요한 조치를 하여야 한다.

⑦ 전자적 전송매체를 이용하여 영리목적의 광고성 정보를 전송하려는 자는 수신자가 제1항 및 제3항에 따른 수신동의, 제2항에 따른 수신거부 또는 수신동의 철회에 관한 의사를 표시할 때에는 해당 수신자에게 대통령령으로 정하는 바에 따라 수신동의, 수신거부 또는 수신동의 철회에 대한 처리 결과를 알려야 한다.

⑧ 제1항 또는 제3항에 따라 수신동의를 받은 자는 대통령령으로 정하는 바에 따라 정기적으로 광고성 정보 수신자의 수신동의 여부를 확인하여야 한다.

정보통신망법 시행령 (2024. 12. 31) 제61조~제62조의2

제61조(영리목적의 광고성 정보 전송기준)

① 법 제50조제1항제1호에서 "대통령령으로 정한 기간"이란 해당 재화 등의 거래가 종료된 날부터 6개월을 말한다.

② 법 제50조제3항 단서에서 "대통령령으로 정하는 매체"란 전자우편을 말한다.

③ 법 제50조제4항에 따라 전자적 전송매체를 이용하여 영리목적의 광고성 정보를 전송하는 자가 해당 정보에 명시하여야 할 사항과 그 방법은 별표 6과 같다.

제62조(수신거부 또는 수신동의 철회용 무료전화서비스 등의 제공)

법 제50조제6항에 따라 전자적 전송매체를 이용하여 영리목적의 광고성 정보를 전송하는 자는 별표 6에서 정하는 바에 따라 수신거부 및 수신동의 철회용 무료전화서비스 등을 해당 정보에 명시하여 수신자에게 이를 제공하여야 한다.

제62조의2(수신동의 등 처리 결과의 통지)

법 제50조제7항에 따라 전자적 전송매체를 이용하여 영리목적의 광고성 정보를 전송하려는 자는 수신자가 수신동의, 수신거부 또는 수신동의 철회 의사를 표시한 날부터 14일 이내에 다음 각 호의 사항을 해당 수신자에게 알려야 한다.

1. 전송자의 명칭
2. 수신자의 수신동의, 수신거부 또는 수신동의 철회 사실과 해당 의사를 표시한 날짜
3. 처리 결과

2.2.14 (망) 침해사고의 신고 등

정보통신망법 (2025. 7. 22) 제48조의3~제48조의4

제48조의3(침해사고의 신고 등)

① 정보통신서비스제공자는 침해사고가 발생하면 즉시 그 사실을 과학기술정보통신부장관이나 한국인터넷진흥원에 신고하여야 한다. 이 경우 정보통신서비스제공자가 이미 다른 법률에 따른 침해사고 통지 또는 신고를 했으면 전단에 따른 신고를 한 것으로 본다.

　1. 삭제

　2. 삭제

② 과학기술정보통신부장관이나 한국인터넷진흥원은 제1항에 따라 침해사고의 신고를 받거나 침해사고를 알게 되면 제48조의2제1항 각 호에 따른 필요한 조치를 하여야 한다.

③ 제1항 후단에 따라 침해사고의 통지 또는 신고를 받은 관계 기관의 장은 이와 관련된 정보를 과학기술정보통신부장관 또는 한국인터넷진흥원에 지체 없이 공유하여야 한다.

④ 제1항에 따른 신고의 시기, 방법 및 절차 등에 관하여 필요한 사항은 대통령령으로 정한다.

제48조의4(침해사고의 원인 분석 등)

① 정보통신서비스제공자 등 정보통신망을 운영하는 자는 침해사고가 발생하면 침해사고의 원인을 분석하고 그 결과에 따라 피해의 확산 방지를 위하여 사고대응, 복구 및 재발 방지에 필요한 조치를 하여야 한다.

② 과학기술정보통신부장관은 정보통신서비스제공자의 정보통신망에 침해사고가 발생하면 그 침해사고의 원인을 분석하고 피해 확산 방지, 사고대응, 복구 및 재발 방지를 위한 대책을 마련하여 해당 정보통신서비스제공자(공공기관 등은 제외한다)에게 필요한 조치를 이행하도록 명령할 수 있다.

③ 과학기술정보통신부장관은 제2항에 따른 조치의 이행 여부를 점검하고, 보완이 필요한 사항에 대하여 해당 정보통신서비스제공자에게 시정을 명할 수 있다.

④ 과학기술정보통신부장관은 정보통신서비스제공자의 정보통신망에 중대한 침해사고가 발생한 경우 제2항에 따른 원인 분석 및 대책 마련을 위하여 필요하면 정보보호에 전문성을 갖춘 민·관합동조사단을 구성하여 그 침해사고의 원인 분석을 할 수 있다.

⑤ 과학기술정보통신부장관은 제2항에 따른 침해사고의 원인 분석 및 대책 마련을 위하여 필요하면 정보통신서비스제공자에게 정보통신망의 접속기록 등 관련 자료의 보전을 명할 수 있다.

⑥ 과학기술정보통신부장관은 제2항에 따른 침해사고의 원인 분석 및 대책 마련을 하기 위하여 필요하면 정보통신서비스제공자에게 침해사고 관련 자료의 제출을 요구할 수 있으며, 중대한 침해사고의 경우 소속 공무원 또는 제4항에 따른 민·관합동조사단에게 관계인의 사업장에 출입하여 침해사고 원인을 조사하도록 할 수 있다. 다만,「통신비밀보호법」제2조제11호에 따른 통신사실확인자료에 해당하는 자료의 제출은 같은 법으로 정하는 바에 따른다.

⑦ 과학기술정보통신부장관이나 민·관합동조사단은 제6항에 따라 제출받은 자료와 조사를 통하여 알게 된 정보를 침해사고의 원인 분석 및 대책 마련 외의 목적으로는 사용하지 못하며, 원인 분석이 끝난 후에는 즉시 파기하여야 한다.

⑧ 제3항에 따른 점검의 방법·절차, 제4항에 따른 민·관합동조사단의 구성·운영, 제6항에 따라 제출된 자료의 보호 및 조사의 방법·절차 등에 필요한 사항은 대통령령으로 정한다.

정보통신망법 시행령 (2024. 12. 31) 제58조의2

제58조의2(침해사고 신고의 시기, 방법 및 절차)
① 정보통신서비스제공자는 법 제48조의3제1항 전단에 따라 침해사고를 신고하려는 경우에는 침해사고의 발생을 알게 된 때부터 24시간 이내에 다음 각 호의 사항을 과학기술정보통신부장관 또는 한국인터넷진흥원에 신고해야 한다.
  1. 침해사고의 발생 일시, 원인 및 피해내용
  2. 침해사고에 대한 조치사항 등 대응 현황
  3. 침해사고 대응업무를 담당하는 부서 및 연락처
② 정보통신서비스제공자는 제1항에 따라 신고한 후 침해사고에 관하여 추가로 확인되는 사실이 있는 경우에는 확인한 때부터 24시간 이내에 신고해야 한다.
③ 제1항 및 제2항에 따른 신고는 서면, 전자우편, 전화, 인터넷 홈페이지 입력 등의 방법으로 할 수 있다.

2.2.15 (기반) 주요정보통신기반시설보호대책의 수립 등

정보통신기반 보호법 (2025. 1. 24) 제5조~제5조의2

제5조(주요정보통신기반시설보호대책의 수립 등)
① 주요정보통신기반시설을 관리하는 기관(이하 "관리기관"이라 한다)의 장은 제9조제1항 또는 제2항에 따른 취약점 분석·평가의 결과에 따라 소관 주요정보통신기반시설 및 관리 정보를 안전하게 보호하기 위한 예방, 백업, 복구 등 물리적·기술적 대책을 포함한 관리대책(이하 "주요정보통신기반시설보호대책"이라 한다)을 수립·시행하여야 한다.
② 관리기관의 장은 제1항에 따라 주요정보통신기반시설보호대책을 수립한 때에는 이를 주요정보통신기반시설을 관할하는 중앙행정기관(이하 "관계중앙행정기관"이라 한다)의 장에게 제출하여야 한다. 다만, 관리기관의 장이 관계중앙행정기관의 장인 경우에는 그러하지 아니하다.
③ 지방자치단체의 장이 관리·감독하는 관리기관의 주요정보통신기반시설보호대책은 지방자치단체의 장이 행정안전부장관에게 제출하여야 한다.
④ 관리기관의 장은 소관 주요정보통신기반시설의 보호에 관한 업무를 총괄하는 자(이하 "정보보호책임자"라 한다)를 지정하여야 한다. 다만, 관리기관의 장이 관계중앙행정기관의 장인 경우에는 그러하지 아니하다.
⑤ 정보보호책임자의 지정 및 업무 등에 관하여 필요한 사항은 대통령령으로 정한다.

제5조의2(주요정보통신기반시설보호대책 이행 여부의 확인)
① 과학기술정보통신부장관과 국가정보원장 등 대통령령으로 정하는 국가기관의 장(이하 "국가정보원장 등"이라 한다)은 관리기관에 대하여 주요정보통신기반시설보호대책의 이행 여부를 확인할 수 있다.
② 과학기술정보통신부장관과 국가정보원장 등은 제1항에 따른 확인을 위하여 필요한 경우 관계중앙행정기관의 장에게 제5조제2항에 따라 제출받은 주요정보통신기반시설보호대책 등의 자료 제출을 요청할 수 있다.
③ 과학기술정보통신부장관과 국가정보원장 등은 제1항에 따라 확인한 주요정보통신기반시설보호대책의 이행 여부를 관계중앙행정기관의 장에게 통보할 수 있다.
④ 제1항에 따른 주요정보통신기반시설보호대책 이행 여부의 확인절차 등에 관하여 필요한 사항은 대통령령으로 정한다.

제8조(주요정보통신기반시설보호대책의 수립)

법 제5조제2항 또는 제3항에 따라 관리기관의 장 및 지방자치단체의 장은 다음 연도의 법 제5조제1항에 따른 주요정보통신기반시설보호대책(이하 "주요정보통신기반시설보호대책"이라 한다)을 수립하여 매년 8월 31일까지 관계중앙행정기관의 장에게 제출하여야 한다.

제9조(정보보호책임자의 지정 등)

① 법 제5조제4항 본문에 따라 관리기관의 장은 소관 주요정보통신기반시설의 보호 업무를 담당하는 4급·4급상당 공무원, 5급·5급상당 공무원, 영관급장교 또는 임원급 관리·운영자를 정보보호책임자로 지정하여야 한다.

② 제1항에 따른 정보보호책임자가 총괄하는 업무는 다음 각 호와 같다.

　　1. 법 제5조제1항에 따른 주요정보통신기반시설보호대책의 수립·시행

　　2. 법 제7조제1항 및 제2항 본문에 따른 기술적 지원의 요청

　　3. 법 제9조에 따른 취약점 분석·평가 및 전담반 구성

　　4. 법 제10조제1항에 따른 주요정보통신기반시설 보호지침 준수 명령의 이행

　　5. 법 제11조제1항 또는 제2항에 따른 주요정보통신기반시설의 보호에 필요한 조치 명령의 이행

　　6. 법 제13조제1항 전단에 따른 침해사고의 통지

　　7. 법 제14조제1항에 따른 해당 주요정보통신기반시설의 복구 및 보호에 필요한 조치

　　8. 그 밖에 다른 법령에 따른 주요정보통신기반시설의 보호업무에 관한 사항

③ 관리기관의 장이 정보보호책임자를 지정한 때에는 이를 관할 중앙행정기관의 장에게 통지하여야 한다.

제9조의2(주요정보통신기반시설보호대책 이행 여부의 확인)

① 법 제5조의2제1항에서 "국가정보원장 등 대통령령으로 정하는 국가기관의 장"이란 국가정보원장 및 국방부장관을 말한다.

② 법 제5조의2제1항에 따라 과학기술정보통신부장관, 국가정보원장 및 국방부장관은 다음 각 호의 구분에 따른 관할 주요정보통신기반시설에 대한 관리기관의 주요정보통신기반시설보호대책 이행 여부를 확인할 수 있다.

　　1. 과학기술정보통신부장관: 제5조제4항제2호에 따른 주요정보통신기반시설

　　2. 국가정보원장: 제5조제4항제1호에 따른 주요정보통신기반시설(제3호의 국방 분야 주요정보통신기반시설은 제외한다)

　　3. 국방부장관: 국방 분야 주요정보통신기반시설

③ 과학기술정보통신부장관, 국가정보원장 및 국방부장관은 법 제5조의2에 따라 주요정보통신기반시설보호대책 이행 여부를 확인하기 위하여 필요한 자료의 제출을 제2항의 구분에 따른 관할 주요정보통신기반시설 관리기관에 요청하고, 해당 주요정보통신기반시설보호대책에 따른 보호조치의 세부적인 내용을 확인·점검할 수 있다.

④ 과학기술정보통신부장관과 국가정보원장은 법 제5조의2에 따라 주요정보통신기반시설보호대책의 이행 여부를 확인하려는 경우 미리 확인 절차 등에 관하여 관계중앙행정기관의 장과 협의하여야 하고, 과학기술정보통신부장관, 국가정보원장 및 국방부장관은 확인 절차 등에 관하여 해당 관리기관에 통보하여야 한다.

정보통신기반 보호법 시행령 (2025. 1. 24) 제8조~제9조의3

제9조의3(주요정보통신기반시설보호대책 이행 여부 확인 결과 보고 등)

① 과학기술정보통신부장관, 국가정보원장 및 국방부장관은 법 제5조의2에 따른 주요정보통신기반시설보호대책의 이행 여부 확인 결과를 위원회에 보고하여야 한다.

② 과학기술정보통신부장관, 국가정보원장 및 국방부장관은 법 제5조의2에 따른 주요정보통신기반시설보호대책의 이행 여부 확인 결과 보완이 필요하다고 판단되는 관리기관에 대해서는 개선을 권고할 수 있다.

③ 과학기술정보통신부장관과 국가정보원장은 법 제5조의2에 따른 주요정보통신기반시설보호대책의 이행 여부 확인 결과를 다음 연도의 주요정보통신기반시설보호대책 및 법 제6조제1항에 따른 주요정보통신기반시설보호계획(이하 "주요정보통신기반시설보호계획"이라 한다)의 수립지침에 반영할 수 있다.

④ 과학기술정보통신부장관과 국가정보원장은 법 제7조에 따른 주요정보통신기반시설의 보호지원을 효율적으로 하기 위하여 주요정보통신기반시설보호대책의 이행 여부 확인 결과를 서로 제공하여야 한다.

2.2.16 (기반) 주요정보통신기반시설보호계획의 수립 등

정보통신기반 보호법 (2025. 1. 24) 제6조

제6조(주요정보통신기반시설보호계획의 수립 등)

① 관계중앙행정기관의 장은 제5조제2항에 따라 제출받은 주요정보통신기반시설보호대책을 종합·조정하여 소관분야에 대한 주요정보통신기반시설에 관한 보호계획(이하 "주요정보통신기반시설보호계획"이라 한다)을 수립·시행하여야 한다.

② 관계중앙행정기관의 장은 전년도 주요정보통신기반시설보호계획의 추진실적과 다음 연도의 주요정보통신기반시설보호계획을 위원회에 제출하여 그 심의를 받아야 한다. 다만, 위원회의 위원장이 보안이 요구된다고 인정하는 사항에 대하여는 그러하지 아니하다.

③ 주요정보통신기반시설보호계획에는 다음 각 호의 사항이 포함되어야 한다.
   1. 주요정보통신기반시설의 취약점 분석·평가에 관한 사항
   2. 주요정보통신기반시설 및 관리 정보의 침해사고에 대한 예방, 백업, 복구대책에 관한 사항
   3. 그 밖에 주요정보통신기반시설의 보호에 관하여 필요한 사항

④ 과학기술정보통신부장관과 국가정보원장은 협의하여 주요정보통신기반시설보호대책 및 주요정보통신기반시설보호계획의 수립지침을 정하여 이를 관계중앙행정기관의 장에게 통보할 수 있다.

⑤ 관계중앙행정기관의 장은 소관분야의 주요정보통신기반시설의 보호에 관한 업무를 총괄하는 자(이하 "정보보호책임관"이라 한다)를 지정하여야 한다.

⑥ 주요정보통신기반시설보호계획의 수립·시행에 관한 사항과 정보보호책임관의 지정 및 업무 등에 관하여 필요한 사항은 대통령령으로 정한다.

정보통신기반 보호법 시행령 (2025. 1. 24) 제10조

제10조(주요정보통신기반시설보호계획의 수립 등)

① 관계중앙행정기관의 장은 법 제6조제2항에 따라 전년도 주요정보통신기반시설보호계획의 추진실적과 다음 연도의 주요정보통신기반시설보호계획을 매년 10월 31일까지 위원회에 제출하여야 한다.

② 과학기술정보통신부장관과 국가정보원장은 법 제6조제4항에 따라 매년 5월 31일까지 다음 연도의 주요정보통신기반시설보호대책 및 주요정보통신기반시설보호계획의 수립지침을 작성하여 이를 관계중앙행정기관의 장에게 통보할 수 있다. 이 경우 주요정보통신기반시설보호대책의 수립지침을 통보받은 관계중앙행정기관의 장은 관할 주요정보통신기반시설의 관리기관의 장(법 제5조제3항에 따라 주요정보통신기반시설보호대책을 제출하여야 하는 지방자치단체의 장을 포함한다)에게 그 수립지침을 통보하여야 한다.

③ 관계중앙행정기관의 장은 다음 연도의 주요정보통신기반시설보호계획을 위원회의 심의를 거쳐 12월 31일까지 확정한다.

2.2.17 (기반) 주요정보통신기반시설의 지정 등

정보통신기반 보호법 (2025. 1. 24) 제8조~제8조의2

제8조(주요정보통신기반시설의 지정 등)

① 중앙행정기관의 장은 소관분야의 정보통신기반시설 중 다음 각 호의 사항을 고려하여 전자적 침해 행위로부터의 보호가 필요하다고 인정되는 정보통신기반시설을 주요정보통신기반시설로 지정할 수 있다.

1. 해당 정보통신기반시설을 관리하는 기관이 수행하는 업무의 국가사회적 중요성
2. 제1호에 따른 기관이 수행하는 업무의 정보통신기반시설에 대한 의존도
3. 다른 정보통신기반시설과의 상호연계성
4. 침해사고가 발생할 경우 국가안전보장과 경제사회에 미치는 피해규모 및 범위
5. 침해사고의 발생가능성 또는 그 복구의 용이성

② 중앙행정기관의 장은 제1항에 따른 지정 여부를 결정하기 위하여 필요한 자료의 제출을 해당 관리 기관에 요구할 수 있다.

③ 관계중앙행정기관의 장은 관리기관이 해당 업무를 폐지·정지 또는 변경하는 경우에는 직권 또는 해당 관리기관의 신청에 의하여 주요정보통신기반시설의 지정을 취소할 수 있다.

④ 지방자치단체의 장이 관리·감독하는 기관의 정보통신기반시설에 대하여는 행정안전부장관이 지방 자치단체의 장과 협의하여 주요정보통신기반시설로 지정하거나 그 지정을 취소할 수 있다.

⑤ 중앙행정기관의 장이 제1항 및 제3항에 따라 지정 또는 지정 취소를 하고자 하는 경우에는 위원회 의 심의를 받아야 한다. 이 경우 위원회는 제1항 및 제3항에 따라 지정 또는 지정취소의 대상이 되 는 관리기관의 장을 위원회에 출석하게 하여 그 의견을 들을 수 있다.

⑥ 중앙행정기관의 장은 제1항 및 제3항에 따라 주요정보통신기반시설을 지정 또는 지정 취소한 때에 는 이를 고시하여야 한다. 다만, 국가안전보장을 위하여 필요한 경우에는 위원회의 심의를 받아 이 를 고시하지 아니할 수 있다.

⑦ 주요정보통신기반시설의 지정 및 지정취소 등에 관하여 필요한 사항은 이를 대통령령으로 정한다.

제8조의2(주요정보통신기반시설의 지정 권고)

① 과학기술정보통신부장관과 국가정보원장 등은 특정한 정보통신기반시설을 주요정보통신기반시설 로 지정할 필요가 있다고 판단되는 경우에는 중앙행정기관의 장에게 해당 정보통신기반시설을 주 요정보통신기반시설로 지정하도록 권고할 수 있다. 이 경우 지정 권고를 받은 중앙행정기관의 장은 위원회의 심의를 거쳐 지정 여부를 결정하여야 한다.

② 과학기술정보통신부장관과 국가정보원장 등은 제1항에 따른 권고를 위하여 필요한 경우에는 중앙 행정기관의 장에게 해당 정보통신기반시설에 관한 자료를 요청할 수 있다.

③ 제1항에 따른 주요정보통신기반시설의 지정 권고 절차, 그 밖에 필요한 사항은 대통령령으로 정한다.

정보통신기반 보호법 시행령 (2025. 1. 24) 제16조의2

제16조의2(주요정보통신기반시설의 지정 권고 등)

① 과학기술정보통신부장관과 국가정보원장은 법 제8조의2에 따른 주요정보통신기반시설 지정 대상의 선정을 위하여 제9조의2제2항 각 호의 구분에 따른 관할별로 주요정보통신기반시설지정조사반(이하 "조사반"이라 한다)을 두고, 각 조사반으로 하여금 법 제8조제1항 각 호의 사항을 고려하여 주요정보통신기반시설 지정 필요성을 검토하게 할 수 있다.

② 과학기술정보통신부장관과 국가정보원장은 법 제8조의2제1항에 따라 중앙행정기관의 장에게 주요정보통신기반시설로 지정할 것을 권고하기 전에 미리 지정 대상 정보통신기반시설을 관리하는 기관의 장 및 관할 중앙행정기관의 장과 협의할 수 있다.

③ 중앙행정기관의 장은 법 제8조의2제1항에 따라 과학기술정보통신부장관 또는 국가정보원장으로부터 관할 정보통신기반시설에 대해 주요정보통신기반시설의 지정 권고를 받은 경우 60일 이내에 제13조에 따른 지정단위 선정, 제14조에 따른 자체평가 및 제15조에 따른 심사 절차를 거쳐 주요정보통신기반시설 지정 여부를 결정해야 한다.

④ 제3항에 따라 주요정보통신기반시설 지정 여부를 결정한 중앙행정기관의 장은 지정한 날부터 30일 이내에 그 결과를 지정 권고한 과학기술정보통신부장관 또는 국가정보원장에게 통보해야 한다.

⑤ 조사반의 구성과 운영에 필요한 사항은 과학기술정보통신부장관과 국가정보원장이 협의하여 정한다.

2.2.18 (기반) 취약점의 분석 · 평가

정보통신기반 보호법 (2025. 1. 24) 제9조

제9조(취약점의 분석 · 평가)

① 관리기관의 장은 대통령령으로 정하는 바에 따라 정기적으로 소관 주요정보통신기반시설의 취약점을 분석 · 평가하여야 한다.

② 중앙행정기관의 장은 다음 각 호의 어느 하나에 해당하는 경우 해당 관리기관의 장에게 주요정보통신기반시설의 취약점을 분석 · 평가하도록 명령할 수 있다.
  1. 새로운 형태의 전자적 침해행위로부터 주요정보통신기반시설을 보호하기 위하여 필요한 경우
  2. 주요정보통신기반시설에 중대한 변화가 발생하여 별도의 취약점 분석 · 평가가 필요한 경우

③ 관리기관의 장은 제1항 또는 제2항에 따라 취약점을 분석 · 평가하고자 하는 경우에는 대통령령이 정하는 바에 따라 취약점을 분석 · 평가하는 전담반을 구성하여야 한다.

④ 관리기관의 장은 제1항 또는 제2항에 따라 취약점을 분석 · 평가하고자 하는 경우에는 다음 각 호의 1에 해당하는 기관으로 하여금 소관 주요정보통신기반시설의 취약점을 분석 · 평가하게 할 수 있다. 다만, 이 경우 제3항에 따른 전담반을 구성하지 아니할 수 있다.
  1. 「정보통신망 이용촉진 및 정보보호 등에 관한 법률」 제52조의 규정에 의한 한국인터넷진흥원(이하 "인터넷진흥원"이라 한다)
  2. 제16조의 규정에 의한 정보공유 · 분석센터(대통령령이 정하는 기준을 충족하는 정보공유 · 분석센터에 한한다)
  3. 「정보보호산업의 진흥에 관한 법률」 제23조에 따라 지정된 정보보호 전문서비스 기업
  4. 「정부출연연구기관 등의 설립 · 운영 및 육성에 관한 법률」 제8조의 규정에 의한 한국전자통신연구원

⑤ 과학기술정보통신부장관은 관계중앙행정기관의 장 및 국가정보원장과 협의하여 제1항 및 제2항에 따른 취약점 분석 · 평가에 관한 기준을 정하고 이를 관계중앙행정기관의 장에게 통보하여야 한다.

⑥ 주요정보통신기반시설의 취약점 분석 · 평가의 방법 및 절차 등에 관하여 필요한 사항은 대통령령으로 정한다.

정보통신기반 보호법 시행령 (2025. 1. 24) 제17조~제19조

제17조(취약점 분석·평가의 시기)

① 관리기관의 장은 소관 정보통신기반시설이 주요정보통신기반시설로 지정된 때에는 지정 후 6월 이내에 법 제9조제1항의 규정에 의한 취약점의 분석·평가를 실시하여야 한다. 다만, 관리기관의 장은 소관 주요정보통신기반시설 지정 후 6월 이내에 동 시설에 대한 취약점의 분석·평가를 시행하지 못할 특별한 사유가 있다고 판단되는 경우에는 관할 중앙행정기관의 장의 승인을 얻어 지정 후 9월 이내에 이를 실시하여야 한다.

② 관리기관의 장은 제1항에 따라 소관 주요정보통신기반시설이 지정된 후 당해 주요정보통신기반시설에 대한 최초의 취약점 분석·평가를 한 후에는 매년 취약점의 분석·평가를 실시한다. 다만, 소관 주요정보통신기반시설에 중대한 변화가 발생하였거나 관리기관의 장이 취약점 분석·평가가 필요하다고 판단하는 경우에는 1년이 되지 아니한 때에도 취약점의 분석·평가를 실시할 수 있다.

③ 관리기관의 장은 법 제9조제2항에 따라 중앙행정기관의 장으로부터 주요정보통신기반시설의 취약점을 분석·평가하도록 명령을 받은 경우에는 그 명령을 받은 날부터 6개월 이내에 해당 시설의 취약점 분석·평가를 실시해야 한다.

제18조(취약점 분석·평가 방법 및 절차)

① 법 제9조제3항에 따라 관리기관의 장은 취약점을 분석·평가하기 위한 전담반을 구성하는 때에는 별표 1의 사항을 고려하여 취약점 분석·평가의 객관성과 실효성을 확보할 수 있도록 하여야 한다.

② 관리기관의 장은 법 제9조제4항 각 호의 어느 하나에 해당하는 기관으로 하여금 소관 주요정보통신기반시설의 취약점을 분석·평가하게 하는 때에는 취약점 분석·평가 수행기관이 취득한 관리기관의 비밀정보가 외부에 유출되지 아니하도록 적정한 조치를 취하여야 한다.

③ 법 제9조제4항에 따라 관리기관의 장이 같은 항 각 호의 어느 하나에 해당하는 기관으로 하여금 취약점을 분석·평가하게 하는 때에는 취약점 분석·평가 업무를 위탁받은 기관이 이를 직접 수행하도록 하여야 한다.

④ 법 제9조제5항에 따른 취약점 분석·평가 기준에는 다음 각 호의 사항이 포함되어야 한다.

   1. 취약점 분석·평가의 절차

   2. 취약점 분석·평가의 범위 및 항목

   3. 취약점 분석·평가의 방법

제19조(정보공유·분석센터의 취약점 분석·평가)

① 법 제9조제4항제2호에서 "대통령령이 정하는 기준"이란 별표 2의 기준을 말한다.

② 정보공유·분석센터에 가입한 복수의 관리기관이 정보통신망을 통하여 영업을 수행하는 분야에 있어서 상호 연동된 주요정보통신기반시설에 대한 취약점 분석·평가는 해당 관리기관의 동의를 받아 수행하여야 한다.

2.3 정보통신서비스제공자 준수 제도

2.3.1 ISMS-P 인증

가. ISMS-P 인증 제도

■ ISMS-P 인증 제도 개요

구분	ISMS-P	ISMS
유형	정보보호 및 개인정보보호 관리체계 인증	정보보호 관리체계 인증
영문 명칭	Personal information & Information Security Management System	Information Security Management System
개념	정보보호 및 개인정보보호를 위한 일련의 조치와 활동이 인증기준에 적합함을 인터넷진흥원 또는 인증기관이 증명하는 제도	정보보호를 위한 일련의 조치와 활동이 인증기준에 적합함을 인터넷진흥원 또는 인증기관이 증명하는 제도
대상	개인정보의 흐름과 정보보호 영역을 모두 인증하는 경우 : 개인정보 보유 조직	정보보호 영역만 인증하는 경우 : 개인정보 미보유 조직, 기존 ISMS 의무대상 기업, 기관
선택 기준	보호하고자 하는 정보서비스가 개인정보의 흐름을 가지고 있어 처리단계별 보안을 강화할 필요가 있는 경우	정보서비스의 안정성, 신뢰성을 확보를 위한 종합적인 체계를 갖추기 원하는 경우
범위	• 정보서비스의 운영 및 보호를 위한 **조직, 물리적 위치, 정보자산** • 개인정보 처리를 위한 수집, 보유, 이용, 제공, 파기에 관여하는 **개인정보처리시스템 및 취급자**	정보서비스의 운영 및 보호를 위한 **조직, 물리적 위치, 정보자산**
법적근거	• 정보통신망 이용촉진 및 정보보호에 관한 법률 제47조 • 정보통신망 이용촉진 및 정보보호에 관한 법률 시행령 제47조~제54조 • 정보통신망 이용촉진 및 정보보호에 관한 법률 시행규칙 제3조 • 정보보호 및 개인정보보호 관리체계 인증 등에 관한 고시	• 개인정보보호법 제32조의2 • 개인정보보호법 시행령 제34조의2~제34조의8 • 정보보호 및 개인정보보호 관리체계 인증 등에 관한 고시
인증 마크	ISMS·P	ISMS

나. ISMS-P 인증 체계

▣ ISMS-P 인증 체계

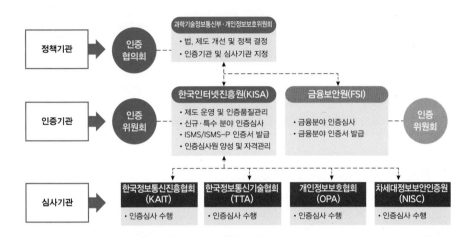

구분	구성기관 설명
정책기관 (협의회)	• 과학기술정보통신부장관과 개인정보보호위원회는 ISMS-P 인증 운영에 관한 정책 사항을 협의하기 위하여 ISMS-P 인증 협의회(이하 "협의회"라 한다)를 구성하여 운영 • 협의회는 인증제도와 관련한 법제도 개선, 정책 결정, 인증기관 및 심사기관 지정 등의 업무 수행
인증기관	• 법정인증기관인 한국인터넷진흥원, 과학기술정보통신부장관과 개인정보보호위원회가 지정한 인증 기관은 인증에 관한 업무 수행 • 한국인터넷진흥원은 인증위원회 운영, 인증심사원 양성 및 자격관리, 인증 제도 및 기준 개선 등 ISMS-P 인증제도 전반에 걸친 업무를 수행 • 인증기관은 신청기관이 수립·운영하는 관리체계를 인증기준에 따라 심사하고, 인증위원회를 운영하여 인증기준에 적합한 기관에게 인증서 발급 • 과학기술정보통신부장관, 개인정보보호위원회가 2019년 7월 지정한 인증기관인 금융보안원(FSI)은 금융 분야 인증위원회를 구성·운영하고, 인증심사 및 인증서 발급 업무 수행
인증 위원회	• 인증위원회는 인증심사 결과가 인증기준에 적합한지 여부, 인증 취소에 관한 사항, 이의신청에 관한 사항 등 심의·의결 • 인증위원회는 35명 이하의 위원으로 구성하며, 위원은 정보보호 또는 개인정보보호 분야에 학식과 경험이 있는 전문가 중에서 한국인터넷진흥원 또는 인증기관의 장이 위촉
심사기관	• 심사기관은 인증심사 일정이 확정될 시 한국인터넷진흥원에 심사원 모집을 요청하여 심사팀을 구성하고, 신청기관이 수립·운영하는 정보보호 및 개인정보보호 관리체계를 인증기준에 따라 심사하며, 심사기간에 발견된 결함사항의 보완조치 이행 여부 확인 등 인증심사 업무 수행 • 2019년 7월, 한국정보통신진흥협회(KAIT)와 한국정보통신기술협회(TTA)가 ISMS-P 심사기관으로 지정되었고, 2020년 2월 개인정보보호협회(OPA), 2023년 3월 차세대정보보안인증원(NISC)이 심사기관으로 추가 지정되었음
신청기관	신청기관은 정보보호 및 개인정보보호 활동이 체계적이고 지속적으로 관리되고 있는지를 객관적으로 검증받기 위하여 ISMS-P 인증을 취득하고자 신청하는 자를 의미함

다. ISMS-P 인증심사

■ 인증과 인증심사 용어

용어	의미
ISMS-P 인증	인증 신청인의 정보보호 관련 일련의 조치와 활동이 인증기준에 적합함을 인터넷진흥원 또는 **인증기관**이 **증명**하는 것을 말한다.
ISMS-P 인증심사	신청기관이 수립하여 운영하는 관리체계가 **인증기준**에 **적합**한지의 여부를 인터넷진흥원·인증기관 또는 심사기관(이하 "심사수행기관"이라 한다)이 서면심사 및 현장심사의 방법으로 **확인**하는 것을 말한다.

■ 인증심사의 종류

종류	특징	인증위원회
최초심사	• 정보보호관리체계 인증을 **처음 취득 시** 시행 • 인증 범위의 **중요한 변경**이 있어 다시 인증을 신청 시 실시 • 최초 인증을 취득하면 **3년의 유효기간** 부여	개최
사후심사	인증 취득 이후 정보보호 관리체계가 지속적으로 **유지**되는지 **확인**하는 목적으로 인증 유효기간 중 **매년 1회** 이상 시행	미개최
갱신심사	정보보호 관리체계 **인증** 유효기간 **연장**을 목적으로 하는 심사	개최

라. 인증심사 단계

■ 심사 단계

신청 ▶ 계약 ▶ 심사 ▶ 인증

구분	설명
신청 단계	신청공문 + 인증신청서, 관리체계운영명세서, 법인/개인 사업자 등록증
계약 단계	수수료 산정 〉 계약 〉 수수료 납부
심사 단계	인증심사 〉 결함보고서 〉 보완조치내역서
인증 단계	최초/갱신심사 심의 의결(인증위원회), 유지(인증기관)

▣ 인증 신청서

※ 색상이 어두운 난은 신청인이 작성하지 아니하며, [ ]에는 해당되는 곳에 ✓표를 합니다.

정보보호 및 개인정보보호 관리체계 인증 신청서

접수번호		접수일시	처리기간

신청인	업체명		사업자등록번호
	대표자		전화번호
	주소		
	전자우편(e-mail)		

정보보호 및 개인정보보호 관리체계 인증	심사구분	[ ]최초심사 　　[ ]사후심사(차) 　　[ ]갱신심사
	인증범위	
	범위 내 개인정보	
	특례적용 대상여부	[ ]대상 　　　　[ ]비대상 ※「정보통신망 이용촉진 및 정보보호 등에 관한 법률」 제47조의7에 따른 특례 대상자 여부
정보보호 관리체계 인증	심사구분	[ ]최초심사 　　[ ]사후심사(차) 　　[ ]갱신심사
	인증범위	
	특례적용 대상여부	[ ]대상 　　　　[ ]비대상 ※「정보통신망 이용촉진 및 정보보호 등에 관한 법률」 제47조의7에 따른 특례 대상자 여부

「정보통신망 이용촉진 및 정보보호 등에 관한 법률」 제47조제1항, 같은 법 시행령 제47조, 「개인정보 보호법」 제32조의2에 따라, 인증 특례 적용 대상의 경우 「정보통신망 이용촉진 및 정보보호 등에 관한 법률」 제47조의7 및 같은 법 시행령 제47조, 「개인정보 보호법」 제32조의2에 따라 위와 같이 인증을 신청합니다.

년　　월　　일

신청인(대표자)　　　　　　　　　　　　(서명 또는 인)

○○○○○○○(심사수행기관명)의 장 　귀하

첨부서류	정보보호 및 개인정보보호 관리체계 명세서 1부 정보통신망 이용촉진 및 정보보호 등에 관한 법률」 제47조의7에 따른 특례 대상 증빙서류 (해당 시)

처 리 절 차

신청서 작성 → 접수 및 예비점검 → 수수료 납부 → 인증심사 → 인증위원회 심의 → 인증서발급

신청인　　　심사수행기관　　　신청인　　　심사수행기관　　　인증기관　　　처리기관

〈출처: KISA 한국인터넷진흥원〉

▣ 신청 이후 절차

(2주)	(2주)	(4주)	(1주~2주)	(4주~12주)	(8주)	(1주)
신청서 접수	심사일확정 예비점검	수수료청구, 심사원모집	인증 심사	보완조치 현장점검	인증위원회 심의·의결	인증서 발급

마. 보완조치 및 사후관리

▣ 보완조치 기간

- 보완조치 기간 **40일**
  (보완조치 기간 이내 심사팀장의 확인이 완료되어야 함)
- 보완조치 사항 미흡 시 **재조치 요구기간 60일**

▣ 보완조치 종료 시점

- 보완조치 종료 시점 기준
  - 심사팀장이 이행점검을 완료하고 완료확인서에 서명하는 일자가 최종 일자가 됨
  - 조치 완료일이 휴일이 종료되는 날짜 다음날까지 제출하도록 선정

▣ 사후관리

- **사후심사는 1년** 주기로 심사를 받아야 함
- 인증 취득한 범위와 관련하여 침해사고 또는 개인정보 유출사고가 발생한 경우 인터넷진흥원은 필요에 따라 인증관련 항목의 보안향상을 위한 필요한 지원

▣ 인증 유효기간

- 사후심사, 갱신심사 연장신청 불가
- **갱신심사는 유효기간 만료 3개월 전**에 신청하여야 하며, 신청하지 않고 유효기간이 경과한 때에는 인증 효력은 상실된다.

바. ISMS-P 인증 대상자

인증신청자는 크게 자율 신청자와 의무대상자로 구분할 수 있다. 자율 신청자는 의무대상자 기준에 해당하지 않으나 자발적으로 정보보호 및 개인정보보호 관리체계를 구축·운영하는 기업·기관은 임의신청자로 분류되며, 임의신청자가 인증 취득을 희망할 경우 자율적으로 신청하여 인증심사를 받을 수 있다.

▣ 인증신청자 유형

구분	설명
임의신청자 (자율 신청자)	• 인증 취득 희망 시 **ISMS, ISMS-P 인증 중 선택 가능** • 인증 기준, 절차나 방법은 의무대상자와 동일함 • 인증을 취득하지 않아도 **법적 처벌 받지 않음**
의무대상자	• **ISMS와 ISMS-P 인증 중 선택 가능** 　– 의무대상자가 되어 인증을 최초로 신청하는 경우 다음 해 8월 31일까지 인증 취득해야 함 • 의무대상자가 미인증 시 **3,000만 원** 이하의 **과태료** 부과 (정보통신망법 제76조 근거) • 인증의무는 매년 부과되기 때문에, 매년 과태료를 내야 함

▣ ISMS 인증 의무대상자

구분	의무대상자 기준	비고
ISP	「전기통신사업법」 제6조제1항에 따른 허가를 받은 자로서 서울특별시 및 모든 광역시에서 **정보통신망서비스를 제공하는 자** – 이동통신, 인터넷전화, 인터넷접속서비스 등	서울 및 모든 광역시에서 정보통신망서비스를 제공 ※ SKT, SK브로드밴드, KT, LGU+ 등
IDC	정보통신망법 제46조에 따른 **집적정보통신시설 사업자** – 서버호스팅, 코로케이션 서비스 등 ※ 재판매사업자(VIDC)는 매출 100억 이상만 해당	정보통신서비스 부문 전년도 매출액 100억 원 이하인 영세 VIDC는 제외
다음의 조건 중 하나라도 해당하는 자	**연간 매출액 또는 세입이 1,500억 원 이상**인 자 중에서 다음에 해당되는 경우	• 「의료법」 제3조의4에 따른 **상급종합병원** • 직전연도 12월 31일 기준으로 **재학생 수가 1만 명** 이상인 「고등교육법」 제2조에 따른 학교
	정보통신서비스 부문 전년도(법인인 경우에는 전 사업연도를 말한다) **매출액이 100억 원** 이상인 자	쇼핑몰, 포털, 게임사 등
	전년도 직전 3개월간 정보통신서비스 **일일 평균 이용자 수가 100만 명** 이상인 자	쇼핑몰, 포털, 게임사, 예약, Cable-SO 등

사. ISMS-P 인증범위

■ ISMS와 ISMS-P 인증범위

ISMS-P 인증범위					
'정보시스템 및 개인정보 모두 고려'					
정보통신서비스 등의 운영을 위한 **조직 및 인력** ・시스템운영팀, 정보보안팀, 인사팀 등 ・관제, 재해복구	정보통신서비스 등의 운영을 위한 **물리적 장소** ・시스템 운영장소 ・정보서비스 운영 관련 부서	정보통신서비스 등의 운영을 위한 **설비**		개인정보 처리를 위한 **조직 및 인력** ・고객센터, 영업점, 물류센터 ・개인정보보호팀 등	개인정보 처리를 위한 **물리적 장소** ・개인정보 처리 부서 ・개인정보 처리 수탁사
ISMS 인증범위					

구분		인증범위	상세 범위
ISMS-P 인증	ISMS 인증	정보통신서비스 등의 운영을 위한 조직 및 인력	・시스템 운영팀, 정보보안팀, 인사팀 등 ・관제, 재해복구
		정보통신서비스 등의 운영을 위한 물리적 장소	・시스템 운영장소 ・정보서비스 운영 관련 부서
		정보통신서비스 등의 운영을 위한 설비	정보시스템, 네트워크시스템, 보안시스템, 보호설비(UPS, 항온항습기, 화재감지, 누수감지 등)
	개인정보보호 (인증기준 3)	개인정보 처리를 위한 조직 및 인력	・고객센터, 영업점, 물류센터 ・개인정보보호팀 등
		개인정보 처리를 위한 물리적 장소	・개인정보 처리 부서 ・개인정보 처리 수탁사

■ ISMS 인증범위 설정(예시)

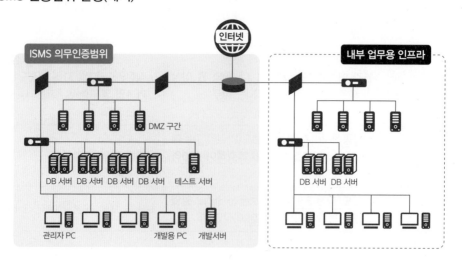

▣ 의무대상자 인증범위 기준

인증 의무대상자인 경우, 인증범위는 신청기관의 정보통신서비스를 모두 포함하여 설정해야 한다.

- 정보통신서비스란 전기통신사업자의 전기통신역무를 이용하여 정보를 제공하거나 정보의 제공을 매개하는 서비스를 말한다.
- 인증범위는 신청기관이 제공하는 정보통신서비스를 기준으로, 해당 서비스에 포함되거나 관련 있는 자산(시스템, 설비, 시설 등), 조직 등을 모두 포함하다.
- 해당 서비스의 직접적인 운영 및 관리를 위한 백오피스 시스템은 인증범위에 포함되며, 해당 서비스와 관련이 없더라도 그 서비스의 핵심정보자산에 접근 가능하다면 포함한다.
- ISMS 의무인증범위 내에 있는 서비스, 자산, 조직(인력)을 보호하기 위한 보안시스템은 모두 포함한다.
- 정보통신서비스와 직접적인 관련성이 낮은 전사적자원관리시스템(ERP), 분석용데이터베이스(DW), 그룹웨어 등 기업 내부 시스템, 영업/마케팅 조직은 일반적으로 인증범위에서 제외한다.

인증범위를 설정하기 위해서는 신청기관이 제공하는 정보통신서비스를 분류하고, 해당 서비스를 위한 자산 및 조직을 모두 식별해야 한다.

▣ 서비스 유형별 인증범위

구분	서비스	설비
정보통신망서비스제공자 (ISP)	전국망(서울특별시 및 모든 광역시)을 통한 정보통신망 서비스	IP기반의 인터넷 연결을 위한 정보통신설비 및 관련 서비스를 제공하기 위한 정보통신설비
집적정보통신시설(IDC) 사업자	정보통신서비스를 제공하는 고객의 위탁을 받아 컴퓨터 장치 및 정보시스템을 구성하는 일정한 공간에 집중하여 시설을 운영·관리하는 서비스(공간 임대서비스, 서버호스팅, 네트워크 서비스 등)	집적정보통신시설의 관리운영 용도로 설치된 컴퓨터 장치 및 네트워크 장비 등의 정보통신설비
연간 매출액, 이용자 수 등이 정보통신망법 및 시행령 기준에 해당하는 자	불특정 다수의 이용자가 접근 가능한 모든 정보통신서비스	해당 정보통신서비스의 제공 또는 운영을 위해 필요한 정보통신설비

정보통신서비스 부문 매출액 또는 일일평균 이용자 수 요건에 해당하여 의무대상으로 포함된 경우는 정보통신서비스가 외부 정보통신망을 통해 접근 가능한지의 여부에 따른 의무 심사범위를 구분할 수 있다.

▣ 외부 정보통신망 공개 여부에 따른 의무 심사범위

인터넷 공개여부	설명	의무 범위
공개	• 외부 정보통신망을 통해 불특정 다수 또는 권한을 가지고 있는 자가 직접적으로 접근이 가능한 서비스 • 인증 의무대상인 신청기관이 다수의 정보통신서비스를 운영하는 경우, 개별 정보통신서비스가 인증 의무대상에 포함되지 않아도 모두 인증범위에 포함 • IP주소 제한을 통해 특정 위치 및 단말에서만 접속이 가능하도록 접근제어가 되어 있다 하더라도, 외부 정보통신망을 통해 직접 연결이 되어 있다면 인증범위에 포함 • 웹기반 서비스뿐만 아니라, 모바일 기반 서비스도 동일한 기준이 적용됨	O
미공개	외부 정보통신망을 통해 직접 접속이 불가능한 내부용 서비스	X

영리를 목적으로 하지 않더라도 정보통신망을 통해 정보를 제공하거나 정보의 제공을 매개하는 서비스는 모두 인증범위에 포함된다.

▣ 심사 의무대상자 정보통신서비스(예시)

유형	설명	예시
대표 홈페이지	기업(기관)의 대표 홈페이지	단순 홈페이지 포함
채용 사이트	인터넷을 통하여 채용공고, 입사지원 등 채용 절차를 수행하는 시스템	온라인 채용 시스템
비영리 사이트	비영리 목적으로 운영하는 인터넷 사이트	• 공익 사이트(자원봉사 등) • 학교 홈페이지(포털)
기타	임직원 복지를 위한 인터넷 시스템	임직원 복지몰
	기타 대외 서비스 및 업무처리를 위해 인터넷에 공개된 시스템	• 인터넷 방문예약 • 인터넷 신문고 등

■ 시스템 유형별 인증범위 고려사항

유형	포함	제외
응용프로그램 (Application)	• 정보통신망을 통해 이용자에게 직접 노출되거나 접점이 되는 응용시스템은 심사범위에 포함 • 정보통신서비스의 제공 또는 운영을 위하여 직접적으로 관련된 서비스 제공시스템, 서비스 관리용 시스템, 백오피스 시스템 등은 심사범위에 포함	• 정보통신서비스의 데이터베이스를 직접 이용하지 않고, 복제 등의 방법으로 별도 데이터베이스를 구성한 후 이를 분석, 마케팅 등의 용도로 사용하는 응용시스템(DW, CRM 등)은 심사범위에서 제외 • 정보통신서비스 관련 이용자 상담, 문의 대응 등을 위해 콜센터를 운영하는 경우, 콜센터 관련 시스템(교환기, CTI, IVR 등)은 의무 심사범위에서 제외 • 정보통신서비스와 직접적인 관련 없이 내부업무 처리가 주목적인 그룹웨어, ERP 등은 심사 범위에서 제외
데이터베이스 (Database)	인증 대상 서비스 및 응용시스템을 위해 필요한 데이터가 저장·관리되는 데이터베이스는 심사범위에 포함(회원DB, 운영DB, 백업DB 등)	
서버 (Server)	• 인증범위에 포함된 서비스 및 응용시스템이 설치되어 운영되는 서버는 심사범위에 포함(운영서버, 연계서버 등) • 인증범위에 포함된 서비스 및 응용프로그램의 개발 및 운영·보안 관리를 위해 필요한 서버는 심사범위에 포함(개발서버, 시험서버, 형상관리서버, 모니터링서버, 백업서버, 로그서버, 보안관리 서버, 패치관리서버 등) • 임대장비 등 소유자가 해당 기업이 아니더라도, 데이터 등 실질적인 운영 또는 서비스에 이용(지배권 소유)하고 있는 경우에는 심사범위에 포함	
네트워크 (Network) 장비	• 인증 대상 서비스와 직접적으로 관련된 네트워크 장비는 모두 포함(DMZ 등 정보통신서비스 구간에 설치된 네트워크 장비 등) • 인증범위에 포함된 정보자산(응용시스템, 서버, 보안시스템 등) 및 물리적 시설(전산실 등)의 연결 및 구성을 위한 네트워크 장비는 포함 • 인증범위에 포함된 조직 및 인력이 인터넷 사용, 원격접속 등을 위해 필요한 네트워크 장비는 포함	별도의 보안설정 없는 더미(Dummy) 역할을 하는 스위치는 심사범위에서 제외 가능

정보보호 시스템 (Security System)	• 내·외부 침해로부터 인증 대상 서비스 및 관련 자산을 보호하기 위한 정보보호시스템은 심사범위에 포함 • 인증범위에 포함된 조직 및 인력을 대상으로 적용된 정보보호시스템은 심사범위에 포함 (DRM, DLP, PC보안, 백신, 패치관리시스템 등)	
클라우드 서비스 이용 시	• 신청기관이 클라우드서비스를 이용하여 정보통신서비스를 제공하는 경우, 신청기관이 관리 가능한 운영체제, DB, 응용프로그램 등은 인증범위에 포함 • 국내 및 해외 클라우드서비스 모두 해당 범위에 포함됨 ※ 클라우드서비스 이용 시 안전성 및 신뢰성이 검증된 클라우드서비스 제공자를 이용할 것을 권고함	단, 클라우드서비스 형태에 따라 심사범위가 달라질 수 있으므로 관리범위, 지배권 소유 여부, 책임 소재 등에 따라 심사범위를 판단해야 함

아. ISMS 인증심사 생략

◼ ISMS 인증심사 일부 생략

정보보호 및 개인정보보호 관리체계 인증 등에 관한 고시(2024. 7. 24)

제20조(인증심사의 일부 생략 신청 등)
① 신청인이 제18조제1항제2호의 정보보호 관리체계 인증을 신청한 자가 다음 각 호의 어느 하나에 해당하는 인증을 받거나 정보보호 조치를 취한 경우 별표 5의 인증심사 일부 생략의 범위 내에서 인증심사의 일부를 생략할 수 있다.
  1. 국제인정협력기구에 가입된 인정기관이 인정한 인증기관으로부터 받은 ISO/IEC 27001 인증
  2. 「정보통신기반 보호법」제9조에 따른 주요정보통신기반시설의 취약점 분석·평가
② 제1항에 따라 정보보호 관리체계 인증심사의 일부를 생략하려는 경우에는 다음 각 호의 요건을 모두 충족하여야 한다.
  1. 해당 국제표준 정보보호 인증 또는 정보보호 조치의 범위가 정보보호 관리체계 인증의 범위와 일치할 것
  2. 정보보호 관리체계 인증 신청 및 심사 시에 해당 국제표준 정보보호 인증이나 정보보호 조치가 유효하게 유지되고 있을 것
③ 제1항에 따른 인증심사 일부 생략을 신청하고자 하는 자는 별지 제10호서식의 인증심사 일부 생략 신청서를 심사수행기관에 제출하여야 한다.
④ 심사수행기관은 별표 5의 인증심사 일부 생략의 범위를 생략하여 심사하고 인터넷진흥원 또는 인증기관이 인증을 부여할 때에는 그 사실을 인증서에 표기하여야 한다.
⑤ 정보통신망법 시행규칙 제3조제4항에서 "과학기술정보통신부장관이 고시하는 결과"란 「교육부 정보보안 기본지침」 제94조제1항에 따른 정보보안 수준에 대한 해당 연도의 평가결과가 만점의 100분의 80 이상인 것을 말한다.
⑥ 심사수행기관은 신청인의 인증범위 내에서 업무를 위탁받아 처리하는 자가 제18조제1항 각 호의 인증을 받은 범위의 현장심사를 생략할 수 있다.

▣ ISMS 인증심사 일부 생략의 범위

분야		항목	
2.1	정책, 조직, 자산 관리	2.1.1	정책의 유지관리
		2.1.2	조직의 유지관리
		2.1.3	정보자산 관리
2.2	인적 보안	2.2.1	주요 직무자 지정 및 관리
		2.2.2	직무 분리
		2.2.3	보안 서약
		2.2.4	인식제고 및 교육훈련
		2.2.5	퇴직 및 직무변경 관리
		2.2.6	보안 위반 시 조치
2.3	외부자 보안	2.3.1	외부자 현황 관리
		2.3.2	외부자 계약 시 보안
		2.3.3	외부자 보안 이행 관리
		2.3.4	외부자 계약 변경 및 만료 시 보안
2.4	물리 보안	2.4.1	보호구역 지정
		2.4.2	출입통제
		2.4.3	정보시스템 보호
		2.4.4	보호설비 운영
		2.4.5	보호구역 내 작업
		2.4.6	반출입 기기 통제
		2.4.7	업무환경 보안
2.12	재해복구	2.12.1	재해, 재난 대비 안전조치
		2.12.2	재해 복구 시험 및 개선

자. ISMS-P 인증심사원

한국인터넷진흥원으로부터 인증심사를 수행할 수 있는 자격을 부여 받고 인증심사를 수행하는 자를 말한다.

▣ 인증심사원 자격 응시 요건

구분	경력 인정 요건	연수
정보보호 경력	"정보보호" 관련 박사 학위 취득자	2년
	• "정보보호" 관련 석사 학위 취득자 • **정보보안기사** • 정보시스템감사통제협회(ISACA)의 정보시스템감사사(**CISA**) • 국제정보시스템보안자격협회(ISC²)의 정보시스템 보호전문가(**CISSP**)	1년
개인정보보호 경력	"개인정보보호" 관련 박사 학위 취득자	2년
	• "개인정보보호" 관련 석사 학위 취득자 • 개인정보 영향평가에 관한 고시 제6조에 따른 개인정보 영향평가 전문인력(**PIA**) • 개인정보관리사(**CPPG**)	1년
정보기술 경력	• "정보기술" 관련 박사 학위 취득자 • 정보관리기술사, 컴퓨터시스템응용기술사 • 정보시스템감리사	2년
	• "정보기술" 관련 석사 학위 취득자 • 정보시스템감리원 • 정보처리기사, 전자계산기조직응용기사	1년
4년제 대학	4년제 대학졸업 이상 또는 이와 동등학력을 취득	
6년 이상	정보보호, 개인정보보호 또는 정보기술 경력을 합하여 6년 이상을 보유	
필수 1년	정보보호 및 개인정보보호 경력을 각 1년 이상 필수로 보유	

▣ 참고사항

구분	내용
합산 불가	두 가지 이상 중복 업무경력인 경우에 경력기간을 중복하여 합산하지 않음
10년 이내	모든 해당 경력은 신청일 기준 최근 10년 이내의 경력에 한해 인정
보안 필수	정보보호 또는 개인정보보호 필수 경력을 위와 같이 대체할 수 있으며 중복 인정불가
완료 자격증	신청일 기준 취득 완료한 자격만 인정

■ 인증심사원 등급별 자격 요건

구분	자격 기준	1일 자문료
심사원보	인증심사원 자격 신청 요건을 만족하는 자로서 인터넷진흥원이 수행하는 **인증심사원 양성과정을 통과**하여 자격을 취득한 자	200,000원
심사원	**심사원보 자격 취득자**로서 인증심사에 4회 이상 참여하고 심사일수의 합이 **20일 이상**인 자	300,000원
선임심사원	**심사원 자격 취득자**로서 정보보호 및 개인정보보호 관리체계 인증심사 (ISMS-P)를 3회 이상 참여하고 심사일수의 합이 **15일 이상**인 자	350,000원
책임심사원	**인터넷진흥원**은 인증심사원의 인증심사 능력에 따라 매년 책임심사원을 **지정** 가능	450,000원

■ 책임심사원

심사능력이 우수하고 참여율이 높은 심사원에 대해 책임심사원 등급부여(기간 1년)

등급	자격 기준
책임심사원	선임심사원이 매년 1월 1일 기준으로 1년 동안 다음의 요건을 모두 만족하는 경우 다음해 1년 동안 책임심사원으로 활동 　　1. ISMS-P 2회를 포함하여 인증심사 4회 이상 참여하고 심사일수의 합이 20일 이상 　　2. 최초 또는 갱신심사 1회 이상 참여 　　3. 인증심사 수행 결과에 대한 심사원 평가*충족 ※ 인터넷진흥원은 매년 1월 책임심사원을 선정하고 해당 심사원에 그 결과를 안내 ※ 책임심사원 요건은 추후 변경될 수 있으며 변경 시 공지 예정

■ 심사원 평가 기준(KISA 지침)

평가항목	평가방법
인증기준 이해력	분야 전문성, 자료요구 및 인터뷰 내용과 인증기준과 연관성 등
심사 보고서 작성능력	양식작성, 문맥오류, 보고서의 논리력 및 전달력, 기한 내 작성 등
피심사자와의 의사소통 능력	인터뷰 언행, 자료요구 및 현장심사 태도 등
결함 판단 능력	정보수집력, 결함에 따른 조치방안의 적절성 등
협업 및 심사태도	심사팀 내 의견제시, 심사참여 적극성, 심사준비, 시간준수, 복장, 보안의식 등
인증심사 관련 이의제기	타당성이 인정된 민원 접수 건

▣ 심사원 자격 유지 요건(고시 제15조)

① 자격 유효기간 만료 전까지 KISA가 인정하는 보수교육 수료
   ※ 의무시간에 해당하는 보수교육을 수료하여야 함
② 심사원이 인증심사를 참여한 경우 보수교육 시간 중 일부 인정

▣ 심사원 보수 교육(KISA 지침)

① 인터넷진흥원이 인정하는 보수교육을 **유효기간(3년) 이내 42시간 이상** 수료
② 보수교육 구분(KISA 운영)
   • 필수교육 : 1일(7시간, 무료과정)
   • 선택교육(심사대체과정) : 5일(35시간, 유료과정)
   ※ 1일 단위 개별 운영
③ **인증심사 1일 참여 시마다 선택교육 1일(5시간)을 이수**한 것으로 인정

2.3.2 정보보호관리등급

▣ 정보보호관리등급 개요

구분	내용
개요	정보보호 관리체계(ISMS)를 유지하는 기업 대상으로 정보보호 수준을 측정하여 '우수', '최우수' 등급을 부여하는 제도
기대효과	• 이용자에게 객관적인 기업 선택의 기준을 제시 • 기업의 신뢰수준 및 비교우위 경쟁력 확보 지원 • 기업의 정보보호 활동 기준 및 목표수준 마련
법적근거	• 정보통신망 이용촉진 및 정보보호 등에 관한 법률 제47조의 5 • 정보통신망 이용촉진 및 정보보호 등에 관한 법률 시행령 제55조의 2~제55조의 5 • 정보보호 관리등급 부여에 관한 고시(과학기술정보통신부 제2016-40호)
인증체계	 • 인증제도의 객관성 및 신뢰성 확보를 위해 정책기관, 인증위원회를 분리하여 운영 • 인증제도를 관리·감독하는 정책기관은 과학기술정보통신부가 직접 수행 • 한국인터넷진흥원은 인증기관으로서 인증제도 운영 • 산업계, 학계 등 관련 전문가 10명 이내로 인증위원회를 구성하여 인증결과 심의 • 인증심사팀은 ISMS 인증심사원 양성교육을 수료하고 자격요건을 갖춘 자들로 구성

구분	내용
인증 대상	• (ISMS 인증 신청 요건) 정보보호관리체계(ISMS) 인증범위 : 전사(全社) 범위로 1년 이상 정보보호 관리체계를 운영(1년은 회계년도를 포함한 기간을 말함) • (ISMS 인증 유지기간) 정보보호 관리체계 인증을 3년간 연속으로 유지

	등급	로고	설명	등급 취득 기준
정보보호 등급 부여 기준	우수		기업에 내재된 정보보호 통제 및 프로세스를 지속적으로 측정, 관리하는 단계로 정기적으로 정보보호 상태를 점검하는 단계	우수 등급(공통+우수)에 해당하는 세부평가 기준을 모두 만족
	최우수		정보보호 통제 활동에서 얻어진 문제점을 지속적으로 개선하여 반영함으로써 기업의 정보보호 수준을 최적화하는 단계	우수등급과 최우수 등급(공통+우수+최우수)의 세부 평가기준을 모두 만족

정보보호 등급제 인증심사 기준

정보보호 등급제 인증심사 기준

- 정보보호 관리체계 구축 범위 및 운영 기간
  - 구축 범위
  - 운영 기간
- 정보보호를 위한 전담 조직 및 예산
  - 전담 조직
  - 전담 인력
  - 예산
  - 정보보호 현황 공개
- 정보보호 관리활동 및 보호조치 수준
  - 관리활동(5단계)
  - 보호조치 수준(13분야)

2.3.3 본인확인기관 지정

가. 본인확인기관 지정심사 제도

■ 본인확인기관 지정심사 전체 일정(사정에 따라 변경 가능)

※ 현장실사 일정은 신청사업자 수에 따라 변경 가능

※ 조건부 지정 시, 방통위의 조건 이행 점검 후 완료된 경우에 한해 지정서 교부

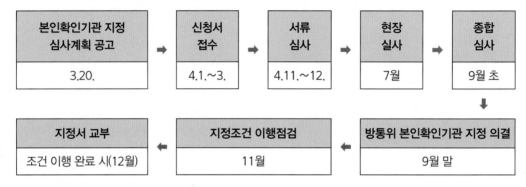

■ 본인확인기관 지정 현황 (2024년 기준)

구분	기업명(총 24개)	지정연월
아이핀(3개)	NICE평가정보, SCI평가정보, 코리아크레딧뷰로	'11.9월
통신(3개)	SK텔레콤, KT, LG유플러스	'12.12월
카드(7개)	국민카드, 롯데카드, 삼성카드, 신한카드, 하나카드, 현대카드 농협은행	'17.12월 '18.12월
인증서(11개)	한국정보인증, 한국전자인증, 코스콤, 금융결제원 한국무역정보통신 비바리퍼블리카 국민은행, 하나은행, 카카오뱅크, 신한은행 우리은행	'20.10월 '20.12월 '21.8월 '22.6월 '23.12월

나. 본인확인기관 지정심사 기준

▣ 본인확인기관 지정심사 항목 및 지정 기준

- (심사항목) 최신 기술·보안 이슈 등을 반영한 87개 심사항목으로 구성
- (점수평가제) 87개 심사항목 중 중요 심사항목(21개)과 계량평가 항목(2개)에 대해 '적합' 평가를 받고,
  - 나머지 심사항목(64개)에 대해 1,000점 만점에 800점 이상 획득한 경우 본인확인기관으로 '지정'(조건 부과 가능)
  - 중요 심사항목 및 계량평가 항목 '부적합' 시 총점과 상관없이 미지정
  - 중요 심사항목 및 계량평가 항목 '적합', 총점 800점 미만인 경우 미지정(조건부 지정 가능)

▣ 본인확인기관 지정심사 세부 심사기준별 배점표

심사사항	세부 심사기준	배점(점)
물리적·기술적·관리적 조치계획	본인확인업무 관련 설비의 관리 및 운영	90
	정보통신망 침해행위의 방지	220
	시스템 및 네트워크의 운영·보안 및 관리	160
	이용자 보호 및 불만처리	130
	긴급상황 및 비상상태의 대응	80
	본인확인업무를 위한 내부규정의 수립 및 시행	50
	대체수단의 안전성 확보(**중요심사항목**)*	적합/부적합
	접속정보의 위조·변조 방지	60
	본인확인업무와 다른 인터넷 서비스와의 분리	60
기술적·재정적 능력	기술적 능력(**계량평가 항목**)*	적합/부적합
	재정적 능력(**계량평가 항목**)*	적합/부적합
설비규모의 적정성	이용자 개인정보를 검증·관리 및 보호 설비	20
	대체수단 생성·발급 및 관리 설비	20
	출입통제 및 접근제한을 위한 보안 설비	40
	시스템 및 네트워크의 보호설비	30
	화재·수해 및 정전 등 재난 방지 설비	40
합계		1,000

2.3.4 정보통신서비스제공자 국내대리인 지정

■ 정보통신서비스제공자 국내대리인 지정 개요

구분	내용
개요	정보통신망법의 국내대리인 지정 제도는 국내에 주소나 영업소가 없는 해외 정보통신서비스제공자 중 일정 기준을 충족하는 사업자에게 국내에 대리인을 지정하도록 의무화하여 개인정보보호 책임과 관련 업무를 수행하게 하는 제도
도입 배경	글로벌 온라인 서비스 이용이 보편화되면서, 국외(해외)사업자가 우리 국민의 개인정보를 처리하는 경우가 많음. 이에, 국내에 주소 또는 영업소를 두지 않고 정보통신서비스를 제공하는 국외(해외)사업자에 대하여 우리 국민이 개인정보 관련 고충처리를 위해 언어 등의 어려움 없이 편리하게 연락하고, 개인정보 침해 사고 발생 시 규제 집행력을 강화할 필요성이 제기됨에 따라, 국내대리인 지정을 의무화하여 개인정보보호책임자의 업무, 자료 제출 등을 대리하도록 함

적용 대상	1. 국내에 주소 또는 영업소가 없는 정보통신서비스제공자 등
	  – 한국에 주소 또는 영업소가 없는 정보통신서비스제공자 등* 중에서 자신이 제공하는 서비스를 이용하는 자의 개인정보를 처리하는 경우
	* 정보통신서비스제공자로부터 이용자의 개인정보를 제공받은 자 등으로서 한국에 주소 또는 영업소가 없는 자 등도 포함됨
	  – '정보통신서비스제공자'는 전기통신사업법 규정에 의한 ① 전기통신사업자와 ② 영리를 목적으로 전기통신사업자의 전기통신역무를 이용하여 정보를 제공하거나 ③ 정보의 제공을 매개하는 자를 의미함
	※ (예시) 인터넷 쇼핑몰, 온라인 게임, SNS 등을 예로 들 수 있음
	  – 한국에 정보통신서비스를 제공하면서 국내에 주소 또는 영업소가 없어야 함
	※ 입법 취지인 우리 국민의 개인정보 고충처리, 개인정보 침해신고 시 규제 집행 등을 고려하여 영업소인지 여부가 결정되며, 한국에 별개의 법인을 설립했다고 하더라도 해당 법인이 정보통신서비스를 제공하지 않는다면 '국내에 주소 또는 영업소'가 없는 경우에 해당됨
	  – 한국에 정보통신서비스를 제공하는지 여부는 ▲한국어 서비스를 운영하고 있는지, ▲한국인을 이용 대상 중 하나로 상정하고 있는지, ▲국내에 사업 신고 등을 하였는지 등의 여러 요소를 종합적으로 고려하여 판단
	2. 다음 중 어느 하나의 기준에 해당하는 자
	① 전년도(법인인 경우에는 전 사업연도) 매출액이 1조 원 이상인 자
	  – 매출액은 한국에서 발생한 매출액으로 한정하지 않으며, 정보통신서비스 부문이 아닌 전 세계에서 발생하는 전체 매출액을 의미함
	② 정보통신서비스 부문 전년도(법인인 경우에는 전 사업연도) 매출액이 100억 원 이상인 자
	  – 한국에 정보통신서비스를 제공하여 발생한 매출액의 합으로 산정하며, 여러 가지 정보통신서비스를 제공하는 경우에는 해당 서비스의 매출액을 모두 합하여 계산함
	③ 법을 위반하여 정보통신서비스 이용의 안전성을 현저히 해치는 사건·사고가 발생하였거나 발생할 가능성이 있는 경우로 법 제64조제1항에 따라 방송통신위원회로부터 관계 물품·서류 등을 제출하도록 요구받은 자

구분	내용
역할	1. 정보통신망법에 따른 개인정보보호책임자의 업무(개인정보보호법으로 이관) 2. 개인정보의 분실·도난·유출 사실을 통지 및 소명(개인정보보호법으로 이관) 3. 정보통신망법 위반 관련 물품·서류 등의 제출 ▲ 국내대리인이 자료 제출 요구를 받은 경우 정보통신서비스제공자 등에게 지체 없이 통지하고 법령 등에서 요구하는 신속한 절차 진행을 추진 ※ 정보통신서비스제공자 등은 국내대리인의 원활한 업무 수행을 위해 필요한 정보를 신속히 제공해야 함

2.3.5 불법촬영물 유통 방지

▣ 불법촬영물 유통 방지 개요

구분	내용
개요	불법촬영물 등 유통방지 책임자 지정제도는 일정 규모 이상의 정보통신서비스제공자에게 임원 또는 부서장급에서 책임자를 지정하여 디지털 성범죄물의 유통을 방지하고자 하는 제도
도입 배경	• N번방 사건 등으로 인해 불법촬영물, 불법편집물 및 아동·청소년 착취물의 신속하고 효과적인 유통 방지의 필요성이 제기 • 디지털 성범죄물은 한 번 유포되면 피해자에게 돌이킬 수 없는 고통을 주기 때문에, 빠른 차단으로 피해를 최소화할 수 있도록 부가통신사업자 등에게 유통방지 책임을 강화하는 조치가 필요
지정 대상	• 웹하드 사업자 또는 일정 규모 이상의 부가통신사업자 – 전년도 매출액 10억 원 이상 – 일평균 이용자 10만 명 이상 – 최근 2년 내 불법촬영물 관련 시정요구를 받은 경우
불법촬영물 등 유통방지 책임자 지위	• 불법촬영물 등 유통방지 책임자 지정의무자 소속 임원 • 불법촬영물 등 유통방지 책임자 지정의무자 소속의 불법촬영물 등 유통방지 업무를 담당하는 부서의 장
의무사항	• 불법촬영물 등 유통방지 책임자 지정 • 연간 2시간 이상 법정 교육 이수
교육 내용 및 목적	• 기술적·관리적 조치의 세부 사항 안내 • 관련 법령 및 처리 절차 교육 • 디지털 성범죄물 유통 예방

2.3.6 정보보호 사전점검

■ 정보보호 사전점검

구분	내용
개요	정보보호 사전점검 제도는 신규 정보통신서비스를 제공하기 위한 시스템을 구축하거나 구조 변경 시, 계획단계에서부터 정보보호를 고려하여 시스템에서 발생할 수 있는 보안위협을 최소화하고 서비스 안전성을 확보하기 위한 제도
도입 배경	• 구축 초기단계부터 정보보호를 고려하여 정보보안 수준 향상 • 운영 및 유지비용 절감 • 사후 취약점 발견으로 인한 경제적 손실과 사회적 혼란 예방
특징	• 법적으로 강제하는 요건은 없으나, 인허가 사업자에게 권고를 한다는 것은 인허가를 조건으로 압박을 가할 수 있음 • 법안의 취지는 정보보호 산업 육성이었을 것으로 추정되나 실제로 과기부에서 특정 기업에 권하여 수행되는 것을 제외하면 기업 내에서 실제로 수행되는 경우는 드묾

유사 제도	• 금융감독원 보안성 심의, 보안성 검토
	   – 금융감독원 "보안성 심의"와 국가정보원 "보안성 검토"는 사업 초기 계획 단계에서 구축 대상시스템의 보호대책을 검토하는 제도이며, 경우에 따라서는 테스트 단계에서 취약점 진단을 포함하여 보고서를 제출함
	• ISMS–P 인증 제도
	   – 국제 정보보호 표준 ISO27001과 국내 정보보호 표준 ISMS는 정보통신서비스를 구축·개발하는 도메인을 포함하고 있음
	• 개인정보 영향평가
	   – 개인정보 영향평가는 주로 분석 및 설계 단계에서 수행하며 시험 및 운영 단계에서 이행점검 수행 및 개인정보의 분실·도난·유출 사실을 통지 및 소명

▣ 정보보호 사전점검 수행 절차(1)

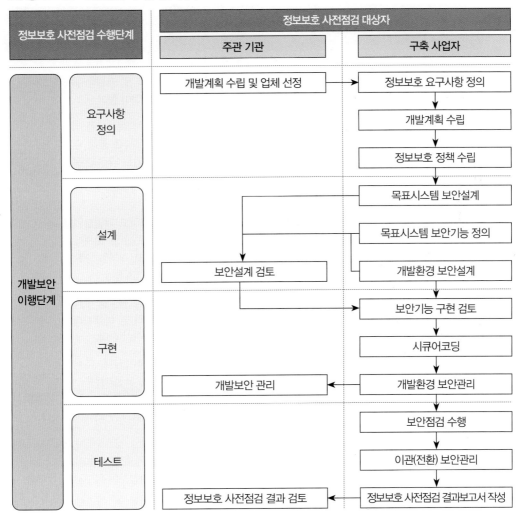

정보보호 사전점검 수행단계		정보보호 사전점검 대상자	
		주관 기관	구축 사업자
개발보안 이행단계	요구사항 정의	개발계획 수립 및 업체 선정 →	정보보호 요구사항 정의
			개발계획 수립
			정보보호 정책 수립
	설계		목표시스템 보안설계
			목표시스템 보안기능 정의
		보안설계 검토	개발환경 보안설계
	구현		보안기능 구현 검토
			시큐어코딩
		개발보안 관리 ←	개발환경 보안관리
	테스트		보안점검 수행
			이관(전환) 보안관리
		정보보호 사전점검 결과 검토 ←	정보보호 사전점검 결과보고서 작성

▣ 정보보호 사전점검 수행 절차(2)

사전점검 수행단계	단계	설명	대상자
요구사항 정의	개발계획 수립 및 업체 선정	구축·개발하고자 하는 목표시스템의 개발계획을 수립하고, 정보보호 요건(목표시스템 구축 및 개발환경)을 충실하게 이행 가능한 업체로 선정하여야 한다.	주관 기관
	정보보호 요구사항 정의	구축·개발하고자 하는 목표시스템의 정보보호를 위해 필요한 사항을 업무부서(현업)와 인터뷰를 통해 파악하고 목표시스템 관련 법령 및 유관기관 규정을 분석하여 정보보호 요구사항을 정의하고 이력관리를 수행하여야 한다.	구축 사업자
	개발계획 수립	목표시스템을 구축할 사업자를 선정하고 개발보안을 이행하기 위한 계획을 수립한다. 개발보안 계획에는 개발자를 비롯한 참여인력의 정보보호 교육을 수행하기 위한 계획이 포함되고 이행하여야 한다.	구축 사업자
	정보보호 정책 수립	소스코드 보안관리를 위한 시큐어코딩 규칙을 수립하고, 침해사고대응, 변경관리, 장애관리 등 목표시스템 운영을 위한 정보보호 정책을 수립하여야 한다.	구축 사업자
설계	목표시스템 보안설계	목표시스템 정보보호 요구사항과 관련 법규를 준수하고 정보보호 위험을 최소화 할 수 있도록 설계한다. 보안설계는 목표시스템을 구성하는 정보자산 특성에 따라 인프라, 애플리케이션, 데이터, 단말기, 인터페이스로 구분하여 설계하여야 한다.	구축 사업자
	목표시스템 보안기능 정의	목표시스템 보안아키텍처에서 도출된 보안기능에 대한 상세 내용을 보안기능 설명서로 작성하여 목표시스템 구현 시 참고자료로 활용한다.	구축 사업자
	개발환경 보안설계	목표시스템을 개발하는 환경에 대해 정보보호 요구사항과 관련 법규를 준수하고 정보보호위험을 최소화 할 수 있도록 설계한다. 개발환경 정보자산 특성에 따라 인프라, 애플리케이션, 데이터, 단말기 등으로 구분하여 설계하여야 한다.	구축 사업자
	보안설계 검토	목표시스템을 개발하는 환경에 대해 정보보호 요구사항과 관련 법규를 준수하고 정보보호 위험을 최소화 할 수 있도록 설계하는지 검토하여야 한다.	주관 기관

사전점검 수행단계	단계	설명	대상자
구현	보안기능 구현 검토	목표시스템 보안기능이 정보보호 요구사항을 충족하게 구현되었는지 확인하여 안전성을 확보한다.	구축 사업자
	시큐어코딩	검증된 개발도구를 이용하여 시큐어코딩 규칙에 따라 애플리케이션을 개발하고 형상관리를 수행하며 안전하게 코딩이 이루어지도록 주기적으로 소스코드 보안점검을 실시하고, 그 결과에 따라 조치를 취하여 프로그램 무결성을 확보한다.	구축 사업자
	개발환경 보안관리	목표시스템 개발환경 정보보호 관리자를 지정하고 정기적으로 개발환경 보안점검을 수행하여야 한다. 개발환경에 구현된 시스템은 기술적 정밀 취약점을 진단하고 조치하여야 한다.	구축 사업자
	개발보안 관리	목표시스템 개발 환경 보안점검을 수행하고, 시스템은 기술적 정밀 취약점을 진단하고 조치하는지 관리하여야 한다.	주관 기관
테스트	보안점검 수행	개발하고자 하는 목표시스템 서비스 특성과 구성환경을 고려하여 보안점검 및 정밀 취약점 진단을 수행하고 모의해킹을 통해 외부로부터의 침입을 차단하고 내부로부터의 정보유출을 방지한다.	구축 사업자
	이관(전환) 보안관리	테스트 단계에서 정보보호 보안점검을 완료한 후, 목표시스템을 운영시스템으로 안전하게 이관(전환)하여야 한다.	구축 사업자
	정보보호 사전점검 결과보고서 작성	목표시스템의 정보보호 사전검검 결과보고서를 작성해야 한다.	구축 사업자
	정보보호 사전점검 결과 검토	목표시스템의 정보보호 사전검검 결과보고서를 검토하여야 한다.	주관 기관

2.3.7 집적정보통신시설 보호

■ 집적정보통신시설 보호 개요

구분	내용	세부 사항
개요	집적정보통신시설 사업자의 보호조치 의무 규정	• 정보통신망법 제46조 및 시행령 제37조 근거 • 집적정보통신시설 보호지침으로 세부 기준 제시
도입 배경	• 데이터센터 재난·안전 관리 강화 필요성 증가 • 디지털서비스의 중요성 확대	• 판교 데이터센터 화재 사고('22.10.15) 등 대규모 서비스 장애 발생 • 디지털 전환 가속화로 인한 데이터센터의 체계적 관리 필요성 증대
적용대상	일정 규모 이상의 집적정보통신시설 사업자	• 정보통신시설의 전산실 바닥 면적이 500제곱미터 이상인 자 • 아래 조건을 모두 충족하는 자 　– 운영·관리하는 집적된 정보통신시설의 전산실 바닥 면적이 500제곱미터 이상 　– 정보통신서비스 부문 전년도(법인인 경우에는 전 사업연도를 말한다) 매출액이 100억 원 이상일 것 　– 전년도 말 기준 직전 3개월 간 하루 평균 국내 이용자 수가 100만 명 이상일 것
주요 내용	• 접근 제어 및 감시 • 재난 대비 보호조치 • 관리인원 선발 및 배치 • 내부관리계획 수립·시행 • 정보보호 책임보험 가입	• 출입통제장치 설치, CCTV 설치, 출입기록 유지 • 전력 안정성 확보, 화재·지진·수해 대비 • 24시간 경비 인력, 전문인력 배치, 교육훈련 실시 • 시설보호계획 및 업무연속성계획 수립 • 매출액에 따른 최저 보험금액 설정(예 매출액 100억 원 이상은 10억 원)

2.3.8 영리목적 광고성 정보 전송

■ 영리목적 광고성 정보 전송 개요

구분	내용	세부 사항
개요	전자적 전송매체를 이용한 영리목적의 광고성 정보 전송 규제	• 정보통신망법 제50조에 근거 • 수신자의 명시적인 사전 동의 필요
도입 배경	불법 스팸 방지 및 수신자 보호	• 무분별한 광고성 정보 전송으로 인한 피해 예방 • 개인정보보호 강화
적용대상	전자적 전송매체를 이용해 영리목적의 광고성 정보를 전송하는 모든 주체	• 개인, 공공기관, 단체, 법인 등 포함 • 상시적 영리사업자뿐만 아니라 일회성 광고 전송자도 해당

■ 영리목적 광고성 정보 전송(정보통신망법 제50조~제50조의8)

조항		주요 내용	비고	벌칙
제50조	제1항	• 수신자의 사전동의 없는 광고전송 금지 – 예외1 재화 등 거래관계가 있는 경우 – 예외2 방문판매법에 따른 전화권유	공통	3천만 원 이하 과태료
	제2항	수신거부 및 사전동의 철회 시 광고전송 금지		
	제3항	"21시~익일 8시" 광고전송 금지	이메일 제외	
	제4항	광고성 정보 전송 시 표기의무 준수	공통	
	제5항	• 광고성 정보 전송 시 금지 행위 – 수신거부 및 동의철회 회피·방해 – 수신자 연락처 자동 생성 – 수신자 연락처 자동 등록 – 전송자 정보 은폐·위변조 – 원링 스팸		1년 이하 징역 또는 1천만 원 이하 벌금
	제6항	무료 수신거부/수신동의 철회 조치		3천만 원 이하 과태료
	제7항	수신거부 등 처리결과의 통지		1천만 원 이하 과태료
	제8항	정기적인 수신동의 여부 확인		3천만 원 이하 과태료
제50조의4제4항		불법스팸 전송에 이용되는 서비스의 제공 거부 및 서비스 취약점 개선 등 필요한 조치 강구 의무	정보통신서비스제공자	3천만 원 이하 과태료
제50조의5		동의 없는 광고 프로그램 설치 금지	애드웨어 등	3천만 원 이하 과태료
제50조의7		사전 동의 없는 광고 게시 금지	누구나 쉽게 접근하여 글을 게시할 수 있는 게시판 예외	3천만 원 이하 과태료
제50조의8		불법행위를 위한 광고성 정보 전송 금지		3년 이하 징역 또는 3천만 원 이하 벌금

■ 영리 목적의 광고성 정보의 개념과 예외

영리 목적의 광고성 정보의 개념	• 영리목적의 광고성 정보는 전송자가 경제적 이득을 취할 목적으로 전송하는 ① **전송자**에 관한 정보, ② 전송자가 제공할 **재화나 서비스**의 내용을 말한다. 전송을 하게 한 자도 전송자에게 포함됨 • **영업**을 하는 자가 고객에게 보내는 정보는 원칙적으로 모두 광고성 정보에 해당함 • **영리법인**은 존재 목적이 영리추구이기 때문에 원칙적으로 고객에게 전송하는 모든 정보는 영리 목적 **광고성 정보**에 해당하며, **비영리법인**은 전송하는 정보의 성격에 따라 영리목적 광고성 여부를 **판단함** • 구체적인 재화나 서비스의 홍보가 아니더라도 수신자에게 발송하는 정보가 **발신인의 이미지 홍보**에 해당하는 경우에는 광고성 정보로 볼 수 있음 • 주된 정보가 광고성 정보가 아니더라도 부수적으로 광고성 정보가 포함되어 있으면 전체가 광고성 정보에 해당함
영리 목적의 광고성 정보의 예외	• 수신자와 이전에 **체결하였던 거래**를 용이하게 하거나, 완성 또는 확인하는 것이 목적인 정보 • 수신자가 사용하거나 구매한 재화 또는 서비스에 대한 **설명, 보증, 제품 리콜, 안전 또는 보안** 관련 정보 • **고객의 요청**에 의해 발송하는 1회성 정보(견적서 등) • 수신자가 금전적 **대가를 지불**하고 신청한 정보(뉴스레터, 주식정보, 축산물 거래정보 등) • 전송자가 제공하는 재화 또는 서비스에 대해 수신자가 구매 또는 이용과 관련한 **안내 및 확인 정보** 등(회원 등급 변경, 포인트 소멸 안내 등) • 정보제공을 서비스로 하는 자가 이용자와 명시적인 계약체결을 하여 정보를 전송하되 이를 대가로 직접적인 수익이 발생하지 않아야 하며, 정보의 내용이 서비스·재화 구매와 직접적인 관련이 없는 정보

■ 거래관계에 의한 광고성 정보전송 수신 동의 예외

• 재화 등의 거래관계를 통하여 수신자로부터 **직접 연락처를 수집**한 자가 **거래가 있는 날로부터 6개월 이내**에 자신이 처리하고 수신자와 **거래한 것과 동종의 재화** 등에 대한 영리목적의 광고성 정보를 전송하려는 경우
• 『방문판매 등에 관한 법률』에 따른 전화권유 판매자가 육성으로 수신자에게 개인정보의 **수집출처를 고지**하고 **전화권유** 하는 경우

■ (광고)의 표시 기준

• (광고)를 표시하는 경우에는 수신자의 수신거부(필터링)를 회피하기 위한 목적으로 빈칸·부호·문자 등을 삽입하거나 표시방법을 조작하는 조치를 하여서는 안 된다.
• (광/고), (광 고), (광.고), ("광고"), (대출광고) 와 같이 변칙 표기하여서는 안된다.
• 전송자가 통신사업자, 수신자 등의 필터링을 방해하거나 회피할 목적으로 위와 같은 방법이나 특수문자를 사용하여서는 안 된다.
• 광고성 정보의 표시의무사항을 이미지파일로 하여 전송하는 것도 금지된다.

▣ 옵트인(Opt-in)과 옵트아웃(Opt-out)

옵트인(선동의 후사용)	정보주체 즉, 당사자에게 개인정보 수집·이용·제공에 대한 **동의를 먼저** 받은 후에 개인정보를 처리하는 방식
옵트아웃(선사용 후배제)	정보주체 즉, 당사자의 **동의를 받지 않고** 개인정보를 수집·이용한 후, 당사자가 **거부의사**를 밝히면 개인정보 활용을 중지하는 방식

▣ 약관 동의와 일괄 동의 금지

약관과 개인정보 처리에 대한 동의를 일괄하여 한 번의 서명을 받는 경우에는 정보주체가 자신의 개인정보처리에 대한 사항을 자세하게 인지하지 못할 우려가 있고 정보주체의 선택권 행사가 어려울 수 있으므로 개인정보 처리에 대한 동의는 **약관에 대한 동의와는 별도로 동의를 받아야 한다.**

▣ 야간시간에 광고성 정보를 전송할 수 있는 매체

제50조(영리목적의 광고성 정보 전송 제한)
오후 9시부터 그 다음 날 **오전 8시**까지의 시간에 전자적 전송매체를 이용하여 영리목적의 광고성 정보를 전송하려는 자는 제1항에도 불구하고 그 수신자로부터 **별도의 사전 동의**를 받아야 한다. 다만, 대통령령으로 정하는 매체의 경우에는 그러하지 아니하다.
시행령 제61조(영리목적의 광고성 정보 전송기준)
"대통령령으로 정하는 매체"란 **전자우편**을 말한다.

▣ 수신거부 의사표시를 쉽게 할 수 있는 조치 및 방법

- 수신의 거부 및 수신동의 철회의 의사표시를 쉽게 할 수 있는 **조치 및 방법을 광고 본문에 표기**하여 구체적으로 밝혀야 한다.
- 동 조치 및 방법으로 수신의 거부 또는 수신동의 철회가 **쉽게 이루어지지 않거나 불가능할 경우에는 이를 표기하지 않은 것으로 간주**한다.
- ※ 전자우편을 **수신거부하기 위하여 웹사이트에 로그인**하도록 하는 것은 수신거부 또는 수신동의 철회를 어렵게 하는 것으로 **법 위반**에 해당한다.

▣ 광고 정기적 동의 여부 확인

- 수신동의자에게 수신동의 했다는 사실에 대한 안내의무를 부과한 것이므로 재동의를 받을 필요는 없다.
- 수신자가 아무런 의사표시를 하지 않는 경우에는 수신동의 의사가 그대로 유지되는 것으로 본다.

2.3.9 침해사고의 신고 등

▣ 침해사고의 신고 등 개요

구분	내용	세부 사항
개요	정보통신서비스제공자는 침해사고 발생 시 24시간 이내에 과학기술정보통신부나 한국인터넷진흥원에 신고해야 함	정보통신망법 제48조의3에 근거
목적	피해 확산 조기 차단, 전문가 지원 확보, 신속한 대응 및 재발 방지	사이버 보안 강화 및 이용자 보호
대상	영리를 목적으로 인터넷 서비스를 운영하는 모든 사업자(기업)	개인 피해자도 신고 및 지원 요청 가능
사례	해킹, 개인정보 유출, 악성코드 감염 등	다양한 유형의 사이버 침해사고 포함
내용	• 최초 신고 : 사고 인지 후 24시간 이내 피해 내용, 원인, 대응현황 신고 • 보완 신고 : 추가 확인 사항 24시간 이내 신고 • 재발방지 조치 : 과기정통부의 조치 명령 이행 • 이행 점검 : 조치 이행 여부 확인 및 필요 시 시정 명령	• 신고 미이행 시 3천만 원 이하 과태료 • 조치 미이행 시 3천만 원 이하 과태료

▣ 침해사고의 신고 처리 절차

작성 방법 및 내용

1. 침해사고 유형 선택
2. 개인정보 수집/이용 동의
3. 기업 및 신고자 정보
4. 사고현황
5. 대응현황

(출처:http://www.boho.or.kr)

2.3.10 주요정보통신기반시설 보호

가. 주요정보통신기반시설 보호 개요

▣ 주요정보통신기반시설 보호 개요

구분	내용	세부 사항
개요	주요정보통신기반시설의 안정적 보호·관리를 위한 제도	• 정보통신기반 보호법에 근거 • 관리기관이 취약점 분석·평가 결과에 따라 수립
목적	국가안전과 국민생활의 안정 보장	• 전자적 침해행위에 대비 • 주요정보통신기반시설의 체계적 보호
보호대책 수립 대상	국가안전보장·행정·국방·치안·금융·통신·운송·에너지 등의 업무와 관련된 전자적 제어·관리시스템 및 정보통신망 이용촉진 및 정보보호 등에 관한 법률 제 2조제1항제1호의 규정에 의한 정보통신망	• 주요정보통신기반시설의 세부시설로 정의된 정보시스템, 제어시스템, 의료시스템 등 • 정보시스템 자산에 직, 간접적으로 관여하는 물리적, 관리적, 기술적 분야를 포함 • 정보통신기반시설과 연계된 타 시스템이 있을 경우, 연계시스템이 기반시설에 미치는 영향 포함
주요 내용	• 추진목표 및 전략 • 기반시설 현황 • 소요예산 및 자원 • 정보보호 추진실적 • 정보보호 추진계획 • 정보보호 기대효과 • 정보보호 수준 평가	• 서비스 목표 및 정보보호 전략 수립 • 시설 내역, 관리 조직체계 파악 • 인적자원, 장비, 시설에 필요한 예산 계획 • 전년도 추진계획 대비 실적 평가

나. 주요정보통신기반시설 취약점 분석·평가 기준

▣ 주요정보통신기반시설 취약점 점검 항목

1) 관리적·물리적 분야

평가 분야	취약점 점검 항목	항목수(중요도별 항목수)
관리적	• 정보보호 정책, 정보보호 조직, 인적 보안, 외부자 보안, 자산 분류, 매체 관리 • 교육 및 훈련, 접근 통제, 운영 관리, 업무 연속성 관리, 사고 대응, 감사, 모의 해킹	113개(상 : 43개 / 중, 하 : 70개)
물리적	접근 통제, 감시 통제, 전력 보호, 환경 통제	18개(상 : 7개 / 중, 하 : 11개)

2) 기술적 분야

평가 분야	취약점 점검 항목	항목수 (중요도별 항목수)
Unix 서버	계정관리, 파일 및 디렉토리 관리, 서비스 관리, 패치 관리, 로그 관리	72개 (상 : 43개/중, 하 : 29개)
Windows 서버	계정관리, 서비스 관리, 패치 관리, 로그 관리, 보안 관리, DB 관리	82개 (상 : 45개/중, 하 : 37개)
보안 장비	계정 관리, 접근 관리, 패치 관리, 로그 관리, 기능 관리	25개 (상 : 16개/중, 하 : 9개)
네트워크 장비	계정 관리, 접근 관리, 패치 관리, 로그 관리, 기능 관리	38개 (상 : 14개/중, 하 : 24개)
제어시스템	계정 관리, 서비스 관리, 패치 관리, 네트워크 접근통제, 물리적 접근통제, 보안 위협 탐지, 복구 대응, 보안 관리, 교육 훈련	50개 (상 : 22개/중, 하 : 28개)
PC	계정 관리, 서비스 관리, 패치 관리, 로그 관리	19개 (상 : 14개/중, 하 : 5개)
DBMS	계정 관리, 접근 관리, 옵션 관리, 패치 관리, 로그 관리	24개 (상 : 11개/중, 하 : 13개)
Web(웹)	버퍼오버플로우, 포맷스팅, LDAP인젝션, 운영체제명령실행, SQL인젝션, SSI인젝션, XPath인젝션, 디렉토리인덱싱, 정보누출, 악성콘텐츠, 크로스사이트스크립팅, 약한문자열강도, 불충분한 인증, 취약한 패스워드 복구, 크로스사이트리퀘스트변조(CSRF), 세션예측, 불충분한 인가, 불충분한 세션만료, 세션고정, 자동화공격, 프로세스검증누락, 파일업로드, 파일다운로드, 관리자페이지 노출, 경로추적, 위치공개, 데이터평문전송, 쿠키변조	28개 (상 : 28개)
이동통신	운영 관리	4개 (상 : 4개)
클라우드	접근 통제, 보안 관리	5개 (중, 하 : 5개)

▣ 관리적 보안 취약점 분석·평가 기준 예시

분류	번호	취약점 점검 항목	등급
정보 보호 정책	A-1	조직 전반에 적용하고 있는 정보보호 정책/지침 또는 규정의 수립	상
	A-2	정기적으로 정보보호정책의 타당성을 검토, 평가하여 수정 및 보완	상
	A-3	연도별 정보보안업무 세부추진 계획을 수립·시행	상
	A-4	최근 1년간 기관장에게 연간 보호대책 등의 주요 정보보안 관련 사항 보고	상
정보 보호 조직	A-5	보안활동을 계획, 실행, 검토하는 보안 전담조직 및 전담 보안 담당자 구성	상
인적 보안	A-6	보안 담당자 지정 시 보안 서약서나 비밀유지각서를 작성하고 있는가?	상
	A-7	계약직 및 임시직원은 물론 정식직원 채용 시 신원, 업무능력, 교육정도, 경력 등에 대한 적격심사 수행	상
외부자 보안	A-8	제3자(외부유지보수직원, 외부 용역 등)에 의한 정보자산 접근과 관련한 보안요구사항을 계약에 반영	상
	A-9	위탁 기관(업체) 또는 용역사업 참여 업체의 보안관련사항 위반이나 침해사고 발생 시 조치 수행	상
자산 분류	A-10	조직의 중요한 자산(인력, 시설, 장비 등)에 대한 자산분류기준 문서화	상
	A-11	정보자산을 보안등급과 중요도 등에 따라 분류하여 관리	상
	A-12	정보자산별로 책임자가 지정되어 있으며 소유자, 관리자, 사용자들을 명시	상
매체 관리	A-13	미디어 장치(노트북, 태블릿, 이동식저장매체 등)의 사용 및 반출입에 대한 관리절차나 문서보유	상
	A-14	정보나 매체가 용도 폐기되기 위한 폐기 방법이 수립되고 적절하게 이행	상
교육 및 훈련	A-15	교육 훈련 대상은 관련된 모든 내외 임직원 및 외부 인력을 포함하고 있으며 정보자산에 간접적으로 접근하는 일반 외부 용역 직원에 대해서도 정보보호교육훈련 수행	상
	A-16	정보보호 인식제고를 위한 교육 및 훈련 계획을 종합적으로 수립하여 정기적으로 실시	상
접근 통제	A-17	담당업무(조직)에 따라 접근통제의 방법과 범위 등을 정의하고 문서화	상
	A-18	외부 네트워크를 통한 원격작업(재택근무, 장애대응 등)에 대한 책임자 승인, 작업 내용 및 범위, 기간 설정, 접근 로그 기록/검토 등이 포함된 정책(절차)이 존재하며, 원격작업 허용 시 이를 준수	상
	A-19	스마트폰·개인휴대단말기(PDA)·전자제어장비 등 첨단 정보통신기기를 활용하는 경우, 업무자료 등 중요정보 보호 및 안전한 전송을 위한 방안 마련	상
	A-20	정보통신망에 비인가 PC, 노트북 등을 연결 시 차단	상

분류	번호	취약점 점검 항목	등급
접근 통제	A-21	정보시스템 및 정보보호시스템 접근기록의 비인가 열람, 훼손 등을 방지하기 위한 보호대책 운영	상
	A-22	무선랜(Wi-Fi 등)은 상급기관장의 보안성 검토를 필하거나 암호키 설정 등의 적절한 보안조치를 적용	상
	A-23	무선랜 무단 사용 여부, 비인가 무선 중계기(AP) 설치 여부, 우회 정보통신망 사용 차단 여부 등을 주기적으로 점검	상
운영 관리	A-24	개발 및 테스트 설비는 실제 운영설비와 분리하여 운영	상
	A-25	시스템을 도입하기 전에 보안성 검토 및 호환성 검토 수행	상
	A-26	시스템 및 사용 장비에 대한 보안 취약점에 대한 주기적 검토 및 보완 프로세스 운영	상
	A-27	바이러스, 악성코드 등을 대비한 보호대책 운영	상
	A-28	보안규정의 이행여부를 확인하는 주기적인 보안점검 및 불시 보안점검 수행	상
	A-29	시스템 및 패스워드 관리지침을 제공하고 시스템 및 패스워드 관리책임 상기	상
	A-30	전자기록 보관을 위한 별도의 방법(아카이빙)이 존재하고, 이를 통해 관리	상
	A-31	'사이버보안진단의 날' 등과 같이 월별 보안 중점점검사항에 대해 매월 보안점검과 조치활동	상
	A-32	비밀(대외비 포함)을 비밀관리기록부 등에 등재하여 관리	상
	A-33	출력된 비밀문서의 경우 잠금장치가 있는 캐비넷 등에 안전하게 보관	상
	A-34	비밀 등 중요 정보의 안전한 처리를 위한 보호대책을 마련했거나 시스템을 도입하여 사용	상
	A-35	정보통신망 세부 구성현황(IP 정보 등) 등을 대외비 이상으로 관리	상
	A-36	정보보호시스템은 국내용 CC인증을 받았거나, 보안적합성 검증 수행	상
	A-37	제품 및 서비스의 구매 시 내부 정보보안 요구사항을 정의하여 보안성을 검토	상
	A-38	제품 및 서비스에서 계약 등으로 협의된 사항 이외 이상행위가 발생하는지 모니터링	상
	A-39	기반시설에서 운영 중인 운영체제, 소프트웨어 등이 개발사로부터 보안 지원이 되지 않을 경우 해당 제품을 교체하거나 보안대책을 마련	상
업무 연속성	A-40	업무복구목표와 요구사항에 적합한 업무연속성 전략을 수립	상
사고 대응	A-41	침해사고 발생 시 신속한 보안사고 보고를 위한 절차가 문서화되어 있고 이에 따라 신속한 보고 수행	상
	A-42	DDoS 대응체계를 수립하고 주기적인 훈련을 실시	상
	A-43	개인정보보호를 위해 DB암호화 등 개인정보유출에 대한 방안 마련	상

다. 주요정보통신기반시설 보호 관련 기관의 역할

■ 주요정보통신기반시설 보호 관련 기관의 역할

구분		내용	세부 사항
기관의 역할	관계 중앙 행정 기관의 역할	관계중앙행정기관은 소관분야의 주요정보통신기반시설의 보호에 관한 업무를 총괄하는 "정보보호 책임관"을 지정해야 하고 총괄하는 업무는 아래와 같음 – 주요정보통신기반시설보호계획 수립·시행 – 주요정보통신기반시설 지정 및 지정 취소 – 보호지침의 제정·수정 및 보완 – 침해사고의 피해확산 방지와 신속한 대응을 위하여 필요한 조치 – 피해복구 지원 및 피해확산 방지에 필요한 조치 – 기타 다른 법령에 규정된 주요정보통신기반시설 보호업무에 관한 사항	• 관계중앙행정기관은 소관분야의 정보통신기반시설 중 전자적 침해행위로부터 보호가 필요하다고 인정되는 정보통신기반시설을 주요정보통신기반시설로 지정 • 관계중앙행정기관은 전년도 주요정보통신기반시설보호계획의 추진실적과 다음 연도 주요정보통신기반시설 보호계획을 매년 10월 31일까지 위원회에 제출 • 매년 8월 31일까지 관리기관으로부터 주요정보통신기반시설보호대책을 제출받아 종합·조정하여 소관분야에 대한 주요정보통신기반시설보호계획을 수립 • 관리기관에 대하여 주요정보통신기반시설을 보호하기 위하여 필요한 기술의 이전, 장비의 제공 및 그 밖의 필요한 지원 수행
	관리 기관의 역할	관리기관은 소관 주요정보통신기반시설의 보호에 관한 업무를 총괄하는 4급·4급 상당 공무원, 5급·5급 상당 공무원, 영관급 장교 또는 임원급 관리·운영자를 "정보보호책임자"로 지정해야 하고 총괄하는 업무는 아래와 같음 – 주요정보통신기반시설보호계획 수립·시행 – 주요정보통신기반시설보호대책 수립, 주요정보통신기반시설 침해사고 예방 및 복구, 보호조치 명령·권고의 이행에 관한 기술적 지원의 요청 – 취약점 분석·평가 및 전담반 구성 – 주요정보통신기반시설보호에 필요한 조치 명령 또는 권고의 이행 – 침해사고의 통지 – 정보통신기반보호법에 규정된 주요정보통신기반시설의 복구 및 보호에 필요한 조치 – 기타 다른 법령에 규정된 주요정보통신기반시설의 보호업무에 관한 사항	(예방적 측면) • 소관 정보통신기반시설이 주요정보통신기반시설로 지정된 때에는 지정 후 6개월 이내에 취약점 분석·평가를 실시해야 하고 그 후 매년 진행 • 취약점 분석·평가 결과에 따라 소관 주요정보통신기반시설을 안전하게 보호하기 위한 물리적·기술적 대책을 포함한 주요정보통신기반시설보호대책수립·시행 (대응복구적 측면) • 침해사고가 발생하여 소관 주요정보통신기반시설이 교란·마비 또는 파괴된 사실을 인지한 때에는 관계 행정기관, 수사기관 또는 한국인터넷진흥원에 그 사실을 통지 • 해당 정보통신기반시설의 복구 및 보호에 필요한 사항을 신속히 조치

라. 주요정보통신기반시설 보호 절차

■ 보호대책 수립 절차

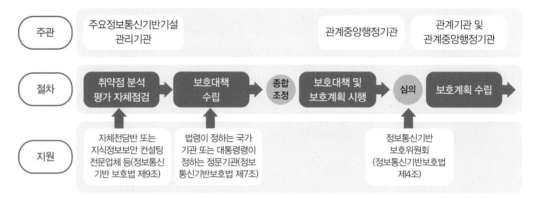

■ 주요정보통신기반시설 보호 추진체계

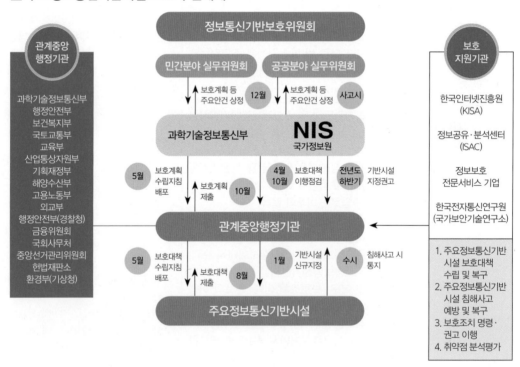

■ 보호대책 이행 점검 절차

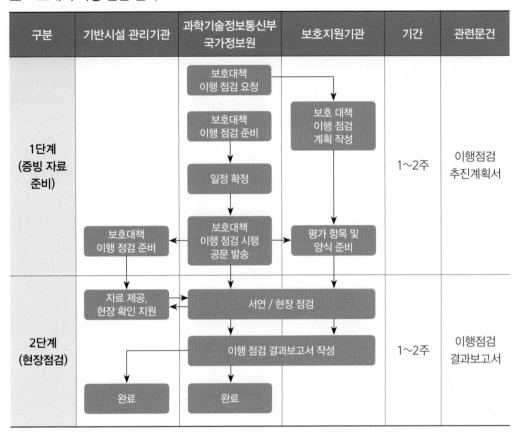

구분	기반시설 관리기관	과학기술정보통신부 국가정보원	보호지원기관	기간	관련문건
1단계 (증빙 자료 준비)	보호대책 이행 점검 준비	보호대책 이행 점검 요청 → 보호대책 이행 점검 준비 → 일정 확정 → 보호대책 이행 점검 시행 공문 발송	보호 대책 이행 점검 계획 작성 → 평가 항목 및 양식 준비	1~2주	이행점검 추진계획서
2단계 (현장점검)	자료 제공, 현장 확인 지원 → 완료	서연 / 현장 점검 → 이행 점검 결과보고서 작성 → 완료		1~2주	이행점검 결과보고서

2.3.11 정보공유 분석센터

▣ 정보공유 분석센터 개요

구분	설명	특징
정의	해킹 및 사이버테러 등 전자적 침해행위에 관한 정보를 분석하고 침해사고 발생 시 대응요령 및 지침을 신속하게 배포하는 시스템 및 조직	정보통신기반보호법 제16조(정보공유분석센터)에 의하여 정보통신분야 사이버침해사고 공동대응, 정보공유 등 예방활동 수행
주요 역할	• 정보수집 : 사이버테러 관련 정보 수집 • 정보분석·저장 : 수집 정보 분석 및 대응방안 수립 • 정보제공 : 분석된 정보를 회원사에 신속 배포 • 정보연계 : 관계기관과 연계하여 피해복구 지원	공동대응을 통한 신속한 대처 및 효율적인 비용으로 운영 가능
운영 현황	• 정보통신 ISAC : 2002년 설립, 한국정보통신진흥협회 운영 • 금융 ISAC : 2015년 설립, 금융보안원 운영 • 지자체 ISAC : 2013년 설립, 한국지역정보개발원 운영 • 의료 ISAC : 2018년 설립, 한국사회보장정보원 운영	산업 분야별로 구축되어 유사 취약점에 대한 효율적인 대응 가능

▣ 정보통신 ISAC(Information Sharing & Analysis Center)

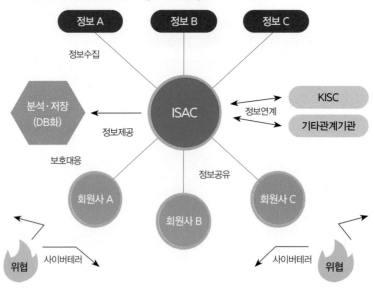

3 개인정보처리자/신용정보업자 적용 보호대책

3.1 개인정보처리자/신용정보업자 적용 법률 및 제도 개요

3.1.1 개인정보처리자/신용정보업자 적용 법률

개인정보처리자와 신용정보업자는 각각 개인정보보호법과 신용정보의 이용 및 보호에 관한 법률(신용정보법)의 적용을 받는다. 개인정보보호법은 개인정보처리자의 개인정보 처리 전반에 관한 의무와 정보주체의 권리를 규정하여 개인정보 침해를 방지하고, 신용정보법은 신용정보업자의 신용정보 수집, 이용, 제공 등에 관한 사항을 규정하여 신용정보의 안전한 관리와 이용을 도모한다. 따라서 개인정보처리자는 개인정보보호법을 준수하여 개인정보를 적법하게 처리해야 하며, 신용정보업자는 신용정보법에 따라 신용정보를 관리하고 활용해야 한다.

■ 개인정보처리자/신용정보업자 적용 법률 개요

법률명	소관부처	목적	수범자	주요 내용

개인정보 보호법	개인정보 보호위원회	개인정보의 처리 기준을 제시하여 개인정보 침해를 방지하고 국민의 권리와 이익을 증진	모든 개인정보처리자(공공기관, 법인, 단체, 개인사업자 등)	• 개인정보 처리 원칙(적법성, 목적 내 이용, 최소 수집, 안전성 확보 등)
				• 개인정보 수집, 이용, 제공, 파기 절차 및 요건
				  – 정보주체의 권리(열람, 정정, 삭제, 처리정지 요구권 등)
				  – 개인정보 침해 시 구제 방안
				• 개인정보보호책임자 지정 및 운영
				• 개인정보 유출 시 신고 및 통지 의무
				• 개인정보 국외 이전 시 요건 및 절차

신용정보의 이용 및 보호에 관한 법률(약칭: 신용정보법)	금융위원회	신용정보의 효율적 이용과 체계적 관리를 통해 건전한 신용질서 확립 및 금융소비자 보호	신용정보업자(신용조회회사, 신용평가회사, 채권추심회사 등), 신용정보제공자(금융회사, 공공기관 등), 신용정보이용자	• 신용정보의 종류 및 관리 체계 • 신용정보의 수집, 이용, 제공 제한 및 예외 규정 • 신용정보주체의 권리(열람, 정정, 삭제 요구권, 동의 철회권 등) • 신용정보업의 허가 및 감독 • 신용정보의 보호를 위한 기술적, 관리적 보안 조치 • 신용정보 유출 시 신고 의무 • 신용정보 관련 분쟁 조정 제도

3.1.2 개인정보처리자/신용정보업자 적용 제도

개인정보처리자와 신용정보업자는 다양한 제도를 통해 개인정보와 신용정보를 안전하게 관리하고 이용자의 권리를 보호해야 한다. 주요 제도로는 개인정보보호책임자를 지정하고, 개인정보 처리방침을 수립하여 공개해야 한다. 또한, 개인정보 영향평가를 실시하고, 개인정보보호인증(ISMS-P)을 받아 정보보호 수준을 높이며, 개인정보 유출 시 손해배상 책임을 진다. 신용정보업자의 경우, 신용정보관리·보호인을 지정하고 신용정보활용체제를 공시하며, 개인신용정보 활용·관리 실태에 대한 상시평가를 받아야 한다.

▣ 개인정보처리자/신용정보업자 적용 제도 개요

제도	목적	대상	주요 내용
개인정보 보호수준 평가	개인정보처리자의 개인정보보호 수준을 객관적으로 평가하여 개선 유도	공공기관, 일정 규모 이상의 민간 기업	• 개인정보 관리체계, 기술적·관리적 보호조치, 침해사고 대응 등을 종합적으로 평가 • 평가 결과에 따른 개선 권고 및 시정 요구
개인정보 처리방침의 평가 및 개선 권고	개인정보 처리방침의 투명성 및 적절성 확보	일정 규모 이상의 개인정보처리자	• 개인정보 처리방침의 내용, 공개 방식, 정보주체의 권리 보장 등을 평가 • 평가 결과에 따른 개선 권고
개인정보 보호책임자의 지정 등	개인정보보호 책임 및 권한 명확화, 내부 통제 강화	일정 규모 이상의 개인정보처리자	• 개인정보보호책임자 지정 의무화 • 개인정보보호책임자의 역할 및 책임 규정
국내대리인의 지정	해외 사업자의 개인정보 처리 관련 국내 이용자 보호 강화	국내에 영업장이 없는 해외 사업자 (일정 요건 충족 시)	• 국내 이용자의 개인정보 관련 불만 처리 및 법적 책임 대행 • 국내대리인 지정 및 정보 공개 의무화
개인정보보호 인증(ISMS-P)	기업의 개인정보보호 관리체계 및 기술 수준 인증을 통한 신뢰도 향상	기업, 기관 (자율 인증)	• 정보보호 관리체계(ISMS) 인증과 개인정보보호 관리체계(PIMS) 인증 결합 • 인증 기준 충족 시 인증서 발급 및 혜택 제공
개인정보 영향평가	개인정보 처리 시스템 구축·변경 시 개인정보 침해 위험 사전 예측 및 예방	공공기관 (일정 규모 이상)	• 개인정보 침해 가능성, 영향, 위험도 분석 • 위험 감소 방안 마련 및 이행

제도	목적	대상	주요 내용
개인정보 유출 등의 통지·신고	개인정보 유출 피해 확산 조기 차단 및 대응	개인정보처리자	• 유출 인지 후 72시간 이내 신고 • 1천 명 이상 정보주체 유출 시 신고 의무 • 유출된 개인정보 항목, 유출 시점, 경위 등 통지
개인정보 손해배상책임	개인정보 침해로 인한 피해 구제 강화	일정 규모 이상의 개인정보처리자	• 개인정보 침해 발생 시 손해 배상 책임 부과 • 손해배상 책임보험 가입 의무화 (일정 요건 충족 시)
신용정보관리·보호인 지정 제도	금융회사의 신용정보 관리·보호 책임 강화	금융회사	• 신용정보 관리·보호인 지정 의무화 • 신용정보 유출 방지 및 관리·감독 강화
신용정보활용 체제의 공시	금융회사의 신용정보 활용 투명성 강화 및 소비자 알 권리 보장	금융회사	신용정보의 수집·이용 목적, 제공 내역, 관리 현황 등 공시 의무화
개인신용정보 활용·관리 실태에 대한 상시평가	금융회사의 개인신용정보 활용·관리 실태 점검 및 개선 유도	금융회사	개인신용정보 활용 및 관리의 적정성, 안전성 등을 상시적으로 평가 – 평가 결과에 따른 개선 요구 및 제재

3.1.3 개인정보보호법

개인정보보호법은 개인정보의 처리 및 보호에 관한 사항을 정함으로써 개인의 자유와 권리를 보호하고, 나아가 개인의 존엄과 가치를 구현함을 목적으로 한다. ISRM 시험에서는 CPPG 자격증과 ISMS-P 자격증의 지엽적인 부분까지 시험에 출제되는 것으로 보이므로 개인정보보호법의 시행령뿐 아니라 지면 관계상 교재에 수록하지 않은 고시부분까지 집중적인 학습이 필요하다.

■ 개인정보보호법 구성

장	조
제1장 총칙	제1조 목적, 제2조 정의, **제3조 개인정보보호 원칙, 제4조 정보주체의 권리**, 제5조 국가 등의 책무, 제6조 다른 법률과의 관계
제2장 개인정보 보호정책의 수립 등	제7조 개인정보보호위원회, 제7조의2 보호위원회의 구성 등, 제7조의3 위원장, 제7조의4 위원의 임기, 제7조의5 위원의 신분보장, 제7조의6 겸직금지 등, 제7조의7 결격사유, 제7조의8 보호위원회의 소관 사무, 제7조의9 보호위원회의 심의·의결 사항 등, 제7조의10 회의, 제7조의11 위원의 제척·기피·회피, 제7조의12 소위원회, 제7조의13 사무처, 제7조의14 운영 등, 제8조, 제8조의2 개인정보 침해요인 평가, 제9조 기본계획, 제10조 시행계획, 제11조 자료제출 요구 등, **제11조의2 개인정보보호 수준 평가**, 제12조 개인정보보호지침, 제13조 자율규제의 촉진 및 지원, 제13조의2 개인정보보호의 날, 제14조 국제협력
제3장 개인정보의 처리	제15조 개인정보의 수집·이용, 제16조 개인정보의 수집 제한, 제17조 개인정보의 제공, 제18조 개인정보의 목적 외 이용·제공 제한, 제19조 개인정보를 제공받은 자의 이용·제공 제한, 제20조 정보주체 이외로부터 수집한 개인정보의 수집 출처 등 통지, 제20조의2 개인정보 이용·제공 내역의 통지, 제21조 개인정보의 파기, 제22조 동의를 받는 방법, 제22조의2 아동의 개인정보보호, 제23조 민감정보의 처리 제한, 제24조 고유식별정보의 처리 제한, 제24조의2 주민등록번호 처리의 제한, 제25조 고정형 영상정보처리기기의 설치·운영 제한, 제25조의2 이동형 영상정보처리기기의 운영 제한, 제26조 업무위탁에 따른 개인정보의 처리 제한, 제27조 영업양도 등에 따른 개인정보의 이전 제한, 제28조 개인정보취급자에 대한 감독, 제28조의2 가명정보의 처리 등, 제28조의3 가명정보의 결합 제한, 제28조의4 가명정보에 대한 안전조치의무 등, 제28조의5 가명정보 처리 시 금지의무 등, 제28조의6, 제28조의7 적용범위, 제28조의8 개인정보의 국외 이전, 제28조의9 개인정보의 국외 이전 중지 명령, 제28조의10 상호주의, 제28조의11 준용규정
제4장 개인정보의 안전한 관리	제29조 안전조치의무, **제30조 개인정보 처리방침의 수립 및 공개, 제30조의2 개인정보 처리방침의 평가 및 개선권고, 제31조 개인정보보호책임자의 지정 등, 제31조의2 국내대리인의 지정**, 제32조 개인정보파일의 등록 및 공개, **제32조의2 개인정보보호 인증, 제33조 개인정보 영향평가, 제34조 개인정보 유출 등의 통지·신고**, 제34조의2 노출된 개인정보의 삭제·차단

장	조
제5장 정보주체의 권리 보장	제35조 개인정보의 열람, 제35조의3 개인정보관리 전문기관, 제35조의4 개인정보 전송 관리 및 지원, 제36조 개인정보의 정정·삭제, 제37조 개인정보의 처리정지 등, 제37조의2 자동화된 결정에 대한 정보주체의 권리 등, 제38조 권리행사의 방법 및 절차, 제39조 손해배상책임, 제39조의2 법정손해배상의 청구
제6장 삭제	제39조의3 자료의 제출, 제39조의4 비밀유지명령, 제39조의5 비밀유지명령의 취소, 제39조의6 소송기록 열람 등의 청구 통지 등, **제39조의7 손해배상의 보장**
제7장 개인정보 분쟁조정위원회	제40조 설치 및 구성, 제41조 위원의 신분보장, 제42조 위원의 제척·기피·회피, 제43조 조정의 신청 등, 제44조 처리기간, 제45조 자료의 요청 및 사실조사 등, 제45조의2 진술의 원용 제한, 제46조 조정 전 합의 권고, 제47조 분쟁의 조정, 제48조 조정의 거부 및 중지, 제49조 집단분쟁조정, 제50조 조정절차 등, 제50조의2 개선의견의 통보
제8장 개인정보 단체소송	제51조 단체소송의 대상 등, 제52조 전속관할, 제53조 소송대리인의 선임, 제54조 소송허가신청, 제55조 소송허가요건 등, 제56조 확정판결의 효력, 제57조 「민사소송법」의 적용 등
제9장 보칙	제58조 적용의 일부 제외, 제58조의2 적용제외, 제59조 금지행위, 제60조 비밀유지 등, 제61조 의견제시 및 개선권고, 제62조 침해 사실의 신고 등, 제63조 자료제출 요구 및 검사, 제63조의2 사전 실태점검, 제64조 시정조치 등, 제64조의2 과징금의 부과, 제65조 고발 및 징계권고, 제66조 결과의 공표, 제67조 연차보고, 제68조 권한의 위임·위탁, 제69조 벌칙 적용 시의 공무원 의제
제10장 벌칙	제70조 벌칙, 제71조 벌칙, 제72조 벌칙, 제73조 벌칙, 제74조 양벌규정, 제74조의2 몰수·추징 등, 제75조 과태료, 제76조 과태료에 관한 규정 적용의 특례

3.1.4 신용정보법

신용정보법은 신용정보 관련 산업을 건전하게 육성하고 신용정보의 효율적 이용과 체계적 관리를 도모하며 신용정보의 오용·남용으로부터 사생활의 비밀 등을 적절히 보호함으로써 건전한 신용질서를 확립하고 국민경제의 발전에 이바지함을 목적으로 한다. 신용정보법은 금융기관에 대한 규제이기 때문에 지엽적인 부분까지 학습하기는 어려우며, 개인정보보호법에서 등장하는 금융기관 특별법 위주로 학습하는 것이 좋다.

■ 신용정보법 구성

장	조
제1장 총칙	제1조 목적, 제2조 정의, 제3조 신용정보 관련 산업의 육성, 제3조의2 다른 법률과의 관계
제2장 신용정보업 등의 허가 등	제4조 신용정보업 등의 허가, 제5조 신용정보업 등의 허가를 받을 수 있는 자, 제6조 허가의 요건, 제7조 허가 등의 공고, 제8조 신고 및 보고 사항, 제9조 대주주의 변경승인 등, 제9조의2 최대주주의 자격심사 등, 제10조 양도·양수 등의 인가 등, 제11조 겸영업무, 제11조의2 부수업무, 제12조 유사명칭의 사용 금지, 제13조 임원의 겸직 금지, 제14조 허가 등의 취소와 업무의 정지
제3장 신용정보의 수집 및 처리	제15조 수집 및 처리의 원칙, 제16조, 제17조 처리의 위탁, 제17조의2 정보집합물의 결합 등
제4장 신용정보의 유통 및 관리	제18조 신용정보의 정확성 및 최신성의 유지, 제19조 신용정보전산시스템의 안전보호, **제20조 신용정보 관리책임의 명확화 및 업무처리기록의 보존**, 제20조의2 개인신용정보의 보유기간 등, 제21조 폐업 시 보유정보의 처리
제5장 신용정보 관련 산업	제22조 신용정보회사 임원의 자격요건 등, 제22조의2 신용정보 등의 보고, 제22조의3 개인신용평가 등에 관한 원칙, 제22조의4 개인신용평가회사의 행위규칙, 제22조의5 개인사업자신용평가회사의 행위규칙, 제22조의6 기업신용조회회사의 행위규칙, 제22조의7 신용조사회사의 행위규칙, 제22조의8 본인신용정보관리회사의 임원의 자격요건, 제22조의9 본인신용정보관리회사의 행위규칙, 제23조 공공기관에 대한 신용정보의 제공 요청 등, 제24조 주민등록전산정보자료의 이용, 제25조 신용정보집중기관, 제25조의2 종합신용정보집중기관의 업무, 제26조 신용정보집중관리위원회, 제26조의2 신용정보집중관리위원회의 구성·운영 등, 제26조의3 개인신용평가체계 검증위원회, 제26조의4 데이터전문기관, 제27조 채권추심업 종사자 및 위임직채권추심인 등, 제27조의2 무허가 채권추심업자에 대한 업무위탁의 금지, 제28조, 제29조, 제30조

장	조
제6장 신용정보주체의 보호	**제31조 신용정보활용체제의 공시**, 제32조 개인신용정보의 제공·활용에 대한 동의, 제33조 개인신용정보의 이용, 제33조의2 개인신용정보의 전송요구, 제34조 개인식별정보의 수집·이용 및 제공, 제34조의2 개인신용정보 등의 활용에 관한 동의의 원칙, 제34조의3 정보활용 동의등급, 제35조 신용정보 이용 및 제공사실의 조회, 제35조의2 개인신용평점 하락 가능성 등에 대한 설명의무, 제35조의3 신용정보제공·이용자의 사전통지, 제36조 상거래 거절 근거 신용정보의 고지 등, 제36조의2 자동화평가 결과에 대한 설명 및 이의제기 등, 제37조 개인신용정보 제공 동의 철회권 등, 제38조 신용정보의 열람 및 정정청구 등, 제38조의2 신용조회사실의 통지 요청, 제38조의3 개인신용정보의 삭제 요구, 제39조 무료 열람권, 제39조의2 채권자변동정보의 열람 등, 제39조의3 신용정보주체의 권리행사 방법 및 절차, 제39조의4 개인신용정보 누설통지 등, 제40조 신용정보회사등의 금지사항, 제40조의2 가명처리·익명처리에 관한 행위규칙, 제40조의3 가명정보에 대한 적용 제외, 제41조 채권추심회사의 금지 사항, 제41조의2 모집업무수탁자의 모집경로 확인 등, 제42조 업무 목적 외 누설금지 등, 제42조의2 과징금의 부과 등, 제43조 손해배상의 책임, 제43조의2 법정손해배상의 청구, 제43조의3 손해배상의 보장, 제44조 신용정보협회
제7장 보칙	제45조 감독·검사 등, 제45조의2 금융위원회의 조치명령권, 제45조의3 보호위원회의 자료제출 요구·조사 등, 제45조의4 보호위원회의 시정조치, **제45조의5 개인신용정보 활용·관리 실태에 대한 상시평가**, 제46조 퇴임한 임원 등에 대한 조치 내용의 통보, 제47조 업무보고서의 제출, 제48조 청문, 제49조 권한의 위임·위탁, 제50조 벌칙, 제51조 양벌규정, 제52조 과태료

3.2 개인정보처리자/신용정보업자 준수 법률 요구사항

3.2.1 (개인) 개인정보보호 원칙

개인정보보호법 (2025. 3. 13) 제3조

제3조(개인정보보호 원칙)
① 개인정보처리자는 개인정보의 처리 목적을 명확하게 하여야 하고 그 목적에 필요한 범위에서 최소한의 개인정보만을 적법하고 정당하게 수집하여야 한다.
② 개인정보처리자는 개인정보의 처리 목적에 필요한 범위에서 적합하게 개인정보를 처리하여야 하며, 그 목적 외의 용도로 활용하여서는 아니 된다.
③ 개인정보처리자는 개인정보의 처리 목적에 필요한 범위에서 개인정보의 정확성, 완전성 및 최신성이 보장되도록 하여야 한다.
④ 개인정보처리자는 개인정보의 처리 방법 및 종류 등에 따라 정보주체의 권리가 침해받을 가능성과 그 위험 정도를 고려하여 개인정보를 안전하게 관리하여야 한다.
⑤ 개인정보처리자는 제30조에 따른 개인정보 처리방침 등 개인정보의 처리에 관한 사항을 공개하여야 하며, 열람청구권 등 정보주체의 권리를 보장하여야 한다.
⑥ 개인정보처리자는 정보주체의 사생활 침해를 최소화하는 방법으로 개인정보를 처리하여야 한다.
⑦ 개인정보처리자는 개인정보를 익명 또는 가명으로 처리하여도 개인정보 수집목적을 달성할 수 있는 경우 익명처리가 가능한 경우에는 익명에 의하여, 익명처리로 목적을 달성할 수 없는 경우에는 가명에 의하여 처리될 수 있도록 하여야 한다.
⑧ 개인정보처리자는 이 법 및 관계 법령에서 규정하고 있는 책임과 의무를 준수하고 실천함으로써 정보주체의 신뢰를 얻기 위하여 노력하여야 한다.

3.2.2 (개인) 정보주체의 권리

개인정보보호법 (2025. 3. 13) 제4조

제4조(정보주체의 권리)
정보주체는 자신의 개인정보 처리와 관련하여 다음 각 호의 권리를 가진다.
1. 개인정보의 처리에 관한 정보를 제공받을 권리
2. 개인정보의 처리에 관한 동의 여부, 동의 범위 등을 선택하고 결정할 권리
3. 개인정보의 처리 여부를 확인하고 개인정보에 대한 열람(사본의 발급을 포함한다. 이하 같다) 및 전송을 요구할 권리
4. 개인정보의 처리 정지, 정정·삭제 및 파기를 요구할 권리
5. 개인정보의 처리로 인하여 발생한 피해를 신속하고 공정한 절차에 따라 구제받을 권리
6. 완전히 자동화된 개인정보 처리에 따른 결정을 거부하거나 그에 대한 설명 등을 요구할 권리

3.2.3 (개인) 개인정보보호수준 평가

개인정보보호법 (2025. 3. 13) 제11조의2

제11조의2(개인정보보호수준 평가)

① 보호위원회는 공공기관 중 중앙행정기관 및 그 소속기관, 지방자치단체, 그 밖에 대통령령으로 정하는 기관을 대상으로 매년 개인정보보호 정책·업무의 수행 및 이 법에 따른 의무의 준수 여부 등을 평가(이하 "개인정보보호수준 평가"라 한다)하여야 한다.

② 보호위원회는 개인정보보호수준 평가에 필요한 경우 해당 공공기관의 장에게 관련 자료를 제출하게 할 수 있다.

③ 보호위원회는 개인정보보호수준 평가의 결과를 인터넷 홈페이지 등을 통하여 공개할 수 있다.

④ 보호위원회는 개인정보보호수준 평가의 결과에 따라 우수기관 및 그 소속 직원에 대하여 포상할 수 있고, 개인정보보호를 위하여 필요하다고 인정하면 해당 공공기관의 장에게 개선을 권고할 수 있다. 이 경우 권고를 받은 공공기관의 장은 이를 이행하기 위하여 성실하게 노력하여야 하며, 그 조치 결과를 보호위원회에 알려야 한다.

⑤ 그 밖에 개인정보보호수준 평가의 기준·방법·절차 및 제2항에 따른 자료 제출의 범위 등에 필요한 사항은 대통령령으로 정한다.

개인정보보호법 시행령 (2025. 3. 13) 제13조의2

제13조의2(개인정보보호수준 평가의 대상·기준·방법·절차 등)

① 법 제11조의2제1항에서 "대통령령으로 정하는 기관"이란 다음 각 호의 기관을 말한다.
  1. 「공공기관의 운영에 관한 법률」 제4조에 따른 공공기관
  2. 「지방공기업법」에 따른 지방공사와 지방공단
  3. 그 밖에 제2조제4호 및 제5호에 따른 공공기관 중 공공기관의 개인정보 처리 업무의 특성 등을 고려하여 보호위원회가 고시하는 기준에 해당하는 기관

② 법 제11조의2제1항에 따른 개인정보보호수준 평가(이하 "개인정보보호수준 평가"라 한다)의 기준은 다음 각 호와 같다.
  1. 개인정보보호 정책·업무 수행실적 및 개선 정도
  2. 개인정보 관리체계의 적정성
  3. 정보주체의 권리보장을 위한 조치사항 및 이행 정도
  4. 개인정보 침해방지 조치사항 및 안전성 확보 조치 이행 정도
  5. 그 밖에 개인정보의 처리 및 안전한 관리를 위해 필요한 조치 사항의 준수 여부

③ 보호위원회는 개인정보보호수준 평가를 시행하기 전에 평가대상, 평가기준·방법 및 평가지표 등을 포함한 평가계획을 마련하여 개인정보보호수준 평가 대상 기관(이하 "평가대상기관"이라 한다)의 장에게 통보해야 한다.

④ 보호위원회는 개인정보보호수준 평가를 효율적으로 실시하기 위해 개인정보보호에 관한 전문적인 지식과 경험이 풍부한 전문가를 포함하여 평가단을 구성·운영할 수 있다.

⑤ 보호위원회는 법 제11조의2제2항에 따라 다음 각 호의 자료를 제출하게 할 수 있다.
  1. 평가대상기관이 개인정보보호수준을 자체적으로 점검한 경우 그 결과 및 증명자료
  2. 제1호의 증명자료의 검증에 필요한 자료
  3. 그 밖에 개인정보의 안전한 관리 여부 등 개인정보보호수준을 평가하기 위해 필요한 자료

⑥ 보호위원회는 제5항에 따라 평가대상기관의 장이 제출한 자료를 기준으로 평가를 진행하거나 평가대상기관을 방문하여 평가할 수 있다.

⑦ 보호위원회는 중앙행정기관의 장 또는 지방자치단체의 장에게 소속 기관 등 소관 분야 평가대상기관의 평가준비 또는 평가결과에 따른 개인정보호 조치를 위해 필요한 사항을 지원하도록 요청할 수 있다. 이 경우 요청을 받은 중앙행정기관의 장 또는 지방자치단체의 장은 요청에 따른 지원을 하기 위해 노력해야 한다.

⑧ 제1항부터 제7항까지의 규정에 따른 개인정보호수준 평가에 관한 세부 사항은 보호위원회가 정하여 고시한다.

3.2.4 (개인) 안전조치의무

개인정보보호법 (2025. 3. 13) 제29조

제29조(안전조치의무)
개인정보처리자는 개인정보가 분실·도난·유출·위조·변조 또는 훼손되지 아니하도록 내부 관리계획 수립, 접속기록 보관 등 대통령령으로 정하는 바에 따라 안전성 확보에 필요한 기술적·관리적 및 물리적 조치를 하여야 한다.

개인정보보호법 시행령 (2025. 3. 13) 제30조

제30조(개인정보의 안전성 확보 조치)
① 개인정보처리자는 법 제29조에 따라 다음 각 호의 안전성 확보 조치를 해야 한다.

1. 개인정보의 안전한 처리를 위한 다음 각 목의 내용을 포함하는 내부 관리계획의 수립·시행 및 점검
   가. 법 제28조제1항에 따른 개인정보취급자(이하 "개인정보취급자"라 한다)에 대한 관리·감독 및 교육에 관한 사항
   나. 법 제31조에 따른 개인정보보호책임자의 지정 등 개인정보보호 조직의 구성·운영에 관한 사항
   다. 제2호부터 제8호까지의 규정에 따른 조치를 이행하기 위하여 필요한 세부 사항
2. 개인정보에 대한 접근 권한을 제한하기 위한 다음 각 목의 조치
   가. 데이터베이스시스템 등 개인정보를 처리할 수 있도록 체계적으로 구성한 시스템(이하 "개인정보처리시스템"이라 한다)에 대한 접근 권한의 부여·변경·말소 등에 관한 기준의 수립·시행
   나. 정당한 권한을 가진 자에 의한 접근인지를 확인하기 위해 필요한 인증수단 적용 기준의 설정 및 운영
   다. 그 밖에 개인정보에 대한 접근 권한을 제한하기 위하여 필요한 조치
3. 개인정보에 대한 접근을 통제하기 위한 다음 각 목의 조치
   가. 개인정보처리시스템에 대한 침입을 탐지하고 차단하기 위하여 필요한 조치
   나. 개인정보처리시스템에 접속하는 개인정보취급자의 컴퓨터 등으로서 보호위원회가 정하여 고시하는 기준에 해당하는 컴퓨터 등에 대한 인터넷망의 차단. 다만, 전년도 말 기준 직전 3개월간 그 개인정보가 저장·관리되고 있는 「정보통신망 이용촉진 및 정보보호 등에 관한 법률」 제2조제1항제4호에 따른 이용자 수가 일일평균 100만 명 이상인 개인정보처리자만 해당한다.
   다. 그 밖에 개인정보에 대한 접근을 통제하기 위하여 필요한 조치

4. 개인정보를 안전하게 저장·전송하는 데 필요한 다음 각 목의 조치
　　가. 비밀번호의 일방향 암호화 저장 등 인증정보의 암호화 저장 또는 이에 상응하는 조치
　　나. 주민등록번호 등 보호위원회가 정하여 고시하는 정보의 암호화 저장 또는 이에 상응하는 조치
　　다. 「정보통신망 이용촉진 및 정보보호 등에 관한 법률」 제2조제1항제1호에 따른 정보통신망을 통하여 정보주체의 개인정보 또는 인증정보를 송신·수신하는 경우 해당 정보의 암호화 또는 이에 상응하는 조치
　　라. 그 밖에 암호화 또는 이에 상응하는 기술을 이용한 보안조치
5. 개인정보 침해사고 발생에 대응하기 위한 접속기록의 보관 및 위조·변조 방지를 위한 다음 각 목의 조치
　　가. 개인정보처리시스템에 접속한 자의 접속일시, 처리내역 등 접속기록의 저장·점검 및 이의 확인·감독
　　나. 개인정보처리시스템에 대한 접속기록의 안전한 보관
　　다. 그 밖에 접속기록 보관 및 위조·변조 방지를 위하여 필요한 조치
6. 개인정보처리시스템 및 개인정보취급자가 개인정보 처리에 이용하는 정보기기에 대해 컴퓨터바이러스, 스파이웨어, 랜섬웨어 등 악성프로그램의 침투 여부를 항시 점검·치료할 수 있도록 하는 등의 기능이 포함된 프로그램의 설치·운영과 주기적 갱신·점검 조치
7. 개인정보의 안전한 보관을 위한 보관시설의 마련 또는 잠금장치의 설치 등 물리적 조치
8. 그 밖에 개인정보의 안전성 확보를 위하여 필요한 조치
② 보호위원회는 개인정보처리자가 제1항에 따른 안전성 확보 조치를 하도록 시스템을 구축하는 등 필요한 지원을 할 수 있다.
③ 제1항에 따른 안전성 확보 조치에 관한 세부 기준은 보호위원회가 정하여 고시한다.

제30조의2(공공시스템 운영기관 등의 개인정보 안전성 확보 조치 등)

① 개인정보의 처리 규모, 접근 권한을 부여받은 개인정보취급자의 수 등 보호위원회가 고시하는 기준에 해당하는 개인정보처리시스템(이하 "공공시스템"이라 한다)을 운영하는 공공기관(이하 "공공시스템운영기관"이라 한다)은 법 제29조에 따라 이 영 제30조의 안전성 확보 조치 외에 다음 각 호의 조치를 추가로 해야 한다.

　1. 제30조제1항제1호에 따른 내부 관리계획에 공공시스템별로 작성한 안전성 확보 조치를 포함할 것

　2. 공공시스템에 접속하여 개인정보를 처리하는 기관(이하 이 조에서 "공공시스템이용기관"이라 한다)이 정당한 권한을 가진 개인정보취급자에게 접근 권한을 부여·변경·말소 등을 할 수 있도록 하는 등 접근 권한의 안전한 관리를 위해 필요한 조치

　3. 개인정보에 대한 불법적인 접근 및 침해사고 방지를 위한 공공시스템 접속기록의 저장·분석·점검·관리 등의 조치

② 공공시스템운영기관 및 공공시스템이용기관은 정당한 권한 없이 또는 허용된 권한을 초과하여 개인정보에 접근한 사실이 확인되는 경우에는 지체 없이 정보주체에게 해당 사실과 피해 예방 등을 위해 필요한 사항을 통지해야 한다. 이 경우 다음 각 호의 어느 하나에 해당하는 경우에는 통지를 한 것으로 본다.

　1. 법 제34조제1항에 따라 정보주체에게 개인정보의 분실·도난·유출에 대하여 통지한 경우

　2. 다른 법령에 따라 정보주체에게 개인정보에 접근한 사실과 피해 예방 등을 위해 필요한 사항을 통지한 경우

③ 공공시스템운영기관(공공시스템을 개발하여 배포하는 공공기관이 따로 있는 경우에는 그 공공기관을 포함한다. 이하 이 조에서 같다)은 해당 공공시스템의 규모와 특성, 해당 공공시스템이용기관의 수 등을 고려하여 개인정보의 안전한 관리에 관련된 업무를 전담하는 부서를 지정하여 운영하거나 전담인력을 배치해야 한다.

④ 공공시스템운영기관은 공공시스템별로 해당 공공시스템을 총괄하여 관리하는 부서의 장을 관리책임자로 지정해야 한다. 다만, 해당 공공시스템을 총괄하여 관리하는 부서가 없을 때에는 업무 관련성 및 수행능력 등을 고려하여 해당 공공시스템운영기관의 관련 부서의 장 중에서 관리책임자를 지정해야 한다.

⑤ 공공시스템운영기관은 공공시스템의 안전성 확보 조치 이행상황 점검 및 개선에 관한 사항을 협의하기 위하여 다음 각 호의 기관으로 구성되는 공공시스템운영협의회를 공공시스템별로 설치·운영해야 한다. 다만, 하나의 공공기관이 2개 이상의 공공시스템을 운영하는 경우에는 공공시스템운영협의회를 통합하여 설치·운영할 수 있다.

　1. 공공시스템운영기관

　2. 공공시스템의 운영을 위탁하는 경우 해당 수탁자

　3. 공공시스템운영기관이 필요하다고 인정하는 공공시스템이용기관

⑥ 보호위원회는 공공시스템운영기관이 개인정보의 안전성 확보 조치를 이행하는데 필요한 지원을 할 수 있다.

⑦ 제1항부터 제6항까지에서 규정한 사항 외에 공공시스템운영기관 등의 개인정보의 안전성 확보 조치에 필요한 사항은 보호위원회가 정하여 고시한다.

3.2.5 (개인) 개인정보 처리방침의 수립 및 공개

개인정보보호법 (2025. 3. 13) 제30조

제30조(개인정보 처리방침의 수립 및 공개)

① 개인정보처리자는 다음 각 호의 사항이 포함된 개인정보의 처리 방침(이하 "개인정보 처리방침"이라 한다)을 정하여야 한다. 이 경우 공공기관은 제32조에 따라 등록대상이 되는 개인정보파일에 대하여 개인정보 처리방침을 정한다.

1. 개인정보의 처리 목적
2. 개인정보의 처리 및 보유 기간
3. 개인정보의 제3자 제공에 관한 사항(해당되는 경우에만 정한다)
3의2. 개인정보의 파기절차 및 파기방법(제21조제1항 단서에 따라 개인정보를 보존하여야 하는 경우에는 그 보존근거와 보존하는 개인정보 항목을 포함한다)
3의3. 제23조제3항에 따른 민감정보의 공개 가능성 및 비공개를 선택하는 방법(해당되는 경우에만 정한다)
4. 개인정보처리의 위탁에 관한 사항(해당되는 경우에만 정한다)
4의2. 제28조의2 및 제28조의3에 따른 가명정보의 처리 등에 관한 사항(해당되는 경우에만 정한다)
5. 정보주체와 법정대리인의 권리·의무 및 그 행사방법에 관한 사항
6. 제31조에 따른 개인정보보호책임자의 성명 또는 개인정보보호업무 및 관련 고충사항을 처리하는 부서의 명칭과 전화번호 등 연락처
7. 인터넷 접속정보파일 등 개인정보를 자동으로 수집하는 장치의 설치·운영 및 그 거부에 관한 사항(해당하는 경우에만 정한다)
8. 그 밖에 개인정보의 처리에 관하여 대통령령으로 정한 사항

② 개인정보처리자가 개인정보 처리방침을 수립하거나 변경하는 경우에는 정보주체가 쉽게 확인할 수 있도록 대통령령으로 정하는 방법에 따라 공개하여야 한다.

③ 개인정보 처리방침의 내용과 개인정보처리자와 정보주체 간에 체결한 계약의 내용이 다른 경우에는 정보주체에게 유리한 것을 적용한다.

④ 보호위원회는 개인정보 처리방침의 작성지침을 정하여 개인정보처리자에게 그 준수를 권장할 수 있다.

개인정보보호법 시행령 (2025. 3. 13) 제31조

제31조(개인정보 처리방침의 내용 및 공개방법 등)
① 법 제30조제1항제8호에서 "대통령령으로 정한 사항"이란 다음 각 호의 사항을 말한다.
  1. 처리하는 개인정보의 항목
  2. 법 제28조의8제1항 각 호에 따라 개인정보를 국외로 이전하는 경우 국외 이전의 근거와 같은 조 제2항 각 호의 사항
  3. 제30조에 따른 개인정보의 안전성 확보 조치에 관한 사항
  4. 국외에서 국내 정보주체의 개인정보를 직접 수집하여 처리하는 경우 개인정보를 처리하는 국가명
② 개인정보처리자는 법 제30조제2항에 따라 수립하거나 변경한 개인정보 처리방침을 개인정보처리자의 인터넷 홈페이지에 지속적으로 게재하여야 한다.
③ 제2항에 따라 인터넷 홈페이지에 게재할 수 없는 경우에는 다음 각 호의 어느 하나 이상의 방법으로 수립하거나 변경한 개인정보 처리방침을 공개하여야 한다.
  1. 개인정보처리자의 사업장 등의 보기 쉬운 장소에 게시하는 방법
  2. 관보(개인정보처리자가 공공기관인 경우만 해당한다)나 개인정보처리자의 사업장 등이 있는 시·도 이상의 지역을 주된 보급지역으로 하는 「신문 등의 진흥에 관한 법률」 제2조제1호가목·다목 및 같은 조 제2호에 따른 일반일간신문, 일반주간신문 또는 인터넷신문에 싣는 방법
  3. 같은 제목으로 연 2회 이상 발행하여 정보주체에게 배포하는 간행물·소식지·홍보지 또는 청구서 등에 지속적으로 싣는 방법
  4. 재화나 서비스를 제공하기 위하여 개인정보처리자와 정보주체가 작성한 계약서 등에 실어 정보주체에게 발급하는 방법

3.2.6 (개인) 개인정보 처리방침의 평가 및 개선권고

개인정보보호법 (2025. 3. 13) 제30조의2

제30조의2(개인정보 처리방침의 평가 및 개선권고)
① 보호위원회는 개인정보 처리방침에 관하여 다음 각 호의 사항을 평가하고, 평가 결과 개선이 필요하다고 인정하는 경우에는 개인정보처리자에게 제61조제2항에 따라 개선을 권고할 수 있다.
  1. 이 법에 따라 개인정보 처리방침에 포함하여야 할 사항을 적정하게 정하고 있는지 여부
  2. 개인정보 처리방침을 알기 쉽게 작성하였는지 여부
  3. 개인정보 처리방침을 정보주체가 쉽게 확인할 수 있는 방법으로 공개하고 있는지 여부
② 개인정보 처리방침의 평가 대상, 기준 및 절차 등에 필요한 사항은 대통령령으로 정한다.

개인정보보호법 시행령 (2025. 3. 13) 제31조의2

제31조의2(개인정보 처리방침의 평가 대상 및 절차)
① 보호위원회는 법 제30조의2제1항에 따라 개인정보 처리방침을 평가하는 경우 다음 각 호의 사항을 종합적으로 고려하여 평가 대상을 선정한다.
1. 개인정보처리자의 유형 및 매출액(매출액을 산정하지 않는 경우에는 「법인세법」 제4조제3항제1호에 따른 수익사업에서 생기는 소득을 말하며, 이하 제32조 및 제48조의7에서 "매출액 등"이라 한다) 규모
2. 민감정보 및 고유식별정보 등 처리하는 개인정보의 유형 및 규모
3. 개인정보 처리의 법적 근거 및 방식
4. 법 위반행위 발생 여부
5. 아동·청소년 등 정보주체의 특성
② 보호위원회는 제1항에 따라 평가 대상 개인정보 처리방침을 선정한 경우에는 평가 개시 10일 전까지 해당 개인정보처리자에게 평가 내용·일정 및 절차 등이 포함된 평가계획을 통보해야 한다.
③ 보호위원회는 법 제30조의2에 따른 개인정보 처리방침의 평가에 필요한 경우에는 해당 개인정보처리자에게 의견을 제출하도록 요청할 수 있다.
④ 보호위원회는 법 제30조의2에 따라 개인정보 처리방침을 평가한 후 그 결과를 지체 없이 해당 개인정보처리자에게 통보해야 한다.
⑤ 제1항부터 제4항까지에서 규정한 사항 외에 개인정보 처리방침 평가를 위한 세부적인 대상 선정 기준과 절차는 보호위원회가 정하여 고시한다.

개인정보 처리방침 평가에 관한 고시 (2024. 2. 20) 제4조

제4조(평가 대상)
① 영 제31조의2제1항에 따른 개인정보 처리방침의 평가 대상은 다음 각 호의 사항을 종합적으로 고려하여 처리방침 평가가 필요하다고 보호위원회가 심의·의결한 자로 한다.
1. 전년도(법인의 경우에는 전 사업연도를 말하며, 이하 이 조에서 같다)의 매출액이 1,500억원 이상이면서 전년도 말 기준 직전 3개월간 그 개인정보가 저장·관리되고 있는 정보주체의 수가 일일평균 100만 명 이상일 것
2. 전년도 말 기준 직전 3개월간 법 제23조제1항에 따른 민감정보(이하 "민감정보"라 한다) 또는 법 제24조제1항에 따른 고유식별정보(이하 "고유식별정보"라 한다)가 저장·관리되고 있는 정보주체의 수가 일일평균 5만 명(업무수행을 위해 처리되는 그에 소속된 임직원의 민감정보나 고유식별정보는 제외한다) 이상일 것
3. 개인정보 처리방침에 법 제22조제3항에 따라 정보주체의 동의 없이 처리할 수 있는 개인정보의 항목과 처리의 법적 근거를 정보주체의 동의를 받아 처리하는 개인정보와 구분하고 있지 않을 것
4. 법 제37조의2에 따라 완전히 자동화된 시스템(인공지능 기술을 적용한 시스템을 포함한다)으로 개인정보를 처리하거나, 그 밖에 새로운 기술을 이용한 개인정보 처리 방식으로 인하여 개인정보 침해 발생 우려가 있을 것
5. 최근 3년 간 다음 각 목의 어느 하나에 해당할 것
   가. 2회 이상 법 제34조에 따른 개인정보 유출 등이 되었을 것
   나. 법 제62조의2에 따른 과징금을 부과 받았을 것
   다. 법 제75조에 따른 과태료를 부과 받았을 것
6. 19세 미만 아동 또는 청소년을 주된 이용자로 하는 「정보통신망 이용촉진 및 정보보호 등에 관한 법률」 제2조제2호에 따른 정보통신서비스를 운영할 것
② 보호위원회는 필요한 경우 평가 대상을 선정하기 전에 개인정보처리자에게 제1항 각 호의 평가 대상에 해당하는지 여부에 대한 확인을 요청할 수 있다.

3.2.7 (개인) 개인정보보호책임자의 지정 등

개인정보보호법 (2025. 3. 13) 제31조

제31조(개인정보보호책임자의 지정 등)
① 개인정보처리자는 개인정보의 처리에 관한 업무를 총괄해서 책임질 개인정보보호책임자를 지정하여야 한다. 다만, 종업원 수, 매출액 등이 대통령령으로 정하는 기준에 해당하는 개인정보처리자의 경우에는 지정하지 아니할 수 있다.
② 제1항 단서에 따라 개인정보보호책임자를 지정하지 아니하는 경우에는 개인정보처리자의 사업주 또는 대표자가 개인정보보호책임자가 된다.
③ 개인정보보호책임자는 다음 각 호의 업무를 수행한다.
  1. 개인정보보호 계획의 수립 및 시행
  2. 개인정보 처리 실태 및 관행의 정기적인 조사 및 개선
  3. 개인정보 처리와 관련한 불만의 처리 및 피해 구제
  4. 개인정보 유출 및 오용·남용 방지를 위한 내부통제시스템의 구축
  5. 개인정보보호 교육 계획의 수립 및 시행
  6. 개인정보파일의 보호 및 관리·감독
  7. 그 밖에 개인정보의 적절한 처리를 위하여 대통령령으로 정한 업무
④ 개인정보보호책임자는 제3항 각 호의 업무를 수행함에 있어서 필요한 경우 개인정보의 처리 현황, 처리 체계 등에 대하여 수시로 조사하거나 관계 당사자로부터 보고를 받을 수 있다.
⑤ 개인정보보호책임자는 개인정보보호와 관련하여 이 법 및 다른 관계 법령의 위반 사실을 알게 된 경우에는 즉시 개선조치를 하여야 하며, 필요하면 소속 기관 또는 단체의 장에게 개선조치를 보고하여야 한다.
⑥ 개인정보처리자는 개인정보보호책임자가 제3항 각 호의 업무를 수행함에 있어서 정당한 이유 없이 불이익을 주거나 받게 하여서는 아니 되며, 개인정보보호책임자가 업무를 독립적으로 수행할 수 있도록 보장하여야 한다.
⑦ 개인정보처리자는 개인정보의 안전한 처리 및 보호, 정보의 교류, 그 밖에 대통령령으로 정하는 공동의 사업을 수행하기 위하여 제1항에 따른 개인정보보호책임자를 구성원으로 하는 개인정보보호책임자 협의회를 구성·운영할 수 있다.
⑧ 보호위원회는 제7항에 따른 개인정보보호책임자 협의회의 활동에 필요한 지원을 할 수 있다.
⑨ 제1항에 따른 개인정보보호책임자의 자격요건, 제3항에 따른 업무 및 제6항에 따른 독립성 보장 등에 필요한 사항은 매출액, 개인정보의 보유 규모 등을 고려하여 대통령령으로 정한다.

개인정보보호법 시행령 (2025. 3. 13) 제32조

제32조(개인정보보호책임자의 업무 및 지정요건 등)

① 법 제31조제1항 단서에서 "종업원 수, 매출액 등이 대통령령으로 정하는 기준에 해당하는 개인정보처리자"란 「소상공인기본법」 제2조제1항에 따른 소상공인에 해당하는 개인정보처리자를 말한다.

② 법 제31조제3항제7호에서 "대통령령으로 정한 업무"란 다음 각 호와 같다.

1. 법 제30조에 따른 개인정보 처리방침의 수립·변경 및 시행
2. 개인정보 처리와 관련된 인적·물적 자원 및 정보의 관리
3. 처리 목적이 달성되거나 보유기간이 지난 개인정보의 파기

③ 개인정보처리자는 법 제31조제1항에 따라 개인정보보호책임자를 지정하려는 경우에는 다음 각 호의 구분에 따라 지정한다.

1. 공공기관: 다음 각 목의 구분에 따른 기준에 해당하는 공무원 등
    가. 국회, 법원, 헌법재판소, 중앙선거관리위원회의 행정사무를 처리하는 기관 및 중앙행정기관: 고위공무원단에 속하는 공무원(이하 "고위공무원"이라 한다) 또는 그에 상당하는 공무원
    나. 가목 외에 정무직공무원을 장(長)으로 하는 국가기관: 3급 이상 공무원(고위공무원을 포함한다) 또는 그에 상당하는 공무원
    다. 가목 및 나목 외에 고위공무원, 3급 공무원 또는 그에 상당하는 공무원 이상의 공무원을 장으로 하는 국가기관: 4급 이상 공무원 또는 그에 상당하는 공무원
    라. 가목부터 다목까지의 규정에 따른 국가기관 외의 국가기관(소속 기관을 포함한다): 해당 기관의 개인정보 처리 관련 업무를 담당하는 부서의 장
    마. 시·도 및 시·도 교육청: 3급 이상 공무원 또는 그에 상당하는 공무원
    바. 시·군 및 자치구: 4급 이상 공무원 또는 그에 상당하는 공무원
    사. 제2조제5호에 따른 각급 학교: 해당 학교의 행정사무를 총괄하는 사람. 다만, 제4항제2호에 해당하는 경우에는 교직원을 말한다.
    아. 가목부터 사목까지의 규정에 따른 기관 외의 공공기관: 개인정보 처리 관련 업무를 담당하는 부서의 장. 다만, 개인정보 처리 관련 업무를 담당하는 부서의 장이 2명 이상인 경우에는 해당 공공기관의 장이 지명하는 부서의 장이 된다.

2. 공공기관 외의 개인정보처리자: 다음 각 목의 어느 하나에 해당하는 사람
    가. 사업주 또는 대표자
    나. 임원(임원이 없는 경우에는 개인정보 처리 관련 업무를 담당하는 부서의 장)

④ 다음 각 호의 어느 하나에 해당하는 개인정보처리자(공공기관의 경우에는 제2조제2호부터 제5호까지에 해당하는 경우로 한정한다)는 제3항 각 호의 구분에 따른 사람 중 별표 1에서 정하는 요건을 갖춘 사람을 개인정보보호책임자로 지정해야 한다.

1. 연간 매출액 등이 1,500억 원 이상인 자로서 다음 각 목의 어느 하나에 해당하는 자(제2조제5호에 따른 각급 학교 및 「의료법」 제3조에 따른 의료기관은 제외한다)
    가. 5만 명 이상의 정보주체에 관하여 민감정보 또는 고유식별정보를 처리하는 자
    나. 100만 명 이상의 정보주체에 관하여 개인정보를 처리하는 자
2. 직전 연도 12월 31일 기준으로 재학생 수(대학원 재학생 수를 포함한다)가 2만 명 이상인 「고등교육법」 제2조에 따른 학교
3. 「의료법」 제3조의4에 따른 상급종합병원
4. 공공시스템운영기관

⑤ 보호위원회는 개인정보보호책임자가 법 제31조제3항의 업무를 원활히 수행할 수 있도록 개인정보
보호책임자에 대한 교육과정을 개설·운영하는 등 지원을 할 수 있다.

⑥ 개인정보처리자(법 제31조제2항에 따라 사업주 또는 대표자가 개인정보보호책임자가 되는 경우는
제외한다)는 법 제31조제6항에 따른 개인정보보호책임자의 독립성 보장을 위해 다음 각 호의 사항
을 준수해야 한다.

　1. 개인정보 처리와 관련된 정보에 대한 개인정보보호책임자의 접근 보장

　2. 개인정보보호책임자가 개인정보보호 계획의 수립·시행 및 그 결과에 관하여 정기적으로 대표자
　　또는 이사회에 직접 보고할 수 있는 체계의 구축

　3. 개인정보보호책임자의 업무 수행에 적합한 조직체계의 마련 및 인적·물적 자원의 제공

3.2.8 (개인) 국내대리인의 지정

개인정보보호법 (2025. 3. 13) 제31조의2

제31조의2(국내대리인의 지정)

① 국내에 주소 또는 영업소가 없는 개인정보처리자로서 매출액, 개인정보의 보유 규모 등을 고려하여
대통령령으로 정하는 자는 다음 각 호의 사항을 대리하는 자(이하 "국내대리인"이라 한다)를 지정하
여야 한다. 이 경우 국내대리인의 지정은 문서로 하여야 한다.

　1. 제31조제3항에 따른 개인정보보호책임자의 업무

　2. 제34조제1항 및 제3항에 따른 개인정보 유출 등의 통지 및 신고

　3. 제63조제1항에 따른 물품·서류 등 자료의 제출

② 국내대리인은 국내에 주소 또는 영업소가 있어야 한다.

③ 개인정보처리자는 제1항에 따라 국내대리인을 지정하는 경우에는 다음 각 호의 사항을 개인정보 처
리방침에 포함하여야 한다.

　1. 국내대리인의 성명(법인의 경우에는 그 명칭 및 대표자의 성명을 말한다)

　2. 국내대리인의 주소(법인의 경우에는 영업소의 소재지를 말한다), 전화번호 및 전자우편 주소

④ 국내대리인이 제1항 각 호와 관련하여 이 법을 위반한 경우에는 개인정보처리자가 그 행위를 한 것
으로 본다.

개인정보보호법 시행령 (2025. 3. 13) 제32조의3

제32조의3(국내대리인 지정 대상자의 범위)
① 법 제31조의2제1항 각 호 외의 부분 전단에서 "대통령령으로 정하는 자"란 다음 각 호의 어느 하나에 해당하는 자를 말한다.
  1. 전년도(법인인 경우에는 전 사업연도를 말한다) 전체 매출액이 1조 원 이상인 자
  2. 전년도 말 기준 직전 3개월간 그 개인정보가 저장·관리되고 있는 국내 정보주체의 수가 일일평균 100만 명 이상인 자
  3. 법 제63조제1항에 따라 관계 물품·서류 등 자료의 제출을 요구받은 자로서 국내대리인을 지정할 필요가 있다고 보호위원회가 심의·의결한 자
② 제1항제1호에 따른 전체 매출액은 전년도 평균환율을 적용하여 원화로 환산한 금액을 기준으로 한다.

3.2.9 (개인) 개인정보보호 인증(ISMS-P)

개인정보보호법 (2025. 3. 13) 제32조의2

제32조의2(개인정보보호 인증)
① 보호위원회는 개인정보처리자의 개인정보 처리 및 보호와 관련한 일련의 조치가 이 법에 부합하는지 등에 관하여 인증할 수 있다.
② 제1항에 따른 인증의 유효기간은 3년으로 한다.
③ 보호위원회는 다음 각 호의 어느 하나에 해당하는 경우에는 대통령령으로 정하는 바에 따라 제1항에 따른 인증을 취소할 수 있다. 다만, 제1호에 해당하는 경우에는 취소하여야 한다.
  1. 거짓이나 그 밖의 부정한 방법으로 개인정보보호 인증을 받은 경우
  2. 제4항에 따른 사후관리를 거부 또는 방해한 경우
  3. 제8항에 따른 인증기준에 미달하게 된 경우
  4. 개인정보보호 관련 법령을 위반하고 그 위반사유가 중대한 경우
④ 보호위원회는 개인정보보호 인증의 실효성 유지를 위하여 연 1회 이상 사후관리를 실시하여야 한다.
⑤ 보호위원회는 대통령령으로 정하는 전문기관으로 하여금 제1항에 따른 인증, 제3항에 따른 인증 취소, 제4항에 따른 사후관리 및 제7항에 따른 인증 심사원 관리 업무를 수행하게 할 수 있다.
⑥ 제1항에 따른 인증을 받은 자는 대통령령으로 정하는 바에 따라 인증의 내용을 표시하거나 홍보할 수 있다.
⑦ 제1항에 따른 인증을 위하여 필요한 심사를 수행할 심사원의 자격 및 자격 취소 요건 등에 관하여는 전문성과 경력 및 그 밖에 필요한 사항을 고려하여 대통령령으로 정한다.
⑧ 그 밖에 개인정보 관리체계, 정보주체 권리보장, 안전성 확보조치가 이 법에 부합하는지 여부 등 제1항에 따른 인증의 기준·방법·절차 등 필요한 사항은 대통령령으로 정한다.

개인정보보호법 시행령 (2025. 3. 13) 제34조의2~제34조의4

제34조의2(개인정보보호 인증의 기준·방법·절차 등)

① 보호위원회는 제30조제1항 각 호의 사항을 고려하여 개인정보보호의 관리적·기술적·물리적 보호대책의 수립 등을 포함한 법 제32조의2제1항에 따른 인증의 기준을 정하여 고시한다.

② 법 제32조의2제1항 따라 개인정보보호의 인증을 받으려는 자(이하 이 조 및 제34조의3에서 "신청인"이라 한다)는 다음 각 호의 사항이 포함된 개인정보보호 인증신청서(전자문서로 된 신청서를 포함한다)를 제34조의6에 따른 개인정보보호 인증 전문기관(이하 "인증기관"이라 한다)에 제출하여야 한다.

  1. 인증 대상 개인정보 처리시스템의 목록
  2. 개인정보 관리체계를 수립·운영하는 방법과 절차
  3. 개인정보 관리체계 및 보호대책 구현과 관련되는 문서 목록

③ 인증기관은 제2항에 따른 인증신청서를 받은 경우에는 신청인과 인증의 범위 및 일정 등에 관하여 협의하여야 한다.

④ 법 제32조의2제1항에 따른 개인정보보호 인증심사는 제34조의8에 따른 개인정보보호 인증심사원이 서면심사 또는 현장심사의 방법으로 실시한다.

⑤ 인증기관은 제4항에 따른 인증심사의 결과를 심의하기 위하여 정보보호에 관한 학식과 경험이 풍부한 사람을 위원으로 하는 인증위원회를 설치·운영하여야 한다.

⑥ 제1항부터 제5항까지에서 규정한 사항 외에 인증신청, 인증심사, 인증위원회의 설치·운영 및 인증서의 발급 등 개인정보보호 인증에 필요한 세부 사항은 보호위원회가 정하여 고시한다.

제34조의3(개인정보보호 인증의 수수료)

① 신청인은 인증기관에 개인정보보호 인증 심사에 소요되는 수수료를 납부하여야 한다.

② 보호위원회는 개인정보보호 인증 심사에 투입되는 인증 심사원의 수 및 인증심사에 필요한 일수 등을 고려하여 제1항에 따른 수수료 산정을 위한 구체적인 기준을 정하여 고시한다.

제34조의4(인증취소)

① 인증기관은 법 제32조의2제3항에 따라 개인정보보호 인증을 취소하려는 경우에는 제34조의2제5항에 따른 인증위원회의 심의·의결을 거쳐야 한다.

② 보호위원회 또는 인증기관은 법 제32조의2제3항에 따라 인증을 취소한 경우에는 그 사실을 당사자에게 통보하고, 관보 또는 인증기관의 홈페이지에 공고하거나 게시해야 한다.

개인정보보호법 시행령 (2025. 3. 13) 제34조의5~제34조의8

제34조의5(인증의 사후관리)

① 법 제32조의2제4항에 따른 사후관리 심사는 서면심사 또는 현장심사의 방법으로 실시한다.

② 인증기관은 제1항에 따른 사후관리를 실시한 결과 법 제32조의2제3항 각 호의 사유를 발견한 경우에는 제34조의2제5항에 따른 인증위원회의 심의를 거쳐 그 결과를 보호위원회에 제출해야 한다.

제34조의6(개인정보보호 인증 전문기관)

① 법 제32조의2제5항에서 "대통령령으로 정하는 전문기관"이란 다음 각 호의 기관을 말한다.

  1. 한국인터넷진흥원

  2. 다음 각 목의 요건을 모두 충족하는 법인, 단체 또는 기관 중에서 보호위원회가 지정·고시하는 법인, 단체 또는 기관

    가. 제34조의8에 따른 개인정보보호 인증심사원 5명 이상을 보유할 것

    나. 보호위원회가 실시하는 업무수행 요건·능력 심사에서 적합하다고 인정받을 것

② 제1항제2호에 해당하는 법인, 단체 또는 기관의 지정과 그 지정의 취소에 필요한 세부기준 등은 보호위원회가 정하여 고시한다.

제34조의7(인증의 표시 및 홍보)

① 법 제32조의2제4항에 따른 사후관리 심사는 서면심사 또는 현장심사의 방법으로 실시한다.

② 인증기관은 제1항에 따른 사후관리를 실시한 결과 법 제32조의2제3항 각 호의 사유를 발견한 경우에는 제34조의2제5항에 따른 인증위원회의 심의를 거쳐 그 결과를 보호위원회에 제출해야 한다.

제34조의8(개인정보보호 인증심사원의 자격 및 자격 취소 요건)

① 인증기관은 법 제32조의2제7항에 따라 개인정보보호에 관한 전문지식을 갖춘 사람으로서 인증심사에 필요한 전문 교육과정을 이수하고 시험에 합격한 사람에게 개인정보보호 인증심사원(이하 "인증심사원"이라 한다)의 자격을 부여한다.

② 인증기관은 법 제32조의2제7항에 따라 인증심사원이 다음 각 호의 어느 하나에 해당하는 경우 그 자격을 취소할 수 있다. 다만, 제1호에 해당하는 경우에는 자격을 취소하여야 한다.

  1. 거짓이나 부정한 방법으로 인증심사원 자격을 취득한 경우

  2. 개인정보보호 인증 심사와 관련하여 금전, 금품, 이익 등을 부당하게 수수한 경우

  3. 개인정보보호 인증 심사 과정에서 취득한 정보를 누설하거나 정당한 사유 없이 업무상 목적 외의 용도로 사용한 경우

③ 제1항 및 제2항에 따른 전문 교육과정의 이수, 인증심사원 자격의 부여 및 취소 등에 관한 세부 사항은 보호위원회가 정하여 고시한다.

3.2.10 (개인) 개인정보 영향평가

개인정보보호법 시행령 (2025. 3. 13) 제35조, 제37조, 제38조

제35조(개인정보 영향평가의 대상)

법 제33조제1항에서 "대통령령으로 정하는 기준에 해당하는 개인정보파일"이란 개인정보를 전자적으로 처리할 수 있는 개인정보파일로서 다음 각 호의 어느 하나에 해당하는 개인정보파일을 말한다.

1. 구축·운용 또는 변경하려는 개인정보파일로서 5만 명 이상의 정보주체에 관한 민감정보 또는 고유식별정보의 처리가 수반되는 개인정보파일
2. 구축·운용하고 있는 개인정보파일을 해당 공공기관 내부 또는 외부에서 구축·운용하고 있는 다른 개인정보파일과 연계하려는 경우로서 연계 결과 50만 명 이상의 정보주체에 관한 개인정보가 포함되는 개인정보파일
3. 구축·운용 또는 변경하려는 개인정보파일로서 100만 명 이상의 정보주체에 관한 개인정보파일
4. 법 제33조제1항에 따른 개인정보 영향평가(이하 "영향평가"라 한다)를 받은 후에 개인정보 검색 체계 등 개인정보파일의 운용체계를 변경하려는 경우 그 개인정보파일. 이 경우 영향평가 대상은 변경된 부분으로 한정한다.

제37조(영향평가 시 고려사항)

법 제33조제3항제4호에서 "대통령령으로 정한 사항"이란 다음 각 호의 사항을 말한다.

1. 민감정보 또는 고유식별정보의 처리 여부
2. 개인정보 보유기간

제38조(영향평가의 평가기준 등)

① 법 제33조제9항에 따른 영향평가의 기준(이하 "평가기준"이라 한다)은 다음 각 호와 같다.

1. 해당 개인정보파일에 포함되는 개인정보의 종류·성질, 정보주체의 수 및 그에 따른 개인정보 침해의 가능성
2. 법 제23조제2항, 제24조제3항, 제24조의2제2항, 제25조제6항(제25조의2제4항에 따라 준용되는 경우를 포함한다) 및 제29조에 따른 안전성 확보 조치의 수준 및 이에 따른 개인정보 침해의 가능성
3. 개인정보 침해의 위험요인별 조치 여부
4. 그 밖에 법 및 이 영에 따라 필요한 조치 또는 의무 위반 요소에 관한 사항

② 법 제33조제2항에 따라 영향평가를 의뢰받은 평가기관은 평가기준에 따라 개인정보파일의 운용으로 인한 개인정보 침해의 위험요인을 분석·평가한 후 다음 각 호의 사항이 포함된 평가 결과를 영향평가서로 작성하여 해당 공공기관의 장에게 보내야 하며, 공공기관의 장은 제35조 각 호에 해당하는 개인정보파일을 운용 또는 변경하기 전에 그 영향평가서를 보호위원회에 제출해야 한다.

1. 영향평가의 대상 및 범위
2. 평가 분야 및 항목
3. 평가기준에 따른 개인정보 침해의 위험요인에 대한 분석·평가
4. 제3호의 분석·평가 결과에 따라 조치한 내용 및 개선계획
5. 영향평가의 결과
6. 제1호부터 제5호까지의 사항에 대하여 요약한 내용

③ 보호위원회 또는 공공기관의 장은 제2항제6호에 따른 영향평가서 요약 내용을 공개할 수 있다.

④ 보호위원회는 법 및 이 영에서 정한 사항 외에 평가기관의 지정 및 영향평가의 절차 등에 관한 세부 기준을 정하여 고시할 수 있다.

3.2.11 (개인) 개인정보 유출 등의 통지·신고

개인정보보호법 (2025. 3. 13) 제34조

제34조(개인정보 유출 등의 통지·신고)

① 개인정보처리자는 개인정보가 분실·도난·유출(이하 이 조에서 "유출 등"이라 한다)되었음을 알게 되었을 때에는 지체 없이 해당 정보주체에게 다음 각 호의 사항을 알려야 한다. 다만, 정보주체의 연락처를 알 수 없는 경우 등 정당한 사유가 있는 경우에는 대통령령으로 정하는 바에 따라 통지를 갈음하는 조치를 취할 수 있다.

   1. 유출 등이 된 개인정보의 항목

   2. 유출 등이 된 시점과 그 경위

   3. 유출 등으로 인하여 발생할 수 있는 피해를 최소화하기 위하여 정보주체가 할 수 있는 방법 등에 관한 정보

   4. 개인정보처리자의 대응조치 및 피해 구제절차

   5. 정보주체에게 피해가 발생한 경우 신고 등을 접수할 수 있는 담당부서 및 연락처

② 개인정보처리자는 개인정보가 유출 등이 된 경우 그 피해를 최소화하기 위한 대책을 마련하고 필요한 조치를 하여야 한다.

③ 개인정보처리자는 개인정보의 유출 등이 있음을 알게 되었을 때에는 개인정보의 유형, 유출 등의 경로 및 규모 등을 고려하여 대통령령으로 정하는 바에 따라 제1항 각 호의 사항을 지체 없이 보호위원회 또는 대통령령으로 정하는 전문기관에 신고하여야 한다. 이 경우 보호위원회 또는 대통령령으로 정하는 전문기관은 피해 확산방지, 피해 복구 등을 위한 기술을 지원할 수 있다.

④ 제1항에 따른 유출 등의 통지 및 제3항에 따른 유출 등의 신고의 시기, 방법, 절차 등에 필요한 사항은 대통령령으로 정한다.

개인정보보호법 시행령 (2025. 3. 13) 제39조

제39조(개인정보 유출 등의 통지)

① 개인정보처리자는 개인정보가 분실·도난·유출(이하 이 조 및 제40조에서 "유출 등"이라 한다)되었음을 알게 되었을 때에는 서면 등의 방법으로 72시간 이내에 법 제34조제1항 각 호의 사항을 정보주체에게 알려야 한다. 다만, 다음 각 호의 어느 하나에 해당하는 경우에는 해당 사유가 해소된 후 지체 없이 정보주체에게 알릴 수 있다.

   1. 유출 등이 된 개인정보의 확산 및 추가 유출 등을 방지하기 위하여 접속경로의 차단, 취약점 점검·보완, 유출 등이 된 개인정보의 회수·삭제 등 긴급한 조치가 필요한 경우

   2. 천재지변이나 그 밖에 부득이한 사유로 인하여 72시간 이내에 통지하기 곤란한 경우

② 제1항에도 불구하고 개인정보처리자는 같은 항에 따른 통지를 하려는 경우로서 법 제34조제1항제1호 또는 제2호의 사항에 관한 구체적인 내용을 확인하지 못한 경우에는 개인정보가 유출 등이 된 사실, 그때까지 확인된 내용 및 같은 항 제3호부터 제5호까지의 사항을 서면 등의 방법으로 우선 통지해야 하며, 추가로 확인되는 내용에 대해서는 확인되는 즉시 통지해야 한다.

③ 제1항 및 제2항에도 불구하고 개인정보처리자는 정보주체의 연락처를 알 수 없는 경우 등 정당한 사유가 있는 경우에는 법 제34조제1항 각 호 외의 부분 단서에 따라 같은 항 각 호의 사항을 정보주체가 쉽게 알 수 있도록 자신의 인터넷 홈페이지에 30일 이상 게시하는 것으로 제1항 및 제2항의 통지를 갈음할 수 있다. 다만, 인터넷 홈페이지를 운영하지 아니하는 개인정보처리자의 경우에는 사업장 등의 보기 쉬운 장소에 법 제34조제1항 각 호의 사항을 30일 이상 게시하는 것으로 제1항 및 제2항의 통지를 갈음할 수 있다.

개인정보보호법 시행령 (2025. 3. 13) 제40조

제40조(개인정보 유출 등의 신고)

① 개인정보처리자는 다음 각 호의 어느 하나에 해당하는 경우로서 개인정보가 유출 등이 되었음을 알게 되었을 때에는 72시간 이내에 법 제34조제1항 각 호의 사항을 서면 등의 방법으로 보호위원회 또는 같은 조 제3항 전단에 따른 전문기관에 신고해야 한다. 다만, 천재지변이나 그 밖에 부득이한 사유로 인하여 72시간 이내에 신고하기 곤란한 경우에는 해당 사유가 해소된 후 지체 없이 신고할 수 있으며, 개인정보 유출 등의 경로가 확인되어 해당 개인정보를 회수·삭제하는 등의 조치를 통해 정보주체의 권익 침해 가능성이 현저히 낮아진 경우에는 신고하지 않을 수 있다.

1. 1천 명 이상의 정보주체에 관한 개인정보가 유출 등이 된 경우
2. 민감정보 또는 고유식별정보가 유출 등이 된 경우
3. 개인정보처리시스템 또는 개인정보취급자가 개인정보 처리에 이용하는 정보기기에 대한 외부로부터의 불법적인 접근에 의해 개인정보가 유출 등이 된 경우

② 제1항에도 불구하고 개인정보처리자는 제1항에 따른 신고를 하려는 경우로서 법 제34조제1항제1호 또는 제2호의 사항에 관한 구체적인 내용을 확인하지 못한 경우에는 개인정보가 유출 등이 된 사실, 그때까지 확인된 내용 및 같은 항 제3호부터 제5호까지의 사항을 서면 등의 방법으로 우선 신고해야 하며, 추가로 확인되는 내용에 대해서는 확인되는 즉시 신고해야 한다.

③ 법 제34조제3항 전단 및 후단에서 "대통령령으로 정하는 전문기관"이란 각각 한국인터넷진흥원을 말한다.

3.2.12 (개인) 손해배상책임

개인정보보호법 시행령 (2025. 3. 13) 제48조의7

제48조의7(손해배상책임의 이행을 위한 보험 등 가입 대상자의 범위 및 기준 등)

① 법 제39조의7제1항에서 "대통령령으로 정하는 기준에 해당하는 자"란 다음 각 호의 요건을 모두 갖춘 자(이하 "가입대상개인정보처리자"라 한다)를 말한다.

1. 전년도(법인의 경우에는 직전 사업연도를 말한다)의 매출액 등이 10억 원 이상일 것
2. 전년도 말 기준 직전 3개월간 그 개인정보가 저장·관리되고 있는 정보주체(제15조의3제2항제2호에 해당하는 정보주체는 제외한다. 이하 이 조에서 같다)의 수가 일일평균 1만 명 이상일 것. 다만, 해당 연도에 영업의 전부 또는 일부의 양수, 분할·합병 등으로 개인정보를 이전받은 경우에는 이전받은 시점을 기준으로 정보주체의 수가 1만 명 이상일 것

② 법 제39조의7제2항제1호에서 "대통령령으로 정하는 공공기관, 비영리법인 및 단체"란 다음 각 호의 기관을 말한다.

1. 공공기관. 다만, 제2조제2호부터 제5호까지에 해당하는 공공기관으로서 제32조제4항 각 호에 해당하는 공공기관은 제외한다.
2. 「공익법인의 설립·운영에 관한 법률」 제2조에 따른 공익법인
3. 「비영리민간단체 지원법」 제4조에 따라 등록한 단체

③ 법 제39조의7제2항제2호에서 "대통령령으로 정하는 자"란 다음 각 호의 요건을 모두 갖춘 자를 말한다.

1. 「소상공인기본법」 제2조제1항에 따른 소상공인으로부터 개인정보가 분실·도난·유출·위조·변조 또는 훼손되지 않도록 개인정보의 저장·관리 업무를 위탁받은 자
2. 제1호에 따라 위탁받은 업무에 대하여 법 제39조 및 제39조의2에 따른 손해배상책임의 이행을 보장하는 보험 또는 공제에 가입하거나 준비금을 적립하는 등 필요한 조치를 한 자

④ 가입대상개인정보처리자가 보험 또는 공제에 가입하거나 준비금을 적립할 경우 최저가입금액(준비금을 적립하는 경우 최소적립금액을 말한다. 이하 이 조에서 같다)의 기준은 별표 1의4와 같다. 다만, 가입대상개인정보처리자가 보험 또는 공제 가입과 준비금 적립을 병행하는 경우에는 보험 또는 공제 가입금액과 준비금 적립금액을 합산한 금액이 별표 1의4에서 정한 최저가입금액의 기준 이상이어야 한다.

3.2.13 (신용) 신용정보관리·보호인 지정

신용정보법 (2024. 8. 14) 제20조

제20조(신용정보 관리책임의 명확화 및 업무처리기록의 보존)
(생략)
③ 신용정보회사, 본인신용정보관리회사, 채권추심회사, 신용정보집중기관 및 대통령령으로 정하는 신용정보제공·이용자는 제4항에 따른 업무를 하는 신용정보관리·보호인을 1명 이상 지정하여야 한다. 다만, 총자산, 종업원 수 등을 감안하여 대통령령으로 정하는 자는 신용정보관리·보호인을 임원(신용정보의 관리·보호 등을 총괄하는 지위에 있는 사람으로서 대통령령으로 정하는 사람을 포함한다)으로 하여야 한다.
④ 제3항에 따른 신용정보관리·보호인은 다음 각 호의 업무를 수행한다.
  1. 개인신용정보의 경우에는 다음 각 목의 업무
    가. 「개인정보보호법」 제31조제3항제1호부터 제5호까지에 따른 업무
    나. 임직원 및 전속 모집인 등의 신용정보보호 관련 법령 및 규정 준수 여부 점검
    다. 그 밖에 신용정보의 관리 및 보호를 위하여 대통령령으로 정하는 업무
  2. 기업신용정보의 경우 다음 각 목의 업무
    가. 신용정보의 수집·보유·제공·삭제 등 관리 및 보호 계획의 수립 및 시행
    나. 신용정보의 수집·보유·제공·삭제 등 관리 및 보호 실태와 관행에 대한 정기적인 조사 및 개선
    다. 신용정보 열람 및 정정청구 등 신용정보주체의 권리행사 및 피해구제
    라. 신용정보 유출 등을 방지하기 위한 내부통제시스템의 구축 및 운영
    마. 임직원 및 전속 모집인 등에 대한 신용정보보호 교육계획의 수립 및 시행
    바. 임직원 및 전속 모집인 등의 신용정보보호 관련 법령 및 규정 준수 여부 점검
    사. 그 밖에 신용정보의 관리 및 보호를 위하여 대통령령으로 정하는 업무
  3. 삭제
  4. 삭제
  5. 삭제
  6. 삭제
  7. 삭제
⑤ 신용정보관리·보호인의 업무수행에 관하여는 「개인정보보호법」 제31조제4항 및 제6항을 준용한다.
⑥ 대통령령으로 정하는 신용정보회사 등의 신용정보관리·보호인은 처리하는 개인신용정보의 관리 및 보호 실태를 대통령령으로 정하는 절차와 방법에 따라 정기적으로 점검하고, 그 결과를 금융위원회에 제출하여야 한다.
⑦ 제3항에 따른 신용정보관리·보호인의 자격요건과 그 밖에 지정에 필요한 사항, 제6항에 따른 제출 방법에 대해서는 대통령령으로 정한다.
⑧ 「금융지주회사법」 제48조의2제6항에 따라 선임된 고객정보관리인이 제6항의 자격요건에 해당하면 제3항에 따라 지정된 신용정보관리·보호인으로 본다.

제17조(신용정보관리·보호인의 지정 등)

① 법 제20조제3항 본문에서 "대통령령으로 정하는 신용정보제공·이용자"란 제2조제6항제7호가목부터 허목까지 및 제21조제2항제1호부터 제21호까지의 자를 말한다.

② 법 제20조제3항 단서에서 "총자산, 종업원 수 등을 감안하여 대통령령으로 정하는 자"란 다음 각 호의 어느 하나에 해당하는 자를 말한다.

1. 종합신용정보집중기관

2. 개인신용평가회사, 개인사업자신용평가회사, 기업신용조회회사 및 본인신용정보관리회사

3. 신용조사회사, 채권추심회사 및 제1항에서 정하는 자로서 직전 사업연도 말 기준으로 총자산이 2조 원 이상이고 상시 종업원 수가 300명 이상인 자. 이 경우 상시 종업원 수의 산정방식은 금융위원회가 정하여 고시한다.

③ 법 제20조제3항 본문에 따라 지정하는 신용정보관리·보호인은 다음 각 호의 어느 하나에 해당하는 사람으로 하여야 한다.

1. 사내이사

2. 집행임원(「상법」 제408조의2에 따라 집행임원을 둔 경우로 한정한다)

3. 「상법」 제401조의2제1항제3호에 해당하는 자로서 신용정보의 제공·활용·보호 및 관리 등에 관한 업무집행 권한이 있는 사람

4. 그 밖에 신용정보의 제공·활용·보호 및 관리 등을 총괄하는 위치에 있는 직원

④ 법 제20조제3항 단서에서 "대통령령으로 정하는 사람"이란 제3항제2호 또는 제3호에 해당하는 사람을 말한다.

⑤ 제3항 및 제4항에도 불구하고 신용정보회사 등은 다른 법령에 따라 준법감시인을 두는 경우에는 그를 신용정보관리·보호인으로 지정할 수 있다. 다만, 법 제20조제3항 단서에 해당하는 경우 신용정보관리·보호인으로 지정될 수 있는 준법감시인은 제3항제1호부터 제3호까지의 규정의 어느 하나에 해당하는 사람으로 하여야 한다.

⑥ 제5항에 따라 준법감시인을 신용정보관리·보호인으로 지정한 경우에는 법 제20조제4항 각 호의 업무에 관한 사항을 준법감시인 선임의 근거가 된 법령에 따른 내부통제기준에 반영하여야 한다.

⑦ 법 제20조제6항에서 "대통령령으로 정하는 신용정보회사 등"이란 다음 각 호의 기관을 말한다.

1. 신용정보회사, 본인신용정보관리회사, 채권추심회사 및 신용정보집중기관

2. 제2조제6항제7호가목, 다목부터 카목까지, 하목부터 버목까지, 어목부터 처목까지 및 터목부터 허목까지의 자

3. 제21조제2항제4호, 제5호, 제8호, 제16호, 제18호 및 제19호(직전 사업연도 말 기준으로 총 자산이 100억 원을 초과하는 기관에 한정한다)의 기관

4. 그 밖에 금융위원회가 정하여 고시하는 기관

⑧ 법 제20조제6항에서 "대통령령으로 정하는 절차와 방법"이란 신용정보관리·보호인이 법 제20조제4항제1호 각 목에 따른 업무에 대하여 연 1회 이상 점검을 실시한 후, 그 결과를 대표자 및 이사회에 보고하고 금융위원회가 정하여 고시하는 기준과 서식에 따라 금융위원회에 제출하는 것을 말한다.

3.2.14 (신용) 신용정보활용체제의 공시

신용정보법 (2024. 8. 14) 제31조

제31조(신용정보활용체제의 공시)

① 개인신용평가회사, 개인사업자신용평가회사, 기업신용조회회사, 신용정보집중기관 및 대통령령으로 정하는 신용정보제공·이용자는 다음 각 호의 사항을 대통령령으로 정하는 바에 따라 공시하여야 한다.

1. 개인신용정보 보호 및 관리에 관한 기본계획(총자산, 종업원 수 등을 고려하여 대통령령으로 정하는 자로 한정한다)
2. 관리하는 신용정보의 종류 및 이용 목적
3. 신용정보를 제공받는 자
4. 신용정보주체의 권리의 종류 및 행사 방법
5. 신용평가에 반영되는 신용정보의 종류, 반영비중 및 반영기간(개인신용평가회사, 개인사업자신용평가회사 및 기업신용등급제공업무·기술신용평가업무를 하는 기업신용조회회사로 한정한다)
6. 「개인정보보호법」 제30조제1항제6호 및 제7호의 사항
7. 그 밖에 신용정보의 처리에 관한 사항으로서 대통령령으로 정하는 사항

② 제1항 각 호의 공시 사항을 변경하는 경우에는 「개인정보보호법」 제30조제2항에 따른 방법을 준용한다.

신용정보법 시행령 (2025. 1. 21) 제27조

제27조(신용정보활용체제의 공시)

① 법 제31조제1항 각 호 외의 부분에서 "대통령령으로 정하는 신용정보제공·이용자"란 제2조제6항제7호가목부터 허목까지 및 제21조제2항제1호부터 제21호까지의 자를 말한다.

② 법 제31조제1항제1호에서 "대통령령으로 정하는 자"란 다음 각 호의 요건을 모두 갖춘 자를 말한다.

1. 개인신용평가회사, 개인사업자신용평가회사, 기업신용조회회사 및 신용정보집중기관 중 어느 하나에 해당하는 기관일 것
2. 직전 사업연도 말 기준으로 총자산이 2조 원 이상이고 상시 종업원 수가 300명 이상일 것. 이 경우 상시 종업원 수의 산정방식은 금융위원회가 정하여 고시한다.

③ 법 제31조제1항제7호에서 "대통령령으로 정하는 사항"이란 다음 각 호의 사항을 말한다.

1. 검증위원회의 심의 결과(법 제26조의3에 따른 개인신용평가체계 검증 대상인 자에 한정한다)
2. 그 밖에 금융위원회가 정하여 고시하는 사항

④ 법 제31조제1항에 따라 같은 항 각 호의 사항을 공시하는 경우에는 다음 각 호의 어느 하나에 해당하는 방법으로 해야 한다.

1. 점포·사무소 안의 보기 쉬운 장소에 갖춰 두고 열람하게 하는 방법
2. 해당 기관의 인터넷 홈페이지를 통하여 해당 신용정보주체가 열람할 수 있게 하는 방법

3.2.15 (신용) 개인신용정보 활용·관리 실태에 대한 상시평가

신용정보법 (2024. 8. 14) 제45조의5

제45조의5(개인신용정보 활용·관리 실태에 대한 상시평가)
① 금융위원회는 대통령령으로 정하는 신용정보회사 등이 제20조제6항에 따라 신용정보관리·보호인을 통하여 점검한 결과를 제출받아 확인하고, 그 결과를 점수 또는 등급으로 표시할 수 있다.
② 금융위원회는 제1항에 따라 표시한 점수 또는 등급, 그 밖에 대통령령으로 정하는 사항을 금융감독원장에게 송부하여 제45조제3항에 따른 검사에 활용하도록 할 수 있다.
③ 제1항에 따른 점검결과의 확인 및 점수·등급의 표시, 제2항에 따른 송부의 방법 및 절차 등에 대해서는 금융위원회가 정하여 고시한다.

신용정보법 시행령 (2025. 1. 21) 제36조의5

제36조의5(개인신용정보 활용·관리 실태에 대한 상시평가)
① 법 제45조의5제1항에서 "대통령령으로 정하는 신용정보회사 등"이란 제17조제7항 각 호의 자를 말한다.
② 법 제45조의5제2항에서 "대통령령으로 정하는 사항"이란 같은 조 제1항에 따라 금융위원회가 제출받은 점검의 결과에 대한 내용 중 금융감독원장이 요청한 사항을 말한다.
③ 금융위원회는 법 제45조의5제1항에 따른 점수 또는 등급이 우수한 기관을 대상으로 개인신용정보 활용·관리 안전성 인증마크(이하 "인증마크"라 한다)를 부여할 수 있다. 이 경우 인증마크의 부여를 위한 기준 등 세부 사항은 금융위원회가 정하여 고시한다.

3.3 개인정보처리자/신용정보업자 준수 제도

3.3.1 개인정보보호수준 평가

■ 개인정보보호수준 평가 개요

구분	설명	세부 내용
개요	2024년 3월 15일부터 시행된 공공기관 대상 개인정보보호 평가 제도	• 개인정보보호법 개정(제11조의2)에 따라 도입 • 기존 '공공기관 관리수준 진단'을 대폭 개선한 제도
목적	공공기관의 개인정보보호 수준 향상 및 국민 신뢰 제고	• 안전한 개인정보 처리 및 보호수준 향상 도모 • 공공기관의 개인정보보호에 대한 적극적이고 능동적인 관심 유도
평가 대상	약 1,600여 개 공공기관	• 중앙행정기관, 지방자치단체, 공공기관, 지방공사·공단 • 중앙행정기관 소속기관, 시도 교육청 및 교육지원청 추가
평가 결과	기관별 S·A·B·C·D 등 5개 평가등급 부여	• S : 90점 이상 • A : 90점~80점 • B : 80점~70점 • C : 70점~60점 • D : 60점 미만
주기	연간 평가	• 평가계획 수립 및 공개(4월) → 평가 실시 → 결과 발표(다음 해 4월)
주요 내용	평가 지표, 방법, 결과 활용 등	• 자체평가(60점)와 전문가 심층평가(40점)로 구성 • 개인정보보호 인력·조직 및 예산 지표 강화 • 정보주체 권리보장, 개인정보보호책임자 관련 지표 신설 • AI 등 신기술 환경에서의 데이터 안전 활용 평가 지표 신설(최대 10점 가점) • 우수기관 표창 및 포상금, 미흡기관 개선 권고 및 실태점검 시행
평가 지표	정량 지표 43개	개인정보 처리자가 준수해야 할 법령 등 법적 의무사항에 대한 자체평가
	정성 지표 8개	개인정보보호 업무 추진 내용의 적절성·충실성에 대한 심층평가
	기타지표	• 가점 : 신기술 활용 개인정보 안전한 처리 • 감점 : 유출·사건 등 • 감경 : 사고대응 등 지표

■ 평가지표

지표 분류	평가 방법	분야	진단항목	지표
정량 지표 [43개]	자체 평가 [60점]	개인정보 관리체계 [5개]	개인정보 책임자의 역할 수행	1개
			개인정보 영향평가 수행 등	3개
			(해당 시) 소속기관 자체평가 자료 제출	1개
		정보주체 권리보장 [10개]	개인정보 처리방침 및 열람·정정·삭제·처리정지 등	3개
			수집·이용·제공 및 목적 외 이용·제공 절차	7개
		개인정보 침해방지 [28개]	접근권한 관리 및 접속기록 점검	8개
			개인정보 침해사고 방지조치 및 대응 절차	10개
			고유식별정보(및 생체인식정보) 암호화	4개
			영상정보처리기기 운영 및 가명정보 처리	6개
정성 지표 [8개]	심층 평가 [40점]	개인정보 중점 관리업무 [8개]	개인정보보호 인력·조직·예산	5점
			개인정보 교육·홍보 및 우수사례 등	5점
			개인정보보호책임자 지정 및 업무·역할 등	5점
			개인정보 파일 관리·등록의 적절성 및 개선 노력	5점
			개인정보 처리방침의 적절성 및 이행·개선 노력	5점
			정보주체의 실질적 권리보장	5점
			개인정보 처리업무 위·수탁의 적절성 및 사후관리	5점
			안전성 확보조치를 위한 노력	5점
기타 지표	가점	신기술 환경에서의 데이터의 안전한 활용 및 안전조치 적절성		최대 10점
	감점	① 개인정보 유출 등 사고 발생 건당		최대 −10점
		② 유출 등 사고가 아닌 기타 개인정보 관련 사건·사고 발생 건당		최대 −10점
		③ 과태료·과징금·시정명령·시정권고·공표(명령)·개선권고 등 건당		최대 −3점
		④ 제출 자료가 거짓·허위인 경우(해당 지표 미이행 처리) 건당		최대 −2점
		(①·②감경) 개인정보 유출 등 사고 대응의 적절성 및 재발방지 노력		최대 5점

3.3.2 개인정보 처리방침의 평가 및 개선 권고

■ 개인정보 처리방침의 평가 및 개선 권고 개요

구분	설명	세부 내용
개요	2024년 3월 15일부터 시행된 개인정보 처리방침 평가 제도	• 개인정보보호법 개정(제30조의2)에 따라 도입 • 개인정보 처리방침 평가에 관한 고시 제정(2024년 2월 20일)
목적	기업·기관의 자율적인 개인정보 처리방침 개선 유도 및 정보주체의 권리 보장	• 투명하고 신뢰할 수 있는 개인정보 처리방침 작성 촉진 • 정보주체의 알권리 강화
대상	개인정보보호위원회가 선정한 개인정보처리자	• 7개 분야 중 선정된 개인정보처리자 • 언론보도, 국회 지적 등으로 문제가 부각된 분야 • 국민 생활 밀접 분야 중 개인정보처리가 복잡하거나 정책적 점검이 필요한 분야
주기	연간 평가	평가계획 수립 및 공개(6월) → 평가 실시(7월~11월) → 결과 확정 및 우수사례 공개(12월)
주요 내용	평가 기준, 절차, 결과 활용 등	• 평가 기준 : 적정성(포함사항), 가독성(알기 쉽게 작성), 접근성(쉽게 확인 가능) • 평가 절차 : 기초평가 → 이용자 평가 → 심층평가 • 결과 활용 : 우수사례 선정 및 포상, 개선 필요 시 개선권고

■ 평가절차

3.3.3 개인정보처리자 국내대리인의 지정

■ 개인정보처리자 국내대리인의 지정 개요

구분	설명	세부 내용
개요	국내에 주소 또는 영업소가 없는 개인정보처리자를 대상으로 대리인을 지정하는 제도	• 정보통신망법 제32조의5에 근거 • 2019년 3월 19일부터 시행
목적	국내 이용자의 개인정보보호 강화 및 규제 집행력 확보	• 개인정보 관련 고충처리 편의성 제고 • 개인정보 침해 사고 발생 시 신속한 대응 • 국내 이용자의 권리 보장
대상	국내에 주소 또는 영업소가 없는 개인정보처리자로서 1. 전년도(법인인 경우에는 전 사업연도를 말한다) 전체 매출액이 1조 원 이상인 자 2. 전년도 말 기준 직전 3개월간 그 개인정보가 저장·관리되고 있는 국내 정보주체의 수가 일일평균 100만 명 이상인 자 3. 법 제63조제1항에 따라 관계 물품·서류 등 자료의 제출을 요구받은 자로서 국내대리인을 지정할 필요가 있다고 보호위원회가 심의·의결한 자	• 전년도 전체 매출액 1조 원 이상 • 정보통신서비스 부문 전년도 매출액 100억 원 이상 • 일평균 이용자 수 100만 명 이상 • 개인정보 침해 사건·사고 발생 또는 가능성이 있는 자
자격	한국에 주소 또는 영업소가 있는 자연인 또는 법인이어야 함	• 국적은 한국인일 것을 요하지 않으나, 국내 이용자의 개인정보 관련 고충을 처리하고 규제기관에 정확한 자료를 제출할 수 있어야 하므로 한국어로 원활한 의사소통이 가능해야 함 • 하나 또는 복수의 국내대리인을 지정할 수 있으며, 하나의 국내대리인이 복수의 국외 (해외) 사업자를 대리할 수 있음 ※ 국내대리인과 개인정보보호책임자가 동일인이어도 무방함
시기	상시 지정	• 해당 기준 충족 시 지정 의무 발생 • 개인정보 처리방침에 지속적으로 명시
주요 내용	국내대리인의 자격, 업무, 지정 절차 등	• 자격 : 국내에 주소 또는 영업소가 있는 자연인 또는 법인 • 업무 : 개인정보보호책임자의 업무, 개인정보 유출 통지·신고, 자료 제출 등 • 지정 절차 : 서면으로 지정, 개인정보 처리방침에 관련 정보 명시 • 처벌 : 미지정 시 2천만 원 이하의 과태료 부과

3.3.4 개인정보 영향평가

가. 개인정보 영향평가 개요

■ 개인정보 영향평가 개요

구분	설명
개념	개인정보파일을 운용하는 **새로운 정보시스템의 도입**이나 기존에 운영 중인 개인정보 처리시스템의 **중대한 변경 시** 시스템의 구축·운영·변경 등이 개인정보에 미치는 **영향(impact)을 사전에 조사·예측·검토**하여 **개선방안을 도출하고 이행여부를 점검**하는 체계적인 절차
목적 및 필요성	개인정보 처리가 수반되는 사업 추진 시 해당 사업이 개인정보에 미치는 영향을 사전에 분석하고 이에 대한 개선방안을 수립하여 개인정보 침해사고를 사전에 예방
평가 대상	일정규모 이상의 개인정보를 전자적으로 처리하는 개인정보파일을 구축·운영 또는 변경하려는 공공기관은 「개인정보보호법」(이하 "법"이라 한다) 제33조 및 「개인정보보호법 시행령」(이하 "영"이라 한다) 제35조에 근거하여 영향평가를 수행 – (5만 명 조건) **5만 명 이상**의 정보주체의 **민감정보 또는 고유식별정보**의 처리가 수반되는 개인정보파일 – (50만 명 조건) 해당 공공기관의 내부 또는 외부의 다른 개인정보파일과 연계하려는 경우로, 연계 결과 정보주체의 수가 **50만 명 이상**인 개인정보파일 – (100만 명 조건) **100만 명 이상**의 정보주체 수를 포함하고 있는 개인정보파일 ※ 현시점 기준으로 영향평가 대상은 아니나 가까운 시점(1년 이내)에 정보주체의 수가 법령이 정한 기준 이상이 될 가능성이 있는 경우, 영향평가를 수행할 것을 권고 – (변경 시) 영 제35조에 근거하여 영향평가를 실시한 기관이 개인정보 검색체계 등 개인정보파일의 운용체계를 변경하려는 경우, 변경된 부분에 대해서는 영향평가를 실시 ※ 법령상 규정된 대상시스템이 아니더라도 대량의 개인정보나 민감한 개인정보를 수집·이용하는 기관은 개인정보 유출 및 오·남용으로 인한 사회적 피해를 막기 위해 영향평가 수행 가능
평가 수행 주체	공공기관은 개인정보보호위원회가 지정한 영향평가기관에 평가를 의뢰하여 수행 ※ 영향평가기관에 대한 정보는 개인정보보호 포털(privacy.go.kr)에서 확인 가능

■ 평가절차

영향평가는 개인정보보호위원회가 지정한 영향평가기관에 의뢰하여 영향평가를 수행하고 그 결과를 사업 완료 후 **2개월 이내**에 **개인정보보호위원회에 제출**
– 개인정보보호위원회는 심의·의결을 거쳐 해당 사업에 대한 의견 제시 가능

■ 영향평가 수행체계

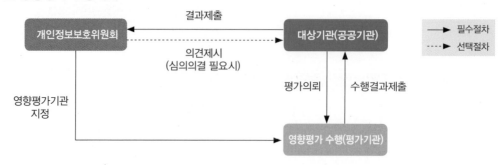

나. 개인정보 영향평가 시기

시스템을 신규 구축 또는 기존 시스템을 변경하는 경우	개인정보처리시스템을 신규로 구축하거나 기존 시스템을 변경하려는 기관은 사업계획 단계에서 영향평가 의무대상 여부를 파악하여 예산을 확보한 후, 대상 시스템의 **설계 완료 전에 영향평가를 수행**해야 함. 또한 영향평가 결과는 시스템 설계·개발 시 반영해야 함(「개인정보 영향평가에 관한 고시」 제9조의2)
기 구축되어 운영 중인 시스템의 경우	개인정보처리시스템을 기 구축·운영 중, 아래의 경우 **추가적으로 영향평가 수행 가능** – 수집·이용 및 관리상에 **중대한 침해위험의 발생이 우려**되는 경우 – 전반적인 **개인정보보호체계를 점검하여 개선**하기 위한 경우

▣ 영향평가 시기

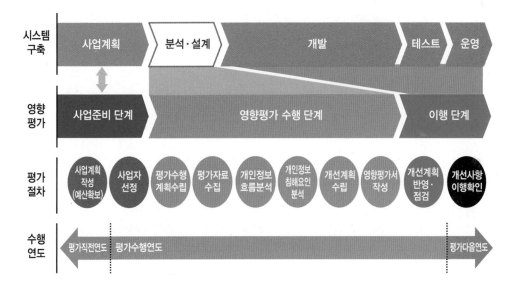

다. 개인정보 영향평가 수행 절차 요약

▣ 영향평가서 작성 및 제출

영향평가 사업은 직전 연도에 예산을 확보하고, 당해연도에 평가기관을 선정하여 대상기관과 평가기관이 협업을 통해 영향평가서를 완성
– 영향평가서는 최종 제출받은 날로부터 2개월 이내에 개인정보보호위원회에 제출
– 영향평가서를 제출한 날로부터 1년 이내에 이행점검 확인서를 개인정보보호위원회에 제출
※ 제출방법 : 개인정보보호 종합지원시스템(https://intra.privacy.go.kr)에 등록

■ 영향평가 수행 절차도

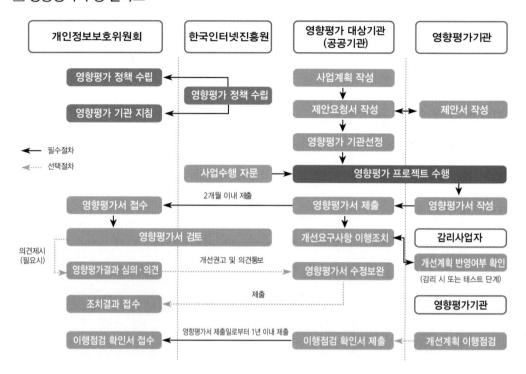

라. 개인정보 영향평가 절차

■ 영향평가는 사전준비 단계, 수행단계, 이행단계 등 3단계로 구성

단계	영향평가 수행 절차
사전준비 단계	영향평가 사업계획을 수립하여 신규 또는 변경 사업 추진 시 **타당성 검토 후 조직 내 영향평가 협력 조직 구성 및 영향평가 수행 방향**을 수립하여야 한다. 이후 필요한 예산 및 지원 인력 등의 자원을 확보하고 평가기관을 선정, 선정된 평가기관이 포함된 영향평가팀을 구성
수행 단계	선정된 평가기관이 **개인정보 침해요인을 분석**하고 **개선계획을 수립**하여 **영향평가서를 작성**
이행 단계	영향평가서의 침해요인에 대한 **개선계획을 반영하고 이를 점검**

▣ 개인정보 영향평가 절차

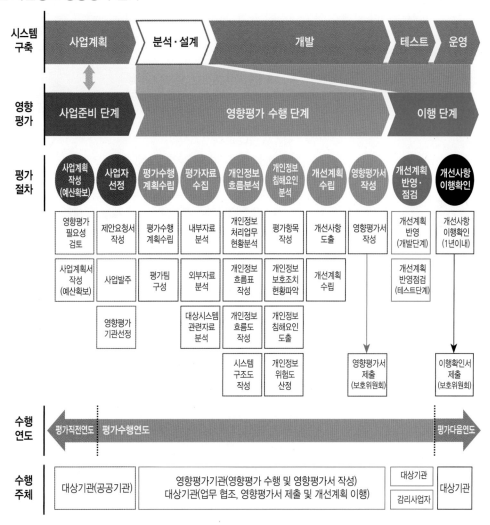

마. 영향평가 사전준비 단계

영향평가 사전준비 단계는 사업계획의 작성, 영향평가 기관 선정 업무가 있음

■ 영향평가 사전준비 단계

구분	영향평가 사전준비 단계	설명
1. 사업계획의 작성	1.1 영향평가 필요성 검토	• 구축 또는 변경하고자 하는 정보화사업(정보시스템)에 대해 영향평가 필요성 여부 판단 (영향평가를 실시하는 3가지 유형) – 개인정보파일을 **신규 구축·운용**하려는 경우 – 기 운용 중인 개인정보파일의 수집, 보유, 이용·제공, 파기 등 처리절차를 변경하거나 개인정보 검색 체계 등 **개인정보파일 운용체계를 변경**하려는 경우 – 개인정보파일을 **타 시스템과 연계·제공하려는** 경우 • 공공기관 외의 개인정보처리자는 개인정보파일 운용으로 인하여 정보주체의 개인정보 침해가 우려되는 경우에는 자율적으로 판단하여 영향평가를 하기 위하여 적극 노력 (개인정보보호법 위반 행위자에게 과징금 부과 시 「개인정보보호법 위반에 대한 과징금 부과기준」에 근거하여 법 위반 행위자가 개인정보 영향평가를 하는 등 개인정보보호 활동을 성실히 수행한 것으로 확인된 경우 1차 조정을 거친 금액의 100분의 30 이하에 해당하는 금액을 감경할 수 있음)
	1.2 영향평가 사업 대가산정	대상기관은 객관적인 개인정보 영향평가 대가산정을 위해 '개인정보 영향평가 대가산정 가이드(개인정보보호 위원회)'를 준용하여 사업비 산정 ※ '개인정보 영향평가 대가산정 가이드'는 개인정보 포털(privacy.go.kr)에서 확인 가능
	1.3 사전평가 수행(선택사항)	대상기관은 영향평가기관을 통해 영향평가를 수행하기 전에 **영향평가 자율수행 프로그램(privacy.go.kr)을 통해 맛보기 기능** 활용 가능 – 영향평가 맛보기 기능은 대상시스템 및 영향평가 절차 등에 대한 이해도를 높일 수 있고, 사업발주 시 평가 기관에 대한 사업관리 등에 활용 가능
	1.4 사업계획서 작성	영향평가 사전준비 단계로 **영향평가 사업계획서를 작성**하고, **영향평가 예산 확보를 위해 사업계획에 포함**
2. 영향평가 기관 선정	2.1 제안요청서 작성 및 사업발주	**기관의 영향평가를 수행할 평가기관을 선정** – 개인정보보호위원회가 지정한 영향평가기관을 대상으로 평가기관을 선정 – 제안요청서를 작성하고, 사업발주 후 평가기관 중 적합한 기관을 선정
	2.2 영향평가 기관 선정	영향평가기관 중 제안요청사항을 충족할 수 있는 적정 기관을 선정하되, 문제점이 있으면 평가 수행 업체로 부적절하므로 선정 시 유의

▣ 영향평가 필요성 검토 질문서

영향평가 사전준비 단계	Y	N	N/A
당해 사업의 수행을 위해 개인정보를 신규로 수집·보유, 이용·제공, 공개하거나 기존 개인정보의 수집·보유·이용/제공·공개하는 범위를 확대하는가?			
당해 사업이 개인정보의 수집 방법을 기존에 정보주체로부터 직접 수집하는 방식에서 타 기관(산하기관 포함)으로부터 제공받는 경우 등과 같이 수집하는 방식 등을 변경하는가?			
당해 사업의 수행을 위해 타 기관으로부터 개인정보를 제공받거나 당해 기관의 개인정보 DB를 타 기관과 연계하여 이용할 필요가 있는가?			
당해 사업의 수행을 위해 개인정보를 수집·보유, 이용·제공, 파기하는 기존의 업무수행절차에 중대한 변경이 초래되는가?			
기존의 정보시스템에 특정 IT기술을 적용하는 새로운 활용법을 채택함으로써 기존에 수집되거나 향후 수집될 정보가 본인 확인이 가능한 형태로 변경되는 등 시스템 상에 중대한 변화가 발생하는가?			
당해 사업의 수행을 위해 개인정보 수집 등의 업무처리 절차를 변경함으로써 기존에 예상치 못한 개인정보의 사용 또는 폐기를 야기하거나 본인확인이 가능한 형태의 정보를 주기적으로 수집해야 하는 필요성이 있는가?			
서비스 이용 과정에서 생성되는 정보를 기존에 수집한 개인정보와 결합함으로써 정보주체의 프라이버시에 영향을 미칠 수 있는 2차적 정보가 생성되는가?			
당해 사업의 수행을 위해 기존에 수집된 개인정보를 개인정보 수집 시 정보주체에게 고지한 수집목적 또는 이용목적 외로 사용할 가능성이 있는가?			
구축하고자 하는 정보시스템이 위치정보, RFID 등 특정 IT기술을 활용한 서비스를 제공하기 위한 것으로서 정보주체의 프라이버시 침해 문제가 발생할 가능성이 있다고 예측되는가?			
신규 또는 추가로 구축되는 시스템이 개인정보 DB에 대한 접근을 관리 또는 통제하기 위해 사용되는 보안체계에 중대한 변화를 초래하는가?			

■ 사업계획서 및 제안요청서 목차(예시)

사업계획서 목차		제안요청서 목차	
Ⅰ. 사업개요	1. 사업개요	1. 사업개요	Ⅰ. 사업 안내
	2. 추진배경 및 필요성	2. 추진배경 및 필요성	
	3. 사업범위	3. 사업범위	
	4. 기대효과	4. 기대효과	
Ⅱ. 대상업무현황	1. 업무현황	1. 업무현황	Ⅱ. 대상업무현황
	2. 정보시스템 현황	2. 정보시스템 현황	
	3. 선진사례	3. 선진사례	
	4. 문제점 및 개선과제	4. 문제점 및 개선과제	
Ⅲ. 사업추진계획	1. 추진목표	1. 추진목표	Ⅲ. 사업추진계획
	2. 추진전략	2. 추진전략	
	3. 추진체계 및 역할	3. 추진체계 및 역할	
	4. 추진일정	4. 추진일정	
Ⅳ. 사업내용	1. 주요 사업내용	1. 주요 사업내용	Ⅳ. 제안요청개요
	2. 세부 사업내용	2. 세부 사업내용	
Ⅴ. 소요자원 및 예산		3. 용역산출물	
Ⅵ. 기타지원요건	1. 교육지원 요건	4. 보안요건	
	2. 기술지원 요건	5. 기타지원요건	
	3. 유지보수 요건		

바. 영향평가 수행 단계

영향평가 수행계획 수립, 평가자료 수집, 개인정보 흐름 분석, 개인정보 침해요인 분석, 개선 계획 수립, 영향평가서 작성

■ 영향평가 수행 단계

구분	영향평가 수행 절차	설명
1. 영향평가 수행계획 수립	1.1 영향평가 수행계획 수립	효율적인 평가 수행을 위해 사전 계획 수립 – 영향평가팀은 평가과정에 필요한 사항들을 정리하고 영향평가팀 내에서 공유할 수 있는 세부적인 영향평가 수행계획을 수립하여 **"영향평가 수행계획서"**를 작성 – 영향평가 수행계획서 내 반영 사항 : **평가목적, 평가대상 및 범위, 평가주체(영향평가팀), 평가기간, 평가 절차(방법), 주요 평가 사항, 평가기준 및 항목, 자료수집 및 분석계획 등** – 개인정보보호책임자 등에 영향평가 수행계획서를 보고하고, 영향평가 대상사업 최종 책임자의 영향평가 수행 지시 후 평가를 실시
	1.2 영향평가팀 구성방안 협의	**평가기관의 PM**(Project Manager : 프로젝트 책임자)은 대상기관 사업관리 담당자의 협조 하에 **개인정보보호 담당자, 유관부서 담당자, 외부전문가 등의 참여를 요청** – 위탁 개발·관리되고 있는 정보시스템의 경우에는 실제 업무담당자와 사업담당자가 다르므로 현업 업무담당자는 반드시 참여 – 공공기관이 사업을 추진하나 실제 정보화사업 운영·관리를 산하기관 등 외부기관이 주관한다면 해당 산하기관 담당자 참여 – 외부 정보시스템 구축업체에 용역을 의뢰하여 구축사업을 추진 시, 프로젝트관리자(PM) 또는 파트리더(PL) 등이 참여
	1.3 영향평가팀 역할 정의	• **영향평가팀의 평가기관 PM은 각 구성원의 역할 및 책임 사항을 배분** – 영향평가팀은 대상기관 사업주관부서와 기관 내 유관부서 및 외부기관, 사업구축 부서를 기본적으로 포함 ※ **외부용역을 통해 개발하는 경우, 정보시스템 개발업체(개발용역업체)를 포함** – 개인정보보호를 위한 법률해석의 자문이 필요하거나 전문가의 조언이 필요한 경우, 외부 자문위원 포함 가능 • **영향평가기관의 평가수행 인력은 반드시 상주, 품질관리 담당자는 비상주 가능** – 영향평가 업무의 연속성 확보 및 품질 제고를 위해 투입인력 중 최소 1명 이상은 업무분석 단계부터 위험 분석, 개선계획 도출 등 사업 전기간 동안 상주
	1.4 영향평가팀 운영계획 수립	영향평가팀 구성과 각 구성원의 역할 및 책임 사항의 정의가 완료되면 이를 문서화한 **"영향평가팀 구성·운영계획서"**를 작성

구분	영향평가 수행 절차	설명
2. 평가자료 수집	2.1 내부 정책자료 분석	• 조직·체계 자료 : **기관별 개인정보보호지침, 개인정보보호 내부 관리계획, 개인정보 처리방침, 개인정보보호업무 관련 직제표, 개인정보보호규정, 정보보안규정 등** • 인적 통제·교육 자료 : **개인정보 관련 조직 내 업무분장표 및 직급별 업무권한 현황, 정보 시스템의 접근권한에 대한 내부규정, 시스템 관리자 및 개인정보취급자에 대한 교육계획, 위탁업체 관리규정 등** • 정보보안 자료 : **방화벽 등 침입차단시스템 및 백신프로그램 도입현황, 네트워크 구성도 등**
	2.2 외부 정책자료 분석	• 외부 정책자료는 공통적으로 해당되는 일반 정책자료와 대상사업에 제한적으로 적용되는 특수 정책자료가 있으며 유형은 **법령, 지침, 가이드라인, 훈령 등으로 다양** • 개인정보보호 관련 법규 준수 여부(Compliance)를 판단할 근거자료의 확보

	2.3 대상시스템 관련 자료 분석	• 대상사업의 추진배경, 추진목표, 사업개요 및 사업에 영향을 미치는 제반 사항에 대한 검토·분석을 실시하고, 사업 내용을 이해할 수 있도록 '사업개요서'를 작성
		  – **사업추진계획서, 제안요청서(RFP), 과제수행계획서, 요구사항 정의서** 등 다양한 형태의 사업 설명자료를 참조
		• 사업수행자료 : **사업추진계획서, 제안요청서, 과제수행계획서, 요구사항 정의서, (기 구축 시) 업무매뉴얼** 등
		• 외부연계 : 위탁계획서, 연계계획서, 인터페이스 정의서, 아키텍처 설계서 등
		• 개발 산출물 : 시스템 설계서, 요건 정의서, 업무 흐름도, 기능 정의서, ERD(Entity Relationship Diagram), DFD(Data Flow Diagram), 유스케이스 다이어그램(Use Case Diagram), 시퀀스 다이어그램(Sequence Diagram), 테이블 정의서, 화면 설계서, 메뉴 구조도, 아키텍처 설계서, 시스템 구조도 등
		  – 기 구축된 개인정보 처리시스템은 업무매뉴얼 등으로 검토 가능하며, 사업관련 자료 분석을 위한 수집 내용은 영향평가 수행 시 활용되므로 상세히 검토
		  – 대상기관의 정보화사업 및 개인정보 수집·이용이 법률에 근거하여 추진하는 경우가 많으므로, 관련 법률 근거를 조사하고 사업개요서 내에 반영

3. 개인정보 흐름 분석	3.1 개인정보 처리업무 분석	• 영향평가 대상 업무 중에서 개인정보 처리업무를 도출하여 **평가범위를 선정** • 개인정보를 처리(수집, 생성, 연계, 연동, 기록, 저장, 보유, 가공, 편집, 검색, 출력, 정정, 복구, 이용, 제공, 공개, 파기 등)하는 모든 업무를 파악
	3.2 개인정보 흐름표 작성	• 개인정보의 수집, 보유, 이용·제공, 파기에 이르는 Life-Cycle별 현황을 식별하여 **개인정보 처리현황**을 명확히 알 수 있도록 **흐름표 작성**
	3.3 개인정보 흐름도 작성	• 개인정보흐름표를 바탕으로 개인정보의 수집, 보유, 이용·제공, 파기에 이르는 Life-Cycle별 현황을 식별하여 개인정보 처리현황을 명확히 알 수 있도록 **흐름도 작성**
	3.4 정보시스템 구조도 작성	• **개인정보 처리시스템, 개인정보 내·외부 연계시스템 및 관련 인프라의 구성 파악** • 다른 단계와 병렬 진행 가능하며, 분석 초기에 작성하여 타 단계 진행 시 참고 가능

■ 개인정보 흐름 분석 단계별 세부 절차

■ 개인정보 영향도 등급표 작성

등급	조합설명	위험성	자산 가치	분류	개인정보 종류
1등급	그 자체로 개인의 식별이 가능하거나 매우 민감한 개인정보 또는 관련 법령에 따라 처리가 엄격하게 제한된 개인정보	• 정보주체의 경제적/사회적 손실을 야기하거나, 사생활을 현저하게 침해 • 범죄에 직접적으로 악용 가능 • 유출 시 민/형사상 법적 책임 부여 가능 및 대외 신인도 크게 저하	5	고유 식별정보	주민등록번호, 여권번호, 외국인등록번호 ※「개인정보보호법」 제24조 및 동법 시행령 제19조
				민감정보	사상·신념, 노동조합·정당의 가입·탈퇴, 정치적 견해, 병력(病歷), 신체적·정신적 장애, 성적(性的) 취향, 유전자 검사정보, 범죄경력정보, 개인의 신체적, 생리적, 행동적 특징에 관한 정보로서 특정 개인을 알아볼 목적으로 일정한 기술적 수단을 통해 생성한 정보, 인종이나 민족에 관한 정보 ※「개인정보보호법」 제23조 및 동법 시행령 제18조
				인증정보	비밀번호, 바이오정보(지문, 홍채, 정맥 등) ※「개인정보의 안전성 확보조치 기준 고시」 제2조

등급	조합설명	위험성	자산가치	분류	개인정보 종류
1등급				신용정보/금융정보	신용카드번호, 계좌번호 등 ※「신용정보의 이용 및 보호에 관한 법률」 제2조, 제1호 가목, 제1의2호, 제2호
				의료정보	건강상태, 진료기록 등 ※「의료법」 제22조, 제23조 및 동법 시행규칙 제14조 등
				위치정보	개인 위치정보 등 ※「위치정보의 보호 및 이용 등에 관한 법률」 제2조, 제16조 등
				기타 중요정보	해당 사업의 특성에 따라 별도 정의
2등급	조합되면 명확히 개인의 식별이 가능한 개인정보	• 정보주체의 신분과 신상 정보에 대한 확인 또는 추정 가능 • 광범위한 분야에서 불법적인 이용 가능 • 유출 시 민/형사상 법적 책임 부여 가능 및 대외 신인도 저하	3	개인식별정보	이름, 주소, 전화번호, 핸드폰번호, 이메일주소, 생년월일, 성별 등
				개인관련정보	학력, 직업, 키, 몸무게, 혼인여부, 가족상황, 취미 등
				기타개인정보	해당 사업의 특성에 따라 별도 정의
3등급	개인식별정보와 조합되면 부가적인 정보를 제공하는 간접 개인정보	• 정보주체의 활동 성향 등에 대한 추정 가능 • 제한적인 분야에서 불법적인 이용 가능 • 대외 신인도 다소 저하	1	자동생성정보	IP정보, MAC주소, 사이트 방문기록, 쿠키(cookie) 등
				가공정보	통계성 정보 등
				제한적 본인 식별 정보	회원번호, 사번, 내부용 개인식별정보 등
				기타 간접 개인정보	해당 사업의 특성에 따라 별도 정의

※ 서로 다른 등급의 개인정보가 혼재한 경우, 상위 등급의 개인정보로 선정
※ 영향도의 산정은 영향평가 기관의 고유 방법론에 따라 달라질 수 있으며 개인정보 영향도 등급표 예시에 따른 등급(1~3등급) 또는 자산가치(5, 3, 1)의 값을 정하여 사용 가능

▣ 개인정보 처리 업무표 예시

평가 업무명	처리 목적	처리 개인정보	주관 부서	개인정보 건수 (고유식별정보수)	개인정보 영향도
회원관리	홈페이지 회원가입, 본인확인, 정보제공 등 회원 서비스 제공	필수 : 성명, 생년월일, 전화번호, 이메일주소, ID, 비밀번호 선택 : 집주소, 전화번호	민원팀	10만 건(0건)	5
상담업무	고객 문의 및 민원 응대	필수 : 성명, 전화번호, 상담내용	민원팀	5천 건(0건)	3
실업급여 관리	실업급여 지급확인 및 관련 절차 알림, 확인	필수 : 성명, 주민등록번호, 계좌번호, 전화번호 선택 : 이메일주소	민원팀	3만 건(3만 건)	5
…	…	…	…	…	…

▣ 개인정보 처리업무 흐름도(공용시설물 관리업무) 예시

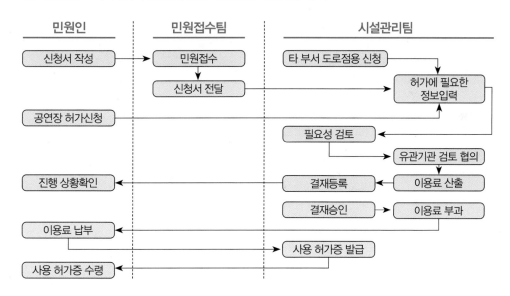

■ 개인정보 흐름표(민원처리업무) 예시

〈수집 흐름표〉

평가 업무명[1]	수집					
	수집 항목[2]	수집 경로[3]	수집 대상[4]	수집 주기[5]	수집담당자[6]	수집 근거[7]
민원 처리	**(필수)** 성명, 주민등록번호, 전화번호, 이메일 주소, 민원 내용 **(선택)** 집전화번호	온라인 (홈페이지)	민원인	상시	–	이용자 동의/ ○○법제○조○항 (주민등록번호)
		오프라인 (민원신청서 작성)	민원인	상시	안내창구 담당자	이용자 동의/ ○○법제○조○항 (주민등록번호)

〈보유·이용 흐름표〉

평가 업무명[1]	보유·이용							
	보유형태[2]	암호화항목[3]	민원 처리			통계 관리		
			이용 목적[4]	개인정보 취급자[5]	이용방법[6]	이용 목적[4]	개인정보 취급자[5]	이용방법[6]
민원 처리	Web DB	주민등록번호, 비밀번호 (일방향)	민원 처리 및 결과 관리	민원 처리 담당자, 민원 관련 업무 담당자	관리자 홈페이지의 민원 처리 화면 접속	민원 현황 조회	통계 담당자	관리자 홈페이지의 통계관리 화면 접속
	민원 DB	주민등록번호, 비밀번호 (일방향)						
	캐비넷 (신청서류철)	–						

〈제공·파기 흐름표〉

평가 업무명[1]	제공								파기			
	제공 목적[2]	제공 자[3]	수신 자[4]	제공 정보[5]	제공 방법[6]	제공 주기[7]	암호화 여부[8]	제공 근거[9]	보관 기간[10]	파기 담당자[11]	파기 절차[12]	분리보관 여부[13]
민원 처리	민원 처리 실적 집계	통계 담당자	○○ 도청	민원인 성명, 민원 접수내용, 처리 결과	실시간 DB 연동	상시	통신 구간 암호화 (VPN)	전자 정부법 시행령 ○○조	민원 처리 완료 후 1년	DB 관리자	일 단위 DB 파기	별도 보존DB 구성
									민원DB 입력 후 스캔 후 파기	통계 담당자	주 단위 문서 절단	–

■ 총괄 개인정보 흐름도 범례

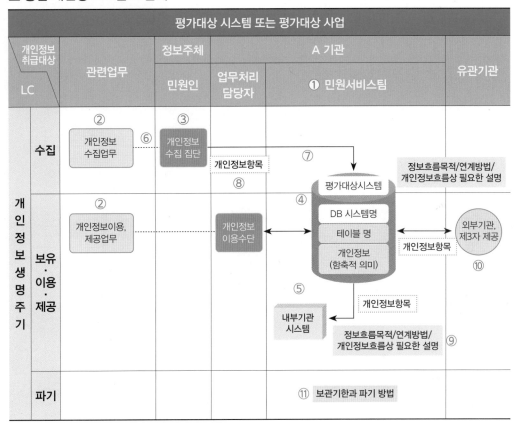

▣ 민원처리 시스템 총괄 개인정보 흐름도 예시

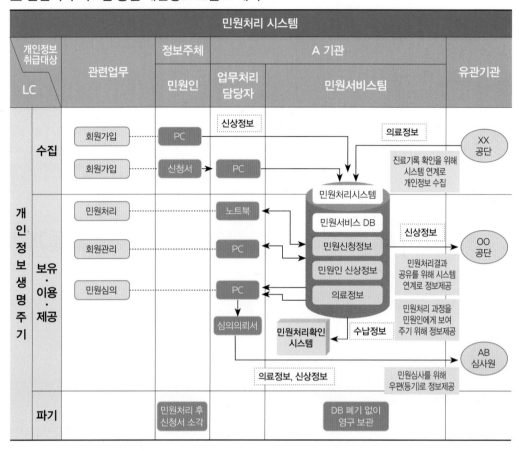

▣ 정보시스템 구조도 예시

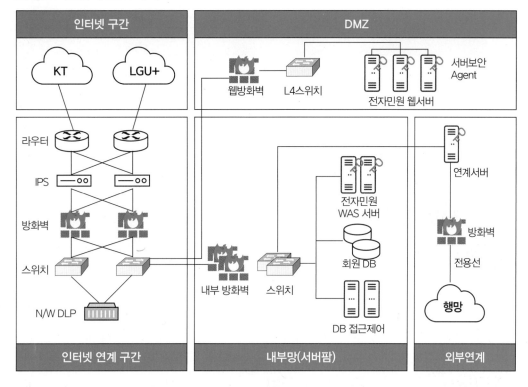

▣ 정보보호 시스템 목록 예시

유형	적용 솔루션명	목적 및 용도	적용 대상	본 사업 범위 여부
방화벽	SuhoGod FW v4.0	• 인터넷과 내부 네트워크 분리 • DMZ 구성 및 접근통제 • 내부서버에 대한 접근 통제	• 인터넷 관문(이중화) • 내부 서버팜 앞단 (1)	기 운영 중
IPS	SafeZ IPS v3.5	인터넷에서의 네트워크 공격 탐지 및 차단	인터넷 관문(이중화)	기 운영 중
서버보안	SecuOS for UNIX	서버 계정관리, 접근통제, 이력 로깅	• UNIX 서버 전체 • Windows 계열서버 제외	O
DB 접근제어	DB Security v2.0	DB 계정 관리, 접근통제, 개인정보 접속 기록 저장 등	• 홈페이지 회원DB • 상담DB • 민원서비스 DB	O
DB 암호화	DB Boan v1.0	고유식별정보 등 중요 개인정보에 대한 DB암호화	• 홈페이지 회원DB • 민원서비스 DB	O
보안USB	S-USB Plus	• 개인정보파일 등을 USB 저장/전달 시 자동암호화 • USB 분실 통제	민원부서 사용자(200명)	O

■ 영향평가 수행 단계 – 개인정보 침해요인 분석

구분	영향평가 수행 절차	설명

4. 개인정보 침해요인 분석	4.1 평가항목 구성	• 개인정보 침해요인 분석을 위한 평가항목은 **5개 평가영역 25개 평가분야에 대하여 총 85개의 지표로 구성**
		  – 단, **'대상기관 개인정보보호 관리체계' 평가영역은 1년 이내에 수행된 이전 영향평가를 통해 이미 평가를 수행한 경우 대상기관과의 협의를 거쳐 제외 가능**
		• 평가항목은 침해사고 사례, 법제도의 변화, 대상기관 및 대상사업의 특성 등에 따라 추가·삭제·변경 등 탄력적으로 구성하여 사용할 필요가 있으며, 특히 개인정보보호 관련 법령·고시가 개정된 경우 해당 사항에 대해서는 반드시 평가항목에 반영하여 점검하여야 함
		• **개인정보의 안전성 확보조치 기준과 관련된 평가항목은 대상기관의 유형에 따라 필수·선택 여부가 결정되므로, 대상기관이 어떤 유형에 속하는지 분석 필요**
		  – 10만 명 이상의 정보주체에 관한 개인정보를 보유한 공공기관은 유형3에 해당하며, 10만 명 미만의 정보 주체에 관한 개인정보를 보유한 공공기관은 유형2에 해당함

	4.2. 개인정보 보호조치 현황파악	• 대상 사업의 특성에 맞게 작성된 평가항목을 바탕으로 **자료검토, 시스템 점검, 현장실사, 인터뷰** 등을 통해 개인정보보호 조치사항을 파악하여 분석 • 고유식별정보(주민등록번호 제외)가 내부망에 저장될 때에는 영향평가 또는 위험도분석 결과에 따라 암호화 여부의 결정이 가능 • 개인정보 취급업무 및 개인정보 흐름이 다수 존재하는 경우에는 각 흐름별로 관련된 평가항목에 대하여 각각 평가 수행 • 평가항목별 평가 결과는 상세한 근거와 함께 정리하여 기재
	4.3 개인정보 침해요인 도출	• **개인정보 흐름 분석 및 개인정보보호 조치 현황에 대한 평가결과를 기반으로 개인정보 침해요인 분석** • 침해요인은 유사 침해사고 사례, 대상시스템 및 업무특성 등을 반영하여 작성하고, 법률 위반 사항에 대해서는 별도로 표기 필요
	4.4 개인정보 위험도 산정	• **도출된 침해요인은 모두 개선하는 것이 원칙이나, 기관 내 예산이 부족한 경우 등 불가피한 사유가 있는 경우에는 위험분석 결과에 따라 개선사항의 우선 순위를 정하여 선택적 조치 가능** ※ 단, 법적 의무사항은 필수적으로 조치 필요 • 위험도 산정방법은 아래에서 제시된 예시 외에도 위험에 대한 관점에 따라 다양하므로, 평가기관의 자체 위험분석 방법론을 활용하여 위험도를 산정

■ 개인정보 영향평가의 평가영역 및 평가분야

평가 영역	평가 분야	세부 분야
I. 대상기관 개인정보보호 관리체계	1. 개인정보보호 조직	개인정보보호책임자의 지정
		개인정보보호책임자 역할수행
	2. 개인정보보호 계획	내부관리계획 수립
		개인정보보호 연간계획 수립
	3. 개인정보 침해대응	침해사고 신고 방법 안내
		유출사고 대응
	4. 정보주체 권리보장	정보주체 권리보장 절차 수립
		정보주체 권리보장 방법 안내
II. 대상시스템의 개인정보보호 관리체계	5. 개인정보취급자 관리	개인정보취급자 지정
		개인정보취급자 관리·감독
	6. 개인정보파일 관리	개인정보파일대장 관리
		개인정보파일 등록
	7. 개인정보처리방침	개인정보처리방침의 공개
		개인정보처리방침의 작성
III. 개인정보 처리단계별 보호조치	8. 수집	개인정보 수집의 적합성
		동의 받는 방법의 적절성
	9. 보유	보유기간 산정
	10. 이용·제공	개인정보 제공의 적합성
		목적 외 이용·제공 제한
		제공시 안전성 확보
	11. 위탁	위탁사실 공개
		위탁 계약
		수탁사 관리·감독
	12. 파기	파기 계획 수립
		분리보관 계획 수립
		파기대장 작성

평가 영역	평가 분야	세부 분야
IV. 대상시스템의 기술적 보호조치	13. 접근권한 관리	계정 관리
		인증 관리
		권한 관리
	14. 접근통제	접근통제 조치
		인터넷 홈페이지 보호조치
		업무용 모바일기기 보호조치
	15. 개인정보의 암호화	저장 시 암호화
		전송 시 암호화
	16. 접속기록의 보관 및 점검	접속기록 보관
		접속기록 점검
		접속기록 보관 및 백업
	17. 악성프로그램 등 방지	백신 설치 및 운영
		보안업데이트 적용
	18. 물리적 접근방지	출입통제 절차 수립
		반출·입 통제 절차 수립
	19. 개인정보의 파기	안전한 파기
	20. 기타 기술적 보호조치	개발 환경 통제
		개인정보처리화면 보안
		출력 시 보호조치
	21. 개인정보처리구역보호	보호구역지정
V. 특정 IT기술 활용 시 개인정보보호	22. 고정형 영상정보처리기기	고정형 영상정보처리기기 설치 운영계획 수립
		고정형 영상정보처리기기 설치 시 의견수렴
		고정형 영상정보처리기기 설치 안내
		고정형 영상정보처리기기 사용 제한
	23. RFID	RFID 이용자 안내
		RFID 태그부착 및 제거
	24. 생체인식정보	원본정보 보관 시 보호조치
	25. 위치정보	개인위치정보 수집 동의
		개인위치정보 제공 시 안내사항
	26. 가명정보	가명정보의 처리
		가명정보의 안전 조치의무 등
	27. 이동형 영상정보처리기기	영상정보 촬영 및 안내
		영상정보 촬용 사용제한
		영상정보 촬용 및 관리에 대한 위탁
	자동화된 결정	자동화된 결정에 대한 정보주체의 권리 등

▣ 평가항목 예시

세부분야	개인정보보호 책임자의 지정				
질의문 코드	질의문	이행	부분이행	미이행	해당없음
1.1.1	개인정보보호책임자를 법령 기준에 따라 지정하고 있습니까?		O		
평가 예시	• 이행 : 개인정보보호책임자를 법령 기준에 따라 지정하고, 지침 또는 직무기술서, 임명장 등 관련 문서 등을 통해 개인정보보호책임자의 지정사실을 알리고 있는 경우 • 부분 이행 : 개인정보보호책임자가 지정되어 있으나 법률기준을 만족하지 못하거나, 지정사실을 전체 직원이 알 수 있도록 공식화하지 않은 경우				
평가근거 및 의견	평가대상기관인 △△△ 기관은 4급 이상의 공무원 자격 기준을 만족하고 있는 자를 개인정보보호책임자로 지정하여야 하나, 현재 5급 공무원이 책임자로 지정되어 있음				

▣ 평가기준

평가기준	내용
이행 (Y)	**정상적으로 조치되어 있음** – 점검항목에 대해 실제 이행, 적용하고 있고 그 사실에 대한 정확한 근거(문서)가 존재하는 경우
부분이행 (P)	**부분적으로 조치되어 있음** – 점검항목에 대해 이행, 적용하고 있으나 정확한 근거(문서) 없이 인터뷰에 의하여 계획으로만 되어 있거나 이행, 적용여부의 확인이 어려운 경우
미이행 (N)	**해당사항에 대해 조치된 바 없음** – 점검항목에 대해 실제 이행, 적용하지 않고 있거나 계획도 없는 경우
해당없음 (N/A)	**해당사항 없음** – 점검항목이 대상사업과 무관한 경우

※ Y : Yes, P : Partial, N : No, N/A : Not Applicable

■ 고유식별정보 암호화 적용여부 판단 절차

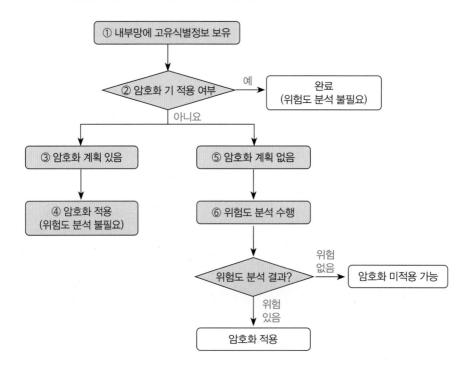

▣ 평가항목별 결과 작성 예시

질의문 코드	질의문	이행	부분이행	미이행	해당없음
4.3.3	고유식별정보, 바이오정보, 비밀번호 등 중요 개인정보를 정보통신망을 통해 송·수신하거나 보조저장매체 등을 통해 전달하는 경우 암호화하도록 계획하고 있습니까?			O	

평가 근거 및 의견	○○○웹사이트에 보안서버(SSL)가 적용되어 있지 않아 인터넷 회원의 인증정보(ID/PW), 고유식별정보 등 개인정보가 인터넷 구간에 평문으로 전송되고 있음 **[회원 로그인시 전송 데이터 캡처 결과 – ID/PW 평문 노출]**
항목 설명	웹사이트에서 ID/PW와 같은 인증정보, 고유식별정보 등 중요 개인정보를 전송하는 경우, 네트워크 도청을 통한 개인정보 노출을 방지하기 위하여 인증정보를 포함한 개인정보에 대하여 암호화하여 전송하도록 함
평가 예시	• 이행 : 웹사이트에 보안서버(SSL)를 적용하여 인증정보, 고유식별정보 등 개인정보를 암호화하여 전송함 • 부분 이행 : 웹사이트에 보안서버(SSL)를 적용하여 개인정보를 암호화하여 전송하고 있으나, 비밀번호 변경 등 일부 화면에서 암호화 전송이 누락됨
관련 법률 및 문서	「개인정보의 안전성 확보조치 기준 고시」제7조(개인정보의 암호화)

▣ 침해요인 작성 예시

질의문 코드	질의문	평가근거 및 의견	개인정보 침해 요인	법적 준거성
4.3.3	고유식별정보, 바이오정보, 비밀번호 등 중요 개인정보를 정보통신망을 통해 송·수신하거나 보조저장매체 등을 통해 전달하는 경우 암호화하도록 계획하고 있습니까?	현 시스템 및 설계서 상에 고유식별정보 등 개인정보를 홈페이지 서버로 전송 시 암호화가 적용되어 있지 않음	스니핑 등 네트워크 도청을 통해 홈페이지 회원의 고유식별정보, 인증정보가 비인가자에게 유출될 우려가 있음	개인정보 안전성 확보 조치 기준 고시 제7조 위반 (3,000만 원 이하 과태료)

■ 개인정보 처리업무별 침해요인 연계 개념도

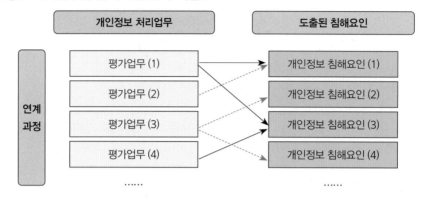

■ 개인정보 침해 위험 위험도 산정예시

$$위험도 = 개인정보\ 영향도 + (침해요인\ 발생\ 가능성 \times 법적\ 준거성) \times 2$$

■ 개인정보 침해요인 위험도 산정

▶ 개인정보 영향도(자산 가치)

등급	설명	자산가치
1등급	• 그 자체로 개인 식별이 가능하거나 민감한 개인정보 • 관련 법령에 따라 처리가 엄격히 제한된 개인정보 • 유출 시 범죄에 직접적으로 이용 가능한 정보	5
2등급	• 조합되면 명확히 개인의 식별이 가능한 개인정보 • 유출시 법적 책임 부담 가능한 정보	3
3등급	• 개인정보와 결합하여 부가적인 정보 제공 가능 정보 • 제한적인 분야에서 불법적 이용 가능 정보	1

▶ 법적 준거성 가중치 부여

구분	법적 준거성	중요도
높음	법적 준수 사항	1.5
낮음	법률 외 요건	1

▶ 개인정보 침해요인 발생가능성

구분	발생 가능 정도	중요도
높음	즉각적인 침해 발생 가능성이 있는 경우	3
중간	침해 발생 가능성이 존재하지만 즉각적이지는 않은 경우	2
낮음	침해 발생 가능성이 희박한 경우	1

▶ 위험도 범위

구분	산정식	위험도
최대값	위험도 = 5 + (3 × 1.5) × 2	14
최소값	위험도 = 1 + (1 × 1) × 2	3

■ 개인정보 침해요인 위험도 산정 예시

개인정보 처리업무명	처리 개인정보	개인정보 영향도	질의문 코드	침해요인	발생 가능성	법적 준거성	위험도
회원가입 (수집)	성명, 주민등록번호, 전화번호, 이메일 주소, 퇴직정보	5	2.2.1	변경된 부분에 대한 정보가 반영되지 않아 개인정보파일 현황을 적절히 파악하지 못해 보유하고 있는 개인정보의 관리가 어려움	3	1.5	14
회원가입 (보유·이용)	성명, 주민등록번호, 전화번호, 이메일 주소, 퇴직정보	5	3.4.1	정보주체가 위탁되는 개인정보 항목 및 위탁 목적 등을 알 수 없게 되어 정보주체의 권리를 제한할 수 있음	3	1.0	11
회원가입 (보유·이용)	성명, 주민등록번호, 전화번호, 이메일 주소, 퇴직정보	5	4.3.1	개인정보유출 사고 발생 시 개인정보를 취득한 자가 개인정보를 손쉽게 이용할 수 있음	2	1.0	9
회원가입 (파기)	성명, 주민등록번호, 전화번호, 이메일 주소, 퇴직정보	5	3.5.1	관련 법률을 위반하여 징계나 형사벌금 등의 처벌을 받을 수 있음	3	1.5	14
민원처리 (수집)	성명, 전화번호, 주소, 이메일주소	3	2.3.2	개인정보 제3자 제공에 대한 기준이 없어 제3자에게 개인정보를 무분별하게 제공하게 될 수 있으며 정보주체의 권리가 침해될 수 있음	3	1.5	12
민원처리 (수집)	성명, 전화번호, 주소, 이메일주소	3	2.2.2	변경된 부분에 대한 정보가 반영되지 않아 개인정보파일 현황을 적절히 파악하지 못해 보유하고 있는 개인정보의 관리가 어려움	3	1.5	12

■ 영향평가 수행 단계 – 개선계획 수립

구분	영향평가 수행 절차	설명
5. 개선계획 수립	5.1 개선방안 도출	식별된 침해요인별 위험도를 측정하고 검토한 후, 위험요소를 제거하거나 최소화하기 위한 개선방안 도출 – 개선방안은 위험도의 우선순위에 따라 해당기관이 수용 가능한 수준을 정하여 단기, 중·장기로 구분하고, 수행 시기는 가능한 구체적으로 제시 – 도출된 개선과제에 대하여 실질적인 개선이 가능하도록 상세 개선방안 제시
	5.2 개선계획 수립	• 도출된 개선방안을 기반으로 대상기관 내 보안조치현황, 예산, 인력, 사업 일정 등을 고려하여 개선계획 수립 • 도출된 개선계획은 위험평가 결과를 참고하여 위험도가 높은 순서의 개선방안을 먼저 실행하도록 개선계획표 작성
6. 영향평가서 작성	6.1 영향평가서 작성	• 영향평가서는 사전 준비 단계에서부터 위험관리 단계까지 모든 절차, 내용, 결과 등을 취합·정리한 문서 • 잔존 위험이나 이해관계자 간의 의견충돌이 있는 경우에는 의사결정권자(CEO, CPO 등)를 토론에 참여시켜 개인정보보호 목표 수준에 대한 합의 도출 • 영향평가팀은 영향평가서를 최종적으로 검토 또는 승인할 수 있는 조직 내 최고 의사결정권자(기관장)에게 보고 • 대상기관 내 다수의 개인정보처리시스템에 대하여 동시에 영향평가를 수행한 경우에는 개인정보처리시스템 단위로 영향평가서를 분리하여 작성

■ 침해요인별 개선 방안 작성 양식 예시

위험도	개인정보 처리업무명	질의문 코드	침해요인	개선방안	수행시기	담당 부서
14	회원가입 (수집)	2.2.1	변경된 부분에 대한 정보가 반영되지 않아 개인정보파일 현황을 적절히 파악하지 못해 보유하고 있는 개인정보의 관리가 어려움	개인정보파일 변경사항을 파악하여 개인정보파일 대장에 빠짐없이 반영	2020.09 (단기)	○○ 팀
14	회원가입 (수집)	2.2.2	○○○ 개인정보파일의 보호위원회 등록이 누락됨에 따라 개인정보보호법을 위반할 수 있으며, 정보주체의 알 권리를 침해함	○○○ 개인정보파일을 내부 승인절차를 거쳐 보호위원회에 등록	2020.09 (단기)	○○ 팀
14	회원가입 (파기)	3.5.1	회원가입 서류를 관련 법률 등에 명시된 기한을 넘겨 보관하여 처벌을 받을 수 있음	법률근거 및 수집목적에 따라 보유기간으로 산정	2020.09 (단기)	○○ 팀
…	…	…	…	…		

■ 개선 계획표 예시

순번	개선과제명	개선내용	담당부서	수행시기
1	개인정보보호 교육 강화	• 개인정보보호 교육계획 수립(2.1.2) • 개인정보취급자에 대한 교육 수행(2.1.2)	고객보호팀	사업종료전 (2020.06)
2	개인정보 수집·저장 시 보호 조치 강화	• 회원 가입 시 입력받는 개인정보 수집항목 최소화(3.1.2) • 회원정보 DB 저장 시 암호화 등의 설계 변경 (4.3.1)	사업주관부서	사업종료전 (2020.06)
3	개인정보취급자 PC 보안강화	개인정보취급자 단말기에 키보드 해킹방지 솔루션 도입(4.8.2)	사업주관부서	2차 사업 (2021.06)
	…	…	…	…

■ 상세 개선방안 작성 양식 예시

개선과제명	1. 홈페이지 회원 비밀번호 일방향 암호화	순번	1
관련 평가항목	4.3.1	법적요건	필수 사항

<table>
<tr><td rowspan="20">과제
상세 내용</td><td colspan="7">• 일방향 암호화 대상 정보 : 홈페이지 회원 비밀번호, 관리자 비밀번호
• 일방향 암호화 알고리즘 : SHA-256 이상 적용 필요</td></tr>
</table>

• 일방향 암호화 대상 정보 : 홈페이지 회원 비밀번호, 관리자 비밀번호
• 일방향 암호화 알고리즘 : SHA-256 이상 적용 필요

[보안강도에 따른 일방향(단순해시/전자서명용 해시함수) 암호 분류]

보안강도	NIST(미국)	CRYPTREC(일본)	ECRYPT(유럽)	국내	안정성 유지기간(연도)
80비트 이상	SHA-1 SHA-224/256/384/512	SHA-↑ SHA-256/384/512 RIPEMD-160	SHA-1↑ SHA-256/384/512 RIPEMD-160 Whirlpool	SHA-1↑ HAS-160 SHA-256/384/512	2010년까지
112비트 이상	SHA-224/256/384/512	SHA-256/384/512	SHA-256/384/512 Whirlpool	SHA-256/384/512	2011년부터 2030년까지 (최대 20년)
128비트 이상	SHA-256/384/512	SHA-256/384/512	SHA-256/384/512 Whirlpool	SHA-256/384/512	2030년 이후 (최대 30년)
192비트 이상	SHA-384/512	SHA-384/512	SHA-384/512 Whirlpool	SHA-384/512	
256비트 이상	SHA-512	SHA-512	SHA-512 Whirlpool	SHA-512	

• 비밀번호 일방향 암호화 적용 시 고려사항 (Salt값 적용 등)

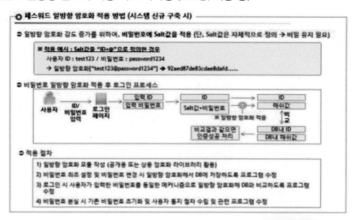

담당부서 (수행주체)	○○팀	수행 시기	2018.06

관련 법률	• 「개인정보보호법」 제29조(안전조치의무) • 「개인정보의 안전성 확보조치 기준 고시」 제7조(개인정보의 암호화)

사. 영향평가 이행단계

▣ 영향평가 이행단계

구분	영향평가 이행 절차	설명
1. 이행점검	1.1 개선사항 반영 여부 점검 (개인정보파일 구축·운용 前)	**분석·설계 단계에서 수행한 영향평가 개선계획의 반영 여부를 개인정보파일 및 개인정보처리시스템 구축·운영 전에 확인** – 대상기관은 정보시스템 분석·설계 단계에서 수행한 영향평가 결과 및 개선계획에 따라 필요한 사항을 반영 – 감리 대상 정보화사업의 경우에는 영향평가 개선계획의 반영 여부를 정보시스템 감리 시 확인 – 감리를 수행하지 않는 경우에는 정보시스템 테스트 단계에서 자체적으로 영향평가 개선계획의 반영 여부 확인
	1.2 개선사항 이행 확인	**영향평가서를 제출받은 공공기관의 장은 개선사항으로 지적된 부분에 대한 이행 현황을 영향평가서를 제출받은 날로부터 1년 이내에 보호위원회에 제출**(「개인정보 영향평가에 관한 고시」 제14조) – 영향평가 시 도출된 개선계획이 예정대로 수행이 되고 있는지 여부에 대해 점검 후 "개인정보 영향평가 개선사항 이행확인서"를 작성하여 개인정보보호위원회에 제출 – 개선계획 이행점검 결과는 내부 보고 절차를 거쳐 개인정보보호위원회에 제출하도록 하며, 이행점검 결과 미흡한 부분은 원인 등을 분석하여 계획대로 이행될 수 있도록 조치방안 마련 – 단, 기존 영향평가 수행기간 내에 모든 개선사항이 조치 완료되어 개인정보보호위원회에 제출한 영향 평가서에 개선과제가 없는 경우에는 '개인정보 영향평가 개선사항 이행확인서'를 제출할 필요 없음

▣ 이행확인서 양식

개인정보 영향평가 개선사항 이행확인서					
평가영역	개선 과제명	개선 요구내용	이행계획 (또는 결과)	완료일 (또는 예정일)	담당자 확인

3.3.5 개인정보 유출 등의 통지·신고

■ 개인정보의 분실·도난·유출(이하 유출 등)에 따른 정보주체 통지 요건

구분	내용
통지 사항	• 유출 등이 된 개인정보의 항목 • 유출 등이 된 시점 및 경위 • 유출 등으로 인해 발생할 수 있는 피해를 최소화하기 위하여 정보주체가 할 수 있는 방법 등에 관한 정보 • 개인정보처리자의 대응조치 및 피해 구제절차 • 정보주체에게 피해가 발생한 경우 신고 등을 접수할 수 있는 담당부서 및 연락처 ※ 통지 사항 중 1호, 2호 사항에 관한 구체적인 내용을 확인하지 못한 경우에는 개인정보가 유출된 사실, 그때까지 확인된 내용 및 같은 항 제3호부터 제5호까지의 사항을 서면 등의 방법으로 우선 통지해야 하며, 추가로 확인되는 내용에 대해서는 확인되는 즉시 통지
통지 방법	서면 등의 방법(서면, 전자우편, 팩스, 전화, 문자전송 등)

통지 시기	• 유출 등을 알게 된 때로부터 72시간 이내
	• 다만, 다음 각 호의 어느 하나에 해당하는 경우에는 해당 사유가 해소된 후 지체 없이 정보주체에게 알릴 수 있음
	  – 유출 등이 된 개인정보의 확산 및 추가 유출 등을 방지하기 위하여 접속경로의 차단, 취약점 점검·보완, 유출 등이 된 개인정보의 회수·삭제 등 긴급한 조치가 필요한 경우
	  – 천재지변이나 그 밖에 부득이한 사유로 인하여 72시간 이내에 통지하기 곤란한 경우

통지 예외	• 정보주체의 연락처를 알 수 없는 경우 등 정당한 사유가 있는 경우에는 인터넷 홈페이지에 30일 이상 위의 5가지 통지 사항을 게시하는 것으로 통지 갈음 가능 • 다만, 인터넷 홈페이지를 운영하지 아니하는 개인정보처리자의 경우에는 사업장 등의 보기 쉬운 장소에 위의 5가지 통지 사항을 30일 이상 게시

■ 개인정보의 유출 등에 따른 관계기관 신고 요건

구분	내용
신고 사항	• 유출 등이 된 개인정보의 항목 • 유출 등이 된 시점 및 경위 • 유출 등으로 인해 발생할 수 있는 피해를 최소화하기 위하여 정보주체가 할 수 있는 방법 등에 관한 정보 • 개인정보처리자의 대응조치 및 피해 구제절차 • 정보주체에게 피해가 발생한 경우 신고 등을 접수할 수 있는 담당부서 및 연락처 ※ 신고 사항 중 1호, 2호 사항에 관한 구체적인 내용을 확인하지 못한 경우에는 개인정보가 유출 등이 된 사실, 그때까지 확인된 내용 및 같은 항 제3호부터 제5호까지의 사항을 서면 등의 방법으로 우선 신고해야 하며, 추가로 확인되는 내용에 대해서는 확인되는 즉시 신고
신고 기관	개인정보보호위원회 또는 한국인터넷진흥원
신고 방법	서면 등의 방법(서면, 전자우편, 팩스, 전화, 문자전송 등) ※ 개인정보 포털(www.privacy.go.kr)을 통해 신고 가능
신고 시기	• 유출 등을 알게 된 때로부터 72시간 이내 • 다만, 천재지변이나 그 밖에 부득이한 사유로 인하여 72시간 이내에 신고하기 곤란한 경우에는 해당 사유가 해소된 후 지체 없이 신고
신고 대상	• 1천 명 이상의 정보주체에 관한 개인정보가 유출 등이 된 경우 • 민감정보 또는 고유식별정보가 유출 등이 된 경우 • 개인정보처리시스템 또는 개인정보취급자가 개인정보 처리에 이용하는 정보기기에 대한 외부로부터의 불법적인 접근에 의해 개인정보가 유출 등이 된 경우 ※ 다만, 개인정보 유출 등의 경로가 확인되어 해당 개인정보를 회수·삭제하는 등의 조치를 통해 정보주체의 권익 침해 가능성이 현저히 낮아진 경우에는 미신고 가능

3.3.6 개인정보 손해배상책임

가. 개인정보 손해배상책임 개요

■ 개인정보 손해배상 제도

단계	징벌적 손해배상제도 (개인정보보호법 제39조)	법정 손해배상제도 (개인정보보호법 제39조의2)	관련 근거
적용 요건	기업의 **고의·중과실**로 개인정보 유출 또는 **동의 없이 활용**하여 피해 발생	기업의 **고의·과실**로 개인정보가 분실·도난·유출된 경우	
입증 책임	• 기업이 고의·**중과실**이 없음을 입증 • **피해액은 피해자가 입증**	• 기업이 고의·**과실**이 없음을 입증 • **피해자에 대한 피해액 입증책임 면제**	
구제 범위	**재산 및 정신적 피해** 모두 포함	사실상 피해입증이 어려운 **정신적 피해**	개인정보보호법 제62조
피해액	실제 **피해액의 5배** 이내 배상	**300만 원 이하**의 범위에서 상당한 금액	개인정보보호법 제39조
도입 배경	2016년 7월 25일 이후 유출 사고		민법 제750조

■ 개인정보 피해구제 제도

제도	피해구제 내용	관련 기관	관련 근거
개인정보 침해 신고상담	• 제도 개선 권고 • 행정 처분 의뢰 • 수사 의뢰	**개인정보침해 신고센터**	개인정보보호법 제62조
개인정보 분쟁조정	• 제도 개선 권고 • 손해 배상 권고	**개인정보 분쟁조정위원회**	개인정보보호법 제40조
단체소송	위법행위의 금지·중지	법원	개인정보보호법 제51조~53조
민사소송	손해 배상 청구	법원	민법 제750조

▣ 개인정보 손해배상 보장 제도

구분	설명	세부 내용
개요	개인정보 유출에 대비한 손해배상 책임 이행을 위한 제도	개인정보보호법 제39조의7에 근거
목적	개인정보 유출 시 정보주체의 피해구제 실효성 제고	• 기업의 손해배상 능력 확보 • 정보주체의 권리 보장 강화
대상	일정 기준을 충족하는 개인정보처리자	• 직전 사업연도 매출액과 정보주체 수에 따라 결정 • 정보통신서비스제공자 등 포함
주기	상시 의무	대상 기준 충족 시 지속적으로 유지해야 함
주요 내용	보험 가입, 공제 가입 또는 준비금 적립	• 직전 사업연도의 매출액이 10억 원 이상일 것 • 전년도 말 기준 직전 3개월간 그 개인정보가 저장·관리되고 있는 이용자수가 일일평균 1만 명 이상일 것

나. 개인정보 손해배상책임 보장

▣ 손해배상책임 보장 의무대상자 범위

① 전년도 매출액 등이 10억 원 이상 + ② 정보주체 수 1만 명 이상 모두 충족

적용 제외(의무면제)	적용(의무대상)
1. 공공기관 ※ 영 제32조제4항에 따라 CPO 지정 시 자격요건 의무대상 공공기관*은 제외	• CPO 지정 시 자격요건 의무대상인 공공기관은 손해배상책임 보장 의무적용 대상임 • 시행령 제2조제2호부터 제5호까지에 해당하는 공공기관으로서 시행령 제32조제4항 각 호에 해당하는 공공기관은 적용대상에 포함됨 〈시행령 제32조제4항 각 호〉
2. 공익법인의 설립·운영에 관한 법률 제2조에 따른 공익법인	1. 연간 매출액 등이 1,500억 원 이상인 자로서 다음 각 목의 어느 하나에 해당하는 자(제2조제5호에 따른 각급 학교 및 「의료법」 제3조에 따른 의료기관은 제외한다)
3. 비영리민간단체 지원법 제4조에 따라 등록한 단체	가. 5만 명 이상의 정보주체에 관하여 민감정보 또는 고유식별정보를 처리하는 자
4. 다음 각 호의 요건을 모두 갖춘 자에게 개인정보 처리를 위탁한 「소상공인기본법」 제2조제1항에 따른 소상공인 1) 「소상공인기본법」 제2조제1항에 따른 소상공인으로부터 개인정보가 분실·도난·유출·위조·변조 또는 훼손되지 않도록 개인정보의 저장·관리 업무를 위탁받은 자 2) 제1호에 따라 위탁받은 업무에 대하여 법 제39조 및 제39조의2에 따른 손해배상책임의 이행을 보장하는 보험 또는 공제에 가입하거나 준비금을 적립하는 등 필요한 조치를 한 자	나. 100만 명 이상의 정보주체에 관하여 개인정보를 처리하는 자 2. 직전 연도 12월 31일 기준으로 재학생 수(대학원 재학생 수를 포함한다)가 2만 명 이상인 「고등 교육법」 제2조에 따른 학교 3. 「의료법」 제3조의4에 따른 상급 종합병원 4. 공공시스템운영기관
5. 다른 법률에 따라 제39조 및 제39조의2에 따른 손해배상책임의 이행을 보장하는 보험 또는 공제에 가입하거나 준비금을 적립한 개인정보처리자	

■ 최저가입금액(최소적립금액) 기준

적용대상 사업자의 가입금액 산정요소		최저가입금액 (최소적립금액)
이용자수	매출액	
100만 명 이상	800억 원 초과	10억 원
	50억 원 초과 800억 원 이하	5억 원
	5천만 원 이상 50억 원 이하	2억 원
10만 명 이상 100만 명 미만	800억 원 초과	5억 원
	50억 원 초과 800억 원 이하	2억 원
	5천만 원 이상 50억 원 이하	1억 원
1만 명 이상 10만 명 미만	800억 원 초과	2억 원
	50억 원 초과 800억 원 이하	1억 원
	10억 원 이상 50억 원 이하	5천만 원

3.3.7 신용정보관리 · 보호인 지정

■ 신용정보관리 · 보호인 지정 개요

구분	설명	세부 내용
개요	신용정보의 관리와 보호를 위해 특정 기관에서 의무적으로 지정해야 하는 제도	신용정보의 이용 및 보호에 관한 법률 제20조제3항에 근거
목적	신용정보의 안전한 관리와 보호 강화	• 신용정보 유출 방지 • 내부통제시스템 구축 및 운영 • 관련 법령 및 규정 준수 확보
대상	신용정보회사, 본인신용정보관리회사, 채권추심회사, 신용정보집중기관 및 대통령령으로 정하는 신용정보제공 · 이용자	• 종합신용정보집중기관 • 신용조회회사 • 직전 사업연도 말 기준 총자산 2조 원 이상이고 상시 종업원 수 300명 이상인 신용정보제공 · 이용자
주요 내용	신용정보관리 · 보호인의 자격, 업무, 지정 절차 등	• 자격 : 사내이사, 집행임원, 신용정보 관련 업무집행 권한이 있는 자 등 • 업무 : 개인신용정보 및 기업신용정보 관리 · 보호, 법령 준수 여부 점검, 내부통제시스템 구축 · 운영 등 • 지정 절차 : 자격 요건을 갖춘 자를 지정하고 홈페이지 등을 통해 공개

■ 개인정보보호책임자와 신용정보 관리보호인의 업무

개인정보보호책임자의 지정 (개인정보보호법 제31조)	신용정보 관리책임의 명확화 및 업무처리기록의 보존 (신용정보법 제20조)
1. 개인정보보호 계획의 수립 및 시행 2. 개인정보 처리 실태 및 관행의 정기적인 조사 및 개선 3. 개인정보 처리와 관련한 불만의 처리 및 피해 구제 4. 개인정보 유출 및 오·남용 방지를 위한 내부통제시스템 구축 5. 개인정보보호 교육 계획의 수립 및 시행 6. 개인정보파일의 보호 및 관리·감독 7. 개인정보 처리방침의 수립·변경 및 시행 8. 개인정보보호 관련 자료의 관리 9. 처리 목적이 달성되거나 보유기간이 지난 개인정보의 파기	1. 개인신용정보의 경우 각 목의 업무를 수행한다. 　가. 「개인정보보호법」 제31조제3항제1호부터 제5호까지의 업무 　나. 임직원 및 전속 모집인 등의 신용정보보호 관련 법령 및 규정 준수 여부 점검 　다. 그 밖에 신용정보의 관리 및 보호를 위하여 대통령령으로 정하는 업무 2. 기업신용정보의 경우 다음 각 목의 업무를 수행한다. 　가. 신용정보의 수집·보유·제공·삭제 등 관리 및 보호 계획의 수립 및 시행 　나. 신용정보의 수집·보유·제공·삭제 등 관리 및 보호 계획 실태와 관행에 대한 정기적인 조사 및 개선 　다. 신용정보 열람 및 정정청구 등 신용정보주체의 권리행사 및 피해 구제 　라. 신용정보 유출 등을 방지하기 위한 내부통제시스템의 구축 및 운영 　마. 임직원 및 전속 모집인 등에 대한 신용정보보호 교육계획의 수립 및 시행 　바. 임직원 및 전속 모집인 등의 신용정보보호 관련 법령 및 규정 준수 여부 점검 　사. 그 밖에 신용정보의 관리 및 보호를 위하여 대통령령으로 정하는 업무

3.3.8 신용정보활용체제의 공시

가. 신용정보활용체제의 공시 개요

▣ 신용정보활용체제의 공시 개요

구분	설명	세부 내용
개요	신용정보의 이용 및 보호에 관한 법률 제31조에 근거한 제도	신용정보회사, 금융기관 등이 관리하는 신용정보의 활용체제를 공개하는 제도
목적	신용정보 관리의 투명성 제고 및 정보주체의 권리 보장	• 신용정보 이용 목적, 관리 방법 등을 공개하여 투명성 확보 • 정보주체의 자기정보 통제권 강화
대상	신용정보회사, 금융기관, 신용정보 제공·이용자	• 신용정보회사(예 NICE평가정보) • 은행, 증권사, 보험사 등 금융기관 • 기타 신용정보를 취급하는 기관
주기	상시 공시 및 변경 시 즉시 반영	• 홈페이지 등을 통해 지속적으로 공시 • 내용 변경 시 즉시 갱신하여 공시
주요 내용	관리하는 신용정보의 종류, 이용목적, 제공 절차 등	• 신용정보의 종류(개인신용정보, 기업신용정보 등) • 신용정보의 이용목적(거래 설정, 유지, 사고 조사 등) • 제3자 제공 절차 및 제공받는 자의 이용목적 • 신용정보주체의 권리 및 행사 방법

나. 신용정보활용체제 포함사항

■ 개인정보 처리방침 또는 신용정보활용체제에 포함해야 할 필수 사항

개인정보보호법 제30조, 영 제31조	신용정보법 제31조(신용정보활용체제의 공시), 영27조
1. 개인정보의 처리 **목적** 2. 개인정보의 처리 및 보유 **기간** 3. 개인정보의 **제3자** 제공에 관한 사항(해당되는 경우에만 정한다) 4. 개인정보의 **파기**절차 및 파기방법(법 제21조제1항 단서에 따라 개인정보를 보존하여야 하는 경우에는 그 보존근거와 보존하는 개인정보 항목을 포함한다) 5. 법 제23조제3항에 따른 **민감정보**의 공개 가능성 및 비공개를 선택하는 방법(해당되는 경우에만 정한다) 6. 개인정보처리의 **위탁**에 관한 사항(해당되는 경우에만 정한다) 7. 법 제28조의2 및 제28조의3에 따른 **가명정보의 처리** 등에 관한 사항(해당되는 경우에만 정한다) 8. 정보주체와 법정대리인의 **권리**·의무 및 그 행사방법에 관한 사항 9. 제31조에 따른 개인정보보호**책임자**의 성명 또는 개인정보보호업무 및 관련 고충사항을 처리하는 부서의 명칭과 전화번호 등 연락처 10. 인터넷 접속정보파일 등 개인정보를 **자동**으로 수집하는 장치의 설치·운영 및 그 거부에 관한 사항 (해당되는 경우에만 정한다) 11. 처리하는 개인정보의 **항목** 12. 시행령 제30조에 따른 개인정보의 안전성 확보 조치에 관한 사항	1. 개인신용정보 보호 및 관리에 관한 **기본계획** (개인신용평가회사, 개인사업자신용평가회사, 기업신용조회회사 및 신용정보집중기관, 직전 사업연도 말 기준으로 **총자산 2조 원** 이상 **상시 종업원 수 300명** 이상 대상) 2. 관리하는 신용정보의 **종류 및 이용 목적** 3. 신용정보를 제3자에게 **제공**하는 경우 제공하는 신용정보의 **종류, 대상, 제공받는 자의 이용 목적** 4. 신용정보의 보유 기간 및 이용 기간이 있는 경우 해당 **기간**, 신용정보 **파기** 절차 및 방법 5. 신용정보의 처리를 **위탁**하는 경우 그 업무의 내용 및 수탁자 6. 신용정보주체의 **권리**의 종류 및 행사 방법 7. **신용평가**에 반영되는 **신용정보의 종류, 반영기간**(개인신용평가회사, 개인사업자신용평가회사 및 기업 신용등급제공업무·기술신용평가업무를 하는 기업신용조회회사로 한정) 8. 「개인정보보호법」 제30조제1항제6호 및 제7호의 사항·**신용정보관리·보호인** 또는 신용정보관리·보호 관련 **고충을 처리하는 사람의 성명, 부서 및 연락처**·인터넷 접속정보파일 등 개인신용정보를 **자동**으로 수집하는 장치의 설치·운영 및 그 거부에 관한 사항(해당되는 경우에만 정한다) 9. **검증위원회의 심의 결과**(「신용정보법」 제26조의3에 따른 개인신용평가체계 검증 대상인 자에 한정)

■ 개인정보 처리방침 또는 신용정보활용체제에 포함해야 할 기타 기재 사항

개인정보보호법 제30조, 영 제31조	신용정보법 제31조(신용정보활용체제의 공시), 영27조
1. 법 제28조의8제1항제3호에 따라 개인정보를 처리위탁·보관하기 위하여 **국외이전**이 필요한 경우 법제28조의8제2항 각 호의 사항(해당하는 경우에만 정한다) 2. 개인정보 처리방침의 **변경**에 관한 사항 3. 법 제31조의2제1항에 따라 국내**대리인**을 지정하는 경우 국내대리인의 성명, 주소, 전화번호 및 전자우편 주소(해당하는 경우에만 정한다) 4. 개인정보의 열람, 정정·삭제, 처리정지 요구권 등 정보주체와 법정대리인의 **권리**·의무 및 그 행사방법에 관한 사항 5. 개인정보의 열람청구를 접수·처리하는 **부서** 6. 정보주체의 권익침해에 대한 **구제**방법	1. 신용정보주체의 권익침해에 대한 **구제**방법 2. 신용정보의 열람청구를 접수·처리하는 **부서**

3.3.9 개인신용정보 활용·관리 실태에 대한 상시평가

가. 개인신용정보 활용·관리 실태에 대한 상시평가 개요

■ 개인신용정보 활용·관리 실태에 대한 상시평가 개요

구분	설명	세부 내용
개요	금융회사 등이 처리하는 개인신용정보에 대한 관리·보호 실태를 상시적으로 점검하는 제도	• 2021년 2월 4일부터 시행 • 신용정보법 제45조의5에 근거
목적	금융기관의 개인신용정보 보호 수준을 체계적·종합적으로 점검하고 개선	• 새로운 데이터 처리 환경에서 일관성 있고 안전한 정보 보호 실현 • 국민의 신뢰성 제고
대상	대통령령으로 정하는 신용정보회사 등	금융회사, 신용정보업자 등
주기	연 1회 이상	신용정보관리·보호인이 정기적으로 점검 후 결과 제출
주요 내용	• 평가 방식 • 평가 항목 • 결과 활용	• 금융회사 자체평가 → 금융보안원 서면점검 → 점수 또는 등급 표시 • 개인신용정보 부문 대항목 5개, 평가항목 13개로 구성 • 우수기관 표창, 미흡기관 개선 권고 및 실태점검 시행

나. 개인신용정보 활용·관리 실태에 대한 상시평가 수행체계

■ 수행체계

금융위원회, 금융감독원, 금융보안원, 상시평가위원회, 대상기관으로 구성

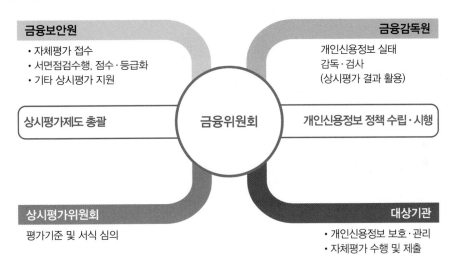

■ 수행기관 역할

기관	주요 역할	세부 내용
금융위원회	제도 총괄	정보보호 상시평가제도 전반 관리
금융감독원	평가 결과 활용	정보보호 상시평가 결과를 검사에 활용
금융보안원	상시평가 업무 수행	• 개인신용정보 관리·보호 실태 점검 결과 접수 확인 • 실태 점검 결과에 대한 서면점검 수행 및 점수·등급 부여 • 상시평가위원회 구성·운영 • 상시평가지원시스템 구축·운영
상시평가 위원회	평가 기준 및 절차 심의	• 상시평가 기준 제·개정 • 평가 절차·방법, 점수·등급 표시방안 등 심의 • 당연직 위원(1명), 위촉직 위원(9명)으로 구성
대상기관	자체 평가 및 결과 제출	• 신용정보관리·보호인이 개인신용정보 관리 및 보호 실태 점검 • 상시평가지원시스템을 통해 자체평가 수행 • 실태점검 결과 금융위원회에 제출 (미제출 시 3천만 원 과태료)

다. 개인신용정보 활용·관리 실태에 대한 상시평가 기준

▣ 평가기준

금융회사 규모·특성에 따라 표준, 중소형 금융회사, 상호금융회사 평가기준으로 분류

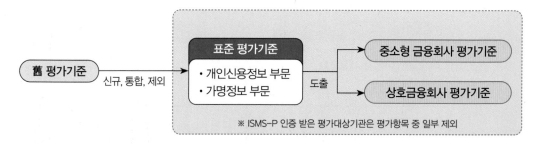

평가기준 유형	평가항목 수	적용 대상 및 특징
표준 평가기준 (총 59개)	• 개인신용정보 부문: 49개 • 가명정보 부문: 10개	일반적인 금융회사에 적용
중소형 금융회사 평가기준 (총 25개)	개인신용정보 부문: 25개	• 개인신용정보처리시스템 미보유 기관 • 개인신용정보주체 보유량 1만 명 미만 기관 • 표준기준에서 적용이 어려운 항목 제외
상호금융회사 평가기준 (총 13개)	개인신용정보 부문: 13개	• 농협, 신협, 수협, 산림조합 적용 • 중앙회와의 공통항목(46개) 제외 • 상호금융회사에만 적용 가능한 항목 선정 • 관련 중앙회는 제외

라. 개인신용정보 활용·관리 실태에 대한 상시평가 등급

▣ 평가점수 및 등급

구분	설명	세부 내용
평가점수	항목별 제출기준 준수여부에 따라 0~100점 또는 해당없음(N/A) 부여	• 모든 증빙자료 및 확인 사항이 해당 없는 경우만 N/A 평가 • 일부만 해당 없는 경우는 제외
가중치	항목의 중요도에 따라 정량점수로 차등 부여	가중치 적용점수 = (평가점수 × 가중치) ÷ 100
종합점수	100점 만점으로 환산하여 산정	• (가중치 적용점수 합계 ÷ 가중치 합계) × 100 • 개인신용정보 부문과 가명정보 부문 점수 개별 부여·공개 • ISMS-P 인증 취득기관은 중복 항목 100점 부여 및 증빙자료 제출 면제

■ 평가등급 체계

등급	종합점수 범위	등급 설명
S	100점	• 개인신용정보 및 가명정보 보호 수준이 매우 탁월함 • 통상적인 신용정보 관리상의 주의만 요구됨
A	90점 ≤ 종합점수 〈 100점	• 보호 수준이 대체로 우수하나 법규 준수에서 약간의 취약점 존재 • 필요 시 신용정보 관리 조치 요구됨
B	80점 ≤ 종합점수 〈 90점	• 보호 수준이 보통 수준 • 법규 준수에서 다양한 문제 노출 • 통상적 수준 이상의 관리상 주의 요구됨
C	70점 ≤ 종합점수 〈 80점	• 보호 수준이 취약함 • 법규 준수에서 다소 심각한 문제 있음 • 면밀한 주의 요구됨
D	종합점수 〈 70점	• 보호 수준이 매우 취약함 • 법규 준수가 기대 수준 이하 • 특별한 주의 및 필요시 조치 요구됨

마. 개인신용정보 활용·관리 실태에 대한 상시평가 절차

■ 평가절차

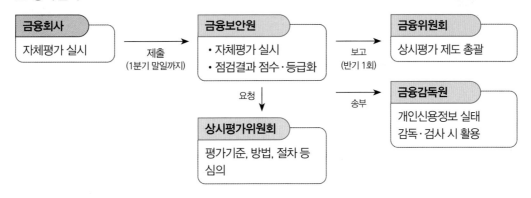

▣ 세부 평가절차

단계		상시평가 대상기관	금융보안원
평가 준비		정보보호 상시평가 준비 ※증빙자료 등	정보보호 상시평가 시행 안내 ※증빙자료 등
개인 신용 정보 활용 관리 실태 점검	서식 제출	개인신용정보 실태점검 서식 제출 ※신용정보업 감독 규정 [별지 8호의3 서식] 서식 보안	1분기 말일까지 → 접수 확인 → 적정 → 접수 완료 부적정
	자체 평가	개인신용정보 실태점검 (자체평가) 수행 결과 제출	서면점검 수행 ※ 이행, 부분이행, 미이행 평가
서면점검			
이의 신청		이의신청 ※추가증빙자료 제출 등	서면점검 결과 공개 이의 신청 확인 및 재평가
점수·등급 부여		점수 및 등급 확인	최종 점수 및 등급 부여 → 금융위원회 보고 금융감독원 통지

단계	주체	세부 내용
1. 자체평가	대상기관	• 개인신용정보 활용 · 관리 · 보호 실태 자체평가 • 관련 서식 및 결과를 상시평가지원시스템에 제출 • 제출 기한: 당해 연도 1분기 말일(3.31.)
2. 서면점검	금융보안원	• 제출된 자체평가 결과 및 증빙자료 확인 • 평가항목별 준수 여부 평가 • 실태점검 결과 서식 요건 적정성 확인 · 접수
3. 이의신청	• 대상기관 • 금융보안원	• 서면점검 결과에 대한 이의 제기 가능 • 금융보안원은 이의신청 접수 및 재확인 • 기한 내 증빙자료 보완 및 문의 가능
4. 점수 · 등급 부여	금융보안원	• 최종 점수 및 등급(S, A, B, C, D) 부여 • 상시평가지원시스템을 통해 결과 확인 가능
5. 결과 보고 및 송부	금융보안원	• 금융위원회에 최종 결과 보고 • 점수 및 등급 관련 자료를 금융감독원에 송부

4 정보보호산업 적용 보호대책

4.1 정보보호산업 적용 법률 및 제도 개요

4.1.1 정보보호산업 적용 법률

정보보호산업법은 정보보호산업의 진흥에 필요한 사항을 정함으로써 정보보호산업의 기반을 조성하고 그 경쟁력을 강화하여 안전한 정보통신 이용환경 조성과 국민경제의 건전한 발전에 이바지함을 목적으로 한다. 이 법에서는 정보보호 공시제도, 우수 정보보호기술 지정제도, 정보보호 전문서비스 기업 등을 살펴볼 필요가 있다.

■ 정보보호산업 적용 법률 개요

법률명	소관부처	목적	수범자	주요 내용
정보보호산업의 진흥에 관한 법률 (약칭: 정보보호산업법)	과학기술 정보통신부	정보보호산업의 기반을 조성하고 경쟁력을 강화하여 국민 경제 발전에 이바지	정보보호 제품 및 서비스 사업자, 관련 연구기관, 협회 등	• 정보보호산업 진흥 기반 조성(기술 개발, 전문인력 양성, 해외 진출 지원 등) • 정보보호산업 관련 사업자에 대한 지원 및 육성 • 정보보호산업 관련 통계 작성 및 관리 • 정보보호 클러스터 조성 및 운영

■ 정보보호산업법 구성

장	조
제1장 총칙	제1조 목적, 제2조 정의, 제3조 국가 및 지방자치단체의 책무, 제4조 다른 법률과의 관계, 제5조 정보보호산업 진흥계획 수립
제2장 정보보호산업의 활성화	제6조 구매수요정보의 제공, 제7조 공공기관 등의 정보보호시스템 구축 계약 등, 제8조 사업 하도급의 승인, 제9조 정보보호시스템의 하자담보 책임, 제10조 정보보호제품 및 정보보호서비스의 대가, 제11조 정보보호산업의 융합 촉진, 제12조 정보보호 준비도 평가 지원 등, 제13조 정보보호 공시
제3장 정보보호산업 진흥의 기반조성	제14조 기술개발 및 표준화 추진, 제15조 전문인력 양성, 제16조 국제협력 추진, 제17조 성능평가 지원, 제18조 우수 정보보호기술 등의 지정, 제19조 우수 정보보호기업의 지정, 제20조 자금융자, 제21조 수출 지원, 제22조 세제 지원 등, 제23조 정보보호 전문서비스 기업의 지정·관리, 제24조 한국정보보호산업협회의 설립
제4장 분쟁조정위원회	제25조 분쟁조정위원회의 설치, 제26조 분쟁의 조정, 제27조 위원의 제척·기피 및 회피, 제28조 자료 요청 등, 제29조 조정의 효력, 제30조 조정의 거부 및 중지, 제31조 조정 비용 등, 제32조 비밀유지, 제33조 조정절차 등
제5장 이용자 보호조치 등	제34조 이용자의 보호시책 등, 제35조 청약철회 등, 제36조 이용자보호지침의 제정 등, 제37조 공공기관의 정보보호 조치
제6장 보칙	제38조 업무의 위탁, 제39조 벌칙 적용에서 공무원 의제
제7장 벌칙	제40조 벌칙, 제41조 과태료

4.1.2 정보보호산업 적용 제도

정보보호산업 적용 제도는 기업의 정보보호 역량을 강화하고 정보보호산업의 경쟁력을 높이기 위한 정부의 종합적인 지원 체계를 나타낸다. 중소기업의 정보보호 준비도 평가 지원과 기업의 정보보호 공시를 통해 기업의 자발적인 정보보호 활동을 촉진하고 이용자의 신뢰를 높인다. 또한 우수 정보보호 기술과 기업을 지정하고 전문서비스 기업을 관리함으로써 정보보호산업의 질적 성장을 도모하고 국가 전체의 정보보호 수준을 향상시키는 것을 목표로 한다.

▣ 정보보호산업 적용 제도 개요

제도	목적	대상	주요 내용
구매수요 정보의 제공	정보보호산업 활성화, 시장 기회 파악 촉진, 수요-공급 매칭	공공기관 등	• 매년 3월 31일(해당 연도), 10월 31일 (다음 연도) 제출 • 정보보호기술, 제품, 서비스 구매 예정 정보 제공 • 과기정통부 장관이 정보보호기업에 제공 가능
정보보호 시스템의 하자담보 책임	정보보호 제품/서비스 신뢰성 확보, 사용자 권익 보호	정보보호기업	• 사업 종료일로부터 1년 이내 발생 하자에 대한 담보책임 • 발주자 제공 물품/지시로 인한 하자 등 면책 사유 존재 • 무상 수리, 교체, 환불 등 책임 부담
정보보호 준비도 평가 지원	중소기업의 정보보호 역량 강화 및 자율적인 정보보호 활동 촉진	정보통신서비스제공자	• 정보보호 관리체계 구축 및 운영 지원 • 정보보호 기술 도입 및 적용 지원 • 정보보호 교육 및 훈련 지원 • 정보보호 컨설팅 제공
정보보호 공시	기업의 정보보호 투자 및 활동 내역 공개를 통한 정보보호 수준 향상 및 이용자 신뢰 확보	상장 기업, 일정 규모 이상의 비상장 기업	• 정보보호 예산, 인력, 기술, 정책 등 정보보호 관련 정보 공개 의무화 • 정보보호 공시 내용의 적정성 검증
우수 정보보호 기술 등의 지정	정보보호 기술 경쟁력 강화 및 우수 기술 개발 장려	정보보호 기술 개발 기업, 연구기관	• 혁신적이고 우수한 정보보호 기술 또는 제품 지정 • 지정된 기술 또는 제품에 대한 정부 지원(자금, 판로 개척, 홍보 등)
우수 정보보호 기업의 지정	정보보호 수준이 높은 기업 인증을 통한 기업 경쟁력 강화 및 정보보호 문화 확산	정보보호산업의 진흥에 기여한 정보보호 기업	• 정보보호 관리체계, 기술력, 인력 등을 종합적으로 평가하여 우수 기업 지정 • 지정된 기업에 대한 정부 지원(세제 혜택, 정책 자금 우선 지원 등)
정보보호 전문서비스 기업의 지정·관리	정보보호 전문 서비스 품질 향상 및 시장 질서 확립	정보보호 컨설팅, 시스템 보안, 정보보호 감사 등 전문 서비스 제공 기업	• 전문 인력, 기술력, 재정 능력 등을 평가하여 전문 서비스 기업 지정 • 서비스 품질 유지 및 향상을 위한 관리 감독 강화

4.2 정보보호 산업 준수 법률 요구사항

4.2.1 (산업) 구매수요정보의 제공

정보보호산업법 (2024. 7. 10) 제6조

제6조(구매수요정보의 제공)
① 「전자정부법」 제2조제2호에 따른 행정기관 또는 공공기관(이하 "공공기관 등"이라 한다)의 장은 소관 기관·시설의 정보보호 수준을 강화하기 위하여 매년 정보보호기술 등에 대한 구매수요 정보(이하 이 조에서 "구매수요정보"라 한다)를 과학기술정보통신부장관에게 제출하여야 한다.
② 과학기술정보통신부장관은 제1항에 따라 제출된 구매수요정보를 정보보호기업에 제공할 수 있다.
③ 과학기술정보통신부장관은 제2항에 따라 구매수요정보를 정보보호기업에 제공하는 경우 과학기술정보통신부 내에 별도의 심의위원회를 개최하여 국가안전 및 공공의 이익에 중대한 영향을 미치는 내용이 정보보호기업에 제공되지 아니하도록 하여야 한다.
④ 제1항 및 제2항에 따른 구매수요정보 제출 및 제공의 구체적인 횟수·시기·방법·절차 등에 필요한 사항은 대통령령으로 정한다.

정보보호산업법 시행령 (2023. 10. 19) 제4조

제4조(구매수요정보의 제출 등)
① 「전자정부법」 제2조제2호에 따른 행정기관 또는 공공기관(이하 "공공기관 등"이라 한다)의 장은 법 제6조제1항에 따라 정보보호기업이 제공하는 정보보호기술, 정보보호제품 및 정보보호서비스(이하 "정보보호기술등"이라 한다)에 대한 구매수요 정보(이하 "구매수요정보"라 한다)를 매년 다음 각 호의 구분에 따른 기한까지 과학기술정보통신부장관에게 제출하여야 한다.
　1. 해당 연도의 구매수요정보: 3월 31일
　2. 다음 연도의 구매수요정보: 10월 31일
② 과학기술정보통신부장관은 제1항제1호 및 제2호에 따른 기한부터 30일 이내에 법 제6조제3항에 따른 심의위원회를 개최하여야 한다. 이 경우 심의 기간은 15일을 넘지 아니하여야 한다.
③ 과학기술정보통신부장관은 법 제6조제1항 및 제2항에 따른 구매수요정보의 제출·제공에 관련된 업무를 효율적으로 수행하기 위하여 정보보호기업이 제공하는 정보보호기술 등에 대한 구매수요정보시스템을 구축·운영할 수 있다.

4.2.2 (산업) 정보보호시스템의 하자담보 책임

정보보호산업법 (2024. 7. 10) 제9조

제9조(정보보호시스템의 하자담보 책임)
① 정보보호기업은 공공기관 등과 정보보호시스템 구축 사업 계약을 체결한 경우 사업을 종료한 날(사업에 대한 시험 및 검사를 수행하여 최종산출물을 인도한 날을 말한다)부터 1년 이내의 범위에서 발생한 하자에 대하여 담보책임이 있다.
② 제1항에도 불구하고 정보보호기업은 다음 각 호의 어느 하나의 사유로 발생한 하자에 대하여는 담보책임이 없다. 다만, 발주자가 제공한 물품 또는 발주자의 지시가 적절하지 아니하다는 것을 알고도 이를 발주자에게 고지하지 아니한 경우에는 그러하지 아니하다.
  1. 발주자가 제공한 물품의 품질이나 규격 등이 제7조제2항의 기준에 미치지 못하는 경우
  2. 발주자의 지시에 따라 정보보호시스템을 구축한 경우
  3. 그 밖에 발주자의 고의 또는 과실로 하자가 발생한 경우

4.2.3 (산업) 정보보호 준비도 평가 지원

정보보호산업법 (2024. 7. 10) 제12조

제12조(정보보호 준비도 평가 지원 등)
① 정보통신망을 통하여 정보를 제공하거나 정보의 제공을 매개하는 자는 「정보통신망 이용촉진 및 정보보호 등에 관한 법률」 제2조제1항제2호에 따른 정보통신서비스를 이용하는 자의 안전을 위하여 제2항에 따라 과학기술정보통신부에 등록된 평가기관으로부터 정보보호 준비도 평가를 받을 수 있다.
② 정보보호 준비도 평가를 하려는 자는 다음 각 호의 사항을 갖추어 과학기술정보통신부장관에게 등록하여야 한다.
  1. 법인의 정관 또는 단체의 규약
  2. 정보보호 준비도 평가 사업 수행 계획서
  3. 그 밖에 정보보호 준비도 평가를 수행하는 데 필요한 인적, 기술적, 재정적 능력을 증명할 수 있는 서류 등 대통령령으로 정하는 사항
③ 과학기술정보통신부장관은 제2항에 따라 등록된 평가기관에 대하여 예산의 범위에서 정보보호 준비도 평가를 수행하는 데 필요한 기술적·재정적 지원을 할 수 있다.
④ 정부는 정보보호 준비도 평가를 받은 기업에 대하여 평가 결과에 따라 포상 등 필요한 지원을 할 수 있다.
⑤ 제2항에 따른 등록의 요건·절차, 제3항 및 제4항에 따른 지원에 필요한 사항은 대통령령으로 정한다.

제6조(정보보호 준비도 평가기관의 등록 요건·절차 등)

① 법 제12조제2항제3호에서 "인적, 기술적, 재정적 능력을 증명할 수 있는 서류 등 대통령령으로 정하는 사항"이란 다음 각 호의 서류를 말한다.

　1. 정보보호 준비도 평가를 수행하는 데 필요한 인적, 기술적, 재정적 능력을 증명할 수 있는 서류

　2. 법 제12조제2항에 따라 등록된 평가기관(이하 "정보보호준비도평가기관"이라 한다)의 독립성 및 평가심의의 공정성을 증명할 수 있는 서류

　3. 정보보호준비도평가기관의 평가업무 규정에 관한 서류

　4. 정보보호 준비도 평가를 위한 시설을 갖추었음을 증명할 수 있는 서류

② 정보보호준비도평가기관으로 등록을 신청하려는 자는 과학기술정보통신부령으로 정하는 정보보호준비도평가기관 등록 신청서에 다음 각 호의 서류를 첨부하여 과학기술정보통신부장관에게 제출하여야 한다.

　1. 법 제12조제2항제1호 및 제2호의 서류

　2. 제1항 각 호의 서류

③ 과학기술정보통신부장관은 제2항에 따라 등록 신청을 한 자가 법인인 경우에는 「전자정부법」 제36조제1항에 따른 행정정보의 공동이용을 통하여 법인 등기사항증명서를 확인하여야 한다.

④ 과학기술정보통신부장관은 제2항에 따른 등록 신청이 별표 1의 등록 요건을 충족할 때에는 과학기술정보통신부령으로 정하는 정보보호준비도평가기관 등록증을 신청일부터 60일 이내에 신청인에게 발급하여야 한다.

⑤ 과학기술정보통신부장관은 제2항에 따라 제출된 서류에 보완이 필요하다고 판단되면 보완 요청 통보일부터 7일 이내의 기간을 정하여 신청인에게 그 보완을 요구할 수 있다.

⑥ 신청인이 제5항에 따른 기간 내에 보완할 수 없음을 이유로 기간 연장을 요청하는 경우에는 최초 보완 요청 기간을 제외하고 최대 10일까지 그 기간을 연장할 수 있다.

⑦ 정보보호준비도평가기관으로 등록을 한 자는 다음 각 호의 등록사항이 변경된 경우에는 그 변경 사유가 발생한 날부터 30일 이내에 과학기술정보통신부령으로 정하는 정보보호준비도평가기관 등록사항 변경 신청서에 정보보호준비도평가기관 등록증 원본과 변경내용을 증명할 수 있는 서류를 첨부하여 과학기술정보통신부장관에게 제출하여야 한다.

　1. 정보보호준비도평가기관의 명칭·대표자 또는 소재지

　2. 정보보호준비도평가기관의 정관 또는 단체규약

　3. 정보보호 준비도 평가 사업 수행 계획서

　4. 정보보호 준비도 평가 업무규정

⑧ 정보보호준비도평가기관의 등록 요건은 별표 1과 같다.

제7조(정보보호준비도평가기관에 대한 자료의 요구)

과학기술정보통신부장관은 법 제12조제3항 및 제4항에 따른 지원을 위하여 정보보호준비도평가기관에 대하여 다음 각 호의 사항을 확인할 수 있다.

　1. 별표 1에 따른 등록 요건의 유지 여부

　2. 정보보호 준비도 평가 수행 실적

　3. 정보보호 준비도 평가를 받은 기업에 대한 평가 결과

4.2.4 (산업) 정보보호 공시

정보보호산업법 (2024. 7. 10) 제13조

제13조(정보보호 공시)

① 정보통신망을 통하여 정보를 제공하거나 정보의 제공을 매개하는 자는 「정보통신망 이용촉진 및 정보보호 등에 관한 법률」 제2조제1항제2호에 따른 정보통신서비스를 이용하는 자의 안전한 인터넷 이용을 위하여 정보보호 투자 및 인력 현황, 정보보호 관련 인증 등 정보보호 현황을 대통령령으로 정하는 바에 따라 공개할 수 있다. 이 경우 「자본시장과 금융투자업에 관한 법률」 제159조에 따른 사업보고서 제출대상 법인은 같은 법 제391조에 따라 정보보호 준비도 평가 결과 등 정보보호 관련 인증 현황을 포함하여 공시할 수 있다.

② 제1항에도 불구하고 정보통신서비스를 이용하는 자의 안전한 인터넷이용을 위하여 정보보호 공시를 도입할 필요성이 있는 자로서 사업 분야, 매출액 및 서비스 이용자 수 등을 고려하여 대통령령으로 정하는 기준에 해당하는 자는 제1항에 따른 정보보호 현황을 공시하여야 한다. 다만, 다른 법률의 규정에 따라 정보보호 현황을 공시하는 자는 제외한다.

③ 제1항에 따라 정보보호 현황을 공개한 자가 「정보통신망 이용촉진 및 정보보호 등에 관한 법률」 제47조제1항에 따른 정보보호 관리체계 인증을 받고자 하는 경우에는 납부하여야 할 수수료의 100분의 30에 해당하는 금액을 할인받을 수 있다.

④ 과학기술정보통신부장관은 제1항 또는 제2항에 따른 공시 내용을 검증하고 공시 내용이 사실과 다른 경우 수정을 요청할 수 있다.

⑤ 제4항에 따른 공시 내용에 대한 검증 방법 및 절차 등 세부 사항은 과학기술정보통신부령으로 정한다.

정보보호산업법 시행령 (2023. 10. 19) 제8조

제8조(정보보호 공시)

① 법 제13조제2항 본문에서 "대통령령으로 정하는 기준에 해당하는 자"란 정보통신망을 통하여 정보를 제공하거나 정보의 제공을 매개하는 자로서 다음 각 호의 어느 하나에 해당하는 자(이하 "정보보호공시의무자"라 한다)를 말한다.

1. 다음 각 목의 어느 하나에 해당하는 자

   가. 「전기통신사업법」 제6조제1항에 따라 등록한 기간통신사업자 중 같은 법 시행령 제11조에 따른 회선설비 보유사업을 경영하는 자

   나. 「정보통신망 이용촉진 및 정보보호 등에 관한 법률」 제46조제1항에 따른 집적정보통신시설 사업자

   다. 「의료법」 제3조의4제1항에 따른 상급종합병원

   라. 「클라우드컴퓨팅 발전 및 이용자 보호에 관한 법률 시행령」 제3조제1호의 클라우드컴퓨팅서비스를 제공하는 자

2. 「정보통신망 이용촉진 및 정보보호 등에 관한 법률」 제45조의3제1항 본문에 따라 정보보호 최고책임자를 지정하고 과학기술정보통신부장관에게 신고해야 하는 자로서 유가증권시장(「자본시장과 금융투자업에 관한 법률 시행령」 제176조의9제1항에 따른 유가증권시장을 말한다) 또는 코스닥시장(대통령령 제24697호 자본시장과 금융투자업에 관한 법률 시행령 일부개정령 부칙 제8조에 따른 코스닥시장을 말한다)에 상장된 주권을 발행한 법인 중 직전 사업연도의 매출액이 3,000억 원 이상인 자

3. 전년도 말 기준 직전 3개월간 「정보통신망 이용촉진 및 정보보호 등에 관한 법률」에 따른 정보통신서비스(이하 "정보통신서비스"라 한다)의 일일평균 이용자 수가 100만 명 이상인 자

② 제1항에도 불구하고 다음 각 호의 어느 하나에 해당하는 자는 정보보호공시의무자에서 제외한다.

1. 공공기관

2. 제1항제1호 또는 제3호에 해당하는 자 중 「중소기업기본법 시행령」 제8조제1항에 따른 소기업

3. 「전자금융거래법」에 따른 금융회사

4. 「전자금융거래법」에 따른 전자금융업자로서 「통계법」 제22조제1항에 따라 통계청장이 고시하는 한국표준산업분류에 따른 정보통신업이나 도매 및 소매업을 주된 업종으로 하지 않는 자

③ 정보통신망을 통하여 정보를 제공하거나 정보의 제공을 매개하는 자가 법 제13조제1항 또는 제2항에 따라 정보보호 공시를 하는 경우에는 다음 각 호의 내용을 포함해야 한다.

1. 정보기술부문 투자 현황 대비 정보보호부문 투자 현황

2. 정보기술부문 인력 대비 정보보호부문 전담인력 현황

3. 정보보호 관련 인증·평가·점검 등에 관한 사항(해당하는 경우로 한정한다)

4. 그 밖에 정보통신서비스를 이용하는 자의 정보보호를 위한 활동 현황

④ 법 제13조제1항 또는 제2항에 따라 정보보호 공시를 하는 경우에는 공시 주체의 정보보호 최고책임자가 주관하여 공시하여야 하며, 공시내용에 대해서는 미리 최고경영자의 확인을 거쳐야 한다.

⑤ 과학기술정보통신부장관은 법 제13조제1항 또는 제2항에 따른 정보보호 공시를 효과적으로 운영하기 위하여 전자공시시스템(이하 이 조에서 "전자공시시스템"이라 한다)을 구축·운영할 수 있다.

⑥ 법 제13조제1항 또는 제2항에 따라 정보보호 공시를 하려는 자는 매년 6월 30일까지 정보보호 현황을 전자공시시스템에 입력해야 한다.

⑦ 제1항부터 제6항까지에서 규정한 사항 외에 정보보호 공시내용의 작성기준, 공시 방법 및 절차 등에 필요한 사항은 과학기술정보통신부장관이 정하여 고시한다.

4.2.5 (산업) 우수 정보보호기술 등의 지정

정보보호산업법 (2024. 7. 10) 제18조

제18조(우수 정보보호기술 등의 지정)
① 과학기술정보통신부장관은 정보보호산업의 활성화를 위하여 대통령령으로 정하는 바에 따라 매년 우수 정보보호기술 등을 지정하여 지원할 수 있다.
② 과학기술정보통신부장관은 제1항에 따른 우수 정보보호기술 등을 지정하는 경우에는 해당 정보보호기술 등을 제공하는 자에게 지정에 필요한 자료의 제공 등을 요청할 수 있다.
③ 과학기술정보통신부장관은 제1항에 따른 지정을 할 경우 이를 고시하여야 하며, 지정의 방법, 지원 내용 등 필요한 사항은 대통령령으로 정한다.

정보보호산업법 시행령 (2023. 10. 19) 제12조~제13조

제12조(우수 정보보호기술 등의 지정 방법)
① 법 제18조제1항에 따른 우수 정보보호기술 등의 지정을 신청하려는 자는 과학기술정보통신부령으로 정하는 지정 신청서에 다음 각 호의 사항을 적은 서류를 첨부하여 과학기술정보통신부장관에게 제출하여야 한다.
 1. 정보보호기술 등의 명칭 및 개발 배경
 2. 정보보호기술 등의 내용(정보보호기술 등의 요지 및 제11조 각 호의 내용에 관한 구체적인 설명을 포함한다)
 3. 정보보호기술 등을 개발하거나 개량한 자의 성명(법인인 경우에는 그 명칭 및 대표자의 성명을 말한다)
 4. 국내외 정보보호산업의 활성화에 대한 기여도
 5. 성능평가 결과, 그 밖에 정보보호기술 등에 대한 평가·검사·인증 결과와 관련된 사항
② 과학기술정보통신부장관은 제1항에 따른 신청을 받은 날부터 90일 이내에 우수 정보보호기술 등의 지정을 신청한 자에게 지정 여부를 통보하여야 한다. 이 경우 우수 정보보호기술 등으로 지정된 자에게 과학기술정보통신부령으로 정하는 지정서를 발급하여야 한다.
③ 과학기술정보통신부장관은 우수 정보보호기술 등을 지정할 때에는 이해관계인의 의견을 듣거나 우수 정보보호기술 등과 관련된 기관 또는 단체 등의 의견을 들을 수 있다.
④ 제1항부터 제3항까지에서 규정한 사항 외에 우수 정보보호기술 등의 지정을 위한 세부적인 방법 등에 관하여 필요한 사항은 과학기술정보통신부장관이 정하여 고시한다.
제13조(우수 정보보호기술 등의 지원 내용)
① 과학기술정보통신부장관은 법 제18조제1항에 따라 우수 정보보호기술 등의 지정을 받은 자에게 다음 각 호의 지원을 할 수 있다.
 1. 시제품(試製品)의 제작 및 상용화 지원
 2. 창업 및 홍보 지원
 3. 판로 개척 및 수출 지원
② 제1항에 따른 우수 정보보호기술 등의 지원 절차·방법 및 지원내용 등에 관하여 필요한 사항은 과학기술정보통신부장관이 정하여 고시한다.

4.2.6 (산업) 우수 정보보호기업의 지정

정보보호산업법 (2024. 7. 10) 제19조

제19조(우수 정보보호기업의 지정)
① 과학기술정보통신부장관은 제18조제1항에 따른 우수 정보보호기술 등의 개발과 상용화 등 정보보호산업의 진흥에 기여한 정보보호기업을 우수 정보보호기업으로 지정하여 지원할 수 있다.
② 정부는 제1항의 우수 정보보호기업에 대하여는 다음 각 호의 사항을 우선적으로 지원한다.
  1. 제7조제1항에 따른 정보보호시스템 구축을 위한 사업계약의 체결
  2. 제15조에 따른 전문인력 양성 지원
  3. 제20조제1항에 따른 자금의 융자
  4. 그 밖에 정보보호산업을 육성하기 위하여 대통령령으로 정하는 사항
③ 과학기술정보통신부장관은 공공기관 등의 장에게 제2항에 따른 지원내용과 실적의 제출을 요청할 수 있다. 이 경우 지원내용과 실적의 제출을 요청받은 기관이나 단체는 특별한 사유가 없는 경우에는 이에 따라야 한다.
④ 과학기술정보통신부장관은 제1항에 따라 지정된 우수 정보보호기업을 고시하여야 하며, 지정의 방법, 내용 등 필요한 사항은 대통령령으로 정한다.

정보보호산업법 시행령 (2023. 10. 19) 제14조~제15조

제14조(우수 정보보호기업에 대한 지원)
법 제19조제2항제4호의 "대통령령으로 정하는 사항"이란 다음 각 호의 어느 하나에 해당하는 사항을 말한다.
1. 법 제16조에 따른 국제협력 지원
2. 성능평가에 드는 비용의 지원
3. 법 제21조에 따른 수출 지원
제15조(우수 정보보호기업 지정의 방법 등)
① 법 제19조에 따라 우수 정보보호기업의 지정을 신청하려는 자는 과학기술정보통신부령으로 정하는 지정 신청서에 다음 각 호의 자료를 첨부하여 과학기술정보통신부장관에게 제출하여야 한다.
  1. 우수 정보보호기술 등의 개발과 상용화 등 정보보호산업의 진흥에 기여한 실적 자료
  2. 정보보호기업에 해당한다는 사실을 증명하는 자료 또는 정보보호기업에 해당하는지 여부에 대한 법 제24조에 따른 한국정보보호산업협회의 의견서
② 우수 정보보호기업 지정 여부의 통보 절차에 관하여는 제12조제2항 및 제3항을 준용한다. 이 경우 "우수 정보보호기술 등"은 "우수 정보보호기업"으로 본다.
③ 제1항과 제2항에서 규정한 사항 외에 우수 정보보호기업의 지정을 위한 세부 심사기준 및 절차·방법 등에 관하여 필요한 사항은 과학기술정보통신부장관이 정하여 고시한다.

4.2.7 (산업) 정보보호 전문서비스 기업의 지정·관리

정보보호산업법 (2024. 7. 10) 제23조

제23조(정보보호 전문서비스 기업의 지정·관리)

① 과학기술정보통신부장관은 다음 각 호의 업무를 안전하고 신뢰성 있게 수행할 능력이 있다고 인정되는 자를 정보보호 전문서비스 기업으로 지정할 수 있다.

1. 「정보통신기반 보호법」 제8조에 따라 지정된 주요정보통신기반시설(이하 이 조에서 "주요정보통신기반시설"이라 한다)의 취약점 분석·평가 업무
2. 주요정보통신기반시설 보호대책의 수립 업무
3. 그 밖에 정보보호서비스와 관련하여 대통령령으로 정하는 업무

② 정보보호 전문서비스 기업으로 지정받을 수 있는 자는 법인으로 한다.

③ 과학기술정보통신부장관은 제1항에 따라 지정된 정보보호 전문서비스 기업에 대하여 지정일부터 매 1년마다 사후관리 심사를 수행하여야 한다.

④ 정보보호 전문서비스 기업은 업무를 양도하거나 다른 정보보호 전문서비스 기업과 합병하는 경우에는 과학기술정보통신부장관에게 신고하여야 한다. 이 경우 양수인 또는 합병된 법인은 과학기술정보통신부장관이 신고를 수리한 때에 정보보호 전문서비스 기업의 지위를 승계한다.

⑤ 정보보호 전문서비스 기업이 휴업·폐업하거나 업무를 재개할 때에는 휴업·폐업하려는 날 또는 휴업 후 업무를 재개하려는 날의 30일 전까지 과학기술정보통신부장관에게 신고하여야 한다.

⑥ 과학기술정보통신부장관은 정보보호 전문서비스 기업이 다음 각 호의 어느 하나에 해당하는 경우에는 청문을 거쳐 정보보호 전문서비스 기업의 지정을 취소하거나 3개월 이내의 기간을 정하여 그 업무의 전부 또는 일부의 정지를 명할 수 있다. 다만, 제1호, 제2호, 제4호의 어느 하나에 해당하는 경우에는 지정을 취소하여야 한다.

1. 속임수나 그 밖의 부정한 방법으로 지정을 받은 경우
2. 제3항에 따른 사후관리 심사를 통과하지 못한 경우
3. 제8항을 위반하여 기록 및 자료를 안전하게 보존하지 아니한 경우
4. 제10항에 따른 지정기준에 미달한 경우
5. 업무를 수행하면서 알게 된 정보를 오·남용하여 주요정보통신기반시설의 운영에 장애를 가져온 경우

⑦ 과학기술정보통신부장관은 정보보호를 위하여 특히 필요하다고 인정하는 경우에는 정보보호 전문서비스 기업으로 하여금 관련 서류 또는 자료를 제출하게 할 수 있다.

⑧ 정보보호 전문서비스 기업은 제1항 각 호의 업무와 관련하여 작성한 기록 및 자료를 안전하게 보존하여야 한다.

⑨ 정보보호 전문서비스 기업은 제1항에 따른 지정이 취소되거나 폐업한 때에는 제1항 각 호의 업무와 관련한 기록 및 자료를 해당 기관 또는 기업의 장에게 반환하거나 폐기하여야 하며, 반환이 곤란하거나 불가능한 자료에 대해서는 폐기할 자료를 특정하여 해당 기관 또는 기업의 장의 승인을 얻은 후 폐기하여야 한다.

⑩ 제1항에 따른 지정, 제3항에 따른 사후관리 심사, 제4항에 따른 양도·합병, 제5항에 따른 휴업 등의 신고, 제6항에 따른 지정취소, 제7항에 따른 자료제출, 제9항에 따른 기록 및 자료의 반환, 폐기의 절차 및 방법 등에 관하여 필요한 사항은 과학기술정보통신부령으로 정한다.

정보보호 전문서비스 기업 지정 등에 관한 고시 (2017. 10. 27)

제2조(정의)
이 고시에서 사용하는 용어의 뜻은 다음과 같다.
1. "정보보호 컨설팅"이란 정보통신시설 및 시스템을 안전하게 유지하기 위하여 보호대책 수립, 위험요인평가, 모의해킹, 마스터플랜 수립 등을 수행하는 일련의 과정을 말한다.
2. "컨설팅 수행실적"이란 제1호에 대한 수행실적을 말하며, "주요정보통신기반시설 컨설팅 수행실적"이란 「정보보호산업의 진흥에 관한 법률」(이하 "법"이라 한다) 제23조제1항제1호 및 제2호의 업무를 말한다. 다만, 관제, 장비 납품 등 부가적인 실적은 실적금액 산정 시 이를 제외한다.
3. "최근"이라 함은 지정 또는 사후관리 신청 마감일 직전 분기 말을 기준으로 정한다.

제6조(지정 심사를 위한 기술심의위원회 구성 및 기능)
① 과학기술정보통신부장관은 규칙 제11조제3항에 따른 기술심의위원회를 구성하여 다음 각 호의 지정 및 사후관리 심사업무를 지원하게 할 수 있다.
1. 별표4 또는 별표5에 따른 서류심사, 현장실사, 종합심사
2. 그 밖에 전문가의 검토와 판단이 요청되는 업무(규칙 별표1의 기술인력의 자격확인 및 별표1의 컨설팅 수행실적의 사실 확인을 포함한다)

② 기술심의위원회는 지정심사에 대한 공정성과 신뢰성 확보를 위해 다음 각 호의 자격을 가진 자 중에서 과학기술정보통신부장관이 위촉하는 15인 이내의 위원으로 구성한다.
1. 「고등교육법」제2조 제1호·제2호 또는 제5호에 따른 학교나 공인된 연구기관에서 부교수 이상의 직 또는 이에 상당하는 직에 있거나 있었던 자로 정보보호 연구경력이 10년 이상인 자
2. 정보보호 관련 업체 혹은 단체(협회, 조합)에서 10년 이상 정보보호기술 분야에 근무한 자
3. 변호사나 공인 회계사의 자격이 있는 자
4. 그 밖에 정보보호에 관한 학식과 경험이 풍부한 자

제7조 (정보통신 관련학과의 범위)
규칙 제8조제1호 외에 수학과 및 산업공학과, 경영정보학과를 포함하며 정보통신 관련 학과 여부가 불분명한 경우에는 기술심의위원회에서 이를 판단한다.

제8조(정보보호 관련 국내외자격)
규칙 제8조제1호의 규정에 따른 규칙 별표 1 비고 제4호의 "정보보호와 밀접한 관계가 있는 국내 또는 외국의 기술자격으로 과학기술정보통신부장관이 정하는 자격"이란 다음 각 호의 자격을 말한다.
1. 정보보안기사, 정보보안산업기사
2. 정보보호전문가(SIS: Specialist for Information Security)
3. 정보보호관리체계(ISMS: Information Security Management System) 인증심사원
4. 개인정보보호관리체계(PIMS: Personal Information Security Management System) 인증심사원
5. 정보시스템감리사
6. 공인정보시스템보호전문가(CISSP: Certified Information Systems Security Professional)
7. 공인정보시스템감사사(CISA: Certified Information Systems Auditor)

제9조(업무 수행능력 심사 기준 점수)
규칙 제8조제4호에 따라 "과학기술정보통신부장관이 정하여 고시하는 업무수행능력 심사 평가방법에 따라 실시하는 심사에서 기준 점수 이상"이라 함은 총점 100점을 만점으로 하여 70점 이상을 득점한 경우를 말한다.

4.3 정보보호산업 준수 제도

4.3.1 구매수요정보의 제공

■ 구매수요정보의 제공 개요

구분	설명	세부 내용
법적 근거	정보보호산업의 진흥에 관한 법률 제6조	시행령 제4조에서 세부 사항 규정
목적	정보보호기업의 경쟁력 강화, 수요·공급 연결 강화, 공공부문 정보보호 투자 확대	정보보호산업 활성화
대상 기관	헌법기관 사무처, 행정기관, 지방자치단체, 공공기관, 지방공기업, 특수법인, 각급 학교	전자정부법 및 관련 법률에 근거
제출 시기	매년 3월 31일(해당 연도), 10월 31일(다음 연도)	연 2회 제출
제출 정보	정보보안제품, 정보보안서비스, 물리보안제품, 물리보안서비스의 구매 예정 예산 및 발주시기	구체적인 구매 계획 포함

■ 구매수요정보의 제공 절차

■ 연도별 구매예산 그래프

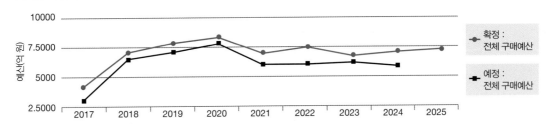

4.3.2 정보보호시스템의 하자담보 책임

▣ 정보보호시스템의 하자담보 책임 개요

구분	내용	세부 내용
법적 근거	정보보호산업의 진흥에 관한 법률 제9조	정보보호시스템의 하자담보 책임 규정
책임 기간	사업 종료일로부터 1년 이내	최종산출물 인도일 기준
책임 대상	정보보호기업이 공공기관 등과 체결한 정보보호시스템 구축 사업	설계, 제작, 설치, 운영 관련 하자 포함
면책 사유	• 발주자 제공 물품의 품질/규격 미달 • 발주자 지시에 따른 구축 • 발주자의 고의/과실로 인한 하자	단, 부적절성을 알고도 미고지 시 책임 유지
책임 범위	무상 수리, 교체, 환불 등	공급자의 고의, 과실, 기술적 결함으로 인한 경우
목적	• 정보보호 제품/서비스의 신뢰성 확보 • 사용자(구매자) 권익 보호 • 정보보호산업의 건전한 발전 도모	시스템의 품질과 성능에 대한 책임 부여

4.3.3 정보보호 준비도 평가 지원

가. 정보보호 준비도 평가 지원 개요

▣ 정보보호산업 적용 제도 개요

구분	내용	세부 내용
개요	기업의 정보보호 수준을 자율적으로 진단 및 평가받는 제도	• 정보보호산업진흥법 제12조에 근거 • 2015년 12월 23일부터 시행
목적	기업의 정보보호 수준 향상 및 정보보호 투자 확대 유도	• 정보보호 사각지대 해소 • 기업의 정보보호 역량 강화 및 신뢰도 향상 • 이용자에게 기업 선택의 기준 제공
대상	비 ICT기업, 중소 및 영세기업, 국내 전 산업분야	• 기존 정보보호 인증 제도 진입이 어려운 기업 포함 • 대기업부터 영세·중소기업까지 모든 기업
주기	자율적 시행	기업이 자발적으로 평가 신청
주요 내용	평가 지표, 등급 체계, 평가 절차	• 평가 지표: 기반지표(7개), 활동지표(16개), 선택지표(개인정보보호, 7개) • 등급 체계: B부터 AAA까지 5단계 • 평가 절차: 평가기관의 평가 → 인증기관의 최종검증·심의 → 등급 부여

■ 수행체계

구분	담당업무
과학기술정보통신부	• 정보보호 준비도 평가 주무부처 • 평가기관 등록 및 정보보호 준비도 평가 제도 및 정책 수립
한국인터넷진흥원(KISA)	• 과학기술정보통신부로부터 준비도평가 업무를 위탁받아 평가기관 등록 및 지원 • 준비도평가 기준방법 개선
평가기관	• 정보보호준비도평가 수행 및 평가등급 부여 • **(현황) 정보통신진흥협회(KAIT), 정보통신기술협회(ITA), 아이티평가원, 정보보안기술원, 에이씨에스글로벌(2018.4 기준)**
심의위원회	준비도 평가 결과에 대한 최종 심의의결

나. 정보보호 준비도 평가 지원 제도 절차

■ 정보보호 준비도 평가 절차

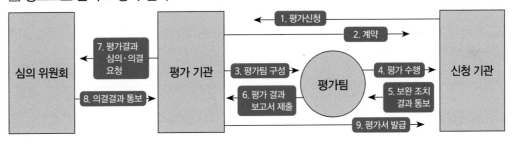

다. 정보보호 준비도 평가 기준

■ 평가 기준

지표	구분	평가지표(점수)
기반 지표	정보보호 리더십	정보보호 최고책임자(CISO) 지정(5), 정보보호 의사소통 및 정보제공(5), 정보보호 운영방침(4)
	정보보호 자원관리	정보보호 추진계획(4), 정보보호 인력 및 조직(4), 정보보호 예산 수립 및 집행(4), 정보보호 이행점검(4)
활동 지표	관리적 보호활동	정보보호 교육 수행(5), 자산관리(4), 인적보안(4), 외부자보안(5)
	물리적 보호활동	정보통신시설의 환경 보안(4), 정보통신시설의 출입관리(4), 사무실 보안(4)
	기술적 보호활동	취약점 점검(5), 정보보호 사고탐지 및 대응(5), 시스템 개발 보안(4), 네트워크 보안(4), 정보시스템 및 응용프로그램 인증(5), 자료유출 방지(4), 시스템 및 서비스 운영 보안(5), 백업 및 IT재해복구(4), PC 및 모바일 기기보안(4)
선택 지표	개인정보보호	개인정보 최소수집, 개인정보 수집 고지 및 동의 획득, 개인정보 취급 방침, 이용자 권리 보호, 개인정보의 관리적 보호 조치, 개인정보의 기술적 보호조치, 개인정보 파기(7개 지표, P)

■ 평가 등급

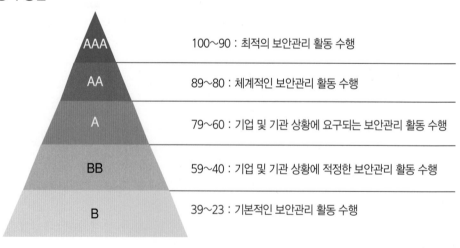

AAA　100~90 : 최적의 보안관리 활동 수행

AA　89~80 : 체계적인 보안관리 활동 수행

A　79~60 : 기업 및 기관 상황에 요구되는 보안관리 활동 수행

BB　59~40 : 기업 및 기관 상황에 적정한 보안관리 활동 수행

B　39~23 : 기본적인 보안관리 활동 수행

구분	내용
등급 체계	• 5단계 : B, BB, A, AA, AAA • B등급 이상 : 모든 항목에서 1점 이상 충족 • A등급 이상 : 모든 항목에서 2점 이상 충족
개인정보보호 평가	• 선택 지표로 평가 • 충족 시 등급에 'PASS(P)' 표시
인증 마크	개인정보보호 지표 통과
	개인정보보호 지표 미통과

4.3.4 정보보호 공시

가. 정보보호 공시 개요

▣ 정보보호 공시 개요

구분	설명	세부 내용
개요	• 이용자의 안전한 인터넷 이용 및 정보보호 투자 활성화를 위하여 정보보호 • 투자/인력/인증/활동 등 기업의 정보보호 현황을 일반에 공개하는 자율·의무공시 제도	관련근거 : 「정보보호산업의 진흥에 관한 법률」 제13조(정보보호 공시), 동법 시행령 제8조(정보보호 공시)
대상자	• 자율공시 대상 : 정보통신망을 통하여 정보를 제공하거나 정보의 제공을 매개하는 자 • 의무공시 대상 : 사업분야, 매출액, 이용자 수 기준 어느 하나에 해당하는 기업	자율 공시 대상자가 정보보호 공시를 한 경우(ISMS) 30% 할인
기한	매년 6월 30일까지 정보보호 현황 제출	자율·의무공시 공통
공시내용	• 정보보호 투자 현황 • 정보보호 인력 현황 • 정보보호 관련 인증·평가·점검 등에 관한 사항 • 정보보호 활동내역	정보보호 공시 종합 포털에 공시되는 정보보호 현황은 다음과 같음 – 정보기술부문 투자 현황 대비 정보보호부문 투자현황 – 정보기술부문 인력 대비 정보보호부문 전담인력 현황 – 정보보호 관련 인증·평가·점검 등에 관한 사항 – 그 밖에 이용자의 정보보호를 위한 활동 현황

■ 정보보호 공시 제도 개념도

이용자에게 객관적인 기업 선택의 기준을 제시하고, 기업은 정보보호를 기업경영의 중요요소로 포함

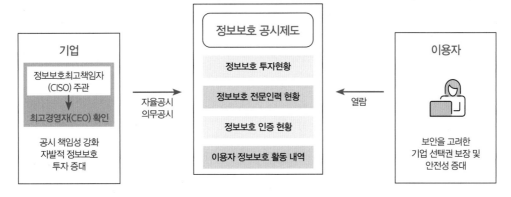

나. 정보보호 공시 의무대상

■ 정보보호 공시 의무대상 기준

구분	의무대상
사업분야	회선설비 보유 기간통신사업자(ISP) ※ 「전기통신사업법」 제6조제1항
	집적정보통신시설 사업자(IDC) ※ 「정보통신망법」 제46조
	상급종합병원 ※ 「의료법」 제3조의4
	클라우드컴퓨팅 서비스제공자 ※ 「클라우드컴퓨팅법」 시행령 제3조제1호
매출액	정보보호 최고책임자(CISO) 지정·신고 상장법인 中 매출액 3,000억 원 이상
이용자 수	정보통신서비스 일일평균 이용자 수 100만 명 이상 (전년도말 직전 3개월간)

※ (의무공시 제외대상) 공공기관, 소기업, 금융회사, 정보통신업 또는 도·소매업을 주된 업종으로 하지 않는 전자금융업자
※ 의무공시 기업은 반드시 정보보호 공시를 해야 하며, 이를 위반하면 1천만 원 이하의 과태료 부과

4.3.5 우수 정보보호기술 등의 지정

▣ 우수 정보보호기술 등의 지정 개요

구분	설명	세부 내용
개요	정보보호 분야의 유망 기술, 제품, 서비스를 발굴하고 지원하는 제도	• 정보보호산업의 진흥에 관한 법률 제18조에 근거 • 과학기술정보통신부와 한국인터넷진흥원(KISA) 주관
목적	정보보호 기술·제품·서비스의 경쟁력 확보 및 시장 활성화	• 민간 차원의 기술 R&D 투자 활성화 • 판로 개척 등 성장 지원 • 정보보호 산업 발전 도모
대상 및 혜택	창업 7년 이하 정보보호 벤처기업	• 과학기술정보통신부 장관 명의 지정서, 지정마크, 지정현판 제공 • KISA 지원사업 공모 참여 시 가점 부여 • 정보보호 기술·기업 설명회, 구매상담회 참가 연계 등 홍보 지원 • 정부 부처, 지자체 등 수요연계형 판로 지원
지정 현황	우수 정보보호기술 등 지정은 총 23건('18 ~), 유효 지정은 8건(~'24)	우수 정보보호기술 등의 지정 유효기간은 지정공고일로부터 2년
지정 혜택	과기정통부 장관 명의 지정서, 지정마크, 지정현판 등 제공, 판로지원 및 홍보지원, 과기정통부·KISA 지원사업 참여 시 가점 부여 등	

▣ 지정절차

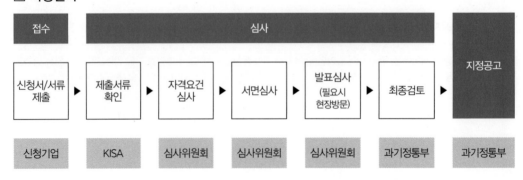

4.3.6 우수 정보보호기업의 지정

▣ 우수 정보보호기업의 지정 개요

구분	설명	세부 내용
개요	정보보호산업 진흥에 기여한 기업을 우수 정보보호기업으로 지정	• 정보보호산업의 진흥에 관한 법률 제19조, 제14조, 제15조에 근거 • 과학기술정보통신부 장관이 지정 및 고시
지원 내용	우선적 지원 사항	• 정보보호시스템 구축 사업계약 체결 • 전문인력 양성 지원 • 자금 융자 • 국제협력 지원 • 성능평가 비용 지원 • 수출 지원
지정 절차	신청 및 심사 과정	• 지정 신청서 및 관련 자료 제출 • 한국정보보호산업협회의 의견서 첨부 가능 • 과기정통부 장관이 세부 심사기준 및 절차·방법 고시 • 지정 여부 통보 및 고시
기타	현재 우수 정보보호 기술 지정을 중심으로 운영되고 있으며, 향후 '우수 정보보호 기업' 선정으로 확대될 예정	

4.3.7 정보보호 전문서비스 기업의 지정·관리

■ 정보보호 전문서비스 기업의 지정·관리

항목	내용	세부 사항
개념	주요정보통신기반시설의 취약점 분석·평가 및 보호대책 수립 업무를 수행할 능력을 갖춘 기업을 과학기술정보통신부장관이 인정하는 제도	법적 근거 : 정보보호산업의 진흥에 관한 법률 제23조
기대효과	정보보호 컨설팅 분야에서 전문능력과 신뢰성을 갖춘 민간업체를 통해 양질의 정보보호 컨설팅 서비스 제공	주요정보통신기반시설에 대한 취약점 분석과 평가, 보호 대책 수립 업무 지원
대상	정보보호 전문서비스 기업 지정 희망 법인	2025년 현재 29개사 지정
지정기간	명시되지 않음	정기적인 사후관리 실시
절차	공고 → 신청 → 심사 → 지정	• 공고 : 20일 이상 관보에 공고 • 신청 : 한국인터넷진흥원에 서류 제출 • 심사 : 지정 기준 충족 여부 검토 • 지정 : 기준 충족 시 지정서 발급
주요 내용	• 인력요건 • 자본요건 • 설비요건 • 업무수행 능력요건 • 규정요건	• 인력 : 기술인력 10명 이상(고급/특급 3명 이상) • 자본 : 총계 10억 원 이상 • 설비 : 신원확인, 출입통제, 업무수행, 자료관리 설비 • 업무수행능력 : 심사 70점 이상 • 규정 : 관리규정 보유 및 준수

4.3.8 보안관제 전문기업 지정

■ 보안관제 전문기업 지정 개요

항목	내용	세부 사항
개념	국가 및 공공기관의 보안관제 센터 운영을 지원·수행할 수 있는 전문기업을 지정하는 제도	• 과학기술정보통신부에서 시행 • 국가사이버안전관리규정(대통령훈령 제316호) 제10조의2(보안관제센터의 설치·운영) • 보안관제 전문기업 지정 등에 관한 공고(과학기술정보통신부 고시)
목적	국가사이버안전관리규정에 따른 국가 공공기관 보안관제 센터 운영 지원	공공기관 보안관제 서비스 품질 제고
대상	보안관제 전문기업으로 지정받고자 하는 기업	2025년 현재 23개사 지정됨
지정기준	인력, 자본, 업무수행 능력 요건 충족	• 기술인력 15명 이상 (고급 3명, 중급 6명 이상 포함) • 자본 총계 20억 원 이상 • 업무 수행능력 심사 70점 이상
절차	지정 신청 → 심사 → 선정	• 법적, 시스템 준수 요건 충족 확인 • 전문 보안관제센터 구축 여부 평가
운영방향	공공기관 보안관제 서비스 품질을 제고함과 동시에 시장 진입장벽이 되지 않도록 지정 요건은 필요 최소한도로 설정(경쟁 촉진을 통한 양질의 보안관제 서비스 제공 유도)	공공부문은 민간에 비해 침해사고 발생 시 피해규모가 크고 광범위함을 감안하여 사후관리를 강화 (매년 1회 실시)
주요 내용	• 보안관제 전문기업 지정 심사 및 사후관리 • 지정제도 개선	• 매년 1회 사후관리 실시 • 시장 진입장벽 최소화를 위한 요건 설정
기대효과	• 안전하고 신뢰성 있는 보안관제 업무 수행 • 공공 시장 진출 기회 확대	중앙행정기관, 지방자치단체, 공공기관 대상 서비스 제공 가능

기본

1 다음 중 네트워크 접근통제를 위한 보안 조치로 옳은 것은?

① 외부자(외부 개발자, 방문자 등)에게 제공되는 네트워크를 별도의 통제 없이 내부 업무 네트워크와 분리하지 않았다.

② 서버팜이 구성되어 있으나, 네트워크 접근제어 설정 미흡으로 내부망에서 서버팜으로의 접근이 과도하게 허용되었다.

③ 내부 규정과 같이 MAC주소 인증, 필수 보안 소프트웨어 설치 등의 보호대책을 적용한 상태이다.

④ 내부망에 위치한 데이터베이스 서버 등 일부 중요 서버의 IP주소가 내부 규정과 달리 공인 IP로 설정되어 있다.

> 해설 ① 분리하여야 한다.
> ② 과도하게 허용되면 안 된다.
> ④ 허용되지 않는 조치이다.

2 데이터베이스 내 정보에 접근이 필요한 응용프로그램, 정보시스템(서버) 및 사용자를 명확히 식별하고 접근통제 정책에 따라 통제하여야 한다. 통제 방안 중 옳지 않은 것은?

① 응용프로그램에서 사용하는 계정과 사용자 계정의 공용 사용을 허용한다.

② 다른 네트워크 영역 및 다른 서버에서의 비인가 접근을 차단한다.

③ 중요정보가 포함된 테이블, 컬럼은 업무상 처리 권한이 있는 자만 접근할 수 있도록 제한한다.

④ 개인정보를 저장하고 있는 데이터베이스는 DMZ 등 공개된 네트워크에 위치하지 않도록 제한한다.

> 해설 ① 응용프로그램에서 사용하는 계정과 사용자 계정의 공용 사용은 제한하여야 한다.

3 다음 중 정보시스템의 도입·개발·변경 시 필요한 보안 요구사항 조치를 바르게 수행한 것은?

① 정보시스템 인수 전 보안성 검증 기준 및 절차가 마련되어 있지 않았다.

② 신규 시스템 도입 시 기존 운영환경에 대한 영향 및 보안성을 검토하도록 내부 규정을 마련하고 있다.

③ 개발 관련 내부 지침에 개발과 관련된 주요 보안 요구사항(인증 및 암호화, 보안로그 등)을 정의하지 않았다.

④ 개발표준정의서의 사용자 패스워드 암호화에 MD5를 사용할 것을 적용하였다.

해설 ① 절차가 마련되어 있어야 한다.
　　　③ 정의하고 있어야 한다.
　　　④ 관련 법적 요구사항을 적절히 반영하여 안전한 암호화 알고리즘을 적용하여야 한다.

4 다음 중 네트워크 보안시스템이 아닌 것은?

① DRM(Digital Rights Management)

② IDS(Intrusion Detection System)

③ Firewall

④ NAC(Network Access Control)

해설 DRM은 암호화 솔루션에 해당한다.
- 네트워크 보안시스템 : 침입차단시스템(방화벽), 침입방지시스템(IPS), 침입탐지시스템(IDS), 네트워크 접근제어(NAC), DDoS대응시스템 등
- 서버 보안시스템 : 시스템 접근제어, 보안운영체제(SecureOS)
- 데이터베이스 보안시스템 : 데이터베이스 접근제어
- 정보유출 방지시스템 : Network DLP(Data Loss Prevention), Endpoint DLP 등
- 개인정보보호 시스템 : 개인정보 검출솔루션, 출력물 보안 등
- 암호화 솔루션 : 데이터베이스암호화, DRM 등
- 악성코드 대응 솔루션 : 백신, 패치관리시스템(PMS) 등
- 기타 : VPN, APT대응솔루션, SIEM(Security Incident & Event Monitoring), 웹방화벽 등

5 다음 중 무선 네트워크 접근에 대한 보안관리 방법으로 옳은 것은?

① 무선 AP 설정 시 안전하지 않은 방식으로 정보 송수신 암호화 기능을 설정하였다.

② 외부인용 무선 네트워크와 내부 무선 네트워크 영역대를 분리하고 있다.

③ 업무 목적으로 내부망에 연결된 무선AP에 대하여 SSID 브로드캐스팅이 가능하도록 조치하였다.

④ 무선AP 관리자 비밀번호에 디폴트 비밀번호를 사용하고 있다.

해설 ①, ③, ④는 결함사례(잘못 조치한 사례)이다.

6 다음 문장이 설명하는 보안시스템은?

> 네트워크 방화벽과 달리 OWASP(Open Web Application Security Project) Top10, 국가정보원의 8대 웹 취약점, 웹페이지 위변조 등 다양한 형태의 웹 기반 해킹 및 유해트래픽을 실시간 감시하여 탐지하고 차단하는 보안 솔루션

① UTM(Unified Threat Management)
② WIPS(Wireless Intrusion Prevention System)
③ DLP(Data Loss Prevention)
④ WAF(Web Application Firewall)

해설 WAF (Web Application Firewall)에 대한 설명이다.

UTM (Unified Threat Management)	• 다양한 보안 기능을 단일 플랫폼으로 통합한 네트워크 보안 솔루션 • 방화벽, 안티바이러스, 침입 탐지/방지 등 여러 보안 기능을 하나로 통합하여 제공 • 네트워크 트래픽을 모니터링하고 위협을 탐지하며, 중앙 집중식 관리 및 로깅 기능 제공
WIPS (Wireless Intrusion Prevention System)	• 무선 네트워크 환경에서 보안 위협을 탐지하고 방지하는 시스템 • 무선 신호를 지속적으로 모니터링하여 비인가 장치와 의심스러운 활동을 탐지 • 실시간으로 위협을 차단하고 대응하며, 무선 해킹 시도를 탐지하고 차단
DLP (Data Loss Prevention)	• 중요한 데이터의 유출과 손실을 방지하기 위한 도구와 프로세스를 의미 • 네트워크 트래픽과 엔드포인트 장치를 분석하여 기밀 정보와 개인식별정보(PII)를 보호 • 데이터 이동을 추적하고 권한을 관리하며, 데이터 유출 시 경고 또는 차단 기능을 제공
WAF (Web Application Firewall)	• 웹 애플리케이션을 보호하고 공격을 차단하는 보안 솔루션 • SQL 인젝션, XSS 등 웹 기반 공격을 탐지하고 차단 • 웹 트래픽을 분석하고 필터링하여 애플리케이션 계층의 보안 강화

7 보안시스템 운영 시 보안관리 조치로 옳지 않은 것은?

① 보안시스템 유형별로 책임자 및 관리자를 지정하고 있다.
② 보안시스템 보안정책의 신청, 변경, 삭제, 주기적 검토에 대한 절차 및 기준을 설정하고 있다.
③ 침입차단시스템 보안정책 검토는 운영상 장애가 발생할 때만 수행한다.
④ 내부 지침에 정보보호 담당자가 보안시스템의 보안정책 변경 이력을 기록·보관하도록 정하고 있다.

해설 ③ 운영상 장애뿐만 아니라 정기적으로 시행하여야 한다.

8 다음 중 응용 프로그램에 대한 잘못된 접근통제 사례가 아닌 것은?

① 응용프로그램의 개인정보 처리화면 중 일부 화면의 권한 제어 기능에 오류가 존재하여 개인정보 열람 권한이 없는 사용자에게도 개인정보가 노출되고 있는 경우

② 응용프로그램의 관리자 페이지가 외부인터넷에 오픈되어 있으면서 안전한 인증수단이 적용되지 않은 경우

③ 응용프로그램에 대하여 세션 타임아웃 또는 동일 사용자 계정의 동시 접속을 제한하고 있는 경우

④ 응용프로그램의 개인정보 조회화면에서 like 검색을 과도하게 허용하고 있는 경우

해설 ③ 개인정보처리시스템의 경우 법적 요구사항에 따라 일정시간 이상 업무처리를 하지 않는 경우 자동으로 시스템 접속이 차단되도록 조치하여야 한다. 또한 동일 계정으로 동시 접속 시 경고 문자 표시 및 접속 제한 조치를 하여야 한다.

9 다음은 물리보안 강화 기준에 대한 설명이다. 괄호 안에 들어갈 적합한 내용은?

> 물리적·환경적 위협으로부터 개인정보 및 중요정보, 문서, 저장매체, 주요 설비 및 시스템 등을 보호하기 위하여 물리적 (   )을 지정하고 구역별 보호대책을 수립·이행하여야 한다.

① 보호구역　　　　　　　　　② 통제구역
③ 제한구역　　　　　　　　　④ 접견구역

해설 ISMS-P 인증기준 2.4.1 보호구역 지정
물리적·환경적 위협으로부터 개인정보 및 중요정보, 문서, 저장매체, 주요 설비 및 시스템 등을 보호하기 위하여 통제구역·제한구역·접견구역 등 물리적 보호구역을 지정하고 구역별 보호대책을 수립·이행하여야 한다

10 물리적으로 정보시스템을 보호하기 위한 보안조치로 옳지 않은 것은?

① 자산목록 등에 물리적 위치 항목을 포함하고 현행화하여 최신본을 유지하여야 한다.

② 케이블 매설 등은 물리적으로 구분·배선, 식별 표시, 상호 간섭 여부와 관계없이 조치하여야 한다.

③ 정보시스템, 개인정보처리시스템, 네트워크 장비, 보안시스템, 백업 장비 등 정보시스템의 특성에 따라 전산랙을 이용하여 시스템을 외부로부터 보호하여야 한다.

④ 개인정보처리시스템 등 중요도가 높은 경우에는 최소한의 인원만 접근이 가능하도록 전산랙에 잠금 장치 설치, 별도의 물리적 안전장치가 있는 케이지(cage) 등에서 관리하여야 한다.

해설 ② 전력 및 통신케이블을 물리적 손상 및 전기적 영향으로부터 안전하게 보호하여야 한다.
• 물리적으로 구분·배선, 식별 표시, 상호 간섭받지 않도록 거리 유지, 케이블 매설 등 조치
• 배전반, 강전실, 약전실 등에는 인가된 최소한의 인력만 접근할 수 있도록 접근통제

| ★ 정답 ★ | 6 ④ | 7 ③ | 8 ③ | 9 ① | 10 ② |

11 다음 괄호에 들어갈 적합한 단어는 무엇인가?

> 정보보호 (   )은(는) 정보통신서비스 구축·개발 단계별 정보보호 조치를 수행하는 것으로 금융감독원의 보안성 심의, 국가정보원의 보안성 검토와 정보보호 관리체계(ISMS: Information Security Management Systems)와는 차이가 있다.

① 보안관제   ② 사전점검
③ 인증제도   ④ 사후점검

해설 정보보호 사전점검은 정보통신서비스 구축·개발 단계별 정보보호 조치를 수행하는 것으로 금융감독원의 보안성 심의, 국가정보원의 보안성 검토와 정보보호 관리체계(ISMS : Information Security Management Systems)와는 차이가 있다.

12 다음 문장이 설명하는 정보보호 사전점검 수행단계는?

> • 개발하고자 하는 목표시스템 서비스 특성과 구성환경을 고려하여 보안점검 및 정밀 취약점 진단을 수행하고 모의해킹을 통해 외부로부터의 침입을 차단하고 내부로부터의 정보유출을 방지한다.
> • 정보보호 보안점검을 완료한 후, 목표시스템을 운영시스템으로 안전하게 이관(전환)하여야 한다.

① 요구사항 정의 단계   ② 설계 단계
③ 구현 단계   ④ 테스트 단계

해설 4. 테스트 단계
4.1 보안점검 수행 개발하고자 하는 목표시스템 서비스 특성과 구성환경을 고려하여 보안점검 및 정밀 취약점 진단을 수행하고 모의해킹을 통해 외부로부터의 침입을 차단하고 내부로부터의 정보유출을 방지한다.
4.2 이관(전환) 보안대책 테스트 단계에서 정보보호 보안점검을 완료한 후, 목표시스템을 운영시스템으로 안전하게 이관(전환)하여야 한다.

13 다음 문장의 괄호 안에 들어갈 적합한 용어는?

> 정보통신망법 제76조에 근거하여, 정보보호 관리체계 인증 의무대상자가 인증을 받지 아니한 경우 (   ) 이하의 과태료를 부과한다.

① 1,000만 원   ② 3,000만 원
③ 4,000만 원   ④ 6,000만 원

해설 의무대상자 ISMS 인증 미이행 시 3,000만 원 이하의 과태료가 부과된다.

14 다음 문장은 인터넷 망분리를 해야 하는 의무가 있는 사업자에 대한 설명이다. 괄호 안에 들어갈 적합한 내용은?

> 전년도 말 기준 직전 3개월간 그 개인정보가 저장·관리되고 있는 이용자 수가 일일평균 (   )만 명 이상인 개인정보처리자는 개인정보처리시스템에서 개인정보를 다운로드 또는 파기할 수 있거나 개인정보처리시스템에 대한 접근 권한을 설정할 수 있는 개인정보취급자의 컴퓨터 등에 대한 인터넷망 차단 조치를 하여야 한다.

① 1,000   ② 10

③ 100   ④ 1

해설 개인정보의 안전성 확보조치 기준 제6조(접근통제) ⑥ 전년도 말 기준 직전 3개월간 그 개인정보가 저장·관리되고 있는 이용자 수가 일일평균 100만 명 이상인 개인정보처리자는 개인정보처리시스템에서 개인정보를 다운로드 또는 파기할 수 있거나 개인정보처리시스템에 대한 접근 권한을 설정할 수 있는 개인정보취급자의 컴퓨터 등에 대한 인터넷망 차단 조치를 하여야 한다. 다만, 「클라우드컴퓨팅 발전 및 이용자 보호에 관한 법률」 제2조제3호에 따른 클라우드컴퓨팅서비스를 이용하여 개인정보처리시스템을 구성·운영하는 경우에는 해당 서비스에 대한 접속 외에는 인터넷을 차단하는 조치를 하여야 한다.

15 다음 문장은 개인정보 영향평가 의무 대상의 조건이다. 괄호 안에 들어갈 적합한 내용은?

> • (㉠)만 명 이상의 정보주체에 관한 민감정보 또는 고유식별정보의 처리가 수반되는 개인정보파일
> • 공공기관 내부 또는 외부에서 구축·운용하고 있는 다른 개인정보파일과 연계하려는 경우로 연계 결과 (㉡)만 명 이상의 정보주체에 관한 개인정보가 포함되는 개인정보파일

① ㉠ : 5, ㉡ : 50   ② ㉠ : 100, ㉡ : 5

③ ㉠ : 1, ㉡ : 10   ④ ㉠ : 20, ㉡ : 100

해설 개인정보 영향평가 의무 대상
1. (5만 명 조건) 5만 명 이상의 정보주체에 관한 민감정보 또는 고유식별정보의 처리가 수반되는 개인정보파일
2. (50만 명 조건) 공공기관 내부 또는 외부에서 구축·운용하고 있는 다른 개인정보파일과 연계하려는 경우로 연계 결과 50만 명 이상의 정보주체에 관한 개인정보가 포함되는 개인정보파일
3. (100만 명 조건) 100만 명 이상의 정보주체에 관한 개인정보파일
4. (변경 시) 영향평가를 받은 후 개인정보파일의 운용체계를 변경하는 경우 변경된 부분에 대해서는 영향평가를 실시

16 다음은 개인정보 접속기록 보존기간에 대한 설명이다. 괄호 안에 들어갈 적합한 내용은?

> ※개인정보 접속기록 보존기간
> 개인정보처리자는 개인정보취급자의 개인정보처리시스템에 대한 접속기록을 (㉠)년 이상 보관·관리하여야 한다. 다만, 5만 명 이상의 정보주체에 관한 개인정보를 처리하는 개인정보처리시스템에 해당하는 경우, (㉡)년 이상 보관·관리하여야 한다.

① ㉠ : 2, ㉡ : 3　　　　　　　　② ㉠ : 2, ㉡ : 5

③ ㉠ : 1, ㉡ : 3　　　　　　　　④ ㉠ : 1, ㉡ : 2

> **해설** 개인정보의 안전성 확보조치 기준(개인정보보호위원회고시 제2023-6호)
> 제8조(접속기록의 보관 및 점검)
> ① 개인정보처리자는 개인정보취급자의 개인정보처리시스템에 대한 접속기록을 1년 이상 보관·관리하여야 한다. 다만, 다음 각 호의 어느 하나에 해당하는 경우에는 2년 이상 보관·관리하여야 한다.
> 　1. 5만 명 이상의 정보주체에 관한 개인정보를 처리하는 개인정보처리시스템에 해당하는 경우
> 　2. 고유식별정보 또는 민감정보를 처리하는 개인정보처리시스템에 해당하는 경우
> 　3. 개인정보처리자로서 「전기통신사업법」 제6조제1항에 따라 등록을 하거나 같은 항단서에 따라 신고한 기간통신사업자에 해당하는 경우

17 다음 중 개인정보보호법에 따라 개인정보처리시스템에 저장할 때 반드시 암호화하여 저장해야 하는 개인정보에 포함되지 않는 것은?

① 휴대폰번호　　　　　　　　② 여권번호

③ 신용카드번호　　　　　　　　④ 주민등록번호

> **해설** 개인정보의 안전성 확보조치 기준(개인정보보호위원회고시 제2023-6호)
> 제7조(개인정보의 암호화)
> ① 개인정보처리자는 비밀번호, 생체인식정보 등 인증정보를 저장 또는 정보통신망을 통하여 송·수신하는 경우에 이를 안전한 암호 알고리즘으로 암호화하여야 한다. 다만, 비밀번호를 저장하는 경우에는 복호화되지 아니하도록 일방향 암호화하여 저장하여야 한다.
> ② 개인정보처리자는 다음 각 호의 해당하는 이용자의 개인정보에 대해서는 안전한 암호 알고리즘으로 암호화하여 저장하여야 한다.
> 　1. 주민등록번호 2. 여권번호 3. 운전면허번호 4. 외국인등록번호 5. 신용카드번호 6. 계좌번호 7. 생체인식정보

18 정보시스템 도입 및 개발 단계에서 의무적으로 개인정보 영향평가를 받아야 하는 조건이 아닌 것은?

① 5만 명 이상의 정보주체에 관한 민감정보 또는 고유식별정보의 처리가 수반되는 개인정보파일

② 공공기관 내부 또는 외부에서 구축·운용하고 있는 다른 개인정보파일과 연계 결과 50만 명 이상의 정보주체에 관한 개인정보가 포함되는 개인정보파일

③ 100만 명 이상의 정보주체에 관한 개인정보파일

④ 영향평가를 받은 후 개인정보파일의 운용체계에 변경이 없더라도 1년에 한 번 정기적으로 실시

해설 개인정보 영향평가 의무 대상

1. (5만 명 조건) 5만 명 이상의 정보주체에 관한 민감정보 또는 고유식별정보의 처리가 수반되는 개인정보파일
2. (50만 명 조건) 공공기관 내부 또는 외부에서 구축·운용하고 있는 다른 개인정보파일과 연계하려는 경우로서 연계 결과 50만 명 이상의 정보주체에 관한 개인정보가 포함되는 개인정보파일
3. (100만 명 조건) 100만 명 이상의 정보주체에 관한 개인정보파일
4. (변경 시) 영향평가를 받은 후 개인정보파일의 운용체계를 변경하는 경우 변경된 부분에 대해서는 영향평가를 실시

19 정보보호 공시제도의 추진 근거가 되는 법령은?

① 정보통신망 이용촉진 및 정보보호 등에 관한 법률 제4조
② 정보보호산업의 진흥에 관한 법률 제13조
③ 개인정보보호법 시행령 제11조
④ 사이버안전 업무규정 제10조

해설 「정보 보호산업의 진흥에 관한 법률」 제13조(정보보호 공시), 동법 시행령 제8조(정보보호 공시)
이용자의 안전한 인터넷 이용 및 정보보호 투자 활성화를 위하여 정보보호 투자/인력/인증/활동 등 기업의 정보보호 현황을 일반에 공개하는 자율·의무공시제도

20 다음 중 정보보호 공시제도의 의무공시 대상 기준이 아닌 것은?

① 회선설비 보유 기간통신사업자(ISP)
② 집적정보통신시설 사업자(IDC)
③ 클라우드컴퓨팅 서비스 제공자
④ 정보보호 최고책임자 지정·신고 상장법인 중 금융회사

해설 정보보호 공시 의무대상 기준
- 회선설비 보유 기간통신사업자(ISP) ※ 「전기통신사업법」 제6조제1항
- 집적정보통신시설 사업자(IDC) ※ 「정보통신망법」 제46조
- 상급종합병원 ※ 「의료법」 제3조의4
- 클라우드컴퓨팅 서비스제공자 ※ 「클라우드컴퓨팅법」 시행령 제3조제1호
- 정보보호 최고책임자(CISO) 지정·신고 상장법인 중 매출액 3,000억 원 이상
- 정보통신서비스 일일평균 이용자 수 100만 명 이상(전년도말 직전 3개월간)

21 조직에서는 정보보호 및 개인정보보호 활동의 기준이 되는 정책을 수립해야 한다. 다음은 정보보호 및 개인정보보호 정책을 제·개정하는 절차에 대한 설명이다. 빈칸에 포함될 용어로 알맞게 짝지어진 것을 고르시오.

> • 정보보호 및 개인정보보호 관련 정책 및 시행문서에 대한 (A) 절차를 수립·이행하고, 필요시 관련 정책 및 시행문서를 제·개정하여야 한다.
> • 조직의 대내외 환경에 (B) 발생 시 정보보호 및 개인정보보호 관련 정책 및 시행문서에 미치는 영향을 검토하고 필요시 제·개정해야 한다.
> • 정보보호 및 개인정보보호 관련 정책 및 시행문서의 제·개정 시 (C)의 검토를 받아야 한다.
> • 정보보호 및 개인정보보호 관련 정책 및 시행문서의 제·개정 내역에 대하여 (D)를 해야 한다.

① (A) : 정기적인 타당성 검토, (B) : 중대한 변화, (C) : 이해 관계자, (D) : 이력 관리
② (A) : 정기적인 타당성 검토, (B) : 중대한 변화, (C) : 대외 기관, (D) : 이력 관리
③ (A) : 제·개정, (B) : 중대한 변화, (C) : 이해 관계자, (D) : 이력 관리
④ (A) : 제·개정, (B) : 중대한 변화, (C) : 대외 기관, (D) : 이력 관리

해설 ISMS-P 인증기준 2.1.1 정책의 유지관리
• 정보보호 및 개인정보보호 관련 정책 및 시행문서(지침, 절차, 가이드 문서 등)에 대하여 정기적인 타당성 검토 절차를 수립·이행하고, 필요시 관련 정책 및 시행문서를 제·개정하여야 한다.
• 조직의 대내외 환경에 중대한 변화 발생 시 정보보호 및 개인정보보호 관련 정책 및 시행 문서에 미치는 영향을 검토하고 필요시 제·개정하여야 한다.
 – 정보보호 및 개인정보보호 관련 법규 제·개정
 – 비즈니스 환경의 변화(신규 사업 영역 진출, 대규모 조직개편 등)
 – 정보보호, 개인정보보호 및 IT 환경의 중대한 변화(신규 보안시스템 또는 IT 시스템 도입 등)
 – 내·외부의 중대한 보안사고 발생
 – 새로운 위협 또는 취약성 발견 등
• 정보보호 및 개인정보보호 관련 정책 및 시행문서를 제·개정하는 경우 이해관계자와 해당 내용을 충분히 협의·검토하여야 한다.
 – 정보보호 최고책임자 및 개인정보보호책임자, 정보보호 및 개인정보보호 관련 조직, IT 부서, 중요정보 및 개인정보 처리부서, 중요정보취급자 및 개인정보취급자 등 이해관계자 식별 및 협의
• 정보보호 및 개인정보보호 관련 정책 및 시행문서의 변경사항(제정, 개정, 배포, 폐기 등)에 관한 이력을 기록·관리하기 위하여 문서관리 절차를 마련하고 이행하여야 한다.

22 다음은 정보보호 및 개인정보보호 교육에 대한 설명이다. 빈칸에 포함될 용어로 알맞게 짝지어 진 것을 고르시오.

- 정보보호 및 개인정보보호 교육의 시기, 기간, 대상, 내용, 방법 등의 내용이 포함된 연간 교육 계획을 수립하고 (A)의 승인을 받아야 한다.
- 관리체계 범위 내 모든 임직원과 외부자를 대상으로 연간 교육 계획에 따라 (B) 정기적으로 교육을 수행하고, 관련 법규 및 규정의 중대한 변경 시 이에 대한 추가 교육을 수행해야 한다.
- (C) 업무 시작 전에 정보보호 및 개인정보보호 교육을 시행해야 한다.
- IT 및 정보보호, 개인정보보호 조직 내 임직원은 정보보호 및 개인정보보호와 관련하여 (D)를 위한 별도의 교육을 받아야 한다.

---

① (A) : 경영진, (B) : 연 1회, (C) : 임직원 채용 및 외부자 신규 계약 시,
  (D) : 공통보안 전문성 제고
② (A) : 경영진, (B) : 연 1회 이상, (C) : 임직원 채용 및 외부자 신규 계약 시,
  (D) : 직무별 전문성 제고
③ (A) : 경영진, (B) : 연 1회, (C) : 임직원 채용 및 외부자 신규 계약 시,
  (D) : 직무별 전문성 제고
④ (A) : 경영진, (B) : 연 1회 이상, (C) : 임직원 채용 및 외부자 신규 계약 시,
  (D) : 공통보안 전문성 제고

해설 ISMS-P 인증기준 2.2.4 인식제고 및 교육훈련
- 연간 정보보호 및 개인정보보호 교육 계획은 다음과 같이 교육의 시기, 기간, 대상, 내용, 방법 등의 내용을 구체적으로 포함하여 교육 계획을 수립하고 경영진의 승인을 받아야 한다.
- 관리체계 범위 내 모든 임직원과 외부자를 대상으로 연간 교육 계획에 따라 연 1회 이상 정기적으로 교육을 수행하고, 관련 법규 및 규정의 중대한 변경 시 이에 대한 추가교육을 수행하여야 한다.
  - 최소 연 1회 이상 교육 수행(특히 개인정보취급자의 경우 법적 요구사항에 따라 연 1회 이상 개인정보보호 교육 필요)
- 임직원 채용 및 외부자 신규 계약 시 업무 시작 전에 정보보호 및 개인정보보호 교육을 시행하여야 한다.
  - 신규 인력 발생 시점 또는 업무 수행 전에 정보보호 및 개인정보보호 교육을 시행하여 조직 정책, 주의사항, 규정 위반 시 법적 책임 등에 대한 내용 숙지
- IT 및 정보보호, 개인정보보호 조직 내 임직원이 정보보호 및 개인정보보호와 관련하여 직무별 전문성 제고를 위한 별도의 교육을 받을 수 있도록 하여야 한다.
  - 관련 직무자 : IT 직무자, 정보보호 최고책임자, 개인정보보호책임자, 개인정보취급자, 정보보호 직무자 등

23 다음은 정보처리시스템이 구축되어 있는 퍼블릭 클라우드 환경에 대한 이용자 관점에서의 취약점 점검을 설명한 것이다. 옳지 않은 것을 고르시오.

① PaaS 형태로 제공받아 사용하는 RDBMS의 경우 운영체제(OS)에 대한 취약점 점검은 수행하지 않았다.

② 퍼블릭 클라우드 이용자 관점에서 네트워크 취약점을 확인하기 위해 물리적인 네트워크 장비 환경설정, 네트워크 구성도(아키텍처) 취약점 점검을 수행하였다.

③ 퍼블릭 클라우드 VM(Virtual Machine)의 운영체제(OS)의 취약점을 확인하기 위해 서버 취약점 점검 스크립트를 이용하여 운영체제 보안 설정의 적절성을 점검하였다.

④ 퍼블릭 클라우드 서비스의 접근통제 적절성을 검토하기 위해 Security Group의 설정 상태를 점검하였다.

> **해설** 퍼블릭 클라우드의 경우 서비스 유형에 따라 아래와 같이 공동 책임 모델에 의해 클라우드 사업자와 이용자 간의 관리 및 보안 영역이 달라진다. 또한 서비스 유형과 무관하게 물리적인 부분은 CSP(Cloud Service Provider)에서 관리 및 보안 책임을 가지기 때문에 이용자는 물리적인 하드웨어에 대한 접근권한을 가질 수 없다. 퍼블릭 클라우드 이용자 관점에서 취약점 점검은 가상환경에서 발생할 수 있는 취약점, 공용 서비스에 대한 취약점 점검을 포함하고 VM(Virtual Machine)의 운영체제(OS)의 취약점, 접근통제의 적절성 검토를 포함하고 있다. 그러나 퍼블릭 클라우드 이용자는 물리적인 하드웨어 접근권한이 없기 때문에 "네트워크 장비 환경설정"은 취약점 점검을 수행할 수 없다.

24 다음은 냉장고를 생산하고 있는 B사의 네트워크 구성 및 접근통제 현황이다. 설명이 잘못된 것을 고르시오.

1. 네트워크 구성도

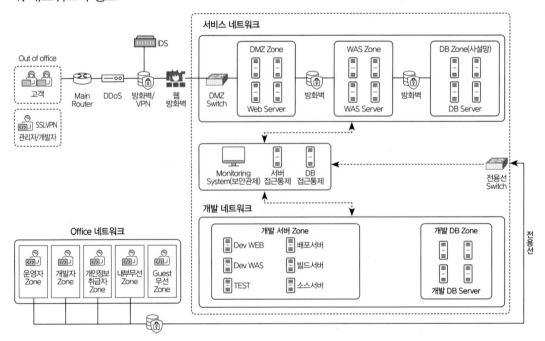

2. 방화벽 정책

No	Policy	Source	Destination	Service	Action	hitcount	등록일	정책만료일
1	AAA–allowed	192.168.1.0/24	192.168.1.2	tcp_80 tcp_443	Allow	111112	2018-01-05	2030-12-31
3	CCC_front_allowed	any	any	any	Allow	34266	2018-01-06	2030-12-31
4	CCC–backoffice–allowed	192.168.12	192.168.1.5	tcp_80 tcp_443	Allow	4242422	2018-01-06	2030-12-31
5	DDD–allowed	192.168.15	192.168.1.6	tcp_80 tcp_443	Allow	424224	2018-01-06	2030-12-31
6	EEE–allowed	192.168.145	192.168.1.7	tcp_80 tcp_443	Allow	53452	2018-01-07	2030-12-31
7	FFF–api–allowed	192.168.114	192.168.1.8	tcp_80 tcp_443	Allow	0	2018-01-07	2030-12-31
10	ALL–Deny	any	any	any	deny	3232323253	2018-01-05	2030-12-31

① 정보통신망을 통한 불법적인 접근 및 침해사고 방지를 위해 침입차단시스템과 침입탐지시스템을 설치하여 운영하고 있다.

② 운영자, 개발자가 개인정보처리시스템에 접근하는 경우, 접속이력 및 행위이력을 기록할 수 있도록 구성되어 있다.

③ 회사 사무실 또는 외부에서 개발자와 운영자가 개인정보처리시스템에 접근 시 법률 요구사항을 만족할 수 있도록 구성되어 있다.

④ 방화벽 정책 중 추가 검토가 필요한 정책은 3, 7번이다.

해설 ① B사는 침입차단을 위해 방화벽을 설치하여 운영하고 있으며, 침입탐지를 위해 IDS를 구축하여 운영하고 있다.

② 운영자, 개발자가 개인정보처리시스템에 접근하는 경우, 접속이력 및 행위이력을 기록할 수 있도록 서버접근통제 및 DB접근통제 솔루션을 구축하여 운영하고 있다.

③ 회사 사무실에서 접근하는 경우 방화벽을 구축하여 접근을 통제하고 있으며, 전용선, 서버접근통제 및 DB접근통제 솔루션을 통하여 외부에서의 불법적인 접근차단 및 관련 이력에 대한 로깅을 수행할 수 있는 환경을 구축하고 있다.

④ 방화벽 정책 중 추가 검토가 필요한 정책은 2, 4, 6번이며, 2번 정책은 Source(출발지)와 Service(포트)가 any로 설정되어 있어 검토가 필요하고 4번 정책은 Destination(목적지)이 any로 설정되어 있어 검토가 필요하다. 또한 6번은 트래픽이 확인되지 않는 정책(hitcount 0)으로 불필요한지 여부를 검토해야 한다. 7번은 any, any, any로 설정되어 있지만 차단정책으로 추가 검토가 필요 없다. 따라서, 2, 4, 6번 정책에 대한 추가 검토가 필요하다.

★ 정답 ★ 23 ② 24 ④

25 개인정보보호담당자가 개인정보 제3자 제공에 대한 동의서를 작성하기 전에 개인정보영향평가를 진행하였다. 다음의 '가'는 제17조(개인정보의 제공)제1항제1호에 따라서 정보주체의 동의를 받으려고 한다. '나'는 동의를 받을 때에는 정하는 중요한 내용을 명확히 표기하여 알아보기 쉽게 하도록 되어 있다. 이때 동법 시행령 제17조(동의를 받는 방법)에 표시할 대상을 따라서 법률적 준거성 확인을 통해 위험을 줄이기 위해서 빈칸에 포함될 용어로 알맞게 짝지어진 것을 고르시오.

> 가. 개인정보의 제3자 제공 동의 요건의 빈칸을 채우시오
>   1. 개인정보를 (A)
>   2. 개인정보를 제공받는 자의 (B)
>   3. 제공하는 (C)
>   4. 개인정보를 제공받는 자의 (D)
>   5. (E) 및 동의 거부에 따른 불이익이 있는 경우에는 그 불이익의 내용

① (A) : 제공받는 자, (B) : 개인정보이용 목적, (C) : 개인정보의 항목,
   (D) : 개인정보 보유 및 이용기간, (E) : 동의를 거부할 권리가 있다는 사실
② (A) : 제공하는 자, (B) : 개인정보이용 주체, (C) : 개인정보의 항목,
   (D) : 개인정보 보유 및 이용기간, (E) : 동의를 거부할 권리가 있다는 사실
③ (A) : 제공받는 자, (B) : 개인정보이용 항목, (C) : 개인정보의 이용목적,
   (D) : 개인정보 보유 및 이용 기간, (E) : 동의를 거부할 권리가 있다는 사실
④ (A) : 제공하는 자, (B) : 개인정보이용 목적, (C) : 개인정보의 항목,
   (D) : 개인정보 보유 및 이용기간, (E) : 동의를 거부할 권리가 있다는 사실

해설 개인정보보호법 제17조(개인정보의 제공)
  1. 개인정보를 제공받는 자
  2. 개인정보를 제공받는 자의 개인정보 이용 목적
  3. 제공하는 개인정보의 항목
  4. 개인정보를 제공받는 자의 개인정보 보유 및 이용 기간
  5. 동의를 거부할 권리가 있다는 사실 및 동의 거부에 따른 불이익이 있는 경우에는 그 불이익의 내용
  개인정보보호법 시행령 제17조(동의를 받는 방법)
  제22조 제2항에서 "대통령령으로 정하는 중요한 내용"이란 다음의 각 호의 사항을 말한다.
  1. 개인정보의 수집·이용 목적 중 재화나 서비스의 홍보 또는 판매 권유 등을 위하여 해당 개인정보를 이용하여 정보주체에게 연락할 수 있다는 사실
  2. 처리하려는 개인정보의 항목 중 다음 각 목의 사항
     가. 민감정보
     나. 제19조제2호부터 제4호까지의 규정에 따른 여권번호, 운전면허의 면허번호 및 외국인등록번호
  3. 개인정보의 보유 및 이용 기간(제공 시에는 제공받는 자의 보유 및 이용 기간을 말한다)
  4. 개인정보를 제공받는 자 및 개인정보를 제공받는 자의 개인정보 이용 목적

26 다음은 위험 관리에 대한 설명이다. 적절하게 짝지어진 것을 고르시오.

- (A)는 조직이 보호해야 할 대상으로 정보, 하드웨어, 소프트웨어, 시설 등을 말하며 관련 인력, 기업 이미지 등을 포함하기도 한다.
- (B)는 자산에 손실을 초래할 수 있는 원치 않는 사건의 잠재적 원인(source)이나 행위자(agent)로 정의된다.
- (C)는 자산의 잠재적 속성으로 (B)의 이용 대상이 되는 것으로 정의된다.
- (D)는 위협에 대응하여 자산을 보호하기 위한 관리적, 기술적 보호대책으로 정의된다. 이러한 대책에는 방화벽, 침입탐지시스템 등의 제품뿐 아니라 절차, 정책, 교육 등의 모든 통제(control)들이 포함된다.

---

① (A) : 자산(Assets), (B) : 위협(Threats), (C) : 취약성(Vulnerability),
   (D) : 정보보호대책(Safeguard, Countermeasure)

② (A) : 자산(Assets), (B) : 취약성(Vulnerability), (C) : 위협(Threats),
   (D) : 정보보호대책(Safeguard, Countermeasure)

③ (A) : 정보보호대책(Safeguard, Countermeasure), (B) : 위협(Threats),
   (C) : 자산(Assets), (D) : 취약성(Vulnerability)

④ (A) : 정보보호대책(Safeguard, Countermeasure), (B) : 위협(Threats),
   (C) : 취약성(Vulnerability), (D) : 자산(Assets)

해설 • 자산(Assets)은 조직이 보호해야 할 대상으로 정보, 하드웨어, 소프트웨어, 시설 등을 말하며 관련 인력, 기업 이미지 등의 무형자산을 포함하기도 한다.
 • 위협(Threats)은 자산에 손실을 초래할 수 있는 원치 않는 사건의 잠재적 원인(source)이나 행위자(agent)로 정의된다. 위협은 위협원천에 따라 크게 자연재해나 장비 고장 등의 환경적 요인에 의한 것과 인간에 의한 것으로 나눌 수 있다. 위협에 관련하여 파악하여야 할 속성은 발생 가능성(likelyhood, frequency)이다. 이것은 연간 발생 횟수 또는 발생 정도로 표현된다.
 • 취약성(Vulnerability)이란 자산의 잠재적 속성으로 위협의 이용 대상이 되는 것으로 정의된다. 특정 위협이 발생할 때 특정 자산에 자산의 가치와 관련하여 어느 정도의 피해가 발생할지를 취약성, 노출 정도(Exposure), 또는 효과(Effectiveness factor)라는 값으로 나타낸다.
 • 최근의 위험분석 도구나 방법론에서는 위협과 취약성을 결합한 우려(concern)라는 개념을 사용하기도 한다.
 • 정보보호대책(Safeguard, Countermeasure)은 위협에 대응하여 자산을 보호하기 위한 관리적, 기술적 보호대책으로 정의된다. 이러한 대책에는 방화벽, 침입탐지시스템 등의 제품뿐 아니라 절차, 정책, 교육 등의 모든 통제(control)들이 포함된다.

★ 정답 ★ | 25 ① | 26 ① |

27 다음은 사용자 계정관리에 대한 설명이다. 적절하게 짝지어진 것을 고르시오.

> 정보시스템과 개인정보 및 중요정보에 대한 비인가 접근을 통제하기 위하여 다음 사항을 고려하여 공식적인 사용자 계정 및 접근권한 등록·변경·삭제·해지 절차를 수립·이행하여야 한다.
> - 사용자 및 개인정보취급자별로 (A) 발급 및 공유 금지
> - 사용자 및 개인정보취급자에 대한 계정 발급 및 접근권한 부여·변경 시 (B) 등을 통한 적절성 검토
> - 전보, 퇴직 등 인사이동 발생 시 (C) 접근권한 변경 또는 말소(계정 삭제 또는 비활성화 포함)
> - 정보시스템 설치 후 제조사 또는 판매사의 기본 계정, 시험 계정 등은 (D) 계정으로 변경
> - 사용자 계정 및 접근권한의 (E) 관련 기록의 유지·관리 등

① (A) : 공유 사용자 계정, (B) : 승인 절차, (C) : 1개월 이내,
　(D) : 제거하거나 추측하기 어려운, (E) : 등록·변경·삭제·해지
② (A) : 공유 사용자 계정, (B) : 승인 절차, (C) : 지체 없이,
　(D) : 제거하거나 추측하기 어려운, (E) : 등록·변경·삭제·해지
③ (A) : 고유한 사용자 계정, (B) : 승인 절차, (C) : 1개월 이내,
　(D) : 제거하거나 추측하기 어려운, (E) : 등록·변경·삭제·해지
④ (A) : 고유한 사용자 계정, (B) : 승인 절차, (C) : 지체 없이,
　(D) : 제거하거나 추측하기 어려운, (E) : 등록·변경·삭제·해지

해설 ISMS-P 인증기준 2.5.1 사용자 계정 관리
정보시스템과 개인정보 및 중요정보에 대한 비인가 접근을 통제하기 위하여 다음 사항을 고려하여 공식적인 사용자 계정 및 접근권한 등록·변경·삭제·해지 절차를 수립·이행하여야 한다.
– 사용자 및 개인정보취급자별로 고유한 사용자 계정 발급 및 공유 금지
– 사용자 및 개인정보취급자에 대한 계정 발급 및 접근권한 부여·변경 시 승인 절차 등을 통한 적절성 검토
– 전보, 퇴직 등 인사이동 발생 시 지체 없이 접근권한 변경 또는 말소(계정 삭제 또는 비활성화 포함)
– 정보시스템 설치 후 제조사 또는 판매사의 기본 계정, 시험 계정 등은 제거하거나 추측하기 어려운 계정으로 변경
– 사용자 계정 및 접근권한의 등록·변경·삭제·해지 관련 기록의 유지·관리 등

28 다음은 OOO인터넷 쇼핑몰의 위험평가의 법적준거성 검토하는 과정에서 발견된 문제점이다. 다음의 사항에 적합한 개인정보 유출 등 통지 및 신고에 필요한 사항을 올바르게 작성한 것을 고르시오.

(지침 현행화) 내부 규정인 개인정보보호지침 제23조(개인정보 유출 등 통지 및 신고)는 「개인정보보호법」에 근거하여 관련 조항이 수립하고 있으나 법률에 맞게 현행화되어 있지 않으며, 이에 대한 체계도 수립되어 있지 않아 빠른 시일 안에 관련 내용을 개선하여 조치하시기 바랍니다.
- 유출 신고 기준 : (A)
- 신고기한 : (B)
- 유출통지 항목 : (C)
- 신고기관 : (D)

---

① (A) : 1천 명 이상 개인정보 유출, (B) : 72시간 이내,
  (C) : 유출 등이 된 개인정보 항목, (D) : 개인정보위원회
② (A) : 1만 명 이상 개인정보 유출, (B) : 72시간 이내,
  (C) : 유출 등이 된 개인정보 항목, (D) : 한국인터넷진흥원
③ (A) : 1천 명 이상 개인정보 유출, (B) : 지체 없이(5일 이내),
  (C) : 유출 등이 된 개인정보 항목, (D) : 방송통신위원회
④ (A) : 1만 명 이상 개인정보 유출, (B) : 지체 없이(5일 이내),
  (C) : 유출 등이 된 개인정보 항목, (D) : 방송통신위원회

해설 개인정보보호법 제34조(개인정보 유출 등의 통지 신고)
① 개인정보처리자는 개인정보가 분실·도난·유출(이하 이 조에서 "유출 등"이라 한다)되었음을 알게 되었을 때에는 지체 없이 해당 정보주체에게 다음 각 호의 사항을 알려야 한다. 다만, 정보주체의 연락처를 알 수 없는 경우 등 정당한 사유가 있는 경우에는 대통령령으로 정하는 바에 따라 통지를 갈음하는 조치를 취할 수 있다.
1. 유출 등이 된 개인정보의 항목
2. 유출 등이 된 시점과 그 경위
3. 유출 등으로 인하여 발생할 수 있는 피해를 최소화하기 위하여 정보주체가 할 수 있는 방법 등에 관한 정보
4. 개인정보처리자의 대응조치 및 피해 구제절차
5. 정보주체에게 피해가 발생한 경우 신고 등을 접수할 수 있는 담당부서 및 연락처

29 다음은 법률에 따라 망분리를 수행해야 하는 기업의 망분리 현황을 기술한 내용이다. 다음 내용 중 옳은 것을 고르시오.

① 오픈마켓 서비스를 운영하는 A사는 전년도 말 기준 직전 3개월간 그 개인정보가 저장·관리되고 있는 이용자 수가 일일평균 100만 명 이상이지만 클라우드컴퓨팅서비스를 이용하여 개인정보처리 시스템을 구성·운영하고 있어 망분리를 적용하지 않았다.

② 온라인 게임 서비스를 제공하는 B사는 개인정보처리시스템에서 개인정보를 다운로드 또는 파기할 수 있거나 개인정보처리시스템에 대한 접근권한을 설정할 수 있는 개인정보취급자의 컴퓨터를 인터넷망으로부터 논리적 망분리하였다. 그러나 고객 상담을 위해 개인정보처리시스템에서 단순히 개인정보를 열람, 조회하는 직원의 컴퓨터에 대해서는 망분리를 적용하지 않았다.

③ 온라인 쇼핑몰을 운영하는 C사는 전년도 말 기준 직전 3개월간 그 개인정보가 저장·관리되고 있는 이용자 수가 일일평균 100만 명 이상이어서 개인정보취급자에 대한 망분리를 적용하였다. 그러나 10건 이하의 소량의 개인정보를 다운로드하는 개인정보취급자는 망분리를 적용하지 않았다.

④ 온라인과 오프라인으로 서비스를 제공하고 있는 D사는 고객의 개인정보를 100만 명 이상 보유하고 있지만 오프라인으로만 수집한 개인정보여서 망분리를 적용하지 않았다.

> **해설** ① 오픈마켓 서비스를 운영하는 A사는 전년도 말 기준 직전 3개월간 그 개인정보가 저장·관리되고 있는 이용자 수가 일일평균 100만 명 이상이지만 클라우드컴퓨팅서비스를 이용하여 개인정보처리 시스템을 구성·운영하는 경우에는 해당 서비스에 대한 접속 외에는 인터넷을 차단하는 조치를 하여야 한다.
> ② 개인정보처리시스템에서 개인정보를 다운로드 또는 파기할 수 있거나 개인정보처리 시스템에 대한 접근권한을 설정할 수 있는 개인정보취급자의 컴퓨터는 물리적 또는 논리적 망분리를 적용하여야 한다. 그러나 개인정보처리시스템에서 단순히 개인정보를 열람, 조회 등만을 할 때에는 망분리를 적용하지 아니할 수 있다.
> ③ 망분리의 적용 대상은 개인정보를 다운로드하는 건수로 정하고 있지 않으며, 망분리 적용 대상 정보통신서비스 제공자에 해당하는 이상 소량의 개인정보를 다운로드하는 개인정보취급자의 컴퓨터도 망분리하여야 한다.
> ④ 오프라인으로 수집한 고객의 개인정보도 온라인으로 서비스 된다면 "개인정보의 기술적·관리적보호조치 기준"을 이행해야 한다. 따라서, 수집 경로와 상관없이 정보통신서비스 부문에서 수집한 전년도 말 기준 직전 3개월간 그 개인정보가 저장·관리되고 있는 고객 수가 일일평균 100만 명 이상일 때에는 망분리를 하여야 한다.

30 다음은 공공기관인 D기관의 보안감사 수행 시 고유식별정보를 처리하는 웹서버에서 발견된 문제점이다. 아래와 같은 문제점이 발생된 근본적인 이유로 가장 적합한 것을 고르시오.

문제점[1]
– 웹서버에 터미널로 접속 후 일정기간 입력을 하지 않은 경우 자동으로 시스템 접속이 차단되지 않음
– 화면 보호기는 30분 동안 입력하지 않으면 동작하도록 설정됨

문제점[2]
– 웹서버 접속 시 원격에서 암호화 되지 않은 접속 방법인 telnet을 사용함
– 웹서버 접속 후 다른 웹서버에 접속을 시도한 결과 접근이 통제되고 있지 않음

문제점[3]
– 웹서버의 디렉터리에 대한 통제 설정이 미흡하여 브라우저에서 인가되지 않은 파일에 접근이 가능함

Index of /gmEditor
- Parent Directory
- HISTORY
- LICENSE
- README
- center pop.js
- characteristic.php

문제점[4]
– 웹서버에 관리 망분리PC의 기본 공유가 제거되지 않은 바이러스 등에 의해 불법적인 접근이 통제되지 않음
– 망분리PC : C$, D$, IPC$, ADMIN$

---

① 접근통제솔루션 구축 미흡
② 취약점 진단 및 보완 조치 미흡
③ 안전한 접속수단 및 인증수단 적용 미흡
④ 개인정보처리시스템 및 PC 접근통제 미흡

해설 개인정보의_안전성_확보조치_기준_안내서(2024.10)
문제점[1]은 "개인정보의 안전성 확보조치 기준" 제6조(접근통제) 4항을 위반하고 있다.
문제점[2]는 보안 통제 미흡 사항이다.
문제점[3]은 보안 통제 미흡 사항이다.
문제점[4]는 보안 통제 미흡 사항이다.
해당 문제점들을 종합해 보면, 정기적으로 취약점 점검을 수행하고 필요한 보완 조치가 이루어져야 하나 수행되지 않은 것이 근본적인 문제점이라고 볼 수 있다.

★ 정답 ★ 29 ② 30 ②

부록

ISMS-P
인증 기준

가. ISMS-P 인증기준 한줄 암기

1 Level	2 Level	No.	3 Level	핵심 키워드
1. 관리체계 수립 및 운영	1.1. 관리체계 기반 마련	1.1.1	경영진의 참여	경영진 역할 및 책임 문서화, 보고체계
		1.1.2	최고책임자의 지정	CISO, CPO 공식지정, 자격요건
		1.1.3	조직 구성	실무조직, 정보보호위원회, 정보보호실무협의체
		1.1.4	범위 설정	핵심자산, 예외사항 근거 관리, 문서화
		1.1.5	정책 수립	정책, 시행문서 승인(CEO, CISO), 임직원 전달
		1.1.6	자원 할당	인력(전문성) 확보, 예산, 인력 지원, 계획, 결과 분석 평가
	1.2. 위험 관리	1.2.1	정보자산 식별	정보자산 분류 기준, 식별, 보안등급, 정기적 최신화
		1.2.2	현황 및 흐름분석	정보서비스흐름도, 개인정보흐름도, 최신화
		1.2.3	위험 평가	위험평가 방법론, 계획, 연 1회, DoA, 경영진 승인
		1.2.4	보호대책 선정	위험처리(회피, 전가, 감소, 수용), 이행계획
	1.3. 관리체계 운영	1.3.1	보호대책 구현	보호대책 구현 정확성, 효과성, 구체성 진척 보고
		1.3.2	보호대책 공유	보호대책 담당자, 보호대책 공유&교육
		1.3.3	운영현황 관리	(개인)정보보호활동 문서화, 경영진 확인
	1.4. 관리체계 점검 및 개선	1.4.1	법적 요구사항 준수 검토	법규 최신성, 연 1회 검토
		1.4.2	관리체계 점검	인력(독립성, 전문성), 연 1회 경영진 보고
		1.4.3	관리체계 개선	근본원인, 재발방지 기준 절차
2. 보호대책 요구사항	2.1. 정책, 조직, 자산 관리	2.1.1	정책의 유지관리	타당성 검토, 환경 변화 제개정, 이해관계자 검토, 이력관리
		2.1.2	조직의 유지관리	담당자 R&R, 평가(MBO, KPI), 의사소통체계(주간 보고, 게시판)
		2.1.3	정보자산 관리	보안등급 취급절차, 책임자&관리자
	2.2. 인적 보안	2.2.1	주요 직무자 지정 및 관리	기준 정의, 지정, 최신화, 개인정보취급자 목록, 최소화
		2.2.2	직무 분리	직무 분리 기준, 보완통제(상호검토, 상위관리자 승인, 개인계정, 로그감사)
		2.2.3	보안 서약	채용, 퇴직, 외부자, 서약서 보관
		2.2.4	인식제고 및 교육훈련	교육계획, 승인, 연 1회 수행, 직무자 별도교육, 적정성 평가
		2.2.5	퇴직 및 직무변경 관리	인사변경 공유, 자산 반납&권한 회수&결과 확인
		2.2.6	보안 위반 시 조치	처벌규정 수립, 적발 시 조치

1 Level	2 Level	No.	3 Level	핵심 키워드
2. 보호대책 요구사항	2.3. 외부자 보안	2.3.1	외부자 현황 관리	위탁 업무, 시설, 서비스 식별, 위험 파악, 보호대책 마련
		2.3.2	외부자 계약 시 보안	위탁업체 역량 평가, 계약서(보안요건, 개발요건)
		2.3.3	외부자 보안 이행 관리	외부자 점검&감사, 개선계획, 재위탁 시 승인
		2.3.4	외부자 계약 변경 및 만료 시 보안	외부자 자산, 계정, 권한 회수, 서약서 징구, 중요정보 파기
	2.4. 물리 보안	2.4.1	보호구역 지정	보호구역 지정 기준(통제, 제한, 접견), 보호대책
		2.4.2	출입통제	출입 통제 절차, 출입 기록 점검
		2.4.3	정보시스템 보호	특성 고려 배치, 배치도(서버, 랙), 케이블(전력, 통신)
		2.4.4	보호설비 운영	보호설비(항온항습, 화재감지, 소화, 누수, UPS, 발전기, 이중전원), IDC 계약서&검토
		2.4.5	보호구역 내 작업	보호구역 내 작업신청, 작업기록 검토
		2.4.6	반출입 기기 통제	반출입기기 통제절차(서버, 모바일, 저장매체/보안 스티커, 보안SW설치), 반출입 이력 점검
		2.4.7	업무환경 보안	시설(문서고), 기기(복합기, 파일서버), 개인 업무환경(PC, 책상) 보호대책, 검토
	2.5. 인증 및 권한관리	2.5.1	사용자 계정 관리	사용자 계정 발급 절차(등록, 변경, 삭제), 최소권한, 계정책임(본인)
		2.5.2	사용자 식별	유일 식별자, 추측 식별자 제한, 동일식별자 타당성, 보완대책, 책임자 승인
		2.5.3	사용자 인증	인증 절차(로그인 횟수제한, 불법 로그인 시도 경고), 외부 개처 시 안전 인증&접속수단
		2.5.4	비밀번호 관리	비밀번호 관리 절차, 작성규칙(사용자, 이용자)
		2.5.5	특수 계정 및 권한 관리	특수권한 최소인원, 공식 승인, 별도 목록화
		2.5.6	접근권한 검토	계정 및 접근권한 변경 이력 남김, 검토기준(주체, 방법, 주기) 수립 및 이행, 문제점 조치

1 Level	2 Level	No.	3 Level	핵심 키워드
2. 보호대책 요구사항	2.6. 접근통제	2.6.1	네트워크 접근	내부망 인가 사용자 접근, 영역 분리 및 접근통제, IP주소 기준(사설 IP), 원거리 구간 보호대책
		2.6.2	정보시스템 접근	서버, NW, 보안시스템 OS 접근 통제, 세션타임아웃, 불필요서비스 제거, 주요서비스 독립서버
		2.6.3	응용프로그램 접근	응용 접근권한 차등 부여, 정보 노출 최소화, 세션타임아웃, 동시세션 제한, 관리자 웹페이지, 표시 제한 보호조치
		2.6.4	데이터베이스 접근	데이터베이스 테이블 목록 식별, 접근통제(응용프로그램, 서버, 사용자)
		2.6.5	무선 네트워크 접근	무선 네트워크 보호대책(인증, 암호화), 사용신청 및 해지절차, 비인가 무선 네트워크 보호대책
		2.6.6	원격접근 통제	원칙금지, 보완대책(승인, 특정 단말, 허용범위, 기간 한정), 보호대책, 단말기 지정, 임의조작 금지
		2.6.7	인터넷 접속 통제	주요 직무자, 취급 단말기, 주요 정보시스템(DB서버 등) 인터넷 접속통제, 망분리 대상 식별, 적용
	2.7. 암호화 적용	2.7.1	암호정책 적용	암호정책(대상, 강도, 사용) 수립, 저장, 전송, 전달 시 암호화
		2.7.2	암호키 관리	암호키 관리절차(생성, 이용, 변경, 파기), 복구방안(보관), 암호키 접근권한 최소화
	2.8. 정보시스템 도입 및 개발 보안	2.8.1	보안 요구사항 정의	도입 시 타당성 검토 및 인수절차, 보안요구사항 정의, 시큐어코딩 표준
		2.8.2	보안 요구사항 검토 및 시험	검토기준(법 요건, 보안요건), 코딩 취약점 점검, 개선조치, 공공기관 개인정보영향평가 수행
		2.8.3	시험과 운영 환경 분리	개발 및 시험과 운영시스템 분리, 어려울 경우 보안대책(상호검토, 변경승인, 상급자, 백업)
		2.8.4	시험 데이터 보안	운영데이터 사용 제한, 불가피 사용 시 보완통제(책임자, 모니터링, 시험 후 삭제)
		2.8.5	소스 프로그램 관리	소스 접근통제 절차, 운영환경 아닌 곳 안전 보관, 변경이력 관리
		2.8.6	운영환경 이관	운영환경 이관 통제 절차로 실행, 문제 대응 방안 마련, 필요한 파일만 설치

1 Level	2 Level	No.	3 Level	핵심 키워드
2. **보호대책** **요구사항**	2.9. 시스템 및 서비스 운영관리	2.9.1	변경관리	정보자산 변경 절차, 변경 수행 전 영향 분석
		2.9.2	성능 및 장애관리	성능 및 용량 모니터링 절차, 초과 시 대응절차, 장애 인지, 대응절차, 장애조치 기록, 재발방지대책
		2.9.3	백업 및 복구관리	백업 및 복구절차(대상,주기,방법,절차), 복구테스트, 중요정보 저장 백업매체 소산
		2.9.4	로그 및 접속기록 관리	로그관리 절차, 생성 보관, 별도 저장장치 백업, 로그 접근권한 최소화, 개처 시 접속기록 법준수
		2.9.5	로그 및 접속기록 점검	로그 검토기준(비인가 접속, 과다조회), 주기적 점검, 문제 발생 시 사후조치
		2.9.6	시간 동기화	정보시스템 표준시간 동기화, 주기적 점검
		2.9.7	정보자산의 재사용 및 폐기	재사용 및 폐기 절차 수립, 복구 불가 방법, 폐기이력 및 증적, 폐기절차 계약서, 교체 복구 시 대책
	2.10. 시스템 및 서비스 보안관리	2.10.1	보안시스템 운영	보안시스템 운영절차, 접근인원 최소화, 정책 변경 절차, 예외정책 최소화, 정책 타당성 검토, 설치
		2.10.2	클라우드 보안	CSP R&R 계약서 반영, 클라우드 보안 통제 정책 수립·이행, 관리자 권한 보호대책, 정기적 검토
		2.10.3	공개서버 보안	공개서버 보호대책, DMZ에 설치, 보안시스템 통해 보호, 게시 저장 시 절차, 노출 확인 및 차단
		2.10.4	전자거래 및 핀테크 보안	전자거래 및 핀테크 보호대책, 연계 시 송수신 정보 보호대책 수립, 안전성 점검
		2.10.5	정보전송 보안	외부에 개인정보 전송 정책 수립, 조직 간 개인정보 상호교환 시 협약체결 등 보호대책
		2.10.6	업무용 단말기기 보안	업무용 단말기 접근통제 정책, 공유 시 DLP 정책, 분실 시 DLP 대책, 주기적 점검
		2.10.7	보조저장매체 관리	보조저장매체 취급 정책, 관리 실태 주기적 점검, 통제구역 사용 제한, 악성코드 및 DLP 대책, 보관
		2.10.8	패치관리	패치관리 정책, 패치현황 관리, 불가 시 보완대책, 인터넷 패치 제한, PMS 보호대책
		2.10.9	악성코드 통제	악성코드 보호대책, 예방탐지 활동, 보안프로그램 최신상태 유지, 감염 시 대응절차

1 Level	2 Level	No.	3 Level	핵심 키워드
2. 보호대책 요구사항	2.11. 사고 예방 및 대응	2.11.1	사고 예방 및 대응 체계 구축	사고대응체계, 외부기관 침해사고 대응체계 구축 계약서 반영, 외부기관 협조체계 수립
		2.11.2	취약점 점검 및 조치	취약점 점검 절차 수립 및 정기적 점검, 결과 보고, 최신 보안취약점 발생 파악, 점검 이력 기록관리
		2.11.3	이상행위 분석 및 모니터링	내외부 침해시도, 개인정보 유출시도, 부정행위 모 니터링, 임계치 정의 및 이상행위 판단 등 조치
		2.11.4	사고 대응 훈련 및 개선	침해사고 및 유출사고 대응 모의훈련 계획수립, 모 의훈련 연 1회 실시, 대응체계 개선
		2.11.5	사고 대응 및 복구	침해사고 인지 시 대응 및 보고, 정보주체 통지 및 관계기관 신고, 종결 후 공유, 재발방지대책 수립
	2.12. 재해복구	2.12.1	재해·재난 대비 안전조치	IT 재해유형 식별, 피해&업무 영향 분석, 핵심 IT서 비스 및 시스템 식별, RTO, RPO 정의, BCP
		2.12.2	재해 복구 시험 및 개선	BCP 수립·이행, 복구전략 및 대책 정기적 검토· 보완
3. 개인정보 처리단계별 요구사항	3.1. 개인정보 수집 시 보호조치	3.1.1	개인정보 수집·이용	적법요건, 명확 고지 동의, 방법 및 시점, 명확 표 시, 만 14세(법정대리인), 동의 기록 보관, 처리방 침, 추가적 이용
		3.1.2	개인정보 수집 제한	개인정보 최소한 정보 수집, 최소 이외 개인정보 미동의 가능 사실 고지, 거부권
		3.1.3	주민등록번호 처리 제한	주민번호 수집 법적 근거, 법조항 구체적 식별, 대 체수단 제공
		3.1.4	민감정보 및 고유식별 정보의 처리 제한	민감정보&고유식별정보 별도 동의, 법령 구체적 근거, 민감정보 공개가능성
		3.1.5	개인정보 간접수집	간접수집 동의획득 책임(제공자), 사회통념 동의 의사 이용, 자동수집장치, 통지(요구,처리자), 보관
		3.1.6	영상정보처리기기 설치·운영	허용장소 및 목적, 공공기관 공청회, 안내판, 이동 형 촬영 표시, 운영관리방침, 보관기간 만료 시 파 기, 위탁 계약서
		3.1.7	마케팅 목적의 개인정보 수집·이용	홍보 별도 동의, 광고 사전 동의, 2년 확인, 영리목 적 광고 고지(전송자, 수신거부방법), 야간 금지

1 Level	2 Level	No.	3 Level	핵심 키워드
3. 개인정보 처리단계별 요구사항	3.2. 개인정보 보유 및 이용 시 보호조치	3.2.1	개인정보 현황관리	개인정보 현황 정기적 관리, 공공기관 개인정보파일 등록, 개인정보파일을 처리방침에 공개
		3.2.2	개인정보 품질보장	수집 개인정보 최신화, 정보주체 개인정보 품질(정확성, 완전성, 최신성) 유지
		3.2.3	이용자 단말기 접근 보호	이동통신단말장치 접근권한 고지, 동의, 거부권, 동의 및 철회방법 마련
		3.2.4	개인정보 목적 외 이용 및 제공	목적 외 별도 동의, 법적 근거, 제3자 안전조치, 공공기관(목적외 관보&홈페이지 게재, 목적외 대장)
		3.2.5	가명정보 처리	가명처리 절차, 적정 가명처리, 결합전문기관, 추가정보 안전성 확보, 기간 경과 후 파기, 익명처리
	3.3. 개인정보 제공 시 보호조치	3.3.1	개인정보 제3자 제공	적법 요건, 각각 동의, 명확 고지, 최소정보 제한, 제3자 제공내역 기록보관, 제3자 접근 시 통제, 추가적 제공
		3.3.2	개인정보 처리 업무 위탁	위탁(재위탁) 시 위탁 내용과 수탁자 공개(업무, 수탁자), 홍보&판매 시 통지
		3.3.3	영업의 양도 등에 따른 개인정보 이전	양도·합병 이전 시 통지(도통수면), 통지요건(사실, 받는 자, 이전 불원), 본래 목적 이용
		3.3.4	개인정보 국외이전	국외이전 적법요건, 고지(목항기거시방국자) 동의, 계약 이행 공개, 법령 준수 국외이전 계약, 보호조치
	3.4. 개인정보 파기 시 보호조치	3.4.1	개인정보 파기	개인정보 보유기간 및 파기 정책, 불필요 시 파기, 안전한 방법 파기, 파기 기록 관리
		3.4.2	처리목적 달성 후 보유 시 조치	불필요 시 최소 기간, 최소정보 보관, 보존 시 분리보관, 목적 범위 내 처리, 접근권한 최소인원 제한
	3.5. 정보주체 권리보호	3.5.1	개인정보 처리방침 공개	법령 요구내용 포함, 알기 쉬운 용어, 개인정보처리방침 공개, 변경 시 공지, 변경 사항 이력관리
		3.5.2	정보주체 권리보장	권리(열람, 정정·삭제, 처리정지) 행사 방법 및 절차, 이의제기, 동의 철회 시 파기, 처리 기록, 타인 권리 침해
		3.5.3	정보주체에 대한 통지	개인정보 이용·제공 내역 주기적 통지(5민고 100개 연 1회), 통지항목 법 요구항목 포함

나. ISMS-P 인증기준

1) 관리체계 수립 및 운영

항목	1.1.1 경영진의 참여
인증기준	최고경영자는 정보보호 및 개인정보보호 관리체계의 수립과 운영활동 전반에 경영진의 참여가 이루어질 수 있도록 보고 및 의사결정 체계를 수립하여 운영하여야 한다.
주요 확인사항	1) 정보보호 및 개인정보보호 관리체계의 수립 및 운영활동 전반에 경영진의 참여가 이루어질 수 있도록 보고 및 의사결정 등의 책임과 역할을 문서화하고 있는가? 2) 경영진이 정보보호 및 개인정보보호 활동에 관한 의사결정에 적극적으로 참여할 수 있는 보고, 검토 및 승인 절차를 수립·이행하고 있는가?
결함사례	• 정보보호 및 개인정보보호 정책서에 분기별로 정보보호 및 개인정보보호 현황을 경영진에게 보고하도록 명시하였으나, 장기간 관련 보고를 수행하지 않은 경우 • 중요 정보보호 활동(위험평가, 위험수용수준 결정, 정보보호대책 및 이행계획 검토, 정보보호대책 이행결과 검토, 보안감사 등)을 수행하면서 관련 활동관련 보고, 승인 등 의사결정에 경영진 또는 경영진의 권한을 위임받은 자가 참여하지 않았거나 관련 증거자료가 확인되지 않은 경우

항목	1.1.2 최고책임자의 지정
인증기준	최고경영자는 정보보호 업무를 총괄하는 정보보호 최고책임자와 개인정보보호 업무를 총괄하는 개인정보보호 책임자를 예산·인력 등 자원을 할당할 수 있는 임원급으로 지정하여야 한다.
주요 확인사항	1) 최고경영자는 정보보호 및 개인정보보호 처리에 관한 업무를 총괄하여 책임질 최고책임자를 공식적으로 지정하고 있는가? 2) 정보보호 최고책임자 및 개인정보보호책임자는 예산, 인력 등 자원을 할당할 수 있는 임원급으로 지정하고 있으며 관련 법령에 따른 자격요건을 충족하고 있는가?
결함사례	• 정보통신망법에 따른 정보보호 최고책임자 지정 및 신고 의무 대상자임에도 불구하고 정보보호 최고책임자를 지정 및 신고하지 않은 경우 • 개인정보보호와 관련된 실질적인 권한 및 지위를 보유하고 있지 않은 인원을 개인정보보호 책임자로 지정하고 있어, 개인정보 처리에 관한 업무를 총괄해서 책임질 수 있다고 보기 어려운 경우 • 조직도상에 정보보호 최고책임자 및 개인정보보호책임자를 명시하고 있으나, 인사발령 등의 공식적인 지정절차를 거치지 않은 경우 • ISMS 인증 의무대상자이면서 전년도 말 기준 자산총액이 5천억 원을 초과한 정보통신서비스제공자이지만 정보보호 최고책임자가 CIO를 겸직하고 있는 경우

항목	1.1.3 조직 구성
인증기준	최고경영자는 정보보호와 개인정보보호의 효과적 구현을 위한 실무조직, 조직 전반의 정보보호와 개인정보보호 관련 주요 사항을 검토 및 의결할 수 있는 위원회, 전사적 보호활동을 위한 부서별 정보보호와 개인정보보호 담당자로 구성된 협의체를 구성하여 운영하여야 한다.
주요 확인사항	1) 정보보호 최고책임자 및 개인정보보호책임자의 업무를 지원하고 조직의 정보보호 및 개인정보보호 활동을 체계적으로 이행하기 위해 전문성을 갖춘 실무조직을 구성하여 운영하고 있는가? 2) 조직 전반에 걸친 중요한 정보보호 및 개인정보보호 관련 사항에 대하여 검토, 승인 및 의사결정을 할 수 있는 위원회를 구성하여 운영하고 있는가? 3) 전사적 정보보호 및 개인정보보호 활동을 위하여 정보보호 및 개인정보보호 관련 담당자 및 부서별 담당자로 구성된 실무협의체를 구성하여 운영하고 있는가?
결함사례	• 정보보호 및 개인정보보호위원회를 구성하였으나, 임원 등 경영진이 포함되어 있지 않고 실무 부서의 장으로 구성되어 있어 조직의 중요 정보 및 개인정보보호에 관한 사항을 결정할 수 없는 경우 • 내부 지침에 따라 중요 정보처리 부서 및 개인정보처리 부서의 장(팀장급)으로 구성된 정보보호 및 개인정보보호 실무협의체를 구성하였으나, 장기간 운영 실적이 없는 경우 • 정보보호 및 개인정보보호위원회를 개최하였으나, 연간 정보보호 및 개인정보보호 계획 및 교육 계획, 예산 및 인력 등 정보보호 및 개인정보보호에 관한 주요 사항이 검토 및 의사결정이 되지 않은 경우 • 정보보호 및 개인정보보호 관련 심의·의결을 위해 정보보호위원회를 구성하여 운영하고 있으나, 운영 및 IT보안 관련 조직만 참여하고 개인정보보호 관련 조직은 참여하지 않고 있어 개인정보보호에 관한 사항을 결정할 수 없는 경우

항목	1.1.4 범위 설정
인증기준	조직의 핵심 서비스와 개인정보 처리 현황 등을 고려하여 관리체계 범위를 설정하고, 관련된 서비스를 비롯하여 개인정보 처리 업무와 조직, 자산, 물리적 위치 등을 문서화하여야 한다.
주요 확인사항	1) 조직의 핵심 서비스 및 개인정보 처리에 영향을 줄 수 있는 핵심자산을 포함하도록 관리체계 범위를 설정하고 있는가? 2) 정의된 범위 내에서 예외사항이 있을 경우 명확한 사유 및 관련자 협의·책임자 승인 등 관련 근거를 기록·관리하고 있는가? 3) 정보보호 및 개인정보보호 관리체계 범위를 명확히 확인할 수 있도록 관련된 내용(주요 서비스 및 업무 현황, 정보시스템 목록, 문서목록 등)이 포함된 문서를 작성하여 관리하고 있는가?
결함사례	• 정보시스템 및 개인정보처리시스템 개발업무에 관련한 개발 및 시험 시스템, 외주업체직원, PC, 테스트용 단말기 등이 관리체계 범위에서 누락된 경우 • 정보보호 및 개인정보보호 관리체계 범위로 설정된 서비스 또는 사업에 대하여 중요 의사결정자 역할을 수행하고 있는 임직원, 사업부서 등의 핵심 조직(인력)을 인증범위에 포함하지 않은 경우 • 정보시스템 및 개인정보처리시스템 개발업무에 관련한 개발 및 시험 시스템, 개발자 PC, 테스트용 단말기, 개발조직 등이 관리체계 범위에서 누락된 경우

항목	1.1.5 정책 수립
인증기준	정보보호와 개인정보보호 정책 및 시행문서를 수립·작성하며, 이때 조직의 정보보호와 개인정보보호 방침 및 방향을 명확하게 제시하여야 한다. 또한 정책과 시행문서는 경영진 승인을 받고, 임직원 및 관련자에게 이해하기 쉬운 형태로 전달하여야 한다.
주요 확인사항	1) 조직이 수행하는 모든 정보보호 및 개인정보보호 활동의 근거를 포함하는 최상위 수준의 정보보호 및 개인정보보호 정책을 수립하고 있는가? 2) 정보보호 및 개인정보보호 정책의 시행을 위하여 필요한 세부적인 방법, 절차, 주기 등을 규정한 지침, 절차, 매뉴얼 등을 수립하고 있는가? 3) 정보보호 및 개인정보보호 정책·시행문서의 제·개정 시 최고경영자 또는 최고경영자로부터 권한을 위임받은 자의 승인을 받고 있는가? 4) 정보보호 및 개인정보보호 정책·시행문서의 최신본을 관련 임직원에게 접근하기 쉬운 형태로 제공하고 있는가?
결함사례	• 내부 규정에 따르면 정보보호 및 개인정보보호 정책서 제·개정 시에는 정보보호 및 개인정보보호위원회의 의결을 거치도록 하고 있으나, 최근 정책서 개정 시 위원회에 안건으로 상정하지 않고 정보보호 최고책임자 및 개인정보보호책임자의 승인을 근거로만 개정한 경우 • 정보보호 및 개인정보보호 정책 및 지침서가 최근에 개정되었으나, 해당 사항이 관련 부서 및 임직원에게 공유·전달되지 않아 일부 부서에서는 구버전의 지침서를 기준으로 업무를 수행하고 있는 경우 • 정보보호 및 개인정보보호 정책 및 지침서를 보안부서에서만 관리하고 있고, 임직원이 열람할 수 있도록 게시판, 문서 등의 방법으로 제공하지 않는 경우

항목	1.1.6 자원 할당
인증기준	최고경영자는 정보보호와 개인정보보호 분야별 전문성을 갖춘 인력을 확보하고, 관리체계의 효과적 구현과 지속적 운영을 위한 예산 및 자원을 할당하여야 한다.
주요 확인사항	1) 정보보호 및 개인정보보호 분야별 전문성을 갖춘 인력을 확보하고 있는가? 2) 정보보호 및 개인정보보호 관리체계의 효과적 구현과 지속적 운영을 위해 필요한 자원을 평가하여 필요한 예산과 인력을 지원하고 있는가? 3) 연도별 정보보호 및 개인정보보호 업무 세부추진 계획을 수립·시행하고 그 추진결과에 대한 심사분석·평가를 실시하고 있는가?
결함사례	• 정보보호 및 개인정보보호 조직을 구성하는데, 분야별 전문성을 갖춘 인력이 아닌 정보보호 관련 또는 IT 관련 전문성이 없는 인원으로만 보안인력을 구성한 경우 • 개인정보처리시스템의 기술적·관리적 보호조치의 요건을 갖추기 위한 최소한의 보안 솔루션 도입, 안전조치 적용 등을 위한 비용을 최고경영자가 지원하지 않고 있는 경우 • 인증을 취득한 이후에 인력과 예산 지원을 대폭 줄이고 기존 인력을 다른 부서로 배치하거나 일부 예산을 다른 용도로 사용하는 경우

항목	1.2.1 정보자산 식별
인증기준	조직의 업무특성에 따라 정보자산 분류기준을 수립하여 관리체계 범위 내 모든 정보자산을 식별·분류하고, 중요도를 산정한 후 그 목록을 최신으로 관리하여야 한다.
주요 확인사항	1) 정보자산의 분류기준을 수립하고 정보보호 및 개인정보보호 관리체계 범위 내의 모든 자산을 식별하여 목록으로 관리하고 있는가? 2) 식별된 정보자산에 대해 법적 요구사항 및 업무에 미치는 영향 등을 고려하여 중요도를 결정하고 보안등급을 부여하고 있는가? 3) 정기적으로 정보자산 현황을 조사하여 정보자산목록을 최신으로 유지하고 있는가?
결함사례	• 정보보호 및 개인정보보호 관리체계 범위 내의 자산 목록에서 중요정보 취급자 및 개인정보 취급자 PC를 통제하는 데 사용되는 출력물 보안, 문서암호화, USB매체제어 등의 내부정보 유출통제 시스템이 누락된 경우 • 정보보호 및 개인정보보호 관리체계 범위 내에서 제3자로부터 제공받은 개인정보가 있으나, 해당 개인정보에 대한 자산 식별이 이루어지지 않은 경우 • 내부 지침에 명시된 정보자산 및 개인정보 보안등급 분류 기준과 자산관리 대장의 분류 기준이 일치하지 않은 경우 • 온프레미스 자산에 대해서는 식별이 이루어졌으나, 외부에 위탁한 IT 서비스(웹호스팅, 서버호스팅, 클라우드 등)에 대한 자산 식별이 누락된 경우(단, 인증범위 내) • 고유식별정보 등 개인정보를 저장하고 있는 백업서버의 기밀성 등급을 (하)로 산정하는 등 정보자산 중요도 평가의 합리성 및 신뢰성이 미흡한 경우

항목	1.2.2 현황 및 흐름분석
인증기준	관리체계 전 영역에 대한 정보서비스 및 개인정보 처리 현황을 분석하고 업무 절차와 흐름을 파악하여 문서화하며, 이를 주기적으로 검토하여 최신성을 유지하여야 한다.
주요 확인사항	1) 관리체계 전 영역에 대한 정보서비스 현황을 식별하고 업무 절차와 흐름을 파악하여 문서화하고 있는가? 2) 관리체계 범위 내 개인정보 처리 현황을 식별하고 개인정보의 흐름을 파악하여 개인정보흐름도 등으로 문서화하고 있는가? 3) 서비스 및 업무, 정보자산 등의 변화에 따른 업무절차 및 개인정보 흐름을 주기적으로 검토하여 흐름도 등 관련 문서의 최신성을 유지하고 있는가?
결함사례	• 관리체계 범위 내 주요 서비스의 업무 절차·흐름 및 현황에 문서화가 이루어지지 않은 경우 • 개인정보 흐름도를 작성하였으나, 실제 개인정보의 흐름과 상이한 부분이 다수 존재하거나 중요한 개인정보 흐름이 누락되어 있는 경우 • 최초 개인정보 흐름도 작성 이후에 현행화가 이루어지지 않아 변화된 개인정보 흐름이 흐름도에 반영되지 않고 있는 경우

항목	1.2.3 위험평가
인증기준	조직의 대내외 환경분석을 통해 유형별 위협정보를 수집하고 조직에 적합한 위험평가 방법을 선정하여 관리체계 전 영역에 대하여 연 1회 이상 위험을 평가하며, 수용할 수 있는 위험은 경영진의 승인을 받아 관리하여야 한다.
주요 확인사항	1) 조직 또는 서비스의 특성에 따라 다양한 측면에서 발생할 수 있는 위험을 식별하고 평가할 수 있는 방법을 정의하고 있는가? 2) 위험관리 방법 및 절차(수행인력, 기간, 대상, 방법, 예산 등)를 구체화한 위험관리계획을 매년 수립하고 있는가? 3) 위험관리계획에 따라 연 1회 이상 정기적으로 또는 필요한 시점에 위험평가를 수행하고 있는가? 4) 조직에서 수용 가능한 목표 위험수준을 정하고 그 수준을 초과하는 위험을 식별하고 있는가? 5) 위험식별 및 평가 결과를 경영진에게 보고하고 있는가?
결함사례	• 수립된 위험관리계획서에 위험평가 기간 및 위험관리 대상과 방법이 정의되어 있으나, 위험관리 수행 인력과 소요 예산 등 구체적인 실행계획이 누락되어 있는 경우 • 전년도에는 위험평가를 수행하였으나, 금년도에는 자산 변경이 없었다는 사유로 위험평가를 수행하지 않은 경우 • 위험관리 계획에 따라 위험 식별 및 평가를 수행하고 있으나, 범위 내 중요 정보자산에 대한 위험 식별 및 평가를 수행하지 않았거나, 정보보호 관련 법적 요구 사항 준수 여부에 따른 위험을 식별 및 평가하지 않은 경우 • 위험관리 계획에 따라 위험 식별 및 평가를 수행하고 수용 가능한 목표 위험수준을 설정하였으나, 관련 사항을 경영진(정보보호 최고책임자 등)에 보고하여 승인받지 않은 경우 • 내부 지침에 정의한 위험평가 방법과 실제 수행한 위험평가 방법이 상이할 경우 • 정보보호 관리체계와 관련된 관리적·물리적 영역의 위험 식별 및 평가를 수행하지 않고, 단순히 기술적 취약점진단 결과를 위험평가 결과로 갈음하고 있는 경우 • 수용 가능한 목표 위험수준(DoA)을 타당한 사유 없이 과도하게 높이는 것으로 결정함에 따라, 실질적으로 대응이 필요한 주요 위험들이 조치가 불필요한 위험(수용 가능한 위험)으로 지정된 경우

항목	1.2.4 보호대책 선정
인증기준	위험평가 결과에 따라 식별된 위험을 처리하기 위하여 조직에 적합한 보호대책을 선정하고, 보호대책의 우선순위와 일정·담당자·예산 등을 포함한 이행계획을 수립하여 경영진의 승인을 받아야 한다.
주요 확인사항	1) 식별된 위험에 대한 처리 전략(감소, 회피, 전가, 수용 등)을 수립하고 위험처리를 위한 보호대책을 선정하고 있는가? 2) 보호대책의 우선순위를 고려하여 일정, 담당부서 및 담당자, 예산 등의 항목을 포함한 보호대책 이행계획을 수립하고 경영진에 보고하고 있는가?
결함사례	• 정보보호 및 개인정보보호 대책에 대한 이행계획은 수립하였으나, 정보보호 최고책임자 및 개인정보보호책임자에게 보고가 이루어지지 않은 경우 • 위험감소가 요구되는 일부 위험의 조치 이행계획이 누락되어 있는 경우 • 법에 따라 의무적으로 이행하여야 할 사항, 보안 취약성이 높은 위험 등을 별도의 보호조치 계획 없이 위험수용으로 결정하여 조치하지 않은 경우 • 위험수용에 대한 근거와 타당성이 미흡하고, 시급성 및 구현 용이성 등의 측면에서 즉시 또는 단기 조치가 가능한 위험요인에 대해서도 특별한 사유 없이 장기 조치계획으로 분류한 경우

항목	1.3.1 보호대책 구현
인증기준	선정한 보호대책은 이행계획에 따라 효과적으로 구현하고, 경영진은 이행결과의 정확성과 효과성 여부를 확인하여야 한다.
주요 확인사항	1) 이행계획에 따라 보호대책을 효과적으로 구현하고 이행결과의 정확성 및 효과성 여부를 경영진이 확인할 수 있도록 보고하고 있는가? 2) 관리체계 인증기준별로 보호대책 구현 및 운영 현황을 기록한 운영명세서를 구체적으로 작성하고 있는가?
결함사례	• 정보보호 및 개인정보보호 대책에 대한 이행완료 결과를 정보보호 최고책임자 및 개인정보보호책임자에게 보고하지 않은 경우 • 위험조치 이행결과보고서는 '조치 완료'로 명시되어 있으나, 관련된 위험이 여전히 존재하거나 이행결과의 정확성 및 효과성이 확인되지 않은 경우 • 전년도 정보보호대책 이행계획에 따라 중·장기로 분류된 위험들이 해당연도에 구현이 되고 있지 않거나 이행결과를 경영진이 검토 및 확인하고 있지 않은 경우 • 운영명세서에 작성된 운영 현황이 실제와 일치하지 않고, 운영명세서에 기록되어 있는 관련 문서, 결재 내용, 회의록 등이 존재하지 않는 경우 • 이행계획 시행에 대한 결과를 정보보호 최고책임자 및 개인정보보호책임자에게 보고하였으나, 일부 미이행된 건에 대한 사유 보고 및 후속 조치가 이루어지지 않은 경우

항목	1.3.2 보호대책 공유
인증기준	보호대책의 실제 운영 또는 시행할 부서 및 담당자를 파악하여 관련 내용을 공유하고 교육하여 지속적으로 운영되도록 하여야 한다.
주요 확인사항	1) 구현된 보호대책을 운영 또는 시행할 부서 및 담당자를 명확하게 파악하고 있는가? 2) 구현된 보호대책을 운영 또는 시행할 부서 및 담당자에게 관련 내용을 공유 또는 교육하고 있는가?
결함사례	정보보호대책을 마련하여 구현하고 있으나, 관련 내용을 충분히 공유·교육하지 않아 실제 운영 또는 수행 부서 및 담당자가 해당 내용을 인지하지 못하고 있는 경우

항목	1.3.3 운영현황 관리
인증기준	조직이 수립한 관리체계에 따라 상시적 또는 주기적으로 수행하여야 하는 운영활동 및 수행 내역은 식별 및 추적이 가능하도록 기록하여 관리하고, 경영진은 주기적으로 운영활동의 효과성을 확인하여 관리하여야 한다.
주요 확인사항	1) 관리체계 운영을 위해 주기적 또는 상시적으로 수행해야 하는 정보보호 및 개인정보보호 활동을 문서화하여 관리하고 있는가? 2) 경영진은 주기적으로 관리체계 운영활동의 효과성을 확인하고 이를 관리하고 있는가?
결함사례	• 정보보호 및 개인정보보호 관리체계 운영현황 중 주기적 또는 상시적인 활동이 요구되는 활동 현황을 문서화하지 않은 경우 • 정보보호 및 개인정보보호 관리체계 운영현황에 대한 문서화는 이루어졌으나, 해당 운영현황에 대한 주기적인 검토가 이루어지지 않아 월별 및 분기별 활동이 요구되는 일부 정보보호 및 개인정보보호 활동이 누락되었고 일부는 이행 여부를 확인할 수 없는 경우

항목	1.4.1 법적 요구사항 준수 검토
인증기준	조직이 준수하여야 할 정보보호 및 개인정보보호 관련 법적 요구사항을 주기적으로 파악하여 규정에 반영하고, 준수 여부를 지속적으로 검토하여야 한다.
주요 확인사항	1) 조직이 준수하여야 하는 정보보호 및 개인정보보호 관련 법적 요구사항을 파악하여 최신성을 유지하고 있는가? 2) 법적 요구사항의 준수여부를 연 1회 이상 정기적으로 검토하고 있는가?
결함사례	• 정보통신망법 및 개인정보보호법이 최근 개정되었으나 개정사항이 조직에 미치는 영향을 검토하지 않았으며, 정책서·시행문서 및 법적준거성 체크리스트 등에도 해당 내용을 반영하지 않아 정책서·시행문서 및 법적준거성 체크리스트 등의 내용이 법령 내용과 일치하지 않은 경우 • 조직에서 준수하여야 할 법률이 개정되었으나, 해당 법률 준거성 검토를 장기간 수행하지 않은 경우 • 법적 준거성 준수 여부에 대한 검토가 적절히 이루어지지 않아 개인정보보호법 등 법규 위반 사항이 다수 발견된 경우 • 개인정보보호법에 따라 개인정보 손해배상책임 보장제도 적용 대상이 되었으나, 이를 인지하지 못하여 보험 가입이나 준비금 적립을 하지 않은 경우 또는 보험 가입을 하였으나 이용자 수 및 매출액에 따른 최저가입금액 기준을 준수하지 못한 경우 • 정보보호 공시 의무대상 사업자이지만 법에 정한 시점 내에 정보보호 공시가 시행되지 않은 경우 • 모바일 앱을 통해 위치정보사업자로부터 이용자의 개인위치정보를 전송받아 서비스에 이용하고 있으나, 위치기반서비스사업 신고를 하지 않은 경우 • 국내에 주소 또는 영업소가 없는 개인정보처리자로서 전년도 말 기준 직전 3개월간 그 개인정보가 저장·관리되고 있는 국내 정보주체의 수가 일일평균 100만 명 이상인 자에 해당되어 국내대리인 지정의무에 해당됨에도 불구하고, 국내대리인을 문서로 지정하지 않은 경우

항목	1.4.2 관리체계 점검
인증기준	관리체계가 내부 정책 및 법적 요구사항에 따라 효과적으로 운영되고 있는지 독립성과 전문성이 확보된 인력을 구성하여 연 1회 이상 점검하고, 발견된 문제점을 경영진에게 보고하여야 한다.
주요 확인사항	1) 법적 요구사항 및 수립된 정책에 따라 정보보호 및 개인정보보호 관리체계가 효과적으로 운영되는지를 점검하기 위한 관리체계 점검기준, 범위, 주기, 점검 인력 자격요건 등을 포함한 관리체계 점검 계획을 수립하고 있는가? 2) 관리체계 점검 계획에 따라 독립성, 객관성 및 전문성이 확보된 인력을 구성하여 연 1회 이상 점검을 수행하고 발견된 문제점을 경영진에게 보고하고 있는가?
결함사례	• 관리체계 점검 인력에 점검 대상으로 식별된 전산팀 직원이 포함되어 전산팀 관리 영역에 대한 점검에 관여하고 있어, 점검의 독립성이 훼손된 경우 • 금년도 관리체계 점검을 실시하였으나, 점검범위가 일부 영역에 국한되어 있어 정보보호 및 개인정보보호 관리체계 범위를 충족하지 못한 경우 • 관리체계 점검팀이 위험평가 또는 취약점 점검 등 관리체계 구축 과정에 참여한 내부 직원 및 외부 컨설턴트로만 구성되어, 점검의 독립성이 확보되었다고 볼 수 없는 경우

항목	1.4.3 관리체계 개선
인증기준	법적 요구사항 준수 검토 및 관리체계 점검을 통해 식별된 관리체계상의 문제점에 대한 원인을 분석하고 재발 방지 대책을 수립·이행하여야 하며, 경영진은 개선 결과의 정확성과 효과성 여부를 확인하여야 한다.
주요 확인사항	1) 법적 요구사항 준수 검토 및 관리체계 점검을 통해 식별된 관리체계상의 문제점에 대한 근본 원인을 분석하여 재발 방지 및 개선 대책을 수립·이행하고 있는가? 2) 재발 방지 및 개선 결과의 정확성 및 효과성 여부를 확인하기 위한 기준과 절차를 마련하고 있는가?
결함사례	• 내부점검을 통하여 발견된 정보보호 및 개인정보보호 관리체계 운영상 문제점이 매번 동일하게 반복되어 발생되는 경우 • 내부 규정에는 내부점검 시 발견된 문제점에 대해서는 근본원인에 대한 분석 및 재발 방지 대책을 수립하도록 되어 있으나, 최근에 수행된 내부점검에서는 발견된 문제점에 대하여 근본원인 분석 및 재발 방지 대책이 수립되지 않은 경우 • 관리체계상 문제점에 대한 재발 방지 대책을 수립하고 핵심성과지표를 마련하여 주기적으로 측정하고 있으나, 그 결과에 대하여 경영진 보고가 장기간 이루어지지 않은 경우 • 관리체계 점검 시 발견된 문제점에 대하여 조치계획을 수립하지 않았거나 조치 완료 여부를 확인하지 않은 경우

2) 보호대책 요구사항

항목	2.1.1 정책의 유지관리
인증기준	정보보호 및 개인정보보호 관련 정책과 시행문서는 법령 및 규제, 상위 조직 및 관련 기관 정책과의 연계성, 조직의 대내외 환경변화 등에 따라 주기적으로 검토하여 필요한 경우 제·개정하고 그 내역을 이력관리하여야 한다.
주요 확인사항	1) 정보보호 및 개인정보보호 관련 정책 및 시행문서에 대한 정기적인 타당성 검토 절차를 수립·이행하고 있는가? 2) 조직의 대내외 환경에 중대한 변화 발생 시 정보보호 및 개인정보보호 관련 정책 및 시행문서에 미치는 영향을 검토하고 필요시 제·개정하고 있는가? 3) 정보보호 및 개인정보보호 관련 정책 및 시행문서의 제·개정 시 이해 관계자의 검토를 받고 있는가? 4) 정보보호 및 개인정보보호 관련 정책 및 시행문서의 제·개정 내역에 대하여 이력 관리를 하고 있는가?
결함사례	• 지침서와 절차서 간 패스워드 설정 규칙에 일관성이 없는 경우 • 정보보호 활동(정보보호 교육, 암호화, 백업 등)의 대상, 주기, 수준, 방법 등이 관련 내부 규정, 지침, 절차에 서로 다르게 명시되어 일관성이 없는 경우 • 데이터베이스에 대한 접근 및 작업이력을 효과적으로 기록 및 관리하기 위하여 데이터베이스 접근통제 솔루션을 신규로 도입하여 운영하고 있으나, 보안시스템 보안 관리지침 및 데이터베이스 보안 관리지침 등 내부 보안지침에 접근통제, 작업이력, 로깅, 검토 등에 관한 사항이 반영되어 있지 않은 경우 • 개인정보보호 정책이 개정되었으나 정책 시행 기준일이 명시되어 있지 않으며, 관련 정책의 작성일, 작성자 및 승인자 등이 누락되어 있는 경우 • 개인정보보호 관련 법령, 고시 등에 중대한 변경사항이 발생하였으나, 이러한 변경이 개인정보보호 정책 및 시행문서에 미치는 영향을 검토하지 않았거나 변경사항을 반영하여 개정하지 않은 경우

항목	2.1.2 조직의 유지관리
인증기준	조직의 각 구성원에게 정보보호와 개인정보보호 관련 역할 및 책임을 할당하고, 그 활동을 평가할 수 있는 체계와 조직 및 조직의 구성원 간 상호 의사소통할 수 있는 체계를 수립하여 운영하여야 한다.
주요 확인사항	1) 정보보호 및 개인정보보호 관련 책임자와 담당자의 역할 및 책임을 명확히 정의하고 있는가? 2) 정보보호 및 개인정보보호 관련 책임자와 담당자의 활동을 평가할 수 있는 체계를 수립하고 있는가? 3) 정보보호 및 개인정보보호 관련 조직 및 조직의 구성원 간 상호 의사소통할 수 있는 체계 및 절차를 수립·이행하고 있는가?
결함사례	• 내부 지침 및 직무기술서에 정보보호 최고책임자, 개인정보보호책임자 및 관련 담당자의 역할과 책임을 정의하고 있으나, 실제 운영현황과 일치하지 않는 경우 • 정보보호 최고책임자 및 관련 담당자의 활동을 주기적으로 평가할 수 있는 목표, 기준, 지표 등의 체계가 마련되어 있지 않은 경우 • 내부 지침에는 부서별 정보보호 담당자는 정보보호와 관련된 KPI를 설정하여 인사평가 시 반영하도록 되어 있으나, 부서별 정보보호 담당자의 KPI에 정보보호와 관련된 사항이 전혀 반영되어 있지 않은 경우 • 정보보호 최고책임자 및 개인정보보호책임자가 지정되어 있으나, 관련 법령에서 요구하는 역할 및 책임이 내부 지침이나 직무기술서 등에 구체적으로 명시되어 있지 않은 경우

항목	2.1.3 정보자산 관리
인증기준	정보자산의 용도와 중요도에 따른 취급 절차 및 보호대책을 수립·이행하고, 자산별 책임소재를 명확히 정의하여 관리하여야 한다.
주요 확인사항	1) 정보자산의 보안등급에 따른 취급절차(생성·도입, 저장, 이용, 파기) 및 보호대책을 정의하고 이행하고 있는가? 2) 식별된 정보자산에 대하여 책임자 및 관리자를 지정하고 있는가?
결함사례	• 내부 지침에 따라 문서에 보안등급을 표기하도록 되어 있으나, 이를 표시하지 않은 경우 • 정보자산별 담당자 및 책임자를 식별하지 않았거나, 자산목록 현행화가 미흡하여 퇴직, 전보 등 인사이동이 발생하여 주요 정보자산의 담당자 및 책임자가 변경되었음에도 이를 식별하지 않은 경우 • 식별된 정보자산에 대한 중요도 평가를 실시하여 보안등급을 부여하고 정보자산목록에 기록하고 있으나, 보안등급에 따른 취급절차를 정의하지 않은 경우

항목	2.2.1 주요 직무자 지정 및 관리
인증기준	개인정보 및 중요정보의 취급이나 주요 시스템 접근 등 주요 직무의 기준과 관리방안을 수립하고, 주요 직무자를 최소한으로 지정하여 그 목록을 최신으로 관리하여야 한다.
주요 확인사항	1) 개인정보 및 중요정보의 취급, 주요 시스템 접근 등 주요 직무의 기준을 명확히 정의하고 있는가? 2) 주요 직무를 수행하는 임직원 및 외부자를 주요 직무자로 지정하고 그 목록을 최신으로 관리하고 있는가? 3) 업무상 개인정보를 취급하는 자를 개인정보취급자로 지정하고 목록을 관리하고 있는가? 4) 업무 필요성에 따라 주요 직무자 및 개인정보취급자 지정을 최소화하는 등 관리방안을 수립·이행하고 있는가?
결함사례	• 주요 직무자 명단(개인정보취급자 명단, 비밀정보관리자 명단 등)을 작성하고 있으나, 대량의 개인정보 등 중요정보를 취급하는 일부 임직원(DBA, DLP 관리자 등)을 명단에 누락한 경우 • 주요 직무자 및 개인정보취급자 목록을 관리하고 있으나, 퇴사한 임직원이 포함되어 있고 최근 신규 입사한 인력이 포함되어 있지 않는 등 현행화 관리가 되어 있지 않은 경우 • 부서 단위로 개인정보취급자 권한을 일괄 부여하고 있어 실제 개인정보를 취급할 필요가 없는 인원까지 과다하게 개인정보취급자로 지정된 경우 • 내부 지침에는 주요 직무자 권한 부여 시에는 보안팀의 승인을 받고 주요 직무에 따른 보안 서약서를 작성하도록 하고 있으나, 보안팀 승인 및 보안서약서 작성 없이 등록된 주요 직무자가 다수 존재하는 경우

항목	2.2.2 직무 분리
인증기준	권한 오·남용 등으로 인한 잠재적인 피해 예방을 위하여 직무 분리 기준을 수립하고 적용하여야 한다. 다만 불가피하게 직무 분리가 어려운 경우 별도의 보완대책을 마련하여 이행하여야 한다.
주요 확인사항	1) 권한 오·남용 등으로 인한 잠재적인 피해 예방을 위하여 직무 분리 기준을 수립하여 적용하고 있는가? 2) 직무분리가 어려운 경우 직무자 간 상호 검토, 상위관리자 정기 모니터링 및 변경사항 승인, 책임추적성 확보 방안 등의 보완통제를 마련하고 있는가?
결함사례	• 조직의 규모와 인원이 담당자별 직무 분리가 충분히 가능한 조직임에도 업무 편의성만을 사유로 내부 규정으로 정한 직무 분리 기준을 준수하고 있지 않은 경우 • 조직의 특성상 경영진의 승인을 받은 후 개발과 운영 직무를 병행하고 있으나, 직무자 간 상호 검토, 상위관리자의 주기적인 직무수행 모니터링 및 변경 사항 검토·승인, 직무자의 책임 추적성 확보 등의 보완통제 절차가 마련되어 있지 않은 경우

항목	2.2.3 보안 서약
인증기준	정보자산을 취급하거나 접근권한이 부여된 임직원·임시직원·외부자 등이 내부 정책 및 관련 법규, 비밀유지 의무 등 준수사항을 명확히 인지할 수 있도록 업무 특성에 따른 정보보호 서약을 받아야 한다.
주요 확인사항	1) 신규 인력 채용 시 정보보호 및 개인정보보호 책임이 명시된 정보보호 및 개인정보보호 서약서를 받고 있는가? 2) 임시직원, 외주용역직원 등 외부자에게 정보자산에 대한 접근권한을 부여할 경우 정보보호 및 개인정보보호에 대한 책임, 비밀유지 의무 등이 명시된 서약서를 받고 있는가? 3) 임직원 퇴직 시 별도의 비밀유지에 관련한 서약서를 받고 있는가? 4) 정보보호, 개인정보보호 및 비밀유지 서약서는 안전하게 보관하고 필요시 쉽게 찾아볼 수 있도록 관리하고 있는가?
결함사례	• 신규 입사자에 대해서는 입사 절차상에 보안서약서를 받도록 규정하고 있으나, 최근에 입사한 일부 직원의 보안서약서 작성이 누락된 경우 • 임직원에 대해서는 보안서약서를 받고 있으나, 정보처리시스템에 직접 접속이 가능한 외주 인력에 대해서는 보안서약서를 받지 않은 경우 • 제출된 정보보호 및 개인정보보호 서약서를 모아 놓은 문서철이 비인가자가 접근 가능한 상태로 사무실 책상에 방치되어 있는 등 관리가 미흡한 경우 • 개인정보취급자에 대하여 보안서약서만 받고 있으나, 보안서약서 내에 비밀유지에 대한 내용만 있고 개인정보보호에 관한 책임 및 내용이 포함되어 있지 않은 경우

항목	2.2.4 인식제고 및 교육훈련
인증기준	임직원 및 관련 외부자가 조직의 관리체계와 정책을 이해하고 직무별 전문성을 확보할 수 있도록 연간 인식제고 활동 및 교육훈련 계획을 수립·운영하고, 그 결과에 따른 효과성을 평가하여 다음 계획에 반영하여야 한다.
주요 확인사항	1) 정보보호 및 개인정보보호 교육의 시기, 기간, 대상, 내용, 방법 등의 내용이 포함된 연간 교육 계획을 수립하고 경영진의 승인을 받고 있는가? 2) 관리체계 범위 내 모든 임직원과 외부자를 대상으로 연간 교육계획에 따라 연 1회 이상 정기적으로 교육을 수행하고, 관련 법규 및 규정의 중대한 변경 시 이에 대한 추가교육을 수행하고 있는가? 3) 임직원 채용 및 외부자 신규 계약 시, 업무 시작 전에 정보보호 및 개인정보보호 교육을 시행하고 있는가? 4) IT 및 정보보호, 개인정보보호 조직 내 임직원은 정보보호 및 개인정보보호와 관련하여 직무별 전문성 제고를 위한 별도의 교육을 받고 있는가? 5) 교육시행에 대한 기록을 남기고 교육 효과와 적정성을 평가하여 다음 교육 계획에 반영하고 있는가?
결함사례	• 전년도에는 연간 정보보호 및 개인정보보호 교육 계획을 수립하여 이행하였으나, 당해 연도에 타당한 사유 없이 연간 정보보호 및 개인정보보호 교육 계획을 수립하지 않은 경우 • 연간 정보보호 및 개인정보보호 교육 계획에 교육 주기와 대상은 명시하고 있으나, 시행 일정, 내용 및 방법 등의 내용이 포함되어 있지 않은 경우 • 연간 정보보호 및 개인정보보호 교육 계획에 전 직원을 대상으로 하는 개인정보보호 인식 교육은 일정시간 계획되어 있으나, 개인정보보호책임자 및 개인정보담당자 등 직무별로 필요한 개인정보보호 관련 교육 계획이 포함되어 있지 않은 경우 • 정보보호 및 개인정보보호 교육 계획서 및 결과 보고서를 확인한 결과, 인증범위 내의 정보자산 및 설비에 접근하는 외주용역업체 직원(전산실 출입 청소원, 경비원, 외주개발자 등)을 교육 대상에서 누락한 경우 • 당해 연도 정보보호 및 개인정보보호 교육을 실시하였으나, 교육시행 및 평가에 관한 기록(교육 자료, 출석부, 평가 설문지, 결과보고서 등) 일부를 남기지 않고 있는 경우 • 정보보호 및 개인정보보호 교육 미이수자를 파악하지 않고 있거나, 해당 미이수자에 대한 추가교육 방법(전달교육, 추가교육, 온라인교육 등)을 수립·이행하고 있지 않은 경우

항목	2.2.5 퇴직 및 직무변경 관리
인증기준	퇴직 및 직무변경 시 인사·정보보호·개인정보보호·IT 등 관련 부서별 이행하여야 할 자산반납, 계정 및 접근권한 회수·조정, 결과확인 등의 절차를 수립·관리하여야 한다.
주요 확인사항	1) 퇴직, 직무변경, 부서이동, 휴직 등으로 인한 인사변경 내용이 인사부서, 정보보호 및 개인정보보호 부서, 정보시스템 및 개인정보처리시스템 운영부서 간에 공유되고 있는가? 2) 조직 내 인력(임직원, 임시직원, 외주용역직원 등)의 퇴직 또는 직무변경 시 지체 없는 정보자산 반납, 접근권한 회수·조정, 결과 확인 등의 절차를 수립·이행하고 있는가?
결함사례	• 직무 변동에 따라 개인정보취급자에서 제외된 인력의 계정과 권한이 개인정보처리시스템에 그대로 남아 있는 경우 • 최근에 퇴직한 주요직무자 및 개인정보취급자에 대하여 자산반납, 권한 회수 등의 퇴직절차 이행 기록이 확인되지 않은 경우 • 임직원 퇴직 시 자산반납 관리는 잘 이행하고 있으나, 인사규정에서 정한 퇴직자 보안점검 및 퇴직확인서를 작성하지 않은 경우 • 개인정보취급자 퇴직 시 개인정보처리시스템의 접근 권한은 지체 없이 회수되었지만, 출입통제 시스템 및 VPN 등 일부 시스템의 접근 권한이 회수되지 않은 경우

항목	2.2.6 보안 위반 시 조치
인증기준	임직원 및 관련 외부자가 법령, 규제 및 내부정책을 위반한 경우 이에 따른 조치 절차를 수립·이행하여야 한다.
주요 확인사항	1) 임직원 및 관련 외부자가 법령과 규제 및 내부정책에 따른 정보보호 및 개인정보보호 책임과 의무를 위반한 경우에 대한 처벌 규정을 수립하고 있는가? 2) 정보보호 및 개인정보보호 위반 사항이 적발된 경우 내부 절차에 따른 조치를 수행하고 있는가?
결함사례	• 정보보호 및 개인정보보호 규정 위반자에 대한 처리 기준 및 절차가 내부 규정에 전혀 포함되어 있지 않은 경우 • 보안시스템(DLP, 데이터베이스 접근제어시스템, 내부정보유출통제시스템 등)을 통하여 정책 위반이 탐지된 관련자에게 경고 메시지를 전달하고 있으나, 이에 대한 소명 및 추가 조사, 징계 처분 등 내부 규정에 따른 후속 조치가 이행되고 있지 않은 경우

항목	2.3.1 외부자 현황 관리
인증기준	업무의 일부(개인정보취급, 정보보호, 정보시스템 운영 또는 개발 등)를 외부에 위탁하거나 외부의 시설 또는 서비스(집적정보통신시설, 클라우드 서비스, 애플리케이션 서비스 등)를 이용하는 경우 그 현황을 식별하고 법적 요구사항 및 외부 조직·서비스로부터 발생되는 위험을 파악하여 적절한 보호대책을 마련하여야 한다.
주요 확인사항	1) 관리체계 범위 내에서 발생하고 있는 업무 위탁 및 외부 시설·서비스의 이용 현황을 식별하고 있는가? 2) 업무 위탁 및 외부 시설·서비스의 이용에 따른 법적 요구사항과 위험을 파악하고 적절한 보호대책을 마련하였는가?
결함사례	• 내부 규정에 따라 외부 위탁 및 외부 시설·서비스 현황을 목록으로 관리하고 있으나, 몇 개월 전에 변경된 위탁업체가 목록에 반영되어 있지 않은 등 현행화 관리가 미흡한 경우 • 관리체계 범위 내 일부 개인정보처리시스템을 외부 클라우드 서비스로 이전하였으나, 이에 대한 식별 및 위험평가가 수행되지 않은 경우

항목	2.3.2 외부자 계약 시 보안
인증기준	외부 서비스를 이용하거나 외부자에게 업무를 위탁하는 경우 이에 따른 정보보호 및 개인정보보호 요구사항을 식별하고, 관련 내용을 계약서 또는 협정서 등에 명시하여야 한다.
주요 확인사항	1) 중요정보 및 개인정보 처리와 관련된 외부 서비스 및 위탁 업체를 선정하는 경우 정보보호 및 개인정보보호 역량을 고려하도록 절차를 마련하고 있는가? 2) 외부 서비스 이용 및 업무 위탁에 따른 정보보호 및 개인정보보호 요구사항을 식별하고 이를 계약서 또는 협정서에 명시하고 있는가? 3) 정보시스템 및 개인정보처리시스템 개발을 위탁하는 경우 개발 시 준수해야 할 정보보호 및 개인정보보호 요구사항을 계약서에 명시하고 있는가?
결함사례	• IT 운영, 개발 및 개인정보 처리업무를 위탁하는 외주용역업체에 대한 위탁계약서가 존재하지 않는 경우 • 개인정보 처리업무를 위탁하는 외부업체와의 위탁계약서상에 개인정보보호법 등 법령에서 요구하는 일부 항목(관리·감독에 관한 사항 등)이 포함되어 있지 않은 경우 • 인프라 운영과 개인정보 처리업무 일부를 외부업체에 위탁하고 있으나, 계약서 등에는 위탁업무의 특성에 따른 보안 요구사항을 식별·반영하지 않고 비밀유지 및 손해배상에 관한 일반 사항만 규정하고 있는 경우

항목	2.3.3 외부자 보안 이행 관리
인증기준	계약서, 협정서, 내부정책에 명시된 정보보호 및 개인정보보호 요구사항에 따라 외부자의 보호 대책 이행 여부를 주기적인 점검 또는 감사 등 관리·감독하여야 한다.
주요 확인사항	1) 외부자가 계약서, 협정서, 내부정책에 명시된 정보보호 및 개인정보보호 요구사항을 준수하고 있는지 주기적으로 점검 또는 감사를 수행하고 있는가? 2) 외부자에 대한 점검 또는 감사 시 발견된 문제점에 대하여 개선계획을 수립·이행하고 있는가? 3) 개인정보 처리업무를 위탁받은 수탁자가 관련 업무를 제3자에게 재위탁하는 경우 위탁자의 승인을 받도록 하고 있는가?
결함사례	• 회사 내에 상주하여 IT 개발 및 운영 업무를 수행하는 외주업체에 대해서는 정기적으로 보안 점검을 수행하고 있지 않은 경우 • 개인정보 수탁자에 대하여 보안교육을 실시하라는 공문을 발송하고 있으나, 교육 수행 여부를 확인하고 있지 않은 경우 • 수탁자가 자체적으로 보안점검을 수행한 후 그 결과를 통지하도록 하고 있으나, 수탁자가 보안 점검을 충실히 수행하고 있는지 여부에 대하여 확인하는 절차가 존재하지 않아 보안 점검 결과의 신뢰성이 매우 떨어지는 경우 • 개인정보 처리업무 수탁자 중 일부가 위탁자의 동의 없이 해당 업무를 제3자에게 재위탁한 경우 • 영리 목적의 광고성 정보전송 업무를 타인에게 위탁하면서 수탁자에 대한 관리·감독을 수행하지 않고 있는 경우

항목	2.3.4 외부자 계약 변경 및 만료 시 보안
인증기준	외부자 계약만료, 업무종료, 담당자 변경 시에는 제공한 정보자산 반납, 정보시스템 접근계정 삭제, 중요정보 파기, 업무 수행 중 취득정보의 비밀유지 확약서 징구 등의 보호대책을 이행하여야 한다.
주요 확인사항	1) 외부자 계약만료, 업무 종료, 담당자 변경 시 공식적인 절차에 따른 정보자산 반납, 정보시스템 접근계정 삭제, 비밀유지 확약서 징구 등이 이루어질 수 있도록 보안대책을 수립·이행하고 있는가? 2) 외부자 계약 만료 시 위탁 업무와 관련하여 외부자가 중요정보 및 개인정보를 보유하고 있는지 확인하고 이를 회수·파기할 수 있도록 절차를 수립·이행하고 있는가?
결함사례	• 일부 정보시스템에서 계약 만료된 외부자의 계정 및 권한이 삭제되지 않고 존재하는 경우 • 외주용역사업 수행과정에서 일부 용역업체 담당자가 교체되거나 계약 만료로 퇴직하였으나, 관련 인력들에 대한 퇴사 시 보안서약 등 내부 규정에 따른 조치가 이행되지 않은 경우 • 개인정보 처리를 위탁한 업체와 계약 종료 이후 보유하고 있는 개인정보를 파기하였는지 여부를 확인·점검하지 않은 경우

항목	2.4.1 보호구역 지정
인증기준	물리적·환경적 위협으로부터 개인정보 및 중요정보, 문서, 저장매체, 주요 설비 및 시스템 등을 보호하기 위하여 통제구역·제한구역·접견구역 등 물리적 보호구역을 지정하고 각 구역별 보호대책을 수립·이행하여야 한다.
주요 확인사항	1) 물리적, 환경적 위협으로부터 개인정보 및 중요정보, 문서, 저장매체, 주요 설비 및 시스템 등을 보호하기 위하여 통제구역, 제한구역, 접견구역 등 물리적 보호구역 지정기준을 마련하고 있는가? 2) 물리적 보호구역 지정기준에 따라 보호구역을 지정하고 구역별 보호대책을 수립·이행하고 있는가?
결함사례	• 내부 물리보안 지침에는 개인정보 보관시설 및 시스템 구역을 통제구역으로 지정한다고 명시되어 있으나, 멤버십 가입신청 서류가 보관되어 있는 문서고 등 일부 대상 구역이 통제구역에서 누락된 경우 • 내부 물리보안 지침에 통제구역에 대해서는 지정된 양식의 통제구역 표지판을 설치하도록 명시하고 있으나, 일부 통제구역에 표시판을 설치하지 않은 경우

항목	2.4.2 출입통제
인증기준	보호구역은 인가된 사람만이 출입하도록 통제하고 책임추적성을 확보할 수 있도록 출입 및 접근 이력을 주기적으로 검토하여야 한다.
주요 확인사항	1) 보호구역은 출입절차에 따라 출입이 허가된 자만 출입하도록 통제하고 있는가? 2) 각 보호구역에 대한 내·외부자 출입기록을 일정기간 보존하고 출입기록 및 출입권한을 주기적으로 검토하고 있는가?
결함사례	• 통제구역을 정의하여 보호대책을 수립하고 출입 가능한 임직원을 관리하고 있으나, 출입기록을 주기적으로 검토하지 않아 퇴직, 전배 등에 따른 장기 미출입자가 다수 존재하고 있는 경우 • 전산실, 문서고 등 통제구역에 출입통제 장치가 설치되어 있으나, 타당한 사유 또는 승인 없이 장시간 개방 상태로 유지하고 있는 경우 • 일부 외부 협력업체 직원에게 과도하게 전 구역을 상시 출입할 수 있는 출입카드를 부여하고 있는 경우

항목	2.4.3 정보시스템 보호
인증기준	정보시스템은 환경적 위협과 유해요소, 비인가 접근 가능성을 감소시킬 수 있도록 중요도와 특성을 고려하여 배치하고, 통신 및 전력 케이블이 손상을 입지 않도록 보호하여야 한다.
주요 확인사항	1) 정보시스템의 중요도, 용도, 특성 등을 고려하여 배치 장소를 분리하고 있는가? 2) 정보시스템의 실제 물리적 위치를 손쉽게 확인할 수 있는 방안을 마련하고 있는가? 3) 전력 및 통신케이블을 외부로부터의 물리적 손상 및 전기적 영향으로부터 안전하게 보호하고 있는가?
결함사례	• 시스템 배치도가 최신 변경사항을 반영하여 업데이트되지 않아 장애가 발생된 정보시스템을 신속하게 확인할 수 없는 경우 • 서버실 바닥 또는 랙에 많은 케이블이 정리되지 않고 뒤엉켜 있어 전기적으로 간섭, 손상, 누수, 부주의 등에 의한 장애 발생이 우려되는 경우

항목	2.4.4 보호설비 운영
인증기준	보호구역에 위치한 정보시스템의 중요도 및 특성에 따라 온도·습도 조절, 화재감지, 소화설비, 누수감지, UPS, 비상발전기, 이중전원선 등의 보호설비를 갖추고 운영절차를 수립·운영하여야 한다.
주요 확인사항	1) 각 보호구역의 중요도 및 특성에 따라 화재, 수해, 전력 이상 등 인재 및 자연재해 등에 대비하여 필요한 설비를 갖추고 운영절차를 수립하여 운영하고 있는가? 2) 외부 집적정보통신시설(IDC)에 위탁 운영하는 경우 물리적 보호에 필요한 요구사항을 계약서에 반영하고 운영상태를 주기적으로 검토하고 있는가?
결함사례	• 본사 전산실 등 일부 보호구역에 내부 지침에 정한 보호설비를 갖추고 있지 않은 경우 • 전산실 내에 UPS, 소화설비 등의 보호설비는 갖추고 있으나, 관련 설비에 대한 운영 및 점검 기준을 수립하고 있지 않은 경우 • 운영지침에 따라 전산실 내에 온·습도 조절기를 설치하였으나, 용량 부족으로 인하여 표준 온·습도를 유지하지 못하여 장애발생 가능성이 높은 경우

항목	2.4.5 보호구역 내 작업
인증기준	보호구역 내에서의 비인가행위 및 권한 오·남용 등을 방지하기 위한 작업 절차를 수립·이행하고, 작업 기록을 주기적으로 검토하여야 한다.
주요 확인사항	1) 정보시스템 도입, 유지보수 등으로 보호구역 내 작업이 필요한 경우에 대한 공식적인 작업 신청 및 수행 절차를 수립·이행하고 있는가? 2) 보호구역 내 작업이 통제 절차에 따라 적절히 수행되었는지 여부를 확인하기 위하여 작업 기록을 주기적으로 검토하고 있는가?
결함사례	• 전산실 출입로그에는 외부 유지보수 업체 직원의 출입기록이 남아 있으나, 이에 대한 보호구역 작업 신청 및 승인 내역이 존재하지 않은 경우(내부 규정에 따른 보호구역 작업 신청 없이 보호구역 출입 및 작업이 이루어지고 있는 경우) • 내부 규정에는 보호구역 내 작업 기록에 대하여 분기별 1회 이상 점검하도록 되어 있으나, 특별한 사유 없이 장기간 동안 보호구역 내 작업 기록에 대한 점검이 이루어지고 있지 않은 경우

항목	2.4.6 반출입 기기 통제
인증기준	보호구역 내 정보시스템, 모바일 기기, 저장매체 등에 대한 반출입 통제절차를 수립·이행하고 주기적으로 검토하여야 한다.
주요 확인사항	1) 정보시스템, 모바일기기, 저장매체 등을 보호구역에 반입하거나 반출하는 경우 정보유출, 악성코드 감염 등 보안사고 예방을 위한 통제 절차를 수립·이행하고 있는가? 2) 반출입 통제절차에 따른 기록을 유지·관리하고, 절차 준수 여부를 확인할 수 있도록 반출입 이력을 주기적으로 점검하고 있는가?
결함사례	• 이동컴퓨팅기기 반출입에 대한 통제 절차를 수립하고 있으나, 통제구역 내 이동컴퓨팅기기 반입에 대한 통제를 하고 있지 않아 출입이 허용된 내·외부인이 이동컴퓨팅기기를 제약 없이 사용하고 있는 경우 • 내부 지침에 따라 전산장비 반출입이 있는 경우 작업계획서에 반출입 내용을 기재하고 관리 책임자의 서명을 받도록 되어 있으나, 작업계획서의 반출입 기록에 관리책임자의 서명이 다수 누락되어 있는 경우

항목	2.4.7 업무환경 보안
인증기준	공용으로 사용하는 사무용 기기(문서고, 공용 PC, 복합기, 파일서버 등) 및 개인 업무환경(업무용 PC, 책상 등)을 통해 개인정보 및 중요정보가 비인가자에게 노출 또는 유출되지 않도록 클린데스크, 정기점검 등 업무환경 보호대책을 수립·이행하여야 한다.
주요 확인사항	1) 문서고, 공용 PC, 복합기, 파일서버 등 공용으로 사용하는 시설 및 사무용 기기에 대한 보호 대책을 수립·이행하고 있는가? 2) 업무용 PC, 책상, 서랍 등 개인업무 환경을 통한 개인정보 및 중요정보의 유·노출을 방지하기 위한 보호대책을 수립·이행하고 있는가? 3) 개인 및 공용업무 환경에서의 정보보호 준수 여부를 주기적으로 검토하고 있는가?
결함사례	• 개인정보 내부 관리계획서 내 개인정보보호를 위한 생활보안 점검(클린데스크 운영 등)을 정기적으로 수행하도록 명시하고 있으나, 이를 이행하지 않은 경우 • 멤버십 가입신청서 등 개인정보가 포함된 서류를 잠금장치가 없는 사무실 문서함에 보관한 경우 • 직원들의 컴퓨터 화면보호기 및 패스워드가 설정되어 있지 않고, 휴가자 책상 위에 중요문서가 장기간 방치되어 있는 경우 • 회의실 등 공용 사무 공간에 설치된 공용PC에 대한 보호대책이 수립되어 있지 않아 개인정보가 포함된 파일이 암호화되지 않은 채로 저장되어 있거나, 보안 업데이트 미적용, 백신 미설치 등 취약한 상태로 유지하고 있는 경우

항목	2.5.1 사용자 계정 관리
인증기준	정보시스템과 개인정보 및 중요정보에 대한 비인가 접근을 통제하고 업무 목적에 따른 접근권한을 최소한으로 부여할 수 있도록 사용자 등록·해지 및 접근권한 부여·변경·말소 절차를 수립·이행하고, 사용자 등록 및 권한부여 시 사용자에게 보안책임이 있음을 규정화하고 인식시켜야 한다.
주요 확인사항	1) 정보시스템과 개인정보 및 중요정보에 접근할 수 있는 사용자 계정 및 접근권한의 등록·변경·삭제에 관한 공식적인 절차를 수립·이행하고 있는가? 2) 정보시스템과 개인정보 및 중요정보에 접근할 수 있는 사용자 계정 및 접근권한 생성·등록·변경 시 직무별 접근권한 분류 체계에 따라 업무상 필요한 최소한의 권한만을 부여하고 있는가? 3) 사용자에게 계정 및 접근권한을 부여하는 경우 해당 계정에 대한 보안책임이 본인에게 있음을 명확히 인식시키고 있는가?
결함사례	• 사용자 및 개인정보취급자에 대한 계정·권한에 대한 사용자 등록, 해지 및 승인절차 없이 구두 요청, 이메일 등으로 처리하여 이에 대한 승인 및 처리 이력이 확인되지 않는 경우 • 개인정보취급자가 휴가, 출장, 공가 등에 따른 업무 백업을 사유로 공식적인 절차를 거치지 않고 개인정보취급자로 지정되지 않은 인원에게 개인정보취급자 계정을 알려주는 경우 • 정보시스템 또는 개인정보처리시스템 사용자에게 필요 이상의 과도한 권한을 부여하여 업무상 불필요한 정보 또는 개인정보에 접근이 가능한 경우

항목	2.5.2 사용자 식별
인증기준	사용자 계정은 사용자별로 유일하게 구분할 수 있도록 식별자를 할당하고 추측 가능한 식별자 사용을 제한하여야 하며, 동일한 식별자를 공유하여 사용하는 경우 그 사유와 타당성을 검토하여 책임자의 승인 및 책임추적성 확보 등 보완대책을 수립·이행하여야 한다.
주요 확인사항	1) 정보시스템 및 개인정보처리시스템에서 사용자 및 개인정보취급자를 유일하게 구분할 수 있는 식별자를 할당하고 추측 가능한 식별자의 사용을 제한하고 있는가? 2) 불가피한 사유로 동일한 식별자를 공유하여 사용하는 경우 그 사유와 타당성을 검토하고 보완대책을 마련하여 책임자의 승인을 받고 있는가?
결함사례	• 정보시스템(서버, 네트워크, 침입차단시스템, DBMS 등)의 계정 현황을 확인한 결과, 제조사에서 제공하는 기본 관리자 계정을 기술적으로 변경 가능함에도 불구하고 변경하지 않고 사용하고 있는 경우 • 개발자가 개인정보처리시스템 계정을 공용으로 사용하고 있으나, 타당성 검토 또는 책임자의 승인 등이 없이 사용하고 있는 경우 • 외부직원이 유지보수하고 있는 정보시스템의 운영계정을 별도의 승인 절차 없이 개인 계정처럼 사용하고 있는 경우

항목	2.5.3 사용자 인증
인증기준	정보시스템과 개인정보 및 중요정보에 대한 사용자의 접근은 안전한 인증절차와 필요에 따라 강화된 인증방식을 적용하여야 한다. 또한 로그인 횟수 제한, 불법 로그인 시도 경고 등 비인가자 접근 통제방안을 수립·이행하여야 한다.
주요 확인사항	1) 정보시스템 및 개인정보처리시스템에 대한 접근은 사용자 인증, 로그인 횟수 제한, 불법 로그인 시도 경고 등 안전한 사용자 인증 절차에 의해 통제하고 있는가? 2) 정보통신망을 통해 외부에서 개인정보처리시스템에 접속하려는 경우에는 법적 요구사항에 따라 안전한 인증수단 또는 안전한 접속수단을 적용하고 있는가?
결함사례	• 개인정보취급자가 공개된 외부 인터넷망을 통하여 이용자의 개인정보를 처리하는 개인정보 처리 시스템에 접근 시 안전한 인증수단을 적용하지 않고 ID·비밀번호 방식으로만 인증하고 있는 경우 • 정보시스템 및 개인정보처리시스템 로그인 실패 시 해당 ID가 존재하지 않거나 비밀번호가 틀림을 자세히 표시해 주고 있으며, 로그인 실패횟수에 대한 제한이 없는 경우

항목	2.5.4 비밀번호 관리
인증기준	법적 요구사항, 외부 위협요인 등을 고려하여 정보시스템 사용자 및 고객, 회원 등 정보주체(이용자)가 사용하는 비밀번호 관리절차를 수립·이행하여야 한다.
주요 확인사항	1) 정보시스템 및 개인정보처리시스템에 대한 안전한 사용자 비밀번호 관리절차 및 작성규칙을 수립·이행하고 있는가? 2) 정보주체(이용자)가 안전한 비밀번호를 이용할 수 있도록 비밀번호 작성 규칙을 수립·이행하고 있는가?
결함사례	• 정보보호 및 개인정보보호 관련 정책, 지침 등에서 비밀번호 생성규칙의 기준을 정하고 있으나, 일부 정보시스템 및 개인정보처리시스템에서 내부 지침과 상이한 비밀번호를 사용하고 있는 경우 • 비밀번호 관련 내부 규정에는 비밀번호를 초기화 시 임시 비밀번호를 부여받고 강제적으로 변경하도록 되어 있으나, 실제로는 임시 비밀번호를 그대로 사용하고 있는 경우 • 비밀번호 관련 내부 규정에는 사용자 및 개인정보취급자의 비밀번호 변경주기를 정하고 이행하도록 하고 있음에도 불구하고 변경하지 않고 그대로 사용하고 있는 경우

항목	2.5.5 특수 계정 및 권한 관리
인증기준	정보시스템 관리, 개인정보 및 중요정보 관리 등 특수 목적을 위하여 사용하는 계정 및 권한은 최소한으로 부여하고 별도로 식별하여 통제하여야 한다.
주요 확인사항	1) 관리자 권한 등 특수권한은 최소한의 인원에게만 부여될 수 있도록 공식적인 권한 신청 및 승인 절차를 수립·이행하고 있는가? 2) 특수 목적을 위해 부여한 계정 및 권한을 식별하고 별도의 목록으로 관리하는 등 통제절차를 수립·이행하고 있는가?
결함사례	• 정보시스템 및 개인정보처리시스템의 관리자 및 특수권한 부여 등의 승인 이력이 시스템이나 문서상으로 확인이 되지 않거나, 승인 이력과 특수권한 내역이 서로 일치되지 않는 경우 • 내부 규정에는 개인정보 관리자 및 특수권한 보유자를 목록으로 작성·관리하도록 되어 있으나 이를 작성·관리하고 있지 않거나, 보안시스템 관리자 등 일부 특수권한이 식별·관리되지 않는 경우 • 정보시스템 및 개인정보처리시스템의 유지보수를 위하여 분기 1회에 방문하는 유지보수용 특수 계정이 사용기간 제한없이 상시로 활성화되어 있는 경우 • 관리자 및 특수권한의 사용 여부를 정기적으로 검토하지 않아 일부 특수권한자의 업무가 변경되었음에도 불구하고 기존 관리자 및 특수권한을 계속 보유하고 있는 경우

항목	2.5.6 접근권한 검토
인증기준	정보시스템과 개인정보 및 중요정보에 접근하는 사용자 계정의 등록·이용·삭제 및 접근권한의 부여·변경·삭제 이력을 남기고 주기적으로 검토하여 적정성 여부를 점검하여야 한다.
주요 확인사항	1) 정보시스템과 개인정보 및 중요정보에 대한 사용자 계정 및 접근권한 생성·등록·부여·이용·변경·말소 등의 이력을 남기고 있는가? 2) 정보시스템과 개인정보 및 중요정보에 대한 사용자 계정 및 접근권한의 적정성 검토 기준, 검토주체, 검토방법, 주기 등을 수립하여 정기적 검토를 이행하고 있는가? 3) 접근권한 검토 결과 접근권한 과다 부여, 권한부여 절차 미준수, 권한 오남용 등 문제점이 발견된 경우 그에 따른 조치절차를 수립·이행하고 있는가?
결함사례	• 접근권한 검토와 관련된 방법, 점검주기, 보고체계, 오·남용 기준 등이 관련 지침에 구체적으로 정의되어 있지 않아 접근권한 검토가 정기적으로 수행되지 않은 경우 • 내부 정책, 지침 등에 장기 미사용자 계정에 대한 잠금(비활성화) 또는 삭제 조치하도록 되어 있으나, 6개월 이상 미접속한 사용자의 계정이 활성화되어 있는 경우(접근권한 검토가 충실히 수행되지 않아 해당 계정이 식별되지 않은 경우) • 접근권한 검토 시 접근권한의 과다 부여 및 오·남용 의심사례가 발견되었으나, 이에 대한 상세조사, 내부보고 등의 후속조치가 수행되지 않은 경우

항목	2.6.1 네트워크 접근
인증기준	네트워크에 대한 비인가 접근을 통제하기 위하여 IP관리, 단말인증 등 관리절차를 수립·이행하고, 업무목적 및 중요도에 따라 네트워크 분리(DMZ, 서버팜, DB존, 개발존 등)와 접근통제를 적용하여야 한다.
주요 확인사항	1) 조직의 네트워크에 접근할 수 있는 모든 경로를 식별하고 접근통제 정책에 따라 내부 네트워크는 인가된 사용자만이 접근할 수 있도록 통제하고 있는가? 2) 서비스, 사용자 그룹, 정보자산의 중요도, 법적 요구사항에 따라 네트워크 영역을 물리적 또는 논리적으로 분리하고 각 영역 간 접근통제를 적용하고 있는가? 3) 네트워크 대역별 IP주소 부여 기준을 마련하고 DB서버 등 외부 연결이 필요하지 않은 경우 사설 IP로 할당하는 등의 대책을 적용하고 있는가? 4) 물리적으로 떨어진 IDC, 지사, 대리점 등과의 네트워크 연결 시 전송구간 보호대책을 마련하고 있는가?
결함사례	• 네트워크 구성도와 인터뷰를 통하여 확인한 결과, 외부 지점에서 사용하는 정보시스템 및 개인정보 처리시스템과 IDC에 위치한 서버 간 연결 시 일반 인터넷 회선을 통하여 데이터 송수신을 처리하고 있어 내부 규정에 명시된 VPN이나 전용망 등을 이용한 통신이 이루어지고 있지 않은 경우 • 내부망에 위치한 데이터베이스 서버 등 일부 중요 서버의 IP주소가 내부 규정과 달리 공인 IP로 설정되어 있고, 네트워크 접근 차단이 적용되어 있지 않은 경우 • 서버팜이 구성되어 있으나, 네트워크 접근제어 설정 미흡으로 내부망에서 서버팜으로의 접근이 과도하게 허용되어 있는 경우 • 외부자(외부 개발자, 방문자 등)에게 제공되는 네트워크를 별도의 통제 없이 내부 업무 네트워크와 분리하지 않은 경우 • 내부 규정과는 달리 MAC주소 인증, 필수 보안 소프트웨어 설치 등의 보호대책을 적용하지 않은 상태로 네트워크 케이블 연결만으로 사내 네트워크에 접근 및 이용할 수 있는 경우

항목	2.6.2 정보시스템 접근
인증기준	서버, 네트워크시스템 등 정보시스템에 접근을 허용하는 사용자, 접근제한 방식, 안전한 접근 수단 등을 정의하여 통제하여야 한다.
주요 확인사항	1) 서버, 네트워크시스템, 보안시스템 등 정보시스템별 운영체제(OS)에 접근이 허용되는 사용자, 접근 가능 위치, 접근 수단 등을 정의하여 통제하고 있는가? 2) 정보시스템에 접속 후 일정시간 업무처리를 하지 않는 경우 자동으로 시스템 접속이 차단되도록 하고 있는가? 3) 정보시스템의 사용목적과 관계없는 서비스를 제거하고 있는가? 4) 주요 서비스를 제공하는 정보시스템은 독립된 서버로 운영하고 있는가?
결함사례	• 사무실에서 서버관리자가 IDC에 위치한 윈도우 서버에 접근 시 터미널 서비스를 이용하여 접근하고 있으나, 터미널 서비스에 대한 세션 타임아웃 설정이 되어 있지 않아 장시간 아무런 작업을 하지 않아도 해당 세션이 차단되지 않는 경우 • 서버 간 접속이 적절히 제한되지 않아 특정 사용자가 본인에게 인가된 서버에 접속한 후 해당 서버를 경유하여 다른 인가받지 않은 서버에도 접속할 수 있는 경우 • 타당한 사유 또는 보완 대책 없이 안전하지 않은 접속 프로토콜(telnet, ftp 등)을 사용하여 접근하고 있으며, 불필요한 서비스 및 포트를 오픈하고 있는 경우 • 모든 서버로의 접근은 서버접근제어 시스템을 통하도록 접근통제 정책을 가져가고 있으나, 서버접근제어 시스템을 통하지 않고 서버에 접근할 수 있는 우회 경로가 존재하는 경우

항목	2.6.3 응용프로그램 접근
인증기준	사용자별 업무 및 접근 정보의 중요도 등에 따라 응용프로그램 접근권한을 제한하고, 불필요한 정보 또는 중요정보 노출을 최소화할 수 있도록 기준을 수립하여 적용하여야 한다.
주요 확인사항	1) 중요정보 접근을 통제하기 위하여 사용자의 업무에 따라 응용프로그램 접근권한을 차등 부여하고 있는가? 2) 중요정보의 불필요한 노출(조회, 화면표시, 인쇄, 다운로드 등)을 최소화할 수 있도록 응용프로그램을 구현하여 운영하고 있는가? 3) 일정 시간 동안 입력이 없는 세션은 자동 차단하고, 동일 사용자의 동시 세션 수를 제한하고 있는가? 4) 관리자 전용 응용프로그램(관리자 웹페이지, 관리콘솔 등)은 비인가자가 접근할 수 없도록 접근을 통제하고 있는가?
결함사례	• 응용프로그램의 개인정보 처리화면 중 일부 화면의 권한 제어 기능에 오류가 존재하여 개인정보 열람 권한이 없는 사용자에게도 개인정보가 노출되고 있는 경우 • 응용프로그램의 관리자 페이지가 외부인터넷에 오픈되어 있으면서 안전한 인증수단이 적용되어 있지 않은 경우 • 응용프로그램에 대하여 타당한 사유 없이 세션 타임아웃 또는 동일 사용자 계정의 동시 접속을 제한하고 있지 않은 경우 • 응용프로그램을 통하여 개인정보를 다운로드받는 경우 해당 파일 내에 주민등록번호 등 업무상 불필요한 정보가 과도하게 포함되어 있는 경우 • 응용프로그램의 개인정보 조회화면에서 like 검색을 과도하게 허용하고 있어, 모든 사용자가 본인의 업무 범위를 초과하여 성씨만으로도 전체 고객 정보를 조회할 수 있는 경우 • 개인정보 표시제한 조치 기준이 마련되어 있지 않거나 이를 준수하지 않는 등의 사유로 동일한 개인정보 항목에 대하여 개인정보처리시스템 화면별로 서로 다른 마스킹 기준이 적용된 경우 • 개인정보처리시스템의 화면상에는 개인정보가 마스킹되어 표시되어 있으나, 웹브라우저 소스보기를 통하여 마스킹되지 않은 전체 개인정보가 노출되는 경우

항목	2.6.4 데이터베이스 접근
인증기준	테이블 목록 등 데이터베이스 내에서 저장·관리되고 있는 정보를 식별하고, 정보의 중요도와 응용프로그램 및 사용자 유형 등에 따른 접근통제 정책을 수립·이행하여야 한다.
주요 확인사항	1) 데이터베이스의 테이블 목록 등 저장·관리되고 있는 정보를 식별하고 있는가? 2) 데이터베이스 내 정보에 접근이 필요한 응용프로그램, 정보시스템(서버) 및 사용자를 명확히 식별하고 접근통제 정책에 따라 통제하고 있는가?
결함사례	• 대량의 개인정보를 보관·처리하고 있는 데이터베이스를 인터넷을 통하여 접근 가능한 웹 응용프로그램과 분리하지 않고 물리적으로 동일한 서버에서 운영하고 있는 경우 • 개발자 및 운영자들이 응응 프로그램에서 사용하고 있는 계정을 공유하여 운영 데이터베이스에 접속하고 있는 경우 • 내부 규정에는 데이터베이스의 접속권한을 오브젝트별로 제한하도록 되어 있으나, 데이터베이스 접근권한을 운영자에게 일괄 부여하고 있어 개인정보 테이블에 접근할 필요가 없는 운영자에게도 과도하게 접근 권한이 부여된 경우 • 데이터베이스 접근제어 솔루션을 도입하여 운영하고 있으나, 데이터베이스 접속자에 대한 IP주소 등이 적절히 제한되어 있지 않아 데이터베이스 접근제어 솔루션을 우회하여 데이터베이스에 접속하고 있는 경우 • 개인정보를 저장하고 있는 데이터베이스의 테이블 현황이 파악되지 않아, 임시로 생성된 테이블에 불필요한 개인정보가 파기되지 않고 대량으로 저장되어 있는 경우

항목	2.6.5 무선 네트워크 접근
인증기준	무선 네트워크를 사용하는 경우 사용자 인증, 송수신 데이터 암호화, AP 통제 등 무선 네트워크 보호대책을 적용하여야 한다. 또한 AD Hoc 접속, 비인가 AP 사용 등 비인가 무선 네트워크 접속으로부터 보호대책을 수립·이행하여야 한다.
주요 확인사항	1) 무선네트워크를 업무적으로 사용하는 경우 무선 AP 및 네트워크 구간 보안을 위해 인증, 송수신 데이터 암호화 등 보호대책을 수립·이행하고 있는가? 2) 인가된 임직원만이 무선네트워크를 사용할 수 있도록 사용 신청 및 해지 절차를 수립·이행하고 있는가? 3) AD Hoc 접속 및 조직 내 허가 받지 않은 무선 AP 탐지·차단 등 비인가된 무선네트워크에 대한 보호대책을 수립·이행하고 있는가?
결함사례	• 외부인용 무선 네트워크와 내부 무선 네트워크 영역대가 동일하여 외부인도 무선네트워크를 통하여 별도의 통제 없이 내부 네트워크에 접근이 가능한 경우 • 무선 AP 설정 시 정보 송수신 암호화 기능을 설정하였으나, 안전하지 않은 방식으로 설정한 경우 • 업무 목적으로 내부망에 연결된 무선AP에 대하여 무선AP 관리자 비밀번호 노출(디폴트 비밀번호 사용), 접근제어 미적용 등 보안 설정이 미흡한 경우

항목	2.6.6 원격접근 통제
인증기준	보호구역 이외 장소에서의 정보시스템 관리 및 개인정보 처리는 원칙적으로 금지하고, 재택근무·장애대응·원격협업 등 불가피한 사유로 원격접근을 허용하는 경우 책임자 승인, 접근 단말 지정, 접근 허용범위 및 기간 설정, 강화된 인증, 구간 암호화, 접속단말 보안(백신, 패치 등) 등 보호대책을 수립·이행하여야 한다.
주요 확인사항	1) 인터넷과 같은 외부 네트워크를 통한 정보시스템 원격운영은 원칙적으로 금지하고 장애대응 등 부득이하게 허용하는 경우 보완대책을 마련하고 있는가? 2) 내부 네트워크를 통해서 원격으로 정보시스템을 운영하는 경우 특정 단말에 한해서만 접근을 허용하고 있는가? 3) 재택근무, 원격협업, 스마트워크 등과 같은 원격업무 수행 시 중요정보 유출, 해킹 등 침해사고 예방을 위한 보호대책을 수립·이행하고 있는가? 4) 개인정보처리시스템의 관리, 운영, 개발, 보안 등을 목적으로 원격으로 개인정보처리시스템에 직접 접속하는 단말기는 관리용 단말기로 지정하고 임의조작 및 목적 외 사용 금지 등 안전조치를 적용하고 있는가?
결함사례	• 내부 규정에는 시스템에 대한 원격 접근은 원칙적으로 금지하고 불가피한 경우 IP 기반의 접근통제를 통하여 승인된 사용자만 접근할 수 있도록 명시하고 있으나, 시스템에 대한 원격 데스크톱 연결, SSH 접속이 IP주소 등으로 제한되어 있지 않아 모든 PC에서 원격 접속이 가능한 경우 • 원격운영관리를 위하여 VPN을 구축하여 운영하고 있으나, VPN에 대한 사용 승인 또는 접속 기간 제한 없이 상시 허용하고 있는 경우 • 외부 근무자를 위하여 개인 스마트 기기에 업무용 모바일 앱을 설치하여 운영하고 있으나, 악성코드, 분실·도난 등에 의한 개인정보 유출을 방지하기 위한 적절한 보호대책(백신, 초기화, 암호화 등)을 적용하고 있지 않은 경우 • 외부 접속용 VPN에서 사용자별로 원격접근이 가능한 네트워크 구간 및 정보시스템을 제한하지 않아 원격접근 인증을 받은 사용자가 전체 내부망 및 정보시스템에 과도하게 접근이 가능한 경우

항목	2.6.7 인터넷 접속 통제
인증기준	인터넷을 통한 정보 유출, 악성코드 감염, 내부망 침투 등을 예방하기 위하여 주요 정보시스템, 주요 직무 수행 및 개인정보 취급 단말기 등에 대한 인터넷 접속 또는 서비스(P2P, 웹하드, 메신저 등)를 제한하는 등 인터넷 접속 통제 정책을 수립·이행하여야 한다.
주요 확인사항	1) 주요 직무 수행 및 개인정보 취급 단말기 등 업무용 PC의 인터넷 접속에 대한 통제정책을 수립·이행하고 있는가? 2) 주요 정보시스템(DB서버 등)에서 불필요한 외부 인터넷 접속을 통제하고 있는가? 3) 관련 법령에 따라 인터넷 망분리 의무가 부과된 경우 망분리 대상자를 식별하여 안전한 방식으로 망분리를 적용하고 있는가?
결함사례	• 개인정보보호법에 따라 인터넷망 차단 조치를 적용하였으나, 개인정보처리시스템의 접근권한 설정 가능자 등 일부 의무대상자에 대하여 인터넷망 차단 조치 적용이 누락된 경우 • 개인정보보호법에 따른 인터넷망 차단 조치 의무대상으로서 인터넷망 차단 조치를 적용하였으나, 다른 서버를 경유한 우회접속이 가능하여 인터넷망 차단 조치가 적용되지 않은 환경에서 개인정보처리시스템에 접속하여 개인정보의 다운로드, 파기 등이 가능한 경우 • DMZ 및 내부망에 위치한 일부 서버에서 불필요하게 인터넷으로의 직접 접속이 가능한 경우 • 인터넷 PC와 내부 업무용 PC를 물리적 망분리 방식으로 인터넷망 차단 조치를 적용하고 망 간 자료전송시스템을 구축·운영하고 있으나, 자료 전송에 대한 승인 절차가 부재하고 자료 전송 내역에 대한 주기적 검토가 이루어지고 있지 않은 경우 • 내부 규정에는 개인정보취급자가 P2P 및 웹하드 사이트 접속 시 책임자 승인을 거쳐 특정 기간 동안만 허용하도록 되어 있으나, 승인절차를 거치지 않고 예외 접속이 허용된 사례가 다수 존재하는 경우

항목	2.7.1 암호정책 적용
인증기준	개인정보 및 주요 정보보호를 위하여 법적 요구사항을 반영한 암호화 대상, 암호 강도, 암호 사용 정책을 수립하고 개인정보 및 주요정보의 저장·전송·전달 시 암호화를 적용하여야 한다.
주요 확인사항	1) 개인정보 및 주요 정보의 보호를 위하여 법적 요구사항을 반영한 암호화 대상, 암호강도, 암호사용 등이 포함된 암호정책을 수립하고 있는가? 2) 암호정책에 따라 개인정보 및 중요 정보의 저장, 전송, 전달 시 암호화를 수행하고 있는가?
결함사례	• 내부 정책·지침에 암호통제 관련 법적 요구사항을 고려한 암호화 대상, 암호 강도, 저장 및 전송 시 암호화 방법, 암호화 관련 담당자의 역할 및 책임 등에 관한 사항이 적절히 명시되지 않은 경우 • 암호정책을 수립하면서 해당 기업이 적용받는 법규를 잘못 적용하여 암호화 관련 법적 요구사항을 준수하지 못하고 있는 경우(예를 들어, 이용자의 계좌번호를 저장하면서 암호화 미적용) • 개인정보취급자 및 정보주체의 비밀번호에 대하여 일방향 암호화를 적용하였으나, 안전하지 않은 MD5 알고리즘을 사용한 경우 • 개인정보처리자가 관련 법규 및 내부 규정에 따라 인터넷 쇼핑몰에 대하여 보안서버를 적용하였으나, 회원정보 조회 및 변경, 비밀번호 찾기, 비밀번호 변경 등 이용자의 개인정보가 전송되는 일부 구간에 암호화 조치가 누락된 경우 • 정보시스템 접속용 비밀번호, 인증키 값 등이 시스템 설정파일 및 소스코드 내에 평문으로 저장되어 있는 경우

항목	2.7.2 암호키 관리
인증기준	암호키의 안전한 생성·이용·보관·배포·파기를 위한 관리 절차를 수립·이행하고, 필요시 복구방안을 마련하여야 한다.
주요 확인사항	1) 암호키 생성, 이용, 보관, 배포, 변경, 복구, 파기 등에 관한 절차를 수립·이행하고 있는가? 2) 암호키는 필요시 복구가 가능하도록 별도의 안전한 장소에 보관하고 암호키 사용에 관한 접근권한을 최소화하고 있는가?
결함사례	• 암호 정책 내에 암호키 관리와 관련된 절차, 방법 등이 명시되어 있지 않아 담당자별로 암호키 관리 수준 및 방법 상이 등 암호키 관리에 취약사항이 존재하는 경우 • 내부 규정에 중요 정보를 암호화할 경우 관련 책임자 승인 하에 암호화 키를 생성하고 암호키 관리대장을 작성하도록 정하고 있으나, 암호키 관리대장에 일부 암호키가 누락되어 있거나 현행화되어 있지 않은 경우 • 개발시스템에 적용되어 있는 암호키와 운영시스템에 적용된 암호키가 동일하여, 암호화된 실데이터가 개발시스템을 통해 쉽게 복호화가 가능한 경우

항목	2.8.1 보안 요구사항 정의
인증기준	정보시스템의 도입·개발·변경 시 정보보호 및 개인정보보호 관련 법적 요구사항, 최신 보안 취약점, 안전한 코딩방법 등 보안 요구사항을 정의하고 적용하여야 한다.
주요 확인사항	1) 정보시스템을 신규로 도입·개발 또는 변경하는 경우 정보보호 및 개인정보보호 측면의 타당성 검토 및 인수 절차를 수립·이행하고 있는가? 2) 정보시스템을 신규로 도입·개발 또는 변경하는 경우 법적 요구사항, 최신 취약점 등을 포함한 보안 요구사항을 명확히 정의하고 설계 단계에서부터 반영하고 있는가? 3) 정보시스템의 안전한 구현을 위한 코딩 표준을 수립하여 적용하고 있는가?
결함사례	• 정보시스템 인수 전 보안성 검증 기준 및 절차가 마련되어 있지 않은 경우 • 신규 시스템 도입 시 기존 운영환경에 대한 영향 및 보안성을 검토하도록 내부 규정을 마련하고 있으나, 최근 도입한 일부 정보시스템에 대하여 인수 시 보안요건에 대해 세부 기준 및 계획이 수립되지 않았으며, 이에 따라 인수 시 보안성검토가 수행되지 않은 경우 • 개발 관련 내부 지침에 개발과 관련된 주요 보안 요구사항(인증 및 암호화, 보안로그 등)이 정의되어 있지 않은 경우 • '개발표준정의서'에 사용자 패스워드를 안전하지 않은 암호화 알고리즘(MD5, SHA1)으로 사용하도록 되어 있어 관련 법적 요구사항을 적절히 반영하지 않는 경우

항목	2.8.2 보안 요구사항 검토 및 시험
인증기준	사전 정의된 보안 요구사항에 따라 정보시스템이 도입 또는 구현되었는지를 검토하기 위하여 법적 요구사항 준수, 최신 보안취약점 점검, 안전한 코딩 구현, 개인정보 영향평가 등의 검토 기준과 절차를 수립·이행하고, 발견된 문제점에 대한 개선조치를 수행하여야 한다.
주요 확인사항	1) 정보시스템의 도입, 개발, 변경 시 분석 및 설계 단계에서 정의한 보안 요구사항이 효과적으로 적용되었는지를 확인하기 위한 시험을 수행하고 있는가? 2) 정보시스템이 안전한 코딩 기준 등에 따라 안전하게 개발되었는지를 확인하기 위한 취약점 점검이 수행되고 있는가? 3) 시험 및 취약점 점검 과정에서 발견된 문제점이 신속하게 개선될 수 있도록 개선계획 수립, 이행점검 등의 절차를 이행하고 있는가? 4) 공공기관은 관련 법령에 따라 개인정보처리시스템 신규 개발 및 변경 시 분석·설계 단계에서 영향평가기관을 통해 영향평가를 수행하고 그 결과를 개발 및 변경 시 반영하고 있는가?
결함사례	• 정보시스템 구현 이후 개발 관련 내부 지침 및 문서에 정의된 보안 요구사항을 시험하지 않고 있는 경우 • 응용프로그램 테스트 시나리오 및 기술적 취약점 점검항목에 입력값 유효성 체크 등의 중요 점검항목 일부가 누락된 경우 • 구현 또는 시험 과정에서 알려진 기술적 취약점이 존재하는지 여부를 점검하지 않거나, 타당한 사유 또는 승인 없이 확인된 취약점에 대한 개선조치를 이행하지 않은 경우 • 공공기관이 5만 명 이상 정보주체의 고유식별정보를 처리하는 등 영향평가 의무 대상 개인 정보 파일 및 개인정보처리시스템을 신규로 구축하면서 영향평가를 실시하지 않은 경우 • 공공기관이 영향평가를 수행한 후 영향평가기관으로부터 영향평가서를 받은 지 2개월이 지났음에도 불구하고 영향평가서를 개인정보보호위원회에 제출하지 않은 경우 • 신규 시스템 도입 시 기존 운영환경에 대한 영향 및 보안성을 검토(취약점 점검 등)하도록 내부 지침을 마련하고 있으나, 최근 도입한 일부 정보시스템에 대하여 인수 시 취약점 점검 등 보안성검토가 수행되지 않은 경우

항목	2.8.3 시험과 운영 환경 분리
인증기준	개발 및 시험 시스템은 운영시스템에 대한 비인가 접근 및 변경의 위험을 감소시키기 위하여 원칙적으로 분리하여야 한다.
주요 확인사항	1) 정보시스템의 개발 및 시험 시스템을 운영시스템과 분리하고 있는가? 2) 불가피한 사유로 개발과 운영환경의 분리가 어려운 경우 상호검토, 상급자 모니터링, 변경 승인, 책임추적성 확보 등의 보안대책을 마련하고 있는가?
결함사례	• 타당한 사유 또는 승인 없이 별도의 개발환경을 구성하지 않고 운영환경에서 직접 소스코드 변경을 수행하고 있는 경우 • 불가피하게 개발시스템과 운영시스템을 분리하지 않고 운영 중에 있으나, 이에 대한 상호 검토 내역, 모니터링 내역 등이 누락되어 있는 경우 • 개발시스템이 별도로 구성되어 있으나, 개발환경으로부터 운영환경으로의 접근이 통제되지 않아 개발자들이 개발시스템을 경유하여 불필요하게 운영시스템 접근이 가능한 경우

항목	2.8.4 시험 데이터 보안
인증기준	시스템 시험 과정에서 운영데이터의 유출을 예방하기 위하여 시험 데이터의 생성과 이용 및 관리, 파기, 기술적 보호조치에 관한 절차를 수립·이행하여야 한다.
주요 확인사항	1) 정보시스템의 개발 및 시험 과정에서 실제 운영 데이터의 사용을 제한하고 있는가? 2) 불가피하게 운영데이터를 시험 환경에서 사용할 경우 책임자 승인, 접근 및 유출 모니터링, 시험 후 데이터 삭제 등의 통제 절차를 수립·이행하고 있는가?
결함사례	• 개발 서버에서 사용할 시험 데이터 생성에 대한 구체적 기준 및 절차가 수립되어 있지 않은 경우 • 타당한 사유 및 책임자 승인 없이 실 운영데이터를 가공하지 않고 시험 데이터로 사용하고 있는 경우 • 불가피한 사유로 사전 승인을 받아 실 운영데이터를 시험 용도로 사용하면서, 테스트 데이터베이스에 대하여 운영 데이터베이스와 동일한 수준의 접근통제를 적용하고 있지 않은 경우 • 실 운영데이터를 테스트 용도로 사용한 후 테스트가 완료되었음에도 실 운영데이터를 테스트 데이터베이스에서 삭제하지 않은 경우

항목	2.8.5 소스 프로그램 관리
인증기준	소스 프로그램은 인가된 사용자만이 접근할 수 있도록 관리하고, 운영환경에 보관하지 않는 것을 원칙으로 하여야 한다.
주요 확인사항	1) 비인가된 자에 의한 소스 프로그램 접근을 통제하기 위한 절차를 수립·이행하고 있는가? 2) 소스 프로그램은 장애 등 비상시를 대비하여 운영환경이 아닌 곳에 안전하게 보관하고 있는가? 3) 소스 프로그램에 대한 변경이력을 관리하고 있는가?
결함사례	• 별도의 소스 프로그램 백업 및 형상관리시스템이 구축되어 있지 않으며, 이전 버전의 소스 코드를 운영 서버 또는 개발자 PC에 승인 및 이력관리 없이 보관하고 있는 경우 • 형상관리시스템을 구축하여 운영하고 있으나 형상관리시스템 또는 형상관리시스템에 저장된 소스코드에 대한 접근제한, 접근 및 변경이력이 적절히 관리되지 않고 있는 경우 • 내부 규정에는 형상관리시스템을 통하여 소스 프로그램 버전관리를 하도록 되어 있으나, 최신 버전의 소스 프로그램은 개발자 PC에만 보관되어 있고 이에 대한 별도의 백업이 수행되고 있지 않은 경우

항목	2.8.6 운영환경 이관
인증기준	신규 도입·개발 또는 변경된 시스템을 운영환경으로 이관할 때는 통제된 절차를 따라야 하고, 실행코드는 시험 및 사용자 인수 절차에 따라 실행되어야 한다.
주요 확인사항	1) 신규 도입·개발 및 변경된 시스템을 운영환경으로 안전하게 이관하기 위한 통제 절차를 수립·이행하고 있는가? 2) 운영환경으로의 이관 시 발생할 수 있는 문제에 대한 대응 방안을 마련하고 있는가? 3) 운영환경에는 서비스 실행에 필요한 파일만을 설치하고 있는가?
결함사례	• 개발·변경이 완료된 소스 프로그램을 운영환경으로 이관 시 검토·승인하는 절차가 마련되어 있지 않은 경우 • 운영서버에 서비스 실행에 불필요한 파일(소스코드 또는 배포모듈, 백업본, 개발 관련 문서, 매뉴얼 등)이 존재하는 경우 • 내부 지침에 운영환경 이관 시 안전한 이관·복구를 위하여 변경작업 요청서 및 결과서를 작성하도록 정하고 있으나, 관련 문서가 확인되지 않은 경우 • 내부 지침에는 모바일 앱을 앱마켓에 배포하는 경우 내부 검토 및 승인을 받도록 하고 있으나, 개발자가 해당 절차를 거치지 않고 임의로 앱마켓에 배포하고 있는 경우

항목	2.9.1 변경관리
인증기준	정보시스템 관련 자산의 모든 변경내역을 관리할 수 있도록 절차를 수립·이행하고, 변경 전 시스템의 성능 및 보안에 미치는 영향을 분석하여야 한다.
주요 확인사항	1) 정보시스템 관련 자산(하드웨어, 운영체제, 상용 소프트웨어 패키지 등) 변경에 관한 절차를 수립·이행하고 있는가? 2) 정보시스템 관련 자산 변경을 수행하기 전 성능 및 보안에 미치는 영향을 분석하고 있는가?
결함사례	• 최근 DMZ 구간 이중화에 따른 변경 작업을 수행하였으나, 변경 후 발생할 수 있는 보안위험성 및 성능 평가에 대한 수행·승인 증거자료가 확인되지 않은 경우 • 최근 네트워크 변경 작업을 수행하였으나 관련 검토 및 공지가 충분히 이루어지지 않아 네트워크 구성도 및 일부 접근통제시스템(침입차단시스템, 데이터베이스 접근제어시스템 등)의 접근통제 리스트(ACL)에 적절히 반영되어 있지 않은 경우 • 변경관리시스템을 구축하여 정보시스템 입고 또는 변경 시 성능 및 보안에 미치는 영향을 분석·협의하고 관련 이력을 관리하도록 하고 있으나, 해당 시스템을 통하지 않고도 시스템 변경이 가능하며, 관련 변경사항이 적절히 검토되지 않는 경우

항목	2.9.2 성능 및 장애관리
인증기준	정보시스템의 가용성 보장을 위하여 성능 및 용량 요구사항을 정의하고 현황을 지속적으로 모니터링하여야 하며, 장애 발생 시 효과적으로 대응하기 위한 탐지·기록·분석·복구·보고 등의 절차를 수립·관리하여야 한다.
주요 확인사항	1) 정보시스템의 가용성 보장을 위하여 성능 및 용량을 지속적으로 모니터링 할 수 있는 절차를 수립·이행하고 있는가? 2) 정보시스템 성능 및 용량 요구사항(임계치)을 초과하는 경우에 대한 대응절차를 수립·이행하고 있는가? 3) 정보시스템 장애를 즉시 인지하고 대응하기 위한 절차를 수립·이행하고 있는가? 4) 장애 발생 시 절차에 따라 조치하고 장애조치보고서 등을 통해 장애조치내역을 기록하여 관리하고 있는가? 5) 심각도가 높은 장애의 경우 원인분석을 통한 재발 방지 대책을 마련하고 있는가?
결함사례	• 성능 및 용량 관리를 위한 대상별 요구사항(임계치 등)을 정의하고 있지 않거나 정기 점검보고서 등에 기록하고 있지 않아 현황을 파악할 수 없는 경우 • 성능 또는 용량 기준을 초과하였으나 관련 검토 및 후속조치방안 수립·이행이 이루어지고 있지 않은 경우 • 전산장비 장애대응절차를 수립하고 있으나 네트워크 구성 및 외주업체 변경 등의 내·외부 환경변화가 적절히 반영되어 있지 않은 경우 • 장애처리절차와 장애유형별 조치방법 간 일관성이 없거나 예상소요시간 산정에 대한 근거가 부족하여 신속·정확하고 체계적인 대응이 어려운 경우

항목	2.9.3 백업 및 복구관리
인증기준	정보시스템의 가용성과 데이터 무결성을 유지하기 위하여 백업 대상, 주기, 방법, 보관장소, 보관기간, 소산 등의 절차를 수립·이행하여야 한다. 아울러 사고 발생 시 적시에 복구할 수 있도록 관리하여야 한다.
주요 확인사항	1) 백업 대상, 주기, 방법, 절차 등이 포함된 백업 및 복구절차를 수립·이행하고 있는가? 2) 백업된 정보의 완전성과 정확성, 복구절차의 적절성을 확인하기 위하여 정기적으로 복구 테스트를 실시하고 있는가? 3) 중요정보가 저장된 백업매체의 경우 재해·재난에 대처할 수 있도록 백업매체를 물리적으로 떨어진 장소에 소산하고 있는가?
결함사례	• 백업 대상, 주기, 방법, 절차 등이 포함된 백업 및 복구 절차가 수립되어 있지 않은 경우 • 백업정책을 수립하고 있으나 법적 요구사항에 따라 장기간(6개월, 3년, 5년 등) 보관이 필요한 백업 대상 정보가 백업 정책에 따라 보관되고 있지 않은 경우 • 상위 지침 또는 내부 지침에 따라 별도로 백업하여 관리하도록 명시된 일부 시스템(보안시스템 정책 및 로그 등)에 대한 백업이 이행되고 있지 않은 경우 • 상위 지침 또는 내부 지침에는 주기적으로 백업매체에 대한 복구 테스트를 수행하도록 정하고 있으나 복구테스트를 장기간 실시하지 않은 경우

항목	2.9.4 로그 및 접속기록 관리
인증기준	서버, 응용프로그램, 보안시스템, 네트워크시스템 등 정보시스템에 대한 사용자 접속기록, 시스템로그, 권한부여 내역 등의 로그유형, 보존기간, 보존방법 등을 정하고 위·변조, 도난, 분실되지 않도록 안전하게 보존·관리하여야 한다.
주요 확인사항	1) 서버, 응용프로그램, 보안시스템, 네트워크시스템 등 정보시스템에 대한 로그관리 절차를 수립하고 이에 따라 필요한 로그를 생성하여 보관하고 있는가? 2) 정보시스템의 로그기록은 별도 저장장치를 통해 백업하고 로그기록에 대한 접근권한은 최소화하여 부여하고 있는가? 3) 개인정보처리시스템에 대한 접속기록은 법적 요구사항을 준수할 수 있도록 필요한 항목을 모두 포함하여 일정기간 안전하게 보관하고 있는가?
결함사례	• 로그 기록 대상, 방법, 보존기간, 검토 주기, 담당자 등에 대한 세부 기준 및 절차가 수립되어 있지 않은 경우 • 보안 이벤트 로그, 응용프로그램 및 서비스 로그(윈도우 2008 서버 이상) 등 중요 로그에 대한 최대 크기를 충분하게 설정하지 않아 내부 기준에 정한 기간 동안 기록·보관되고 있지 않은 경우 • 중요 Linux/UNIX 계열 서버에 대한 로그 기록을 별도로 백업하거나 적절히 보호하지 않아 사용자의 명령 실행 기록 및 접속 이력 등을 임의로 삭제할 수 있는 경우 • 개인정보처리시스템에 접속한 기록을 확인한 결과 접속자의 계정, 접속 일시, 접속자 IP주소 정보는 남기고 있으나, 처리한 정보주체 정보 및 수행업무(조회, 변경, 삭제, 다운로드 등)와 관련된 정보를 남기고 있지 않은 경우 • 로그 서버의 용량의 충분하지 않아서 개인정보처리시스템 접속기록이 2개월밖에 남아 있지 않은 경우 • 개인정보처리자가 정보주체 10만 명의 개인정보를 처리하는 개인정보처리시스템의 개인정보취급자 접속기록을 1년간만 보관하고 있는 경우

항목	2.9.5 로그 및 접속기록 점검
인증기준	정보시스템의 정상적인 사용을 보장하고 사용자 오·남용(비인가접속, 과다조회 등)을 방지하기 위하여 접근 및 사용에 대한 로그 검토기준을 수립하여 주기적으로 점검하며, 문제 발생 시 사후조치를 적시에 수행하여야 한다.
주요 확인사항	1) 정보시스템 관련 오류, 오·남용(비인가접속, 과다조회 등), 부정행위 등 이상징후를 인지할 수 있도록 로그 검토 주기, 대상, 방법 등을 포함한 로그 검토 및 모니터링 절차를 수립·이행하고 있는가? 2) 로그 검토 및 모니터링 결과를 책임자에게 보고하고 이상징후 발견 시 절차에 따라 대응하고 있는가? 3) 개인정보처리시스템의 접속기록은 관련 법령에서 정한 주기에 따라 정기적으로 점검하고 있는가?
결함사례	• 중요 정보를 처리하고 있는 정보시스템에 대한 이상접속(휴일 새벽 접속, 우회경로 접속 등) 또는 이상행위(대량 데이터 조회 또는 소량 데이터의 지속적·연속적 조회 등)에 대한 모니터링 및 경고·알림 정책(기준)이 수립되어 있지 않은 경우 • 내부 지침 또는 시스템 등에 접근 및 사용에 대한 주기적인 점검·모니터링 기준을 마련하고 있으나 실제 이상접속 및 이상행위에 대한 검토 내역이 확인되지 않은 경우 • 개인정보처리자가 개인정보처리시스템의 접속기록 점검 주기를 분기 1회로 정하고 있는 경우 • 개인정보처리자의 내부 관리계획에는 1,000명 이상의 정보주체에 대한 개인정보를 다운로드한 경우에는 사유를 확인하도록 기준이 책정되어 있는 상태에서 1,000건 이상의 개인정보 다운로드가 발생하였으나 그 사유를 확인하지 않고 있는 경우

항목	2.9.6 시간 동기화
인증기준	로그 및 접속기록의 정확성을 보장하고 신뢰성 있는 로그 분석을 위하여 관련 정보시스템의 시각을 표준시각으로 동기화하고 주기적으로 관리하여야 한다.
주요 확인사항	1) 정보시스템의 시간을 표준시간으로 동기화하고 있는가? 2) 시간 동기화가 정상적으로 이루어지고 있는지 주기적으로 점검하고 있는가?
결함사례	• 일부 중요 시스템(보안시스템, CCTV 등)의 시각이 표준시와 동기화되어 있지 않으며, 관련 동기화 여부에 대한 주기적 점검이 이행되고 있지 않은 경우 • 내부 NTP 서버와 시각을 동기화하도록 설정하고 있으나 일부 시스템의 시각이 동기화되지 않고 있고, 이에 대한 원인 분석 및 대응이 이루어지고 있지 않은 경우

항목	2.9.7 정보자산의 재사용 및 폐기
인증기준	정보자산의 재사용과 폐기 과정에서 개인정보 및 중요정보가 복구·재생되지 않도록 안전한 재사용 및 폐기 절차를 수립·이행하여야 한다.
주요 확인사항	1) 정보자산의 안전한 재사용 및 폐기에 대한 절차를 수립·이행하고 있는가? 2) 정보자산 및 저장매체를 재사용 및 폐기하는 경우 개인정보 및 중요정보를 복구되지 않는 방법으로 처리하고 있는가? 3) 자체적으로 정보자산 및 저장매체를 폐기할 경우 관리대장을 통해 폐기이력을 남기고 폐기 확인 증적을 함께 보관하고 있는가? 4) 외부업체를 통해 정보자산 및 저장매체를 폐기할 경우 폐기 절차를 계약서에 명시하고 완전히 폐기했는지 여부를 확인하고 있는가? 5) 정보시스템, PC 등 유지보수, 수리 과정에서 저장매체 교체, 복구 등 발생 시 저장매체 내 정보를 보호하기 위한 대책을 마련하고 있는가?
결함사례	• 개인정보취급자 PC를 재사용할 경우 데이터 삭제프로그램을 이용하여 완전삭제 하도록 정책 및 절차가 수립되어 있으나, 실제로는 완전삭제 조치 없이 재사용하거나 기본 포맷만 하고 재사용하고 있는 등 관련 절차가 이행되고 있지 않은 경우 • 외부업체를 통하여 저장매체를 폐기하고 있으나, 계약 내용상 안전한 폐기 절차 및 보호대책에 대한 내용이 누락되어 있고 폐기 이행 증거자료 확인 및 실사 등의 관리·감독이 이루어지지 않은 경우 • 폐기된 HDD의 일련번호가 아닌 시스템명을 기록하거나 폐기 대장을 작성하지 않아 폐기 이력 및 추적할 수 있는 증거자료를 확인할 수 없는 경우 • 회수한 폐기 대상 하드디스크가 완전삭제 되지 않은 상태로 잠금장치가 되지 않은 장소에 방치되고 있는 경우

항목	2.10.1 보안시스템 운영
인증기준	보안시스템 유형별로 관리자 지정, 최신 정책 업데이트, 룰셋 변경, 이벤트 모니터링 등의 운영 절차를 수립·이행하고 보안시스템별 정책적용 현황을 관리하여야 한다.
주요 확인사항	1) 조직에서 운영하고 있는 보안시스템에 대한 운영절차를 수립·이행하고 있는가? 2) 보안시스템 관리자 등 접근이 허용된 인원을 최소화하고 비인가자의 접근을 엄격하게 통제하고 있는가? 3) 보안시스템별로 정책의 신규 등록, 변경, 삭제 등을 위한 공식적인 절차를 수립·이행하고 있는가? 4) 보안시스템의 예외 정책 등록에 대하여 절차에 따라 관리하고 있으며, 예외 정책 사용자에 대하여 최소한의 권한으로 관리하고 있는가? 5) 보안시스템에 설정된 정책의 타당성 여부를 주기적으로 검토하고 있는가? 6) 개인정보처리시스템에 대한 불법적인 접근 및 개인정보 유출 방지를 위하여 관련 법령에서 정한 기능을 수행하는 보안시스템을 설치하여 운영하고 있는가?
결함사례	• 침입차단시스템 보안정책에 대한 정기 검토가 수행되지 않아 불필요하거나 과도하게 허용된 정책이 다수 존재하는 경우 • 보안시스템 보안정책의 신청, 변경, 삭제, 주기적 검토에 대한 절차 및 기준이 없거나, 절차는 있으나 이를 준수하지 않은 경우 • 보안시스템의 관리자 지정 및 권한 부여 현황에 대한 관리감독이 적절히 이행되고 있지 않은 경우 • 내부 지침에는 정보보호담당자가 보안시스템의 보안정책 변경 이력을 기록·보관하도록 정하고 있으나, 정책관리대장을 주기적으로 작성하지 않고 있거나 정책관리대장에 기록된 보안정책과 실제 운영 중인 시스템의 보안정책이 상이한 경우

항목	2.10.2 클라우드 보안
인증기준	클라우드 서비스 이용 시 서비스 유형(SaaS, PaaS, IaaS 등)에 따른 비인가 접근, 설정 오류 등에 따라 중요정보와 개인정보가 유·노출되지 않도록 관리자 접근 및 보안 설정 등에 대한 보호대책을 수립·이행하여야 한다.
주요 확인사항	1) 클라우드 서비스 제공자와 정보보호 및 개인정보보호에 대한 책임과 역할을 명확히 정의하고 이를 계약서(SLA 등)에 반영하고 있는가? 2) 클라우드 서비스 이용 시 서비스 유형에 따른 보안위험을 평가하여 비인가 접근, 설정오류 등을 방지할 수 있도록 보안 구성 및 설정 기준, 보안 설정 변경 및 승인 절차, 안전한 접속 방법, 권한 체계 등 보안 통제 정책을 수립·이행하고 있는가? 3) 클라우드 서비스 관리자 권한은 역할에 따라 최소화하여 부여하고 관리자 권한에 대한 비인가된 접근, 권한 오남용 등을 방지할 수 있도록 강화된 인증, 암호화, 접근통제, 감사기록 등 보호대책을 적용하고 있는가? 4) 클라우드 서비스의 보안 설정 변경, 운영 현황 등을 모니터링하고 그 적절성을 정기적으로 검토하고 있는가?
결함사례	• 클라우드 서비스 계약서 내에 보안에 대한 책임 및 역할 등에 대한 사항이 포함되어 있지 않은 경우 • 클라우드 서비스의 보안 설정을 변경할 수 있는 권한이 업무상 반드시 필요하지 않은 직원들에게 과도하게 부여되어 있는 경우 • 내부 지침에는 클라우드 내 사설 네트워크의 접근통제 룰(Rule) 변경 시 보안책임자 승인을 받도록 하고 있으나, 승인절차를 거치지 않고 등록·변경된 접근제어 룰이 다수 발견된 경우 • 클라우드 서비스의 보안 설정 오류로 내부 로그 파일이 인터넷을 통하여 공개되어 있는 경우

항목	2.10.3 공개서버 보안
인증기준	외부 네트워크에 공개되는 서버의 경우 내부 네트워크와 분리하고 취약점 점검, 접근통제, 인증, 정보 수집·저장·공개 절차 등 강화된 보호대책을 수립·이행하여야 한다.
주요 확인사항	1) 공개서버를 운영하는 경우 이에 대한 보호대책을 수립·이행하고 있는가? 2) 공개서버는 내부 네트워크와 분리된 DMZ(Demilitarized Zone)영역에 설치하고 침입차단 시스템 등 보안시스템을 통해 보호하고 있는가? 3) 공개서버에 개인정보 및 중요정보를 게시하거나 저장하여야 할 경우 책임자 승인 등 허가 및 게시절차를 수립·이행하고 있는가? 4) 조직의 중요정보가 웹사이트 및 웹서버를 통해 노출되고 있는지 여부를 주기적으로 확인하여 중요정보 노출을 인지한 경우 이를 즉시 차단하는 등의 조치를 취하고 있는가?
결함사례	• 인터넷에 공개된 웹사이트의 취약점으로 인하여 구글 검색을 통하여 열람 권한이 없는 타인의 개인정보에 접근할 수 있는 경우 • 웹사이트에 개인정보를 게시하는 경우 승인 절차를 거치도록 내부 규정이 마련되어 있으나, 이를 준수하지 않고 개인정보가 게시된 사례가 다수 존재한 경우 • 게시판 등의 웹 응용프로그램에서 타인이 작성한 글을 임의로 수정·삭제하거나 비밀번호로 보호된 글을 열람할 수 있는 경우

항목	2.10.4 전자거래 및 핀테크 보안
인증기준	전자거래 및 핀테크 서비스 제공 시 정보유출이나 데이터 조작·사기 등의 침해사고 예방을 위해 인증·암호화 등의 보호대책을 수립하고, 결제시스템 등 외부 시스템과 연계할 경우 안전성을 점검하여야 한다.
주요 확인사항	1) 전자거래 및 핀테크 서비스를 제공하는 경우 거래의 안전성과 신뢰성 확보를 위한 보호대책을 수립·이행하고 있는가? 2) 전자거래 및 핀테크 서비스 제공을 위하여 결제시스템 등 외부 시스템과 연계하는 경우 송·수신되는 관련 정보의 보호를 위한 대책을 수립·이행하고 안전성을 점검하고 있는가?
결함사례	• 전자결제대행업체와 위탁 계약을 맺고 연계를 하였으나, 적절한 인증 및 접근제한 없이 특정 URL을 통하여 결제 관련 정보가 모두 평문으로 전송되는 경우 • 전자결제대행업체와 외부 연계 시스템이 전용망으로 연결되어 있으나, 해당 연계 시스템에서 내부 업무 시스템으로의 접근이 침입차단시스템 등으로 적절히 통제되지 않고 있는 경우 • 내부 지침에는 외부 핀테크 서비스 연계 시 정보보호팀의 보안성 검토를 받도록 되어 있으나, 최근에 신규 핀테크 서비스를 연계하면서 일정상 이유로 보안성 검토를 수행하지 않은 경우

항목	2.10.5 정보전송 보안
인증기준	타 조직에 개인정보 및 중요정보를 전송할 경우 안전한 전송 정책을 수립하고 조직 간 합의를 통해 관리 책임, 전송방법, 개인정보 및 중요정보 보호를 위한 기술적 보호조치 등을 협약하고 이행하여야 한다.
주요 확인사항	1) 외부 조직에 개인정보 및 중요정보를 전송할 경우 안전한 전송 정책을 수립하고 있는가? 2) 업무상 조직 간에 개인정보 및 중요정보를 상호교환하는 경우 안전한 전송을 위한 협약체결 등 보호대책을 수립·이행하고 있는가?
결함사례	• 대외 기관과 연계 시 전용망 또는 VPN을 적용하고 중계서버와 인증서 적용 등을 통하여 안전하게 정보를 전송하고 있으나, 외부 기관별 연계 시기, 방식, 담당자 및 책임자, 연계 정보, 법적 근거 등에 대한 현황관리가 적절히 이루어지지 않고 있는 경우 • 중계과정에서의 암호 해제 구간 또는 취약한 암호화 알고리즘(DES, 3DES) 사용 등에 대한 보안성 검토, 보안표준 및 조치방안 수립 등에 대한 협의가 이행되고 있지 않은 경우

항목	2.10.6 업무용 단말기기 보안
인증기준	PC, 모바일 기기 등 단말기기를 업무 목적으로 네트워크에 연결할 경우 기기 인증 및 승인, 접근 범위, 기기 보안 설정 등의 접근통제 대책을 수립하고 주기적으로 점검하여야 한다.
주요 확인사항	1) PC, 노트북, 가상PC, 태블릿 등 업무에 사용되는 단말기에 대하여 기기인증, 승인, 접근범위 설정, 기기 보안 설정 등의 보안 통제 정책을 수립·이행하고 있는가? 2) 업무용 단말기를 통해 개인정보 및 중요정보가 유출되는 것을 방지하기 위하여 자료공유 프로그램 사용 금지, 공유설정 제한, 무선망 이용 통제 등의 정책을 수립·이행하고 있는가? 3) 업무용 모바일 기기의 분실, 도난 등으로 인한 개인정보 및 중요정보의 유·노출을 방지하기 위하여 보안대책을 적용하고 있는가? 4) 업무용 단말기기에 대한 접근통제 대책의 적절성에 대해 주기적으로 점검하고 있는가?
결함사례	• 업무적인 목적으로 노트북, 태블릿PC 등 모바일 기기를 사용하고 있으나, 업무용 모바일 기기에 대한 허용 기준, 사용 범위, 승인 절차, 인증 방법 등에 대한 정책이 수립되어 있지 않은 경우 • 모바일 기기 보안관리 지침에서는 모바일 기기의 업무용 사용을 원칙적으로 금지하고 필요 시 승인 절차를 통하여 제한된 기간 동안 허가된 모바일 기기만 사용하도록 정하고 있으나, 허가된 모바일 기기가 식별·관리되지 않고 승인되지 않은 모바일 기기에서도 내부 정보시스템 접속이 가능한 경우 • 개인정보 처리업무에 이용되는 모바일 기기에 대하여 비밀번호 설정 등 도난·분실에 대한 보호대책이 적용되어 있지 않은 경우 • 내부 규정에서는 업무용 단말기의 공유폴더 사용을 금지하고 있으나, 이에 대한 주기적인 점검이 이루어지고 있지 않아 다수의 업무용 단말기에서 과도하게 공유폴더를 설정하여 사용하고 있는 경우

항목	2.10.7 보조저장매체 관리
인증기준	보조저장매체를 통하여 개인정보 또는 중요정보의 유출이 발생하거나 악성코드가 감염되지 않도록 관리 절차를 수립·이행하고, 개인정보 또는 중요정보가 포함된 보조저장매체는 안전한 장소에 보관하여야 한다.
주요 확인사항	1) 외장하드, USB메모리, CD 등 보조저장매체 취급(사용), 보관, 폐기, 재사용에 대한 정책 및 절차를 수립·이행하고 있는가? 2) 보조저장매체 보유현황, 사용 및 관리실태를 주기적으로 점검하고 있는가? 3) 주요 정보시스템이 위치한 통제구역, 중요 제한구역 등에서 보조저장매체 사용을 제한하고 있는가? 4) 보조저장매체를 통한 악성코드 감염 및 중요정보 유출 방지를 위한 대책을 마련하고 있는가? 5) 개인정보 또는 중요정보가 포함된 보조저장매체를 잠금장치가 있는 안전한 장소에 보관하고 있는가?
결함사례	• 통제구역인 서버실에서의 보조저장매체 사용을 제한하는 정책을 수립하여 운영하고 있으나, 예외 승인 절차를 준수하지 않고 보조저장매체를 사용한 이력이 다수 확인되었으며, 보조저장매체 관리실태에 대한 주기적 점검이 실시되지 않아 보조저장매체 관리대장의 현행화가 미흡한 경우 • 개인정보가 포함된 보조저장매체를 잠금장치가 있는 안전한 장소에 보관하지 않고 사무실 서랍 등에 방치하고 있는 경우 • 보조저장매체 통제 솔루션을 도입·운영하고 있으나, 일부 사용자에 대하여 적절한 승인 절차 없이 예외처리되어 쓰기 등이 허용된 경우 • 전산실에 위치한 일부 공용 PC 및 전산장비에서 일반 USB메모리에 대한 쓰기가 가능한 상황이나 매체 반입 및 사용 제한, 사용이력 기록 및 검토 등 통제가 적용되고 있지 않은 경우

항목	2.10.8 패치관리
인증기준	소프트웨어, 운영체제, 보안시스템 등의 취약점으로 인한 침해사고를 예방하기 위하여 최신 패치를 적용하여야 한다. 다만, 서비스 영향을 검토하여 최신 패치 적용이 어려울 경우 별도의 보완대책을 마련하여 이행하여야 한다.
주요 확인사항	1) 서버, 네트워크시스템, 보안시스템, PC 등 자산별 특성 및 중요도에 따라 운영체제(OS)와 소프트웨어의 패치관리 정책 및 절차를 수립·이행하고 있는가? 2) 주요 서버, 네트워크시스템, 보안시스템 등의 경우 설치된 OS, 소프트웨어 패치적용 현황을 주기적으로 관리하고 있는가? 3) 서비스 영향도 등에 따라 취약점을 조치하기 위한 최신의 패치 적용이 어려운 경우 보완대책을 마련하고 있는가? 4) 주요 서버, 네트워크시스템, 보안시스템 등의 경우 공개 인터넷 접속을 통한 패치를 제한하고 있는가? 5) 패치관리시스템을 활용하는 경우 접근통제 등 충분한 보호대책을 마련하고 있는가?
결함사례	• 일부 시스템에서 타당한 사유나 책임자 승인 없이 OS패치가 장기간 적용되고 있지 않은 경우 • 일부 시스템에 서비스 지원이 종료(EOS)된 OS버전을 사용 중이나, 이에 따른 대응계획이나 보완대책이 수립되어 있지 않은 경우 • 상용 소프트웨어 및 OS에 대해서는 최신 패치가 적용되고 있으나, 오픈소스 프로그램(openssl, openssh, Apache 등)에 대해서는 최신 패치를 확인하고 적용하는 절차 및 담당자가 지정되어 있지 않아 최신 보안패치가 적용되고 있지 않은 경우

항목	2.10.9 악성코드 통제
인증기준	바이러스·웜·트로이목마·랜섬웨어 등의 악성코드로부터 개인정보 및 중요정보, 정보시스템 및 업무용 단말기 등을 보호하기 위하여 악성코드 예방·탐지·대응 등의 보호대책을 수립·이행하여야 한다.
주요 확인사항	1) 바이러스, 웜, 트로이목마, 랜섬웨어 등의 악성코드로부터 정보시스템 및 업무용단말기 등을 보호하기 위하여 보호대책을 수립·이행하고 있는가? 2) 백신 소프트웨어 등 보안프로그램을 통하여 최신 악성코드 예방·탐지 활동을 지속적으로 수행하고 있는가? 3) 백신 소프트웨어 등 보안프로그램은 최신의 상태로 유지하고 필요 시 긴급 보안업데이트를 수행하고 있는가? 4) 악성코드 감염 발견 시 악성코드 확산 및 피해 최소화 등의 대응절차를 수립·이행하고 있는가?
결함사례	• 일부 PC 및 서버에 백신이 설치되어 있지 않거나, 백신 엔진이 장기간 최신 버전으로 업데이트되지 않은 경우 • 백신 프로그램의 환경설정(실시간 검사, 예약검사, 업데이트 설정 등)을 이용자가 임의로 변경할 수 있음에도 그에 따른 추가 보호대책이 수립되어 있지 않은 경우 • 백신 중앙관리시스템에 접근통제 등 보호대책이 미비하여 중앙관리시스템을 통한 침해사고 발생 가능성이 있는 경우 또는 백신 패턴에 대한 무결성 검증을 하지 않아 악의적인 사용자에 의한 악성코드 전파 가능성이 있는 경우 • 일부 내부망 PC 및 서버에서 다수의 악성코드 감염이력이 확인되었으나, 감염 현황, 감염 경로 및 원인 분석, 그에 따른 조치내역 등이 확인되지 않은 경우

항목	2.11.1 사고 예방 및 대응체계 구축
인증기준	침해사고 및 개인정보 유출 등을 예방하고 사고 발생 시 신속하고 효과적으로 대응할 수 있도록 내·외부 침해시도의 탐지·대응·분석 및 공유를 위한 체계와 절차를 수립하고, 관련 외부 기관 및 전문가들과 협조체계를 구축하여야 한다.
주요 확인사항	1) 침해사고 및 개인정보 유출사고를 예방하고 사고 발생 시 신속하고 효과적으로 대응하기 위한 체계와 절차를 마련하고 있는가? 2) 보안관제서비스 등 외부 기관을 통해 침해사고 대응체계를 구축·운영하는 경우 침해사고 대응절차의 세부사항을 계약서에 반영하고 있는가? 3) 침해사고의 모니터링, 대응 및 처리를 위하여 외부전문가, 전문업체, 전문기관 등과의 협조 체계를 수립하고 있는가?
결함사례	• 침해사고에 대비한 침해사고 대응 조직 및 대응 절차를 명확히 정의하고 있지 않은 경우 • 내부 지침 및 절차에 침해사고 단계별(사고 전, 인지, 처리, 복구, 보고 등) 대응 절차를 수립하여 명시하고 있으나, 침해사고 발생 시 사고 유형 및 심각도에 따른 신고·통지 절차, 대응 및 복구 절차의 일부 또는 전부를 수립하고 있지 않은 경우 • 침해사고 대응 조직도 및 비상연락망 등을 현행화하지 않고 있거나, 담당자별 역할과 책임이 명확히 정의되어 있지 않은 경우 • 침해사고 신고·통지 및 대응 협조를 위한 대외기관 연락처에 기관명, 홈페이지, 연락처 등이 잘못 명시되어 있거나, 일부 기관 관련 정보가 누락 또는 현행화되지 않은 경우 • 외부 보안관제 전문업체 등 유관기관에 침해사고 탐지 및 대응을 위탁하여 운영하고 있으나, 침해사고 대응에 대한 상호 간 관련 역할 및 책임 범위가 계약서나 SLA에 명확하게 정의되지 않은 경우 • 침해사고 대응절차를 수립하였으나, 개인정보 침해 신고 기준, 시점 등이 법적 요구사항을 준수하지 못하는 경우

항목	2.11.2 취약점 점검 및 조치
인증기준	정보시스템의 취약점이 노출되어 있는지를 확인하기 위하여 정기적으로 취약점 점검을 수행하고 발견된 취약점에 대해서는 신속하게 조치하여야 한다. 또한 최신 보안취약점의 발생 여부를 지속적으로 파악하고 정보시스템에 미치는 영향을 분석하여 조치하여야 한다.
주요 확인사항	1) 정보시스템 취약점 점검 절차를 수립하고 정기적으로 점검을 수행하고 있는가? 2) 발견된 취약점에 대한 조치를 수행하고 그 결과를 책임자에게 보고하고 있는가? 3) 최신 보안취약점 발생 여부를 지속적으로 파악하고 정보시스템에 미치는 영향을 분석하여 조치하고 있는가? 4) 취약점 점검 이력을 기록관리하여 전년도에 도출된 취약점이 재발생하는 등의 문제점에 대해 보호대책을 마련하고 있는가?
결함사례	• 내부 규정에 연 1회 이상 주요 시스템에 대한 기술적 취약점 점검을 하도록 정하고 있으나, 주요 시스템 중 일부가 취약점 점검 대상에서 누락된 경우 • 취약점 점검에서 발견된 취약점에 대한 보완조치를 이행하지 않았거나, 단기간 내에 조치할 수 없는 취약점에 대한 타당성 검토 및 승인 이력이 없는 경우

항목	2.11.3 이상행위 분석 및 모니터링
인증기준	내·외부에 의한 침해시도, 개인정보유출 시도, 부정행위 등을 신속하게 탐지·대응할 수 있도록 네트워크 및 데이터 흐름 등을 수집하여 분석하며, 모니터링 및 점검 결과에 따른 사후조치는 적시에 이루어져야 한다.
주요 확인사항	1) 내·외부에 의한 침해시도, 개인정보 유출 시도, 부정행위 등 이상행위를 탐지할 수 있도록 주요 정보시스템, 응용프로그램, 네트워크, 보안시스템 등에서 발생한 네트워크 트래픽, 데이터 흐름, 이벤트 로그 등을 수집하여 분석 및 모니터링하고 있는가? 2) 침해시도, 개인정보유출시도, 부정행위 등의 여부를 판단하기 위한 기준 및 임계치를 정의하고 이에 따라 이상행위의 판단 및 조사 등 후속 조치가 적시에 이루어지고 있는가?
결함사례	• 외부로부터의 서버, 네트워크, 데이터베이스, 보안시스템에 대한 침해 시도를 인지할 수 있도록 하는 상시 또는 정기적 모니터링 체계 및 절차를 마련하고 있지 않은 경우 • 외부 보안관제 전문업체 등 외부 기관에 침해시도 모니터링 업무를 위탁하고 있으나, 위탁업체가 제공한 관련 보고서를 검토한 이력이 확인되지 않거나, 위탁 대상에서 제외된 시스템에 대한 자체 모니터링 체계를 갖추고 있지 않은 경우 • 내부적으로 정의한 임계치를 초과하는 이상 트래픽이 지속적으로 발견되고 있으나, 이에 대한 대응조치가 이루어지고 있지 않은 경우

항목	2.11.4 사고 대응 훈련 및 개선
인증기준	침해사고 및 개인정보 유출사고 대응 절차를 임직원과 이해관계자가 숙지하도록 시나리오에 따른 모의훈련을 연 1회 이상 실시하고 훈련결과를 반영하여 대응체계를 개선하여야 한다.
주요 확인사항	1) 침해사고 및 개인정보 유출사고 대응 절차에 관한 모의훈련계획을 수립하고 이에 따라 연 1회 이상 주기적으로 훈련을 실시하고 있는가? 2) 침해사고 및 개인정보 유출사고 훈련 결과를 반영하여 침해사고 및 개인정보 유출사고 대응체계를 개선하고 있는가?
결함사례	• 침해사고 모의훈련을 수행하지 않았거나 관련 계획서 및 결과보고서가 확인되지 않은 경우 • 연간 침해사고 모의훈련 계획을 수립하였으나 타당한 사유 또는 승인 없이 해당 기간 내에 실시하지 않은 경우 • 모의훈련을 계획하여 실시하였으나, 관련 내부 지침에 정한 절차 및 서식에 따라 수행하지 않은 경우

항목	2.11.5 사고 대응 및 복구
인증기준	침해사고 및 개인정보 유출 징후나 발생을 인지한 때에는 법적 통지 및 신고 의무를 준수하여야 하며, 절차에 따라 신속하게 대응 및 복구하고 사고분석 후 재발 방지 대책을 수립하여 대응체계에 반영하여야 한다.
주요 확인사항	1) 침해사고 및 개인정보 유출의 징후 또는 발생을 인지한 경우 정의된 침해사고 대응절차에 따라 신속하게 대응 및 보고가 이루어지고 있는가? 2) 개인정보 침해사고 발생 시 관련 법령에 따라 정보주체(이용자) 통지 및 관계기관 신고 절차를 이행하고 있는가? 3) 침해사고가 종결된 후 사고의 원인을 분석하여 그 결과를 보고하고 관련 조직 및 인력과 공유하고 있는가? 4) 침해사고 분석을 통해 얻어진 정보를 활용하여 유사 사고가 재발하지 않도록 대책을 수립하고 필요한 경우 침해사고 대응절차 등을 변경하고 있는가?
결함사례	• 내부 침해사고 대응지침에는 침해사고 발생 시 내부 정보보호위원회 및 이해관계 부서에게 보고하도록 정하고 있으나, 침해사고 발생 시 담당 부서에서 자체적으로 대응 조치 후 정보보호위원회 및 이해관계 부서에 보고하지 않은 경우 • 최근 DDoS 공격으로 의심되는 침해사고로 인하여 서비스 일부가 중단된 사례가 있으나, 이에 대한 원인분석 및 재발 방지 대책이 수립되지 않은 경우 • 외부 해킹에 의해 개인정보 유출사고가 발생하였으나, 유출된 개인정보 건수가 소량이라는 이유로 72시간 이내에 통지 및 신고가 이루어지지 않은 경우 • 담당자의 실수에 의해 인터넷 홈페이지 게시판을 통해 1천 명 이상 정보주체에 대한 개인정보 유출이 발생하였으나, 해당 정보주체에 대한 유출 통지가 이루어지지 않은 경우

항목	2.12.1 재해·재난 대비 안전조치
인증기준	자연재해, 통신·전력 장애, 해킹 등 조직의 핵심 서비스 및 시스템의 운영 연속성을 위협할 수 있는 재해 유형을 식별하고 유형별 예상 피해규모 및 영향을 분석하여야 한다. 또한 복구 목표 시간, 복구 목표시점을 정의하고 복구 전략 및 대책, 비상시 복구 조직, 비상연락체계, 복구 절차 등 재해 복구체계를 구축하여야 한다.
주요 확인사항	1) 조직의 핵심 서비스(업무) 연속성을 위협할 수 있는 IT 재해 유형을 식별하고 유형별 피해규모 및 업무에 미치는 영향을 분석하여 핵심 IT 서비스(업무) 및 시스템을 식별하고 있는가? 2) 핵심 IT 서비스 및 시스템의 중요도 및 특성에 따른 복구 목표시간, 복구 목표시점을 정의하고 있는가? 3) 재해 및 재난 발생 시에도 핵심 서비스 및 시스템의 연속성을 보장할 수 있도록 복구 전략 및 대책, 비상시 복구 조직, 비상연락체계, 복구 절차 등 재해 복구 계획을 수립·이행하고 있는가?
결함사례	• IT 재해 복구 절차서 내에 IT 재해 복구 조직 및 역할 정의, 비상연락체계, 복구 절차 및 방법 등 중요한 내용이 누락되어 있는 경우 • 비상사태 발생 시 정보시스템의 연속성 확보 및 피해 최소화를 위하여 백업센터를 구축하여 운영하고 있으나, 관련 정책에 백업센터를 활용한 재해 복구 절차 등이 수립되어 있지 않아 재해 복구 시험 및 복구가 효과적으로 진행되기 어려운 경우 • 서비스 운영과 관련된 일부 중요 시스템에 대한 복구 목표시간이 정의되어 있지 않으며, 이에 대한 적절한 복구 대책을 마련하고 있지 않은 경우 • 재해 복구 관련 지침서 등에 IT 서비스 또는 시스템에 대한 복구 우선순위, 복구 목표시간, 복구 목표시점 등이 정의되어 있지 않은 경우 • 현실적 대책 없이 복구 목표시간을 과도 또는 과소하게 설정하고 있거나, 복구 목표시점과 백업정책(대상, 주기 등)이 적절히 연계되지 않아 복구 효과성을 보장할 수 없는 경우

항목	2.12.2 재해 복구 시험 및 개선
인증기준	재해 복구 전략 및 대책의 적정성을 정기적으로 시험하여 시험결과, 정보시스템 환경변화, 법규 등에 따른 변화를 반영하여 복구전략 및 대책을 보완하여야 한다.
주요 확인사항	1) 수립된 IT 재해 복구체계의 실효성을 판단하기 위하여 재해 복구 시험계획을 수립·이행하고 있는가? 2) 시험결과, 정보시스템 환경변화, 법률 등에 따른 변화를 반영할 수 있도록 복구전략 및 대책을 정기적으로 검토·보완하고 있는가?
결함사례	• 재해 복구 훈련을 계획·시행하지 않았거나 관련 계획서 및 결과보고서가 확인되지 않은 경우 • 재해 복구 훈련 계획을 수립하였으나, 타당한 사유 또는 승인 없이 계획대로 실시하지 않았거나 관련 결과보고가 확인되지 않은 경우 • 재해 복구 훈련을 계획하여 실시하였으나, 내부 관련 지침에 정한 절차 및 서식에 따라 이행되지 않아 수립한 재해 복구 절차의 적정성 및 효과성을 평가하기 위한 훈련으로 보기 어려운 경우

3) 개인정보 처리단계별 요구사항

항목	3.1.1 개인정보 수집·이용
인증기준	개인정보는 적법하고 정당하게 수집·이용하여야 하며, 정보주체의 동의를 근거로 수집하는 경우에는 적법한 방법으로 정보주체의 동의를 받아야 한다. 또한 만 14세 미만 아동의 개인정보를 수집하는 경우에는 그 법정대리인의 동의를 받아야 하며 법정대리인이 동의하였는지를 확인하여야 한다.
주요 확인사항	1) 개인정보 수집 시 법령에 특별한 규정이 있는 경우를 제외하고는 정보주체(이용자)에게 관련 내용을 **명확하게 고지하고 동의**를 받고 있는가? 2) 정보주체(이용자)에게 **동의를 받는 방법 및 시점**은 적절하게 되어 있는가? 3) 정보주체(이용자)에게 동의를 서면(전자문서 포함)으로 받는 경우 법령에서 정한 중요한 내용에 대해 **명확히 표시**하여 알아보기 쉽게 하고 있는가? 4) **만 14세 미만 아동**의 개인정보에 대해 수집·이용·제공 등의 동의를 받는 경우 법정대리인에게 필요한 사항에 대하여 고지하고 동의를 받고 있는가? 5) **법정대리인의 동의**를 받기 위하여 필요한 **최소한의 개인정보만을 수집**하고 있으며, 법정대리인이 자격 요건을 갖추고 있는지 확인하는 **절차와 방법**을 마련하고 있는가? 6) 정보주체(이용자) 및 법정대리인에게 **동의를 받은 기록을 보관**하고 있는가?
결함사례	• 개인정보보호법을 적용받는 개인정보처리자가 개인정보 수집 동의 시 고지 사항에 '동의 거부 권리 및 동의 거부에 따른 불이익 내용'을 누락한 경우 • 개인정보 수집 동의 시 수집하는 개인정보 항목을 구체적으로 명시하지 않고 '～ 등'과 같이 포괄적으로 안내하는 경우 • 쇼핑몰 홈페이지에서 회원가입 시 회원가입에 필요한 개인정보 외에 추후 물품 구매 시 필요한 결제·배송 정보를 미리 필수 항목으로 수집하는 경우 • Q&A, 게시판을 통하여 비회원의 개인정보(이름, 이메일, 휴대폰번호)를 수집하면서 개인정보 수집 동의 절차를 거치지 않은 경우 • 만 14세 미만 아동의 개인정보를 수집하면서 법정대리인의 동의를 받지 않은 경우 • 만 14세 미만 아동에 대하여 서비스를 제공하고 있지 않지만, 회원가입 단계에서 입력받는 생년월일을 통하여 나이 체크를 하지 않아 법정대리인 동의 없이 가입된 만 14세 미만 아동 회원이 존재한 경우 • 법정대리인의 진위 여부를 확인하는 절차가 미흡하여 미성년자 등 아동의 법정대리인으로 보기 어려운데도 법정대리인 동의가 가능한 경우 • 만 14세 미만 아동으로부터 법정대리인 동의를 받는 목적으로 법정대리인의 개인정보(이름, 휴대폰번호)를 수집한 이후 법정대리인의 동의가 장기간 확인되지 않았음에도 이를 파기하지 않고 계속 보유하고 있는 경우 • 법정대리인 동의에 근거하여 만 14세 미만 아동의 개인정보를 수집하였으나, 관련 기록을 보존하지 않아 법정대리인 동의와 관련된 사항(법정대리인 이름, 동의 일시 등)을 확인할 수 없는 경우

항목	3.1.2 개인정보 수집 제한
인증기준	개인정보를 수집하는 경우 처리 목적에 필요한 최소한의 개인정보만을 수집하여야 하며, 정보주체가 선택적으로 동의할 수 있는 사항 등에 동의하지 아니한다는 이유로 정보주체에게 재화 또는 서비스의 제공을 거부하지 않아야 한다.
주요 확인사항	1) 개인정보를 수집하는 경우 서비스 제공 또는 법령에 근거한 처리 등을 위해 필요한 범위 내에서 **최소한의 정보**만을 수집하고 있는가? 2) 수집 목적에 필요한 최소한의 정보 외의 개인정보를 수집하는 경우 정보주체(이용자)가 해당 **개인정보의 제공 여부를 선택**할 수 있도록 하고 있는가? 3) 정보주체(이용자)가 수집 목적에 필요한 최소한의 정보 이외의 개인정보 수집에 동의하지 않는다는 이유로 **서비스 또는 재화의 제공을 거부하지 않도록** 하고 있는가?
결함사례	• 계약의 체결 및 이행을 근거로 정보주체 동의 없이 개인정보를 수집하면서 계약의 체결 및 이행을 위해 반드시 필요하지 않은 개인정보 항목까지 과도하게 수집하는 경우 • 정보주체로부터 선택사항에 대한 동의를 받으면서 해당 개인정보 수집에는 동의하지 아니할 수 있다는 사실을 구체적으로 알리지 않은 경우 • 회원가입 양식에서 필수와 선택 정보를 구분하여 별도 동의를 받도록 되어 있었으나, 선택정보에 대하여 동의하지 않아도 회원가입이 가능함을 정보주체가 인지할 수 있도록 구체적으로 알리지 않은 경우(개인정보 입력 양식에 개인정보 항목별로 필수, 선택 여부가 표시되어 있지 않은 경우 등) • 홈페이지 회원가입 화면에서 선택사항에 대하여 동의하지 않거나 선택정보를 입력하지 않으면 다음 단계로 넘어가지 않거나 회원가입이 차단되는 경우 • 채용 계약 시 채용 예정 직무와 직접 관련이 없는 가족사항 등 과도한 개인정보를 수집하는 경우

항목	3.1.3 주민등록번호 처리 제한
인증기준	주민등록번호는 법적 근거가 있는 경우를 제외하고는 수집·이용 등 처리할 수 없으며, 주민등록번호의 처리가 허용된 경우라 하더라도 인터넷 홈페이지 등에서 대체수단을 제공하여야 한다.
주요 확인사항	1) 주민등록번호는 명확한 **법적 근거**가 있는 경우에만 처리하고 있는가? 2) 주민등록번호의 수집 근거가 되는 **법조항을 구체적**으로 식별하고 있는가? 3) 법적 근거에 따라 정보주체(이용자)의 주민등록번호 수집이 가능한 경우에도 아이핀, 휴대폰 인증 등 **주민등록번호를 대체하는 수단**을 제공하고 있는가?
결함사례	• 홈페이지 가입과 관련하여 실명확인 등 단순 회원관리 목적을 위하여 정보주체의 동의에 근거하여 주민등록번호를 수집한 경우 • 정보주체의 주민등록번호를 시행규칙이나 지방자치단체의 조례에 근거하여 수집한 경우 • 비밀번호 분실 시 본인확인 등의 목적으로 주민등록번호 뒤 6자리를 수집하지만, 관련된 법적 근거가 없는 경우 • 채용전형 진행단계에서 법적 근거 없이 입사지원자의 주민등록번호를 수집한 경우 • 콜센터에 상품, 서비스 관련 문의 시 본인확인을 위하여 주민등록번호를 수집한 경우 • 주민등록번호 수집의 법적 근거가 있다는 사유로 홈페이지 회원가입 단계에서 대체가입수단을 제공하지 않고 주민등록번호를 입력받는 본인확인 및 회원가입 방법만을 제공한 경우

항목	3.1.4 민감정보 및 고유식별정보의 처리 제한
인증기준	민감정보와 고유식별정보(주민등록번호 제외)를 처리하기 위해서는 법령에서 구체적으로 처리를 요구하거나 허용하는 경우를 제외하고는 정보주체의 별도 동의를 받아야 한다.
주요 확인사항	1) 민감정보는 정보주체(이용자)로부터 **별도의 동의**를 받거나 관련 **법령에 근거**가 있는 경우에만 처리하고 있는가? 2) 고유식별정보(주민등록번호 제외)는 정보주체(이용자)로부터 **별도의 동의**를 받거나 관련 **법령에 구체적인 근거**가 있는 경우에만 처리하고 있는가?
결함사례	• 장애인에 대한 요금감면 등 혜택 부여를 위하여 장애 여부 등 건강에 관한 민감정보를 수집하면서 다른 개인정보 항목에 포함하여 일괄 동의를 받은 경우 • 회원가입 시 외국인에 한하여 외국인등록번호를 수집하면서 다른 개인정보 항목에 포함하여 일괄 동의를 받은 경우 • 민감정보 또는 고유식별정보의 수집에 대해 별도의 동의를 받으면서 고지하여야 할 4가지 사항 중에 일부를 누락하거나 잘못된 내용으로 고지하는 경우(동의 거부 권리 및 동의 거부에 따른 불이익 사항을 고지하지 않은 경우 등)

항목	3.1.5 간접수집 보호조치
인증기준	정보주체 이외로부터 개인정보를 수집하거나 제3자로부터 제공받는 경우에는 업무에 필요한 최소한의 개인정보를 수집하거나 제공받아야 하며, 법령에 근거거나 정보주체의 요구가 있으면 개인정보의 수집 출처, 처리목적, 처리정지의 요구권리를 알려야 한다.
주요 확인사항	1) 정보주체(이용자) 이외로부터 개인정보를 제공받는 경우 개인정보 수집에 대한 **동의획득 책임**이 개인정보를 제공하는 자에게 있음을 **계약을 통해 명시**하고 있는가? 2) **공개된 매체 및 장소**에서 개인정보를 수집하는 경우 정보주체(이용자)의 공개 목적·범위 및 **사회 통념상** 동의 의사가 있다고 **인정되는 범위** 내에서만 수집·이용하는가? 3) 서비스 계약 이행을 위해 필요한 경우로서, 사업자가 서비스 제공 과정에서 **자동수집장치** 등에 의해 수집·생성하는 개인정보(이용내역 등)의 경우에도 **최소수집** 원칙을 적용하고 있는가? 4) 정보주체(이용자) 이외로부터 수집하는 개인정보에 대해 **정보주체(이용자)의 요구**가 있는 경우 즉시 필요한 사항을 정보주체(이용자)에게 **알리고** 있는가? 5) 정보주체(이용자) 이외로부터 수집한 개인정보를 처리하는 경우 개인정보의 종류·규모 등이 **법적 요건에 해당**하는 경우 필요한 사항을 정보주체(이용자)에게 **알리고** 있는가? 6) 정보주체(이용자)에게 수집출처에 대해 **알린 기록**을 해당 개인정보의 파기 시까지 **보관·관리**하고 있는가?
결함사례	• 인터넷 홈페이지, SNS에 공개된 개인정보를 수집하고 있는 상태에서 정보주체의 수집 출처 요구에 대한 처리절차가 존재하지 않은 경우 • 개인정보보호법 제17조제1항제1호에 따라 다른 사업자로부터 개인정보 제공동의를 근거로 개인정보를 제공받았으나, 이에 대하여 해당 정보주체에게 3개월 내에 통지하지 않은 경우(다만, 제공받은 자가 5만 명 이상 정보주체의 민감정보 또는 고유식별정보를 처리하거나 100만 명 이상 정보주체의 개인정보를 처리하는 경우) • 법적 의무 대상자에 해당되어 개인정보 수집 출처를 정보주체에게 통지하면서 개인정보의 처리목적 또는 동의를 철회할 권리가 있다는 사실 등 필수 통지사항을 일부 누락한 경우 • 법적 의무 대상자에 해당되어 개인정보 수집 출처를 정보주체에게 통지하였으나, 수집 출처 통지에 관한 기록을 해당 개인정보의 파기 시까지 보관하지 않은 경우

항목	3.1.6 영상정보처리기기 설치·운영
인증기준	고정형 영상정보처리기기를 공개된 장소에 설치·운영하거나 이동형 영상정보처리기기를 공개된 장소에서 업무를 목적으로 운영하는 경우 설치 목적 및 위치에 따라 법적 요구사항을 준수하고, 적절한 보호대책을 수립·이행하여야 한다.
주요 확인사항	1) 공개된 장소에 영상정보처리기기를 설치·운영할 경우 법적으로 **허용한 장소 및 목적**인지 검토하고 있는가? 2) 공공기관이 공개된 장소에 영상정보처리기기를 설치·운영하려는 경우 **공청회·설명회** 개최 등의 법령에 따른 절차를 거쳐 관계 전문가 및 이해관계인의 의견을 수렴하고 있는가? 3) 영상정보처리기기 설치·운영 시 정보주체가 쉽게 인식할 수 있도록 **안내판 설치** 등 필요한 조치를 하고 있는가? 4) 영상정보처리기기 및 영상정보의 안전한 관리를 위한 영상정보처리기기 **운영·관리 방침**을 마련하여 시행하고 있는가? 5) 영상정보의 보관 기간을 정하고 있으며, **보관 기간 만료 시 지체 없이 삭제**하고 있는가? 6) 영상정보처리기기 설치·운영에 관한 사무를 위탁하는 경우 관련 절차 및 요건에 따라 **계약서**에 반영하고 있는가?
결함사례	• 영상정보처리기기 안내판의 고지 문구가 일부 누락되어 운영되고 있거나, 영상정보처리기기 운영·관리 방침을 수립·운영하고 있지 않은 경우 • 영상정보처리기기 운영·관리 방침을 수립 운영하고 있으나, 방침 내용과 달리 보관기간을 준수하지 않고 운영되거나, 영상정보보호를 위한 접근통제 및 로깅 등 방침에 기술한 사항이 준수되지 않는 등 관리가 미흡한 경우 • 영상정보처리기기의 설치·운영 사무를 외부업체에 위탁하고 있으나, 영상정보의 관리 현황 점검에 관한 사항, 손해배상 책임에 관한 사항 등 법령에서 요구하는 내용을 영상정보처리기기 업무 위탁 계약서에 명시하지 않은 경우 • 영상정보처리기기의 설치·운영 사무를 외부업체에 위탁하고 있으나, 영상정보처리기기 안내판에 수탁자의 명칭과 연락처를 누락하여 고지한 경우

항목	3.1.7 마케팅 목적의 개인정보 수집·이용
인증기준	재화나 서비스의 홍보, 판매 권유, 광고성 정보전송 등 마케팅 목적으로 개인정보를 수집·이용하는 경우 그 목적을 정보주체가 명확하게 인지할 수 있도록 고지하고 동의를 받아야 한다.
주요 확인사항	1) 정보주체(이용자)에게 재화나 서비스를 **홍보하거나 판매**를 권유하기 위하여 개인정보 처리에 대한 동의를 받는 경우 정보주체(이용자)가 이를 명확하게 인지할 수 있도록 알리고 **별도 동의**를 받고 있는가? 2) 전자적 전송매체를 이용하여 **영리목적의 광고성 정보**를 전송하는 경우 수신자의 명시적인 **사전 동의**를 받고 있으며, **2년마다** 정기적으로 수신자의 **수신동의 여부를 확인**하고 있는가? 3) 전자적 전송매체를 이용한 영리목적의 광고성 정보 전송에 대해 수신자가 **수신거부**의사를 표시하거나 사전 동의를 철회한 경우 영리목적의 광고성 정보 전송을 **중단**하도록 하고 있는가? 4) 영리목적의 광고성 정보를 전송하는 경우 **전송자의 명칭, 수신거부 방법** 등을 구체적으로 밝히고 있으며, **야간시간**에는 전송하지 않도록 하고 있는가?
결함사례	• '홍보 및 마케팅' 목적으로 개인정보를 수집하면서 '부가서비스 제공', '제휴 서비스 제공' 등과 같이 목적을 모호하게 안내하는 경우 또는 다른 목적으로 수집하는 개인정보와 구분하지 않고 포괄 동의를 받는 경우 • 모바일 앱에서 광고성 정보전송(앱 푸시)에 대하여 거부 의사를 밝혔으나, 프로그램 오류 등의 이유로 광고성 앱 푸시가 이루어지는 경우 • 온라인 회원가입 화면에서 문자, 이메일에 의한 광고성 정보 전송에 대하여 디폴트로 체크되어 있는 경우 • 광고성 정보 수신동의 여부에 대하여 2년마다 확인하지 않은 경우 • 영리목적의 광고성 정보를 전자우편으로 전송하면서 제목이 시작되는 부분에 '(광고)' 표시를 하지 않은 경우

항목	3.2.1 개인정보 현황관리
인증기준	수집·보유하는 개인정보의 항목, 보유량, 처리 목적 및 방법, 보유기간 등 현황을 정기적으로 관리하여야 하며, 공공기관의 경우 이를 법률에서 정한 관계기관의 장에게 등록하여야 한다.
주요 확인사항	1) 수집·보유하고 있는 개인정보의 항목, 보유량, 처리 목적 및 방법, 보유기간 등 **현황을 정기적으로 관리**하고 있는가? 2) **공공기관**이 **개인정보파일**을 운용하거나 변경하는 경우 관련된 사항을 법률에서 정한 **관계기관의 장에게 등록**하고 있는가? 3) **공공기관**은 개인정보파일의 보유 현황을 **개인정보 처리방침에 공개**하고 있는가?
결함사례	• 개인정보파일을 홈페이지의 개인정보파일 등록 메뉴를 통하여 목록을 관리하고 있으나, 그 중 일부 홈페이지 서비스와 관련된 개인정보파일의 내용이 개인정보 처리방침에 누락되어 있는 경우 • 신규 개인정보파일을 구축한 지 2개월이 경과하였으나, 해당 개인정보파일을 개인정보보호위원회에 등록하지 않은 경우 • 개인정보보호위원회에 등록되어 공개된 개인정보파일의 내용(수집하는 개인정보의 항목 등)이 실제 처리하고 있는 개인정보파일 현황과 상이한 경우 • 공공기관이 임직원의 개인정보파일, 통계법에 따라 수집되는 개인정보파일에 대해 개인정보파일 등록 예외사항에 해당되지 않음에도 불구하고 해당 개인정보파일을 개인정보보호위원회에 등록하지 않은 경우

항목	3.2.2 개인정보 품질보장
인증기준	수집된 개인정보는 처리 목적에 필요한 범위에서 개인정보의 정확성·완전성·최신성이 보장되도록 정보주체에게 관리절차를 제공하여야 한다.
주요 확인사항	1) 수집된 개인정보는 내부 절차에 따라 안전하게 처리하도록 관리하며 **최신의 상태로 정확**하게 유지하고 있는가? 2) 정보주체(이용자)가 개인정보의 **정확성, 완전성 및 최신성을 유지할 수 있는 방법을 제공**하고 있는가?
결함사례	• 인터넷 홈페이지를 통하여 회원정보를 변경할 때는 본인확인 절차를 거치고 있으나, 고객센터 상담원과의 통화를 통한 회원정보 변경 시에는 본인확인 절차가 미흡하여 회원정보의 불법적인 변경이 가능한 경우 • 온라인 회원에 대해서는 개인정보를 변경할 수 있는 방법을 제공하고 있으나, 오프라인 회원에 대해서는 개인정보를 변경할 수 있는 방법을 제공하고 있지 않은 경우

항목	3.2.3 이용자 단말기 접근 보호
인증기준	정보주체의 이동통신단말장치 내에 저장되어 있는 정보 및 이동통신단말장치에 설치된 기능에 접근이 필요한 경우 이를 명확하게 인지할 수 있도록 알리고 정보주체의 동의를 받아야 한다.
주요 확인사항	1) 정보주체(이용자)의 **이동통신단말장치** 내에 저장되어 있는 정보 및 이동통신단말장치에 설치된 기능에 대하여 **접근할 수 있는 권한**이 필요한 경우 명확하게 인지할 수 있도록 **알리고** 정보주체(이용자)의 **동의**를 받고 있는가? 2) 이동통신단말장치 내에서 해당 서비스를 제공하기 위하여 반드시 **필요한 접근권한이 아닌** 경우, 정보주체(이용자)가 **동의하지 않아도 서비스 제공을 거부**하지 않도록 하고 있는가? 3) 이동통신단말장치 내에서 해당 접근권한에 대한 정보주체(이용자)의 **동의 및 철회방법**을 마련하고 있는가?
결함사례	• 스마트폰 앱에서 서비스에 불필요함에도 불구하고 주소록, 사진, 문자 등 스마트폰 내 개인정보 영역에 접근할 수 있는 권한을 과도하게 설정한 경우 • 정보통신서비스제공자의 스마트폰 앱에서 스마트폰 내에 저장되어 있는 정보 및 설치된 기능에 접근하면서 접근권한에 대한 고지 및 동의를 받지 않고 있는 경우 • 스마트폰 앱의 접근권한에 대한 동의를 받으면서 선택사항에 해당하는 권한을 필수권한으로 고지하여 동의를 받는 경우 • 접근권한에 대한 개별동의가 불가능한 안드로이드 6.0 미만 버전을 지원하는 스마트폰 앱을 배포하면서 선택적 접근권한을 함께 설정하여, 선택적 접근권한에 대하여 거부할 수 없도록 하고 있는 경우

항목	3.2.4 개인정보 목적 외 이용 및 제공
인증기준	개인정보는 수집 시의 정보주체에게 고지·동의를 받은 목적 또는 법령에 근거한 범위 내에서만 이용 또는 제공하여야 하며, 이를 초과하여 이용·제공하려는 때에는 정보주체의 추가 동의를 받거나 관계 법령에 따른 적법한 경우인지 확인하고 적절한 보호대책을 수립·이행하여야 한다.
주요 확인사항	1) 개인정보는 최초 수집 시 정보주체(이용자)로부터 **동의받은 목적 또는 법령**에 근거한 범위 내에서만 이용·제공하고 있는가? 2) 개인정보를 수집 목적 또는 범위를 초과하여 이용하거나 제공하는 경우 정보주체(이용자)로부터 **별도의 동의**를 받거나 **법적 근거**가 있는 경우로 제한하고 있는가? 3) 개인정보를 목적 외의 용도로 제3자에게 제공하는 경우 제공받는 자에게 **이용목적·방법 등을 제한**하거나 **안전성 확보**를 위해 필요한 조치를 마련하도록 요청하고 있는가? 4) **공공기관**이 개인정보를 목적 외의 용도로 이용하거나 제3자에게 제공하는 경우 그 이용 또는 제공의 **법적 근거, 목적 및 범위** 등에 관하여 필요한 사항을 **관보 또는 인터넷 홈페이지** 등에 게재하고 있는가? 5) **공공기관**이 개인정보를 목적 외의 용도로 이용하거나 제3자에게 제공하는 경우 **목적 외 이용 및 제3자 제공대장**에 기록·관리하고 있는가?
결함사례	• 상품배송을 목적으로 수집한 개인정보를 사전에 동의받지 않은 자사 상품의 통신판매 광고에 이용한 경우 • 고객 만족도 조사, 경품 행사에 응모하기 위하여 수집한 개인정보를 자사의 할인판매행사 안내용 광고 발송에 이용한 경우 • 공공기관이 다른 법률에 근거하여 민원인의 개인정보를 목적 외로 타 기관에 제공하면서 관련 사항을 관보 또는 인터넷 홈페이지에 게시하지 않은 경우 • 공공기관이 범죄 수사의 목적으로 경찰서에 개인정보를 제공하면서 '개인정보 목적 외 이용 및 제3자 제공 대장'에 관련 사항을 기록하지 않은 경우

항목	3.2.5 가명정보 처리
인증기준	가명정보를 처리하는 경우 목적제한, 결합제한, 안전조치, 금지의무 등 법적 요건을 준수하고 적정 수준의 가명 처리를 보장할 수 있도록 가명처리 절차를 수립·이행하여야 한다.
주요 확인사항	1) 가명정보를 처리하는 경우 목적 제한, 가명처리 방법 및 기준, 적정성 검토, 재식별 금지 및 재식별 발생 시 조치사항 등 가명정보를 적정하게 처리하기 위한 절차를 수립하고 있는가? 2) 개인정보를 가명처리하여 이용·제공 시 추가 정보의 사용·결합 없이는 개인을 알아볼 수 없도록 적정한 수준으로 가명처리를 수행하고 있는가? 3) 다른 개인정보처리자와 가명정보를 결합하는 경우 결합전문기관 또는 데이터전문기관을 통해 결합하고 있는가? 4) 가명정보를 처리하는 경우 추가 정보를 삭제 또는 별도로 분리하여 보관·관리, 관련 기록의 작성·보관 등 안전성 확보에 필요한 기술적·관리적 및 물리적 조치를 하고 있는가? 5) 가명정보 처리목적 등을 고려하여 가명정보의 처리 기간을 적정한 기간으로 정하고 있으며, 해당 기간이 경과한 경우 지체 없이 파기하고 있는가? 6) 개인정보를 익명처리하는 경우 시간·비용·기술 등을 합리적으로 고려할 때 다른 정보를 사용하여도 더 이상 특정 개인을 알아볼 수 없도록 적정한 수준으로 익명처리하고 있는가?
결함사례	• 통계작성 및 과학적 연구를 위하여 정보주체 동의 없이 가명정보를 처리하면서 가명정보 처리에 관한 기록을 남기고 있지 않거나, 또는 개인정보 처리방침에 관련 사항을 공개하지 않은 경우 • 가명정보와 동일한 데이터베이스 내에 추가 정보를 분리하지 않고 보관하고 있거나, 또는 가명 정보와 추가 정보에 대한 접근권한이 적절히 분리되지 않은 경우 • 개인정보를 가명처리하여 활용하고 있으나 적정한 수준의 가명처리가 수행되지 않아 추가 정보의 사용 없이도 다른 정보와의 결합 등을 통하여 특정 개인을 알아볼 수 있는 가능성이 존재하는 경우 • 테스트 데이터 생성, 외부 공개 등을 위하여 개인정보를 익명처리하였으나, 특이치 등으로 인하여 특정 개인에 대한 식별가능성이 존재하는 등 익명처리가 적정하게 수행되었다고 보기 어려운 경우

항목	3.3.1 개인정보 제3자 제공
인증기준	개인정보를 제3자에게 제공하는 경우 법적 근거에 의하거나 정보주체의 동의를 받아야 하며, 제3자에게 개인정보의 접근을 허용하는 등 제공 과정에서 개인정보를 안전하게 보호하기 위한 보호대책을 수립·이행하여야 한다.
주요 확인사항	1) 개인정보를 제3자에게 제공하는 경우 **법령에 규정**이 있는 경우를 제외하고는 정보주체(이용자)에게 관련 내용을 **명확하게 고지하고 동의**를 받고 있는가? 2) 개인정보의 제3자 제공 동의는 **수집·이용에 대한 동의와 구분**하여 받고 이에 동의하지 않는다는 이유로 해당 **서비스의 제공을 거부**하지 않도록 하고 있는가? 3) 개인정보를 제3자에게 제공하는 경우 제공 목적에 맞는 **최소한의 개인정보** 항목으로 제한하고 있는가? 4) 개인정보를 제3자에게 제공하는 경우 안전한 **절차와 방법**을 통해 제공하고 **제공 내역을 기록하여 보관**하고 있는가? 5) **제3자**에게 개인정보의 **접근을 허용**하는 경우 개인정보를 안전하게 보호하기 위한 보호절차에 따라 **통제**하고 있는가?
결함사례	• 개인정보처리자가 개인정보 제3자 제공 동의를 받을 때 정보주체에게 고지하는 사항 중에 일부 사항(동의 거부권, 제공하는 항목 등)을 누락한 경우 • 개인정보를 제3자에게 제공하는 과정에서 제3자 제공 동의 여부를 적절히 확인하지 못하여 동의하지 않은 정보주체의 개인정보가 함께 제공된 경우 • 개인정보를 제공 동의를 받을 때, 제공받는 자를 특정하지 않고 '~ 등'과 같이 포괄적으로 안내하고 동의를 받은 경우 • 회원 가입 단계에서 선택사항으로 제3자 제공 동의를 받고 있으나, 제3자 제공에 동의하지 않으면 회원 가입 절차가 더 이상 진행되지 않도록 되어 있는 경우 • 제공받는 자의 이용 목적과 관련 없이 지나치게 많은 개인정보를 제공하는 경우

항목	3.3.2 개인정보 처리 업무 위탁
인증기준	개인정보 처리업무를 제3자에게 위탁하는 경우 위탁하는 업무의 내용과 수탁자 등 관련사항을 공개하여야 한다. 또한 재화 또는 서비스를 홍보하거나 판매를 권유하는 업무를 위탁하는 경우 위탁하는 업무의 내용과 수탁자를 정보주체에게 알려야 한다.
주요 확인사항	1) 개인정보 처리업무를 제3자에게 **위탁**하는 경우 인터넷 홈페이지 등에 위탁하는 **업무의 내용과 수탁자를 현행화하여 공개**하고 있는가? 2) 재화 또는 서비스를 **홍보하거나 판매**를 권유하는 업무를 위탁하는 경우에는 **서면, 전자우편, 문자전송** 등의 방법으로 위탁하는 업무의 내용과 수탁자를 정보주체에게 **알리고 있는가?**
결함사례	• 홈페이지 개인정보 처리방침에 개인정보 처리업무 위탁 사항을 공개하고 있으나, 일부 수탁자와 위탁하는 업무의 내용이 누락된 경우 • 재화 또는 서비스를 홍보하거나 판매를 권유하는 업무를 위탁하면서, 위탁하는 업무의 내용과 수탁자를 서면 등의 방법으로 정보주체에게 알리지 않고 개인정보 처리방침에 공개하는 것으로 갈음한 경우 • 기존 개인정보 처리업무 수탁자와의 계약 해지에 따라 개인정보 처리업무 수탁자가 변경되었으나, 이에 대하여 개인정보 처리방침에 지체 없이 반영하지 않은 경우 • 개인정보 처리업무를 위탁받은 자가 해당 업무를 제3자에게 재위탁을 하고 있지만, 재위탁에 관한 사항을 인터넷 홈페이지 등에 공개하고 있지 않은 경우

항목	3.3.3 영업의 양도 등에 따른 개인정보 이전
인증기준	영업의 양도·합병 등으로 개인정보를 이전하거나 이전받는 경우 정보주체 통지 등 적절한 보호조치를 수립·이행하여야 한다.
주요 확인사항	1) **영업**의 전부 또는 일부의 **양도**·합병 등으로 개인정보를 다른 사람에게 **이전**하는 경우 필요한 사항을 사전에 정보주체(이용자)에게 **알리고** 있는가? 2) 영업양수자 등은 **법적 통지 요건**에 해당될 경우 개인정보를 이전받은 사실을 정보주체(이용자)에게 지체 없이 **알리고** 있는가? 3) 개인정보를 **이전받는 자**는 이전 당시의 **본래 목적**으로만 개인정보를 이용하거나 제3자에게 제공하고 있는가?
결함사례	• 개인정보처리자가 영업 양수를 통하여 개인정보를 이전받으면서 양도자가 개인정보 이전 사실을 알리지 않았음에도 개인정보 이전 사실을 정보주체에게 알리지 않은 경우 • 영업 양수도 등에 의하여 개인정보를 이전받으면서 정보주체가 이전을 원하지 않은 경우 조치할 수 있는 방법과 절차를 마련하지 않거나, 이를 정보주체에게 알리지 않은 경우

항목	3.3.4 개인정보 국외 이전
인증기준	개인정보를 국외로 이전하는 경우 국외 이전에 대한 동의, 관련 사항에 대한 공개 등 적절한 보호조치를 수립·이행하여야 한다.
주요 확인사항	1) 개인정보를 **국외의 제3자에게 제공**하는 경우 정보주체(이용자)에게 필요한 사항을 모두 **알리고 동의**를 받고 있는가? 2) **정보통신서비스**의 제공에 관한 **계약을 이행**하고 이용자 **편의 증진** 등을 위하여 필요한 경우로서 이용자의 개인정보를 국외에 처리위탁 또는 보관하는 경우에는 **동의에 갈음**하여 관련 사항을 이용자에게 **알리고** 있는가? 3) 개인정보보호 관련 법령 준수 및 개인정보보호 등에 관한 사항을 포함하여 **국외 이전**에 관한 **계약**을 체결하고 있는가? 4) 개인정보를 국외로 이전하는 경우 **개인정보보호**를 위해 **필요한 조치**를 취하고 있는가?
결함사례	• 개인정보를 처리하는 과정에서 국외 사업자에게 개인정보 제3자 제공이 발생하였으나, 인증, 대상국 인정 등 동의 예외 요건에 해당되지 않음에도 불구하고 개인정보 국외 이전에 대한 별도 동의를 받지 않은 경우 • 국외 클라우드 서비스(국외 리전)를 이용하여 개인정보 처리위탁 및 보관을 하면서 이전되는 국가, 이전 방법 등 관련 사항을 개인정보 처리방침에 공개하거나 정보주체에게 알리지 않은 경우 • 개인정보 국외 이전에 대한 동의를 받으면서 이전받는 자의 명칭(업체명)만 고지하고 이전되는 국가 등에 대하여 알리지 않은 경우

항목	3.4.1 개인정보 파기
인증기준	개인정보의 보유기간 및 파기 관련 내부 정책을 수립하고 개인정보의 보유기간 경과, 처리목적 달성 등 파기 시점이 도달한 때에는 파기의 안전성 및 완전성이 보장될 수 있는 방법으로 지체 없이 파기하여야 한다.
주요 확인사항	1) 개인정보의 보유**기간 및 파기**와 관련된 내부 **정책**을 수립하고 있는가? 2) 개인정보의 처리**목적이 달성**되거나 보유**기간이 경과**한 경우 **지체 없이 해당 개인정보를 파기**하고 있는가? 3) 개인정보를 파기할 때에는 복구·재생되지 않도록 **안전한 방법**으로 파기하고 있는가? 4) 개인정보 **파기에 대한 기록**을 **남기고** 관리하고 있는가?
결함사례	• 회원 탈퇴 등 목적이 달성되거나 보유기간이 경과된 경우 회원 데이터베이스에서는 해당 개인정보를 파기하였으나, CRM·DW 등 연계된 개인정보처리시스템에 복제되어 저장되어 있는 개인정보를 파기하지 않은 경우 • 특정 기간 동안 이벤트를 하면서 수집된 개인정보에 대하여 이벤트가 종료된 이후에도 파기 기준이 수립되어 있지 않거나 파기가 이루어지고 있지 않은 경우 • 콜센터에서 수집되는 민원처리 관련 개인정보(상담이력, 녹취 등)를 전자상거래법을 근거로 3년간 보존하고 있으나, 3년이 경과한 후에도 파기하지 않고 보관하고 있는 경우 • 블록체인 등 기술적 특성으로 인하여 목적이 달성된 개인정보의 완전 파기가 어려워 완전 파기 대신 익명처리를 하였으나, 익명처리가 적절하게 수행되지 않아 일부 개인정보의 재식별 등 복원이 가능한 경우

항목	3.4.2 처리목적 달성 후 보유 시 조치
인증기준	개인정보의 보유기간 경과 또는 처리목적 달성 후에도 관련 법령 등에 따라 파기하지 아니하고 보존하는 경우에는 해당 목적에 필요한 최소한의 항목으로 제한하고 다른 개인정보와 분리하여 저장·관리하여야 한다.
주요 확인사항	1) 개인정보의 **보유기간 경과** 또는 **처리목적 달성 후**에도 관련 법령 등에 따라 파기하지 아니하고 **보존**하는 경우, 관련 법령에 따른 **최소한의 기간**으로 한정하여 **최소한의 정보**만을 보존하도록 관리하고 있는가? 2) 개인정보의 보유기간 경과 또는 처리목적 달성 후에도 관련 법령 등에 따라 파기하지 아니하고 보존하는 경우 해당 개인정보 또는 개인정보파일을 다른 **개인정보와 분리하여 저장·관리**하고 있는가? 3) 분리 보관하고 있는 개인정보에 대하여 **법령에서 정한 목적 범위 내**에서만 처리 가능하도록 관리하고 있는가? 4) 분리 보관하고 있는 개인정보에 대하여 **접근권한을 최소한의 인원으로 제한**하고 있는가?
결함사례	• 탈퇴회원 정보를 파기하지 않고 전자상거래법에 따라 일정기간 보관하면서 Flag값만 변경하여 다른 회원정보와 동일한 테이블에 보관하고 있는 경우 • 전자상거래법에 따른 소비자 불만 및 분쟁처리에 관한 기록에 대해 관련 법적 요건을 잘못 적용하여 3년이 아닌 5년간 보존하도록 정하고 있는 경우 • 분리 데이터베이스를 구성하였으나 접근권한을 별도로 설정하지 않아 업무상 접근이 불필요한 인원도 분리 데이터베이스에 자유롭게 접근이 가능한 경우 • 탈퇴회원 정보를 파기하지 않고 전자상거래법에 따라 계약 또는 청약철회, 대금결제 및 재화 공급에 관한 기록을 분리하여 보존하였으나, 전자상거래법에 따른 보존의무가 없는 선택 정보까지 과도하게 보존한 경우

항목	3.5.1 개인정보 처리방침 공개
인증기준	개인정보의 처리 목적 등 필요한 사항을 모두 포함하여 정보주체가 알기 쉽도록 개인정보 처리방침을 수립하고, 이를 정보주체가 언제든지 쉽게 확인할 수 있도록 적절한 방법에 따라 공개하고 지속적으로 현행화하여야 한다.
주요 확인사항	1) 개인정보 처리방침을 정보주체(이용자)가 쉽게 확인할 수 있도록 **인터넷 홈페이지 등**에 지속적으로 **현행화하여 공개**하고 있는가? 2) 개인정보 처리방침에는 **법령에서 요구하는 내용**을 모두 **포함**하고 있는가? 3) 개인정보 처리방침이 **변경**되는 경우 사유 및 변경 내용을 **지체 없이 공지**하고 정보주체(이용자)가 언제든지 **변경된 사항**을 쉽게 **알아볼 수** 있도록 조치하고 있는가?
결함사례	• 개인정보 처리방침에 공개되어 있는 개인정보 수집, 제3자 제공 내역이 실제 수집 및 제공하는 내역과 다른 경우 • 개인정보보호책임자의 변경, 수탁자 변경 등 개인정보 처리방침 공개 내용 중에 변경사항이 발생하였음에도 이를 반영하여 변경하지 않은 경우 • 개인정보 처리방침이 공개는 되어 있으나, 명칭이 '개인정보 처리방침'이 아니라 '개인정보보호정책'으로 되어 있고 글자 크기, 색상 등을 활용하여 정보주체가 쉽게 찾을 수 있도록 되어 있지 않은 경우 • 개인정보 처리방침이 몇 차례 개정되었으나, 예전에 작성된 개인정보 처리방침의 내용을 확인할 수 있도록 공개되어 있지 않은 경우 • 전자상거래법, 상법 등 다른 법령에 따라 개인정보를 파기하지 아니하고 일정기간 보관하고 있으나, 이에 따른 보존근거와 보존하는 개인정보 항목을 개인정보 처리방침에 공개하지 않은 경우

항목	3.5.2 정보주체 권리보장
인증기준	정보주체가 개인정보의 열람, 정정·삭제, 처리정지, 이의제기, 동의철회 등 요구를 수집 방법·절차보다 쉽게 할수 있도록 권리행사 방법 및 절차를 수립·이행하고, 정보주체의 요구를 받은 경우 지체 없이 처리하고 관련 기록을 남겨야 한다. 또한 정보주체의 사생활 침해, 명예훼손 등 타인의 권리를 침해하는 정보가 유통되지 않도록 삭제 요청, 임시조치 등의 기준을 수립·이행하여야 한다.
주요 확인사항	1) 정보주체(이용자) 또는 그 대리인이 **개인정보에 대한** 열람, 정정·삭제, 처리정지, 이의제기, 동의 철회(이하 '열람 등'이라 함) **요구**를 개인정보 수집방법·절차보다 쉽게 할 수 있도록 **권리 행사 방법 및 절차**를 마련하고 있는가? 2) 정보주체(이용자) 또는 그 대리인이 개인정보 **열람** 요구를 하는 경우 **규정된 기간 내**에 열람 가능하도록 필요한 조치를 하고 있는가? 3) 정보주체(이용자) 또는 그 대리인이 개인정보 **정정·삭제** 요구를 하는 경우 **규정된 기간 내**에 정정·삭제 등 필요한 조치를 하고 있는가? 4) 정보주체(이용자) 또는 그 대리인이 개인정보 **처리정지** 요구를 하는 경우 **규정된 기간 내**에 처리정지 등 필요한 조치를 하고 있는가? 5) 정보주체(이용자)의 요구에 대한 조치에 불복이 있는 경우 **이의를 제기할 수 있도록 필요한 절차**를 마련하여 **안내**하고 있는가? 6) 정보주체(이용자) 또는 그 대리인이 개인정보 수집·이용·제공 등의 **동의를 철회**하는 경우 지체 없이 수집된 개인정보를 **파기하는 등 필요한 조치**를 취하고 있는가? 7) 개인정보 열람 등의 **요구 및 처리 결과**에 대하여 **기록을 남기고** 있는가? 8) 정보통신망에서 사생활 침해 또는 명예훼손 등 **타인의 권리를 침해**한 경우 침해를 받은 자가 **정보통신서비스제공자에게** 정보의 **삭제 요청 등**을 할 수 있는 **절차**를 마련하여 시행하고 있는가?
결함사례	• 개인정보의 열람, 정정·삭제, 처리정지 요구 방법을 정보주체가 알 수 있도록 공개하지 않은 경우 • 개인정보의 열람 요구에 대하여 정당한 사유의 통지 없이 열람 요구를 접수받은 날로부터 10일을 초과하여 회신하고 있는 경우 • 개인정보의 열람 민원에 대한 처리 내역 기록 및 보관이 이루어지지 않은 경우 • 정보주체 당사자 또는 정당한 대리인이 맞는지에 대한 확인 절차 없이 열람 통지가 이루어지는 경우 • 개인정보의 정정·삭제 요구에 대하여 정정·삭제 요구를 접수받은 날로부터 10일을 초과하여 회신하는 경우 • 회원 가입 시에는 온라인을 통하여 쉽게 회원 가입이 가능하였으나, 회원 탈퇴 시에는 신분증 등 추가 서류를 제출하게 하거나 오프라인 방문을 통해서만 가능하도록 하는 경우

항목	3.5.3 정보주체에 대한 통지
인증기준	개인정보의 이용·제공 내역 등 정보주체에게 통지하여야 할 사항을 파악하여 그 내용을 주기적으로 통지하여야 한다.
주요 확인사항	1) 법적 의무 대상자에 해당하는 경우 개인정보 **이용내역**을 주기적으로 정보주체(이용자)에게 **통지**하고 그 **기록을 남기고** 있는가? 2) 개인정보 이용내역 통지 항목은 **법적 요구항목을 모두 포함**하고 있는가?
결함사례	• 전년도 말 기준 직전 3개월간 일일 평균 저장·관리하고 있는 개인정보가 100만 명 이상으로서 개인정보 이용제공 내역 통지 의무 대상자에 해당됨에도 불구하고 금년도에 개인정보 이용·내역을 통지하지 않은 경우 • 개인정보 이용·제공 내역을 개별 정보주체에게 직접적으로 통지하는 대신 홈페이지에서 단순 팝업창이나 별도 공지사항으로 안내만 한 경우

정보보호위험관리사 ISRM
실전 모의고사

1 정보보호 및 개인정보보호 관련 정책과 시행문서는 주기적으로 검토하여 필요한 경우 제·개정하여야 한다. 검토 시 잘못된 검토사항은?

① 조직 내 또는 대외 환경에 중대한 변화가 생길 경우 검토하여 제·개정하여야 한다.

② 제·개정 시 이해관계자의 검토를 받아야 한다.

③ 관련된 법규의 제·개정사항이 발생한 경우 정책과 시행문서를 검토하여 제·개정하여야 한다.

④ 시행 문서의 경우 상위 정책의 연계성을 고려하기보다 세부적인 시행 절차가 중요하다.

2 다음 중 정보보호 및 개인정보보호 관리체계 수립 및 운영 과정에서 지적하는 미흡 사항에 해당하는 것을 바르게 묶은 것은?

> 가. 조직도상에 정보보호 최고책임자 및 개인정보보호책임자를 명시하고 있으나, 인사발령 등의 공식적인 지정절차를 거치지 않은 경우
>
> 나. 내부 규정에 따르면 정보보호 및 개인정보보호 정책서 제·개정 시에는 정보보호 및 개인정보보호위원회의 의결을 거치도록 하고 있으나, 최근 정책서 개정 시 위원회에 안건으로 상정하지 않고 정보보호 최고책임자 및 개인정보보호책임자의 승인을 근거로만 개정한 경우

① 가 : 경영진의 참여, 나 : 정책 수립

② 가 : 최고 책임자의 지정, 나 : 정책 수립

③ 가 : 경영진의 참여, 나 : 조직 구성

④ 가 : 최고 책임자의 지정, 나 : 조직 구성

3 다음 중 정보보호 범위 설정에 대한 설명으로 옳지 않은 것은?

① 관리체계 범위에는 사업(서비스)과 관련된 임직원, 정보시스템, 정보, 시설 등 유·무형의 핵심자산을 누락 없이, 포함관리체계 범위에는 사업(서비스)과 관련된 임직원, 정보시스템, 정보, 시설 등 유·무형의 핵심자산을 누락 없이 포함하여야 한다.

② 정보보호 및 개인정보보호 관리체계 범위를 명확히 확인할 수 있도록 관련된 내용(주요 서비스 및 업무 현황, 정보시스템 목록, 문서 목록 등)이 포함된 문서를 작성하여 관리하여야 한다.

③ 정보보호 관리체계 의무대상자의 경우 법적 요구사항에 따른 정보통신서비스 및 관련 정보자산은 의무적으로 포함되도록 범위를 설정하여야 한다.

④ 인증범위에서 제외되는 서비스, 정보시스템 등에 대해서는 해당 담당자의 검토를 거친 후 범위에서 제외하여야 한다.

4 다음 중 정보보호 조직 구성 시 적절하게 조치한 사례는 무엇인가?

① 정보보호 및 개인정보보호위원회를 구성하였으나, 임원 등 경영진이 포함되어 있지 않아 조직의 중요 정보 및 개인정보보호에 관한 사항을 결정할 수 없는 경우

② 내부 지침에 따라 중요 정보처리 부서 및 개인정보처리 부서의 장(팀장급)으로 구성된 정보보호 및 개인정보보호 실무협의체를 구성한 경우

③ 정보보호위원회를 개최하였으나, 연간 정보보호 및 개인정보보호 계획 및 교육계획, 예산 및 인력 등 정보보호 및 개인정보보호에 관한 주요 사항이 검토 및 의사결정이 되지 않은 경우

④ 정보보호위원회를 구성하여 운영하고 있으나, 운영 및 IT보안 관련 조직만 참여하고 개인정보보호 관련 조직은 참여하지 않아 개인정보보호에 관한 사항을 결정할 수 없는 경우

5 개인정보보호책임자가 수행하는 업무에 해당하지 않는 것은?

① 개인정보의 처리

② 개인정보 처리방침의 수립·변경 및 시행

③ 개인정보 유출 및 오·남용 방지를 위한 내부통제시스템 구축

④ 개인정보보호 계획의 수립 및 시행

6 정보보호 최고책임자의 자격요건으로 옳지 않은 것은?

① 정보기술 분야의 석사학위 이상을 취득한 사람

② 정보보호 분야 업무를 12년 수행한 경력이 있는 사람

③ 정보보호 분야의 국내 전문학사학위를 취득하고 정보보호 분야 업무를 5년 수행한 경력이 있는 사람

④ 정보보호 분야의 국내 학사학위를 취득하고 정보보호 분야 업무를 2년 수행한 경력이 있는 사람

7 주요정보통신기반시설의 취약점 분석·평가 기준으로 옳은 것은?

① 취약점 분석·평가는 외부기관에 위탁하여 실시하여야만 한다.

② 취약점 분석·평가는 주요정보통신기반시설의 관리기관이 직접 수행하여야만 한다.

③ 주요정보통신기반시설로 지정된 때에는 지정 후 6개월 이내에 취약점 분석·평가를 실시하여야만 한다.

④ 6개월 이내에 취약점 분석·평가를 수행하지 못할 경우, 관할 중앙행정기관의 장의 승인을 얻어 6개월 연장이 가능하다.

8 개인정보의 판단 기준이 아닌 것은?

① 살아 있는 자에 관한 정보

② 사망한 자에 관한 정보

③ 개인을 알아볼 수 있는 정보

④ 다른 정보와 쉽게 결합할 수 있는 정보

9 정보보호의 3대 목표(CIA) 중 무결성에 대한 설명으로 옳은 것은?

① 무결성은 정보가 인가되지 않은 방법으로 변경되거나 삭제되지 않도록 보호하는 것을 의미한다.

② 해시 함수와 전자서명은 무결성을 검증하는 데 사용되는 대표적인 기술이다.

③ 무결성 보장을 위해 접근 제어와 권한 관리 시스템을 구축할 수 있다.

④ 무결성은 주로 정보에 대한 비인가된 접근을 차단하고 데이터 유출을 방지하는 데 초점을 맞춘다.

10 정보보호의 3대 목표(CIA) 중 가용성에 대한 설명으로 옳은 것은?

① 가용성은 인가된 사용자가 필요할 때 정보에 접근하고 사용할 수 있도록 보장하는 것을 의미한다.

② 백업 및 복구 시스템은 가용성을 높이기 위한 대표적인 방법 중 하나이다.

③ 가용성 향상을 위해 로드 밸런싱과 클러스터링 기술을 사용할 수 있다.

④ 가용성은 주로 데이터의 무단 변경을 방지하고 정보의 정확성을 유지하는 데 초점을 맞춘다.

11 정보보호의 3대 목표(CIA) 중 기밀성 보장 측면에서 가장 적절한 조치를 취한 경우는?

① A 금융회사는 고객 정보를 다루는 시스템에 대해 정기적인 보안감사를 실시하고, 접근 로그를 분석하여 이상 징후를 탐지한다. 또한 데이터 접근 권한을 세분화하고 정기적으로 검토한다.

② B 정부기관은 기밀문서를 암호화하여 전송한다. 암호키는 별도의 안전한 채널로 전송하지만, 키 관리 정책이 없어 수신자가 키를 장기간 보관하고 있다.

③ C 의료기관은 환자 데이터를 익명화하여 연구목적으로 사용한다. 그러나 데이터 세트에 환자의 우편번호, 생년월일, 성별 정보가 포함되어 있어 재식별 가능성이 있다.

④ D 기업은 클라우드 서비스를 이용해 중요 데이터를 저장하고 있다. 데이터 접근 시 다중인증을 요구하지만, 클라우드 제공업체 직원들도 데이터에 접근할 수 있는 권한을 가지고 있다.

12 다음 중 정보자산으로 가장 적절하지 않은 것은?

① 고객 데이터베이스에 저장된 개인정보와 구매 이력

② 회사의 연구개발 부서에서 작성한 신제품 설계도면

③ 직원들의 업무용 컴퓨터에 저장된 개인 사진 파일

④ 기업의 재무 상태를 나타내는 회계 장부와 재무제표

13 다음 시나리오상 적절하지 못한 설명을 고르시오.

> B 금융회사는 고객의 거래 정보와 개인정보를 관리하는 핵심 금융 시스템을 운영하고 있다. 최근 보안감
> 사에서 다음과 같은 사항들이 발견되었다.
> * 일부 데이터베이스 서버가 EOL(End of Life)에 도달한 운영체제를 사용 중이다.
> * 직원들이 동일한 비밀번호를 장기간 사용하고 있으며, 일부는 간단한 비밀번호를 사용하고 있다.
> * 외부 네트워크에서 내부 시스템으로의 접근 제어가 미흡하다.
> * 중요 데이터에 대한 암호화가 일부만 적용되어 있다.
>
> 이에 B 금융회사는 다음과 같은 대책을 수립했다.
> * 모든 서버의 운영체제를 최신 버전으로 업그레이드
> * 강력한 비밀번호 정책 시행 및 정기적인 비밀번호 변경 강제
> * 방화벽 규칙 강화 및 침입 탐지 시스템(IDS) 도입
> * 모든 중요 데이터에 대한 암호화 적용
> * 정기적인 보안 교육 실시

① 정보보호대책 중 방화벽 규칙 강화와 IDS 도입은 주로 가용성(Availability) 향상을 위한
　조치이다.
② 취약점에는 EOL 운영체제 사용, 취약한 비밀번호 정책, 미흡한 접근 제어, 불완전한 데이
　터 암호화가 포함된다.
③ 위협은 해커의 공격, 내부자의 정보 유출, 랜섬웨어 감염 등이 될 수 있다.
④ 자산은 핵심 금융 시스템과 그 안에 저장된 고객 정보이다.

14 다음 중 기업의 정보자산 재사용 및 폐기 절차로 부적절한 것을 고르시오.
① 폐기 예정인 하드 디스크에 대해 디가우저를 이용하여 데이터 완전 삭제를 수행한 후, 물
　리적으로 파쇄하기 위해 모아두고 있다.
② 퇴사한 직원의 업무용 노트북을 포맷한 후, 새로운 직원에게 즉시 재할당한다.
③ 사용 연한이 지난 서버의 데이터를 백업한 후, 전문 업체를 통해 안전하게 폐기하고 폐기
　확인서를 발급받는다.
④ 중요 문서가 포함된 USB 메모리를 폐기할 때, 전용 소프트웨어로 덮어쓰기를 수행한 후
　물리적으로 파괴한다.

15 조직의 정보보호 및 개인정보보호 관련 연간 인식제고 활동 및 교육훈련 계획으로 가장 부적절한 것은?

① 신입 직원을 대상으로 입사 시 정보보호 정책 및 지침에 대한 기본 교육을 실시하고, 분기별로 전체 임직원을 대상으로 한 온라인 보안 교육을 진행한다.

② 개인정보 취급자에게는 연 1회 이상의 전문 교육을 실시하고, IT 부서 직원들에게는 최신 보안 기술 동향에 대한 외부 전문가 초청 세미나를 반기별로 개최한다.

③ 협력업체 직원들에게는 보안 서약서 작성만을 요구하고, 별도의 보안 교육은 실시하지 않는다.

④ 임원진을 대상으로 연 1회 이상 정보보호 관련 의사결정 지원을 위한 전략적 브리핑을 실시하고, 전 직원 대상 모의 피싱 훈련을 분기별로 실시한다.

16 다음 중 경영진의 참여가 적절하지 못한 사례는 무엇인가?

① 정보보호 및 개인정보보호 관리체계의 수립 및 운영활동 전반에 의사결정권이 있는 경영진이 참여하고 있는 경우

② 경영진이 참여하고 있으며, 의사결정 등의 책임과 역할을 문서화하여 기록하고 있는 경우

③ 경영진이 참여하는 중요한 활동을 정의하고, 그에 따른 보고체계를 마련하고 있는 경우

④ 보안감사를 수행하면서 관련 활동을 실무조직에서만 의사결정 및 수행을 하고 있는 경우

17 개인정보보호책임자의 자격요건으로 옳지 않은 것은?

① 기업은 사업주 또는 대표자를 개인정보보호책임자로 지정할 수 있다.

② 공공기관인 법원의 경우 4급 공무원을 개인정보보호책임자로 지정할 수 있다.

③ 기업은 임원을 개인정보보호책임자로 지정하거나 임원이 없는 경우 개인정보 처리 관련 업무를 담당하는 부서의 장으로 지정할 수 있다.

④ 공공기관인 학교의 경우 해당 학교의 행정사무를 총괄하는 사람을 개인정보보호책임자로 지정할 수 있다.

18 「개인정보보호법」에 명시된 개인정보보호 원칙(법 제3조)에 따라, 개인정보처리자는 아래에 설명된 내용을 수행할 의무가 있다. 다음 중 올바른 내용을 모두 골라 바르게 묶은 것은?

> 가. 정보주체의 사생활 침해를 최소화하는 방법으로 개인정보를 처리하여야 한다.
> 나. 개인정보의 처리 목적을 명확하게 하여야 하고 목적에 필요한 범위에서 최소한의 개인정보만을 적법하고 정당하게 수집하여야 한다.
> 다. 개인정보의 처리 목적에 필요한 범위에서 개인정보의 정확성, 완전성 및 최신성이 보장되도록 한다.
> 라. 개인정보의 분실·도난·유출·위조·변조·훼손을 방지하기 위하여 개인정보의 처리에 관한 사항을 비공개하여야 한다.
> 마. 개인정보를 처리 시 가명처리로 목적을 달성할 수 없는 경우 익명에 의하여 처리될 수 있도록 하여야 한다.
> 바. 개인정보처리자는 개인정보보호법 및 관계 법령에서 규정하고 있는 책임과 의무를 준수하고 실천함으로써 정보주체의 신뢰를 얻기 위하여 노력하여야 한다.

① 가, 다, 라, 바
② 나, 다, 마, 바
③ 가, 나, 다, 바
④ 가, 다, 라, 마

19 정보보호 거버넌스에 대한 설명 중 틀린 것을 고르시오.
① 정보보호 업무는 정보보호 조직과 비(非)정보보호 조직이 협업하여 수행하는 전사 업무이다.
② 정보보호 업무는 최고경영층이 관심을 갖고 전사적으로 지휘, 통제해 나가야 하는 업무이다.
③ 정보보호 조직은 외주 보안, 입퇴사자 보안, IT인프라 운영 보안에 대해 책임이 있다.
④ 정보보호 거버넌스 국제표준으로 ISO 27014가 있다.

20 다음 문장은 정보보호 정책의 제·개정 시 수립 과정이다. 괄호 안에 들어갈 적합한 내용은?

> (   ) 〉 영향도 및 법적 준거성 검토 〉 검토 기록 등 관련 사항 반영 〉 경영진 보고 및 승인 〉 전사 공포

① 회의록 작성 및 보고
② 이해관계자와 협의·검토
③ 그룹웨어 공지글 작성 및 게시
④ 제·개정내용을 최신화하여 임직원에게 이해하기 쉬운 형태로 제공

2 정보보호 위험평가

21 다음 문장의 괄호 안에 들어갈 적합한 용어는?

> (   )은 구조적인 방법론에 기반하지 않고, 경험자의 지식을 사용하여 위험분석을 수행하는 것이다. 이 방식은 상세 위험분석보다 빠르고 비용이 덜 든다.

① 비정형 접근법
② 베이스라인 접근법
③ 상세위험 분석법
④ 복합 접근법

22 다음 문장의 괄호 안에 들어갈 적합한 용어는?

> (   )은 자산분석, 위협 분석, 취약성 분석의 각 단계를 수행하여 위험을 평가하는 것이다. 이 방식은 조직의 자산 및 보안 요구사항을 구체적으로 분석하여 가장 적절한 대책을 수립할 수 있다.

① 비정형 접근법
② 베이스라인 접근법
③ 상세위험 분석법
④ 복합 접근법

23 다음 중 위험평가에 대한 설명으로 가장 적절한 것은?
① 위험평가는 위협이 발생할 가능성과 그 영향을 정량적 또는 정성적으로 추정하는 과정이다.
② 위험평가는 조직의 자산을 식별하고 그 가치를 평가하는 것에 국한된다.
③ 위험평가는 위험을 완전히 제거하는 것을 목표로 한다.
④ 위험평가는 보안 사고가 발생한 후에만 수행되는 사후 분석 과정이다.

24 다음 문장의 괄호 안에 들어갈 적합한 용어는?

> (   )은 자산, 위협, 취약성, 기존 보호대책 등을 분석하여 위험의 종류와 규모를 결정하는 과정이다.

① 취약성   ② 위험
③ 위협   ④ 위험 분석

25 다음 문장의 괄호 안에 들어갈 적합한 용어는?

> (   )은/는 위험을 일정 수준 이하로 관리하기 위한 위험 분석, 평가, 대책 선정을 포함하는 전체 절차이다.

① 위험 분석   ② 위험 평가
③ 위험 관리   ④ 취약성 관리

26 다음 중 정성적 위험분석 방법의 특징으로 가장 적절한 것은?
① 위험을 수치적 데이터로 정확하게 계량화한다.
② 위험의 발생 확률과 영향을 주관적 판단에 기반하여 평가한다.
③ 항상 정량적 분석보다 정확한 결과를 도출한다.
④ 복잡한 통계적 모델을 사용하여 위험을 분석한다.

27 정성적 위험분석에서 사용되는 방법이 아닌 것은?
① 델파이 기법
② 순위결정법
③ 몬테카를로 시뮬레이션
④ 퍼지행렬법

28 다음 중 정량적 위험분석에서 주로 사용되는 방법이 아닌 것은?

① 연간예상손실(ALE: Annual Loss Expectancy) 계산

② 몬테카를로 시뮬레이션

③ 델파이 기법

④ 의사결정나무 분석

29 위험분석의 절차에 대한 설명으로 가장 적절하지 않은 것은?

① 자산 분석, 위협 평가, 취약성 평가, 기 설치된 정보보호대책의 평가 순으로 진행된다.

② 위협 평가와 취약성 평가를 통합하여 수행하는 방법론도 있다.

③ 자산 분석 단계에서는 주요 자산을 유형별로 분류하여 목록을 작성한다.

④ 취약성 평가는 반드시 위협 평가 이전에 수행되어야 한다.

30 다음 시나리오는 정보보호의 요소 중 무엇을 기준으로 정보자산의 중요도를 평가한 것인가?

> B 병원의 환자 개인정보 데이터베이스가 해킹되어 환자들의 진료 기록, 주민등록번호, 연락처 등이 유출되었다. 이로 인해 환자들의 프라이버시가 침해되고 병원의 신뢰도가 크게 하락하여 환자 이탈이 발생했다. B 병원은 법적 제재와 막대한 보상금 지급에 직면하게 되었다.

① 가용성　　　　　　　　　② 기밀성

③ 무결성　　　　　　　　　④ 책임추적성

31 다음 시나리오는 정보보호의 요소 중 무엇을 기준으로 정보자산의 중요도를 평가한 것인가?

> D 증권사의 내부 직원이 고객의 주식 거래 내역을 무단으로 조회하고 이를 바탕으로 내부자 거래를 했다는 의혹이 제기되었다. 조사 결과, D 증권사의 시스템에는 사용자의 접근 기록과 작업 내역을 상세히 기록하는 로깅 시스템이 잘 구축되어 있었다. 이를 통해 해당 직원의 불법 행위를 명확히 증명할 수 있었고, 관련 법적 조치를 취할 수 있었다.

① 가용성
② 기밀성
③ 무결성
④ 책임추적성

32 연간 예상 손실(ALE)을 계산하는 공식으로 올바른 것은?

① ALE = 자산 가치(원) + 위협의 연간 발생횟수 + 취약성(%)
② ALE = 자산 가치(원) × 위협의 연간 발생횟수 × 취약성(%)
③ ALE = 자산 가치(원) ÷ 위협의 연간 발생횟수 × 취약성(%)
④ ALE = (자산 가치(원) + 위협의 연간 발생횟수) × 취약성(%)

33 다음 중 정보자산에 대한 위협 식별 과정에서 수행되는 활동으로 가장 적절하지 않은 것은?

① 알려진 위협을 조사하기 위해 전산실의 장애 관리일지를 검토한다.
② 위협 시나리오를 작성하여 파악되지 않은 잠재적 위협을 식별한다.
③ 위협 발생 주기를 평가하기 위해 통계 자료나 발생 가능성을 유추한다.
④ 취약점 진단 결과를 즉시 결과 보고서로 작성하여 경영진에게 보고한다.

34 괄호 안에 들어갈 적절한 용어를 고르시오.

> • (A)은/는 조직의 중요한 정보나 시스템에 손실을 초래할 수 있는 잠재적 원인이나 행위자를 말한다.
> • (B)은/는 이러한 잠재적 원인이 실제로 이용할 수 있는 시스템이나 절차의 약점을 의미한다
> • (C)은/는 이러한 위험으로부터 보호해야 할 조직의 중요한 요소로, 데이터베이스, 서버, 네트워크 장비 등을 포함한다.

① A: 자산, B: 위협, C: 취약성
② A: 위협, B: 취약성, C: 자산
③ A: 취약성, B: 자산, C: 위협
④ A: 위협, B: 자산, C: 취약성

35 B사의 데이터센터는 침수로 인해 손실이 발생할 가능성이 있다. 동일한 조건을 갖는 다른 조직의 통계조사에 따르면, 데이터센터가 침수될 확률은 연간 0.02(2%)로 추정된다. 침수로 인해 발생하는 예상 손실액은 50억 원으로 추정된다. 그렇다면, B사의 데이터센터 침수로 인한 연간 예상 손실액은 얼마인가?

① 1억 원
② 5억 원
③ 10억 원
④ 50억 원

36 다음 중 위험처리 전략에 대한 설명으로 가장 적절한 것은?
① 위험 감소 전략은 위험을 완전히 제거하는 것을 목표로 한다.
② 위험 수용 전략은 모든 위험에 대해 아무런 조치를 취하지 않는 것이다.
③ 위험 회피 전략은 위험이 존재하는 프로세스나 사업을 수행하지 않는 것이다.
④ 위험 전가 전략은 항상 가장 비용 효율적인 방법이다.

37 정보보호 및 개인정보보호 관리체계의 위험평가에 대한 설명으로 가장 적절하지 않은 것은?
① 위험평가는 연 1회 이상 정기적으로 수행해야 한다.
② 조직의 변화나 신규시스템 도입 시 추가적인 위험평가를 수행할 수 있다.
③ 위험평가 방법은 베이스라인 접근법, 상세위험 분석법, 복합 접근법 등이 있다.
④ 위험평가 결과는 경영진에게 IT 전문 용어를 사용하여 상세하게 보고해야 한다.

38 다음 중 위험관리 계획 수립 시 고려해야 할 사항으로 가장 적절하지 않은 것은?

① 조직의 비전, 미션, 비즈니스 목표를 반영한다.

② 최신 취약점 및 위협 동향을 고려한다.

③ 위험평가는 최초에는 베이스라인 접근법만을 사용해야 한다.

④ 다양한 이해관계자가 참여하도록 한다.

39 다음 중 위험평가 단계에서 법적 요구사항 준수 검토가 가장 필요한 상황은?

① 회사의 연간 매출액이 전년 대비 10% 증가했다.

② 정보통신망법이 최근 개정되어 일부 조항이 신설되었다.

③ 회사가 새로운 마케팅 전략을 수립했다.

④ 회사의 임원진이 교체되었다.

40 B은행의 온라인 뱅킹 시스템이 해킹 공격을 받아 고객 계좌 잔액이 무단으로 변경되었다. 이로 인해 B은행은 금융 거래를 일시적으로 중단해야 했고, 고객 신뢰도가 크게 하락했다. 이 사례에서 B은행의 온라인 뱅킹 시스템의 중요도를 평가하는 데 가장 적합한 기준은?

① 기밀성

② 무결성

③ 가용성

④ 장애 복구를 위한 목표 시간

3 정보보호 위험대응

41 A 기업의 네트워크 접근통제 정책 중 가장 적절한 것은?

① A 기업은 외부 개발자와 방문객을 위한 네트워크를 내부 업무 네트워크와 동일한 대역에 구성했다. 업무 효율성을 위해 내부 직원들도 이 네트워크를 자유롭게 사용할 수 있다.

② A 기업은 서버팜을 구성하여 중요 서버들을 관리하고 있다. 업무의 편의성을 위해 내부망의 모든 IP에서 서버팜으로의 접근이 허용되며, 직원들은 필요시 자유롭게 서버에 접속할 수 있다.

③ A 기업은 지방 지사와 본사 IDC 간의 데이터 통신을 위해 전용 VPN을 구축했다. 내부 네트워크 접속 시 MAC 주소 인증과 필수 보안 소프트웨어 설치가 요구되며, 이는 주기적으로 점검된다. 외부자용 네트워크는 내부 업무망과 물리적으로 분리되어 운영된다.

④ A 기업은 클라우드 서비스를 이용해 일부 중요 데이터베이스를 운영하고 있다. 관리의 편의성을 위해 이 데이터베이스 서버에 공인 IP가 할당되었으며, 직원들은 필요시 외부에서도 직접 접속할 수 있다. 접속 로그는 별도로 기록되어 관리된다.

42 C 기업은 최근 데이터베이스 접근 통제 정책을 검토하고 있다. 다음 중 C 기업의 데이터베이스 접근 통제 정책으로 가장 적절하지 않은 것은?

① C 기업은 데이터베이스 관리자(DBA) 계정과 일반 사용자 계정을 구분하여 관리하고 있다. DBA 계정은 필요한 최소한의 인원에게만 부여된다.

② C 기업은 개발 편의성을 위해 응용프로그램에서 사용하는 계정과 일반 사용자 계정을 공용으로 사용하도록 허용하고 있다.

③ C 기업은 중요 정보가 포함된 테이블과 컬럼에 대해 업무상 처리 권한이 있는 사용자만 접근할 수 있도록 제한하고 있다.

④ C 기업은 일정 시간 이상 업무를 수행하지 않는 경우 데이터베이스 접속이 자동으로 차단되도록 설정했다.

43 다음 중 정보시스템 접근 통제에 관한 설명으로 가장 적절하지 않은 것은?

① 서버, 네트워크시스템, 보안시스템 등 정보시스템별로 접근이 허용되는 사용자, 접근 가능 위치, 접근 수단 등을 정의하여 통제해야 한다.

② 정보시스템에 접속 후 일정 시간 업무처리를 하지 않는 경우 자동으로 시스템 접속이 차단되도록 해야 한다.

③ 효율적인 업무 처리를 위해 모든 서비스와 포트를 열어두고, 필요에 따라 사용하도록 한다.

④ 주요 서비스를 제공하는 서버는 독립된 서버로 운영해야 한다.

44 다음 중 정보시스템 접근 통제의 결함 사례로 볼 수 없는 것은?

① 윈도우 서버의 터미널 서비스에 세션 타임아웃 설정이 되어 있지 않아, 장시간 작업이 없어도 세션이 차단되지 않는 경우

② 서버 간 접속이 적절히 제한되어 있어, 사용자가 인가된 서버에만 접속할 수 있고 다른 서버로의 우회 접근이 불가능한 경우

③ 타당한 사유 없이 telnet, ftp 등 안전하지 않은 접속 프로토콜을 사용하고 있는 경우

④ 서버접근제어 시스템을 우회하여 서버에 직접 접근할 수 있는 경로가 존재하는 경우

45 다음 중 응용프로그램 접근 통제에 관한 설명으로 가장 적절하지 않은 것은?

① 사용자의 업무에 따라 응용프로그램 접근권한을 차등 부여해야 한다.

② 일정 시간 동안 입력이 없는 세션은 자동으로 차단해야 한다.

③ 관리자 전용 응용프로그램은 외부에 공개하여 접근 편의성을 높여야 한다.

④ 개인정보 및 중요정보의 불필요한 노출을 최소화하도록 응용프로그램을 구현해야 한다.

46 무선 네트워크 보안과 관련된 다음 설명 중 옳은 것은?

① 무선 AP의 관리자 비밀번호는 편의성을 위해 기본(default) 설정을 유지하는 것이 좋다.

② AD Hoc 접속은 보안상 문제가 없으므로 별도의 통제가 필요하지 않다.

③ 무선 네트워크 사용 권한은 신청 및 승인 절차를 거쳐 부여해야 한다.

④ SSID 브로드캐스팅을 항상 활성화하여 사용자의 접근 편의성을 높여야 한다.

47 A 기업은 최근 재택근무 정책을 도입하였다. 다음 중 A 기업의 원격접근 정책으로 가장 적절한 것은?

① 원격 접속 시 OTP 인증을 적용하고, 접속 기록을 주기적으로 모니터링한다.

② 편의성을 위해 모든 직원에게 VPN 접속 권한을 상시 부여한다.

③ 개인 PC를 이용한 재택근무 시 백신 설치와 보안 패치 적용을 권장한다.

④ 재택근무자의 업무 효율을 위해 모든 내부 시스템에 대한 접근을 허용한다.

48 B 병원은 개인정보처리시스템을 원격으로 관리하고 있다. 다음 중 B 병원의 관리용 단말기 보안 정책으로 가장 부적절한 것은?

① 관리용 단말기 목록을 작성하고 주기적으로 업데이트한다.

② 관리용 단말기에 대해 최신 백신을 설치하고 주기적으로 업데이트한다.

③ 등록된 관리용 단말기 외에는 시스템에 접근할 수 없도록 제한한다.

④ 관리용 단말기는 최신 업데이트를 위해 인터넷 접속이 자유롭게 가능하도록 설정한다.

49 개인정보보호조치상의 물리적 안전조치에 관한 설명 중 틀린 것은?

① 개인정보처리자는 개인정보가 포함된 보조저장매체의 반출·입 통제를 위한 보안대책을 마련하여야 한다.

② 물리적 접근 방지를 위한 장치로 비밀번호 기반 출입통제 장치, 스마트 카드 기반 출입 통제장치, 지문 등 생체정보 기반 출입통제 장치 등이 있다.

③ 개인정보처리자가 개인정보처리시스템을 운영하지 아니하고 업무용 컴퓨터 또는 모바일 기기를 이용하여 개인정보를 처리하는 경우에는 이를 적용하지 아니할 수 있다.

④ 자료보관실은 가입신청서 등의 문서나 DAT(Digital Audio Tape), LTO(Linear Tape Open), DLT(Digital Linear Tape), 하드디스크 등이 보관된 물리적 저장장소를 의미하며, 전자적 출입통제 기록이 아닌 수기문서 대장 기록은 보호조치로 인정되지 않는다.

50 인터넷을 통한 정보 유출, 악성코드 감염, 내부망 침투 등을 예방하기 위하여 주요 정보시스템, 주요 직무 수행 및 개인정보 취급 단말기 등에 대한 인터넷 접속 또는 서비스(P2P, 웹하드, 메신저 등)를 제한하는 등 인터넷 접속 통제 정책을 수립·이행하여야 한다. 다음 중 인터넷 접속 통제의 결함이 아닌 것은?

① 이용자 수가 일일평균 10만 명인 정보통신서비스제공자의 개인정보 취급자가 인터넷이 가능한 PC에서 개인정보를 다운로드하는 경우

② 망분리가 된 기관에서 망분리 장치를 이용하기 위해서는 부서장의 승인을 받아야 한다. 하지만 외부에서 접속이 가능한 내부 시스템 사내게시판에 파일을 올려 외부에서 다운을 받는 것이 간편하여, 대다수의 임직원이 이 방법을 사용하고 있는 경우

③ 내부망에서 외부망으로 자료를 전송하기 위해 네트워크 폴더를 사용하고 있다. 안전한 통신을 위해 TLS의 최신 버전으로 통신할 수 있도록 구성하였으며, 별도의 승인 절차를 거치지 않고 있는 경우

④ 내부망에 위치한 DB 서버에서 외부로 인터넷이 가능한 경우

51 홍길동 퇴사자의 접근권한 회수와 관련된 내용 중 가장 적절하지 않은 것을 고르시오.

① 홍길동 담당이 퇴사하는 날 인사부 직원은 즉시 인사DB에서 해당 직원을 퇴사처리 하였다.
② 인사DB와 내부 시스템의 관리자DB를 매시간마다 동기화하고 있다.
③ 퇴사자인 홍길동의 개인정보 관리자페이지 계정을 내부 규정에 따라 퇴사 시점에서 즉시 잠금 처리하고 불필요한 인적 정보는 삭제하였다.
④ 퇴사자 계정을 모두 삭제하였고, 팀 내부에서 사용하는 공용 계정은 유지하였다.

52 E 기업은 최근 인터넷망 차단 조치를 적용하였다. 다음 중 E 기업의 인터넷망 차단 정책으로 가장 적절한 것은?

① 인터넷망 차단 대상 PC에서 클라우드 서비스를 이용한 개인정보처리시스템 접속은 허용했다.
② 물리적 망분리를 적용하고, 망간 자료 전송 시 별도의 승인 절차 없이 신속한 업무 처리가 가능하도록 했다.
③ 인터넷망 차단 조치가 적용된 PC에서 우회 접속이 불가능하도록 정기적으로 점검을 수행했다.
④ 개인정보처리시스템에 접근 가능한 모든 PC에 대해 인터넷망 차단 조치를 적용했으나, 비용 문제로 주기적인 취약점 점검은 생략했다.

53 다음 중 여러 보안 장비의 로그를 수집하고 분석하여 보안 위협을 탐지하고 대응하는 통합 보안 관리 시스템은 무엇인가?

① SIEM(Security Information and Event Management)
② DLP(Data Loss Prevention)
③ IPS(Intrusion Prevention System)
④ NAC(Network Access Control)

54 다음 중 ESM(Enterprise Security Management)의 주요 기능으로 가장 적절하지 않은 것은?

① 실시간 통합관제를 통한 침입 탐지
② 보안 정책 등록 및 자산, 자원 관리
③ 각종 보안로그 및 이벤트에 대한 조회, 분석, 대응 관리
④ 네트워크 트래픽의 실시간 암호화

55 A 기업의 보안팀장은 보안시스템 운영 절차를 검토하고 있다. 다음 중 보안시스템 운영 절차에 반드시 포함되어야 할 내용으로 가장 적절하지 않은 것은?

① 보안시스템 관리자의 개인 휴대전화번호
② 보안시스템 정책(룰셋 등) 적용 시 등록, 변경, 삭제 등의 절차
③ IDS, IPS 등 보안시스템의 최신 패턴 및 엔진 업데이트 방안
④ 보안시스템 이벤트 모니터링 절차 및 이상징후 탐지 시 대응 방안

56 B 기업은 최근 보안시스템 운영 정책을 개선하였다. 다음 중 B 기업의 보안시스템 운영 정책으로 가장 적절하지 않은 것은?

① 침입차단시스템(방화벽) 정책은 분기별로 검토하여 불필요하거나 과도하게 허용된 정책을 제거한다.
② 보안시스템 정책 변경 시 공식적인 변경 요청서를 제출하고, 보안팀장의 승인을 받아야 한다.
③ 보안시스템 관리자 계정은 정기적으로 검토하여 퇴사자나 불필요한 계정을 제거한다.
④ IDS/IPS의 오탐(False Positive) 발생 시, 즉시 해당 룰을 삭제하여 경보 발생을 최소화한다.

57 다음은 물리보안 강화 기준에 대한 설명이다. 괄호 안에 들어갈 적합한 내용은?

> 물리적·환경적 위협으로부터 중요 정보와 시스템을 보호하기 위해 (   ), 제한구역, 접견구역 등 물리적 보호구역을 지정하고 각 구역별 보호대책을 수립·이행해야 한다.

① 통제구역   ② 보안구역
③ 금지구역   ④ 관리구역

58 A 기업은 최근 정보시스템 보안 강화를 위해 물리적 보안 정책을 개선하였다. 다음 중 A 기업의 새로운 정책 중 가장 부적절한 것은?

① 서버실 내 모든 랙에 생체인식 잠금장치를 설치하고, 각 랙별로 접근 권한을 차등 부여했다.

② 전력 케이블과 통신 케이블을 물리적으로 분리하고, 각 케이블에 고유 식별자를 부여하여 관리하고 있다.

③ 보안성 강화를 위해 정보시스템의 물리적 위치 정보를 담당자의 기억에만 의존하도록 하고, 문서화된 배치도는 폐기했다.

④ 개인정보처리시스템은 별도의 보안 케이지 내에 배치하고, 이중 인증을 통해서만 접근이 가능하도록 했다.

59 B 데이터센터는 다음과 같은 물리적 보안 정책을 시행하고 있다. 이 중 개선이 가장 시급한 항목은 무엇인가?

① 모든 서버와 네트워크 장비는 잠금장치가 있는 전산랙에 보관되며, 접근 기록이 자동으로 로깅된다.

② 전원 공급의 안정성을 위해 이중화된 UPS를 사용하고 있으며, 정기적으로 백업 발전기 테스트를 수행한다.

③ 화재 감지 및 자동 소화 시스템이 설치되어 있으며, 분기별로 정상 작동 여부를 점검한다.

④ 보안 정책에 따라 모든 직원은 개인 스마트폰을 이용해 서버실 내부 사진을 자유롭게 촬영할 수 있다.

60 C 회사의 사용자 계정관리 절차 중 일부이다. 빈칸에 들어갈 내용으로 가장 적절한 것을 고르시오.

> • 모든 사용자에게 (ㄱ)을/를 발급하고 공유를 금지한다.
> • 계정 발급 및 권한 변경 시 (ㄴ)을/를 거친다.
> • 인사이동 발생 시 (ㄷ) 접근권한을 변경하거나 말소한다.
> • 시스템 기본 계정은 (ㄹ) 계정으로 변경한다.

① ㄱ : 임시 계정, ㄴ : 사용자 확인, ㄷ : 1주일 이내에, ㄹ : 관리자

② ㄱ : 고유한 계정, ㄴ : 승인 절차, ㄷ : 지체 없이, ㄹ : 추측하기 어려운

③ ㄱ : 공유 계정, ㄴ : 보안 교육, ㄷ : 한 달 이내에, ㄹ : 표준화된

④ ㄱ : 관리자 계정, ㄴ : 능력 평가, ㄷ : 분기별로, ㄹ : 암호화된

4 정보보호 관리체계 운영(심화)

61 방화벽은 가상 사설 클라우드(VPC) 내에서 허용된 IP와 포트만 통과를 시키는 보안서비스이다. 클라우드 방화벽인 Security Group에 대한 다음 설명 중 틀린 것은?

① 인바운드(Inbound)는 외부에서 내부로 들어오는 경우이고 내부에서 외부로 나가는 경우는 아웃바운드(Outbound)이다.

② 인바운드는 정보유출 방지가 목적이고 아웃바운드는 위협·침입 방지가 목적이다.

③ Security Group은 트래픽의 상태정보를 저장하지 않는 Stateful 방화벽의 성격을 가진다.

④ Any IP, Any Port, Any Protocol로 설정은 최소화하고, 정기적으로 적절한지 확인해야 한다.

62 클라우드 서비스 아키텍처로 이관을 준비하고 있는 A 기관이 있다. 플랫폼 기획 담당자는 애플리케이션을 가상서버와 컨테이너 형태로 구축할 것인지 고민하고 있다. 가상서버와 컨테이너에 대한 설명 중 틀린 것은?

① 가상화 레벨이 가상서버는 하드웨어 기반이고 컨테이너는 OS 레벨이다.

② 독립성(Isolation) 측면에서 가상서버는 OS 레벨의 격리이고, 컨테이너는 프로세스 레벨 격리이다.

③ 가상화 OS는 가상서버는 독립적인 OS 가상화를 할 수 있고, 컨테이너는 여러 컨테이너가 호스트 OS를 공유한다.

④ 가상서버는 하드웨어 가동률이 낮지만 다양한 OS 적용이 가능하고, 컨테이너는 적은 HW 오버헤드로 높은 가용성을 제공하지만 플랫폼에 종속되어 실행된다.

63 A사의 데이터베이스 서버에 대한 위험분석 결과이다. 단일 손실 예상 금액(SLE)과 연간 손실 예상 금액(ALE)을 계산하여 가장 적절한 것을 고르시오.

> 자산 가치가 3백만 원인 데이터베이스 서버의 취약점 중 접근 제어 미흡으로 인한 노출 인자가 40%입니다. 이러한 사고가 연간 3회 발생한다고 가정할 때, 단일 손실 예상 금액(SLE)은 (ⓐ)이고, 연간 손실 예상 금액(ALE)은 (ⓑ)입니다.

① ⓐ : 120만 원, ⓑ : 360만 원

② ⓐ : 150만 원, ⓑ : 450만 원

③ ⓐ : 120만 원, ⓑ : 450만 원

④ ⓐ : 150만 원, ⓑ : 360만 원

64 다음은 정성적 위험분석 방법론과 각 방법론에 대한 설명이다. 적절하지 않은 설명으로 짝지어 진 것을 고르시오.

ⓐ 델파이법은 전문가 집단을 구성하여 위험을 분석하는 방법으로, 위험 분석을 짧은 기간에 도출할 수 있어 시간과 비용을 절약할 수 있으며 추정의 정확도가 매우 높다.

ⓑ 시나리오법은 일정 조건하에서 위협에 대한 발생 가능한 결과들을 추정하는 방법으로, 적은 정보로 전반적인 가능성을 추론할 수 있지만 정확도와 완성도가 낮을 수 있다.

ⓒ 순위 결정법은 각 위협을 상호 비교하여 우선순위를 도출하는 방법으로, 분석에 소요되는 시간과 자원이 적지만 위험 추정의 정확도가 낮을 수 있다.

ⓓ 정성적 방법들은 일반적으로 위험 분석에 많은 시간과 자원이 필요하지만, 추정의 정확도가 매우 높다.

---

① ⓐ, ⓒ

② ⓑ, ⓓ

③ ⓐ, ⓓ

④ ⓑ, ⓒ

65 다음과 같이 A 기업의 외부보안감사를 수검 중에 있다. 발견된 문제점으로 가장 적절한 것은?

심사원은 A 기업 정보시스템을 확인하던 중, A 기업이 업무에 주로 사용하는 응용프로그램에 pro001~pro020 계정리스트가 있는 것을 확인하였다. 해당 계정 중 일부(10개)는 사용 중이었고, 나머지 계정은 사용이력이 없는 상태로 확인되었다. 이와 관련하여 A 기업의 계정관리자와 인터뷰를 통해 다음과 같은 사실을 확인하였다.

  – 회사는 서비스 운영 관제업무를 외부업체에 외주를 주고 있음
     (외부업체는 신청기관 본사 관제실에 상주)
  – 아웃소싱 업체 관제인력의 입사/퇴사가 자주 발생하고 있는 상태임
  – 아웃소싱 업체는 계정생성권한이 없음
  – 계정관리자는 관제용 계정을 미리 만들어두고, 아웃소싱 업체의 관제팀장이 신규 관제요원에게 계정을 하나씩 지정하고 있다고 하였음

심사원은 현재 사용 중인 pro005 계정을 누가 사용하고 있는지 확인할 수 있는지 문의하자 계정관리자는 사용자가 누군지 모르겠으며, 관제팀장이 알고 있을 것이라며 확인해 보겠다고 하였다.

이후 계정관리자가 관제팀장을 호출하여 대화를 나눈 후 답변하기를, 지난달에 한OO 직원이 사용하다가 퇴사하였고 이번 달부터 신규입사한 류OO 직원이 사용하고 있다고 하였다.

심사원은 pro001~pro020의 계정의 비밀번호는 무엇인지 문의하자 아이디와 동일하게 만들어져 있고, 처음 로그인 시 변경하도록 설정되어 있다고 답변하였다.

---

① 계정 관리의 책임이 외부 업체에 있어 보안 통제가 어렵다.

② 특수 계정의 무분별한 사용으로 인해 보안 위험이 증가하고 있다.

③ 사용자 계정 관리가 부적절하여 책임추적성 및 보안성이 저하되고 있다.

④ 외부자 보안 이행 관리가 미흡하여 정보 유출의 위험이 높아지고 있다.

66 A 기업은 최근 ISMS-P 인증을 준비하고 있다. 다음은 A 기업의 정보보호 관리체계에 대한 설명이다. 다음 중 가장 적절하지 않은 것은 무엇인가?

> • A 기업은 클라우드 기반의 웹 서비스를 운영하고 있으며, 이를 관리체계 인증 범위에 포함시켰다.
> • 클라우드 환경에서 보안그룹(Security Group)과 네트워크 ACL을 사용하여 접근 제어를 수행하고 있다.
> • 웹 서버와 데이터베이스 서버는 분리된 서브넷에 위치해 있다.
> • 데이터베이스 서버에 대한 접근은 웹 서버를 통해서만 가능하도록 설정되어 있다.
> • 로그 모니터링 시스템을 구축하여 실시간으로 보안 이벤트를 감지하고 있다.
> • 개인정보 암호화를 위해 클라우드 제공업체의 기본 암호화 기능을 사용하고 있다.
> • 백업 데이터는 별도의 클라우드 스토리지에 저장하고 있으며, 주기적으로 복구 테스트를 수행하고 있다.
> • 클라우드 서비스 제공업체의 보안 인증서를 확인하였으나, 세부적인 보안 통제 방안은 확인하지 않고 있다.

① A 기업은 클라우드 환경에서의 보안그룹과 네트워크 ACL 사용이 적절하다고 판단하였다.

② A 기업은 웹 서버와 데이터베이스 서버의 분리는 보안성이 높으므로 적절하게 구축되었다고 판단하였다.

③ A 기업은 실시간 로그 모니터링 시스템 구축은 관리체계 운영에 긍정적인 영향이 있을 것으로 판단하였다.

④ A 기업은 클라우드 서비스 제공업체의 보안 인증서 확인만으로 충분하다고 판단하였다.

67 다음은 조직의 정보보호 및 개인정보보호 관리체계 수립을 위한 설명이다. 적절하지 않은 것을 고르시오.

> ⓐ 정보보호 정책은 관련 시행문서(지침, 절차, 가이드 문서 등)에 대하여 정기적인 타당성 검토 절차를 수립·이행하고, 필요시 관련 정책 및 시행문서를 제·개정하여야 한다. 최소 연 1회 이상 정기 타당성 검토를 수행하여야 한다.
> ⓑ 정보보호 교육은 임직원 채용 및 외부자 신규 계약 시 업무 시작 전에 수행하여 조직의 정책, 주의사항, 규정 위반 시 법적 책임 등에 대한 내용을 숙지할 수 있도록 해야 한다. 교육 시행에 대한 기록을 남기고 교육 효과성을 위해 개선사항을 차기 교육에 반드시 반영하여야 한다.
> ⓒ 개인정보보호 교육은 개인정보취급자와 일반 직원 모두에게 동일한 내용으로 실시해야 하며, 전 임직원을 개인정보취급자로 간주하여 일반적인 개인정보보호 교육을 수행하는 것이 효율적이다.
> ⓓ 정보보호 최고책임자와 개인정보보호책임자는 겸직이 가능하다. 그러나 정보보호 부서의 장이 정보보호 최고책임자를 맡고 있는 경우, 개인정보보호책임자는 개인정보 업무를 다루고 있는 다른 부서의 장이 맡아야 한다.
> ⓔ 정보보호 점검은 정보보호 및 개인정보보호 관련 법적 요구사항을 주기적으로 파악하여 규정에 반영하고, 준수 여부를 지속적으로 검토하여야 한다. 내부 정책 및 법적 요구사항에 따라 효과적으로 운영되고 있는지를 정보보호부서 인력으로만 점검팀을 구성하여 연 1회 이상 점검하고, 발견된 문제점을 경영진에게 보고하여야 한다.
> ⓕ 개인정보의 안전성 확보조치에 대한 고시에 따라 내부관리계획을 수립하고 연 1회 이상 개인정보의 기술적, 관리적, 물리적 안전조치에 대하여 이행여부를 점검하여야 한다.

① ⓐ, ⓑ

② ⓒ, ⓔ

③ ⓓ, ⓕ

④ ⓑ, ⓔ

68 다음은 개인정보보호책임자(CPO)의 지정 요건 및 자격에 관한 설명이다. 적절하지 않은 설명으로 짝지어진 것을 고르시오.

> ⓐ 연간 매출액 1,500억 원 이상이면서 100만 명 이상의 정보주체에 관한 개인정보를 처리하는 기업은 시행령에서 정하는 전문자격 요건을 갖춘 사람을 CPO로 지정해야 한다.
> ⓑ CPO로 지정되는 사람은 개인정보보호 경력을 최소 2년 이상 포함하여, 개인정보보호, 정보보호, 정보기술 경력을 합해 총 4년 이상 보유해야 한다.
> ⓒ 개인정보보호 관련 박사학위 취득은 개인정보보호 경력 2년으로 인정되며, 정보보호 관련 석사학위는 정보보호 경력 1년으로 인정된다.
> ⓓ 공공기관의 경우, 중앙행정기관은 3급 이상 공무원을, 시·군 및 자치구는 3급 이상 공무원을 CPO로 지정해야 한다.
> ⓔ 공공시스템운영기관은 운영기관장을 개인정보보호책임자(CPO)로 지정해야 한다.
> ⓕ 「소상공인기본법」 제2조제1항에 따른 소상공인에 해당하는 개인정보처리자는 CPO를 별도로 지정하지 않아도 된다.

① ⓐ, ⓑ
② ⓒ, ⓕ
③ ⓓ, ⓔ
④ ⓑ, ⓓ

69 다음은 개인정보보호법 제3조의 개인정보보호 원칙에 관한 설명이다. 괄호 안에 들어갈 적절한 단어를 고르시오.

> 개인정보처리자는 개인정보의 처리 목적에 필요한 범위에서 개인정보의 (A), (B) 및 (C)이 보장되도록 하여야 한다. 또한, 개인정보처리자는 개인정보를 (D) 또는 (E)으로 처리하여도 개인정보 수집목적을 달성할 수 있는 경우 (D)처리가 가능한 경우에는 (D)에 의하여, (D)처리로 목적을 달성할 수 없는 경우에는 (E)에 의하여 처리될 수 있도록 하여야 한다.

① A : 정확성, B : 완전성, C : 최신성, D : 익명, E : 가명
② A : 기밀성, B : 무결성, C : 가용성, D : 가명, E : 익명
③ A : 정확성, B : 완전성, C : 최신성, D : 가명, E : 익명
④ A : 기밀성, B : 무결성, C : 가용성, D : 익명, E : 가명

70 다음은 위험분석 방법론과 각 방법론에 대한 설명이다. 적절하지 않은 설명으로 짝지어진 것을 고르시오.

> ⓐ ALE(연간 예상 손실)는 정량적 위험분석 방법으로, 연간 예상 손실에 연간발생률을 곱하여 계산하며, 위험을 금전적 가치로 표현한다.
> ⓑ 델파이법은 정성적 위험분석 방법으로, 전문가 집단의 의견을 수렴하여 위험을 분석하는데, 위험분석 결과의 객관성과 정확성이 매우 높다.
> ⓒ 수학공식 접근법은 정량적 위험분석 방법으로, 현재 자료의 획득이 어려울 경우 위험 발생 빈도를 추정하는 데 유용하다.
> ⓓ 시나리오법은 정성적 위험분석 방법으로, 일정 조건하에서 위협에 대한 발생 가능한 결과들을 추정하는 방법이며, 적은 정보로 전반적인 가능성을 추론할 수 있다.

① ⓐ, ⓒ
② ⓑ, ⓓ
③ ⓑ, ⓒ
④ ⓐ, ⓑ

5 정보보호 위험대책 관리(심화)

71 다음은 OOO인터넷 쇼핑몰의 위험평가 과정에서 발견된 문제점이다. 개인정보 수집 출처 고지에 관한 내부 규정이 「개인정보보호법」에 맞게 현행화되어 있지 않아 개선이 필요하다. 다음의 사항에 적합한 개인정보 수집 출처 고지에 필요한 사항을 올바르게 작성한 것을 고르시오.

> 개인정보처리자가 정보주체 이외로부터 수집한 개인정보를 처리하는 때에는 정당한 사유가 없는 한 정보주체의 요구가 있은 날로부터 (A)일 이내에 (B), (C), (D) 사항을 정보주체에게 알려야 한다.

① A : 7, B : 수집 경로, C : 보유 기간, D : 제3자 제공 여부
② A : 5, B : 수집 목적, C : 처리 근거, D : 파기 절차
③ A : 10, B : 수집 출처, C : 이용 범위, D : 개인정보 처리의 정지를 요구하거나 동의를 철회할 권리가 있다는 사실
④ A : 3, B : 수집 출처, C : 처리 목적, D : 개인정보 처리의 정지를 요구하거나 동의를 철회할 권리가 있다는 사실

72 다음의 소스를 보고 발생가능한 취약점으로 가장 적절한 것을 고르시오.

```
import java.security.*;
import javax.crypto.Cipher;
import javax.crypto.NoSuchPaddingException;
public class CryptoUtils {
 public byte[] encrypt(byte[] msg, Key k) {
 byte[] rslt = null;
 try {
 Cipher c = Cipher.getInstance("DES");
 c.init(Cipher.ENCRYPT_MODE, k);
 rslt = c.update(msg);
 }
```

① SQL 인젝션
② 크로스 사이트 스크립팅(XSS)
③ 취약한 암호화 적용
④ 버퍼 오버플로우

73 다음은 공공기관인 E 기관의 보안감사 수행 시 개인정보처리시스템에서 발견된 문제점이다. 아래와 같은 문제점이 발생된 근본적인 이유로 가장 적합한 것을 고르시오.

- 개인정보처리시스템에 로그인 후 2시간 동안 작업이 없어도 세션이 유지됨
- 개인정보처리시스템 접속 시 일반 텍스트 형태의 패스워드를 사용함
- 개인정보가 포함된 파일을 암호화하지 않고 외부 저장매체로 복사 가능함
- 개인정보처리시스템의 로그인 실패 횟수에 제한이 없음

① 취약점 진단 및 보완 조치 미흡
② 접근통제솔루션 구축 미흡
③ 안전한 접속수단 및 인증수단 적용 미흡
④ 개인정보처리시스템 및 PC 접근통제 미흡

74 A 공공기관의 정보보호팀은 최근 CCTV 운영 정책을 검토하고 있다. 다음은 정보보호팀장이 작성한 보고서의 일부이다. 괄호 안에 들어갈 내용으로 적절한 것을 고르시오.

"현재 우리 기관의 CCTV 영상 보관 정책에 따르면, 특별한 사정으로 보유 목적 달성을 위한 최소 기간을 정하기 어려운 경우 개인영상정보 수집 후 (가)일 이내로 보관 기간을 정하고 있습니다. 또한, 개인정보 파일을 새로 만들 경우 (나)일 이내에 (다)에 등록하도록 규정하고 있습니다. 이러한 절차들이 현행 법령에 부합하는지 검토가 필요합니다."

① 가 : 30, 나 : 60, 다 : 개인정보보호위원회
② 가 : 30, 나 : 30, 다 : 개인정보보호위원회
③ 가 : 30, 나 : 60, 다 : 행정안전부
④ 가 : 60, 나 : 30, 다 : 행정안전부

75 다음 개인정보 처리방침이 작성된 내용을 확인하고 잘못된 설명을 고르시오.

개인정보의 수집 목적, 수집 항목, 보유 및 이용기간

1. 정보주체의 동의없이 처리하는 개인정보 항목

OO 쇼핑이 다음의 개인정보의 항목은 정보주체의 동의 없이 처리하고 있습니다.

수집 목적	수집 항목	보유 및 이용 기간
회원 가입의사 확인, 본인 식별·인증, 회원 자격 유지·관리, 서비스 부정이용 방지	ID, 비밀번호, 성명, 생년월일, 주소, 전화번호, 이메일 주소	회원 탈퇴 시까지
판매 상품에 대한 고충 처리, 상담	성명, 전화번호, 구매내역	3년 (전자상거래법 제6조)

2. 정보주체의 동의를 받아 처리하는 개인정보 항목

OO 쇼핑이 다음의 개인정보 항목을 「개인정보보호법」 제15조제1항제1호 및 제22조제1항 제7호에 따라 정보주체의 동의를 받아 처리하고 있습니다.

수집 목적	수집 항목	보유 및 이용 기간
이벤트 참여 및 경품 응모	성명, 주소, 휴대폰번호, 이메일 주소	이벤트 종료 시 즉시 파기
서비스 홍보 및 판매 권유를 위한 개인정보 처리	이메일 주소, 생년월일, 결혼여부, 관심분야	회원 탈퇴 또는 동의 철회 시까지

---

① 정보주체의 동의 없이 처리하는 개인정보 항목과 동의를 받아 수집하는 개인정보 항목을 구분하여 기재한 것은 올바른 작성 방법이다.

② 해당 사무 처리 과정이나 서비스 제공 과정에서 자동으로 생성·수집되는 개인정보 항목이 있는 경우가 있다면 해당 업무와 개인정보 항목을 같이 명시해야 한다.

③ 동의 없이 그리고 동의를 받아 수집 이용하는 개인정보에 대해 정보주체에게 전달해야 하는 사항(수집 목적, 수집 항목, 보유기간)이 누락된 것이 없이 작성되었다.

④ 처리하는 개인정보의 항목을 작성 시, 개인정보의 처리 목적, 개인정보의 처리 및 보유기간을 하나의 표로 구성하는 것은 문제가 없다.

76 내부에서 외부 네트워크로 가는 방화벽 패킷 필터링 규칙에 대한 다음 설명 중 옳은 것만을 고른 것은?(단, 방화벽을 기준으로 192.168.1.11은 내부 네트워크에 위치한 서버이고, 10.10.10.21은 외부 네트워크에 위치한 서버이다.)

[방화벽 규칙]

No	From	Service	To	Action
1	192.168.1.11	25	10.10.10.21	Allow
2	Any	21	10.10.10.21	Allow
3	Any	80	Any	Allow
4	192.168.1.11	143	10.10.10.21	Allow

ㄱ. 내부 서버(192.168.1.11)에서 외부 서버(10.10.10.21)로 가는 Telnet 패킷을 허용한다.
ㄴ. 내부 Any IP 대역에서 외부 서버(10.10.10.21)로 가는 FTP 패킷을 허용한다.
ㄷ. 내부 Any IP 대역에서 외부 Any IP 대역으로 가는 패킷 중 80번 포트로 목적지로 하는 패킷을 허용한다.
ㄹ. 내부 서버(192.168.1.11)에서 외부 서버(10.10.10.21)로 가는 POP3 패킷을 허용한다.

① ㄱ, ㄴ
② ㄱ, ㄷ
③ ㄴ, ㄷ
④ ㄴ, ㄹ

77 다음은 클라우드 서비스 모델(IaaS, PaaS, SaaS)에 따른 보안 책임 및 취약점에 대한 설명이다. 가장 적절하지 않은 것을 고르시오.

① IaaS(Infrastructure as a Service) 환경에서는 사용자가 가상 머신(VM), 운영 체제, 스토리지, 네트워크 등을 관리한다. 따라서 사용자는 VM 간 격리 실패로 인한 데이터 유출 위험, 부적절한 네트워크 구성으로 인한 보안 취약점, 운영 체제 패치 미비로 인한 취약점 등에 대해 확인하여야 한다. 그러나 물리적 하드웨어의 보안은 클라우드 제공업체의 책임이다.

② PaaS(Platform as a Service) 환경에서는 사용자가 애플리케이션과 데이터만을 관리한다. 따라서 사용자는 애플리케이션 수준의 보안, 데이터 암호화, 접근 제어 등을 책임져야 한다. 그러나 PaaS 환경에서도 API 보안 취약점, 플랫폼 구성 오류 등으로 인한 보안 위험이 존재할 수 있으며, 이에 대한 모니터링과 대응이 필요하다.

③ SaaS(Software as a Service) 환경에서는 사용자가 서비스를 이용만 하므로, 대부분의 보안 책임은 서비스 제공업체에 있다. 그러나 사용자는 여전히 계정 관리, 접근 권한 설정, 데이터 사용 정책 등에 대한 책임이 있다. 또한, 멀티테넌시 환경에서의 데이터 분리 실패, 불충분한 암호화, 무단 접근 등의 위험이 존재할 수 있으므로 이에 대한 주의가 필요하다.

④ 모든 클라우드 서비스 모델에서 사용자는 물리적 인프라에 대한 완전한 통제권을 가지고 있다. 따라서 IaaS, PaaS, SaaS 환경 모두에서 사용자는 데이터 센터의 물리적 보안, 하드웨어 유지보수, 네트워크 장비 구성 등에 대한 책임을 져야 한다. 이는 클라우드 서비스의 주요 이점 중 하나로, 사용자가 모든 수준의 보안을 직접 관리할 수 있게 해준다.

78 개인정보보호법 제20조의2(개인정보 이용·제공 내역의 통지)에 따라서 정보주체에게 개인정보 이용·제공 내역을 통지하려고 한다. 법적 준거성 확인을 통해 위험을 줄이기 위해서 담당자가 검토해야 할 사항으로 빈칸에 알맞은 용어로 짝지어진 것을 고르시오.

> 개인정보의 (A) 목적 및 수집한 개인정보의 항목
> 개인정보를 (B)와 그 제공 목적 및 제공한 개인정보의 항목
> 통지 (C)
> 통지 (D)
> 통지 (E)

① A : 수집·이용, B : 제공받은 자, C : 주기, D : 방법, E : 예외 대상
② A : 이용·제공, B : 제공한 자, C : 방법, D : 주기, E : 의무 대상
③ A : 수집·이용, B : 제공한 자, C : 주기, D : 방법, E : 의무 대상
④ A : 이용·제공, B : 제공받은 자, C : 방법, D : 주기, E : 예외 대상

79 다음 중 개인정보처리자의 인터넷망 차단 조치에 대한 설명으로 가장 적절한 것은?

① 전년도 말 기준 직전 3개월간 일일평균 50만 명의 개인정보를 처리하는 기업은 반드시 물리적 인터넷망 차단조치를 적용해야 한다.

② 클라우드 서비스를 이용하여 개인정보처리시스템을 운영하는 경우, 인터넷망 차단조치 의무가 완전히 면제된다.

③ 개인정보처리시스템에서 개인정보를 열람만 하는 직원의 컴퓨터는 인터넷망 차단조치 대상에서 제외될 수 있다.

④ 오프라인으로 수집한 개인정보는 온라인 서비스에 사용되더라도 인터넷망 차단조치 대상에서 제외된다.

80 다음은 OOO 인터넷 쇼핑몰에서 개인정보 유출 사고가 발생한 상황이다. 개인정보보호법에 따라 적합한 신고 및 통지 절차를 수행하기 위해 필요한 사항을 올바르게 작성한 것을 고르시오.

> OOO 인터넷 쇼핑몰은 내부 서버의 취약점으로 인해 약 1,200명의 고객 개인정보가 유출된 사실을 확인하였습니다. 유출된 정보에는 이름, 주민등록번호, 주소 및 연락처가 포함되어 있으며, 사고 발생 시점으로부터 24시간이 경과한 후 유출 사실이 확인되었습니다. 개인정보보호법에 따라 적절한 신고 및 통지 절차를 수행하려고 합니다.

① 유출 사실을 알게 된 즉시 정보주체들에게 서면 또는 전자우편으로 통지하고, 72시간 이내에 개인정보보호위원회와 한국인터넷진흥원(KISA)에 신고한다.

② 유출 사실을 알게 된 즉시 정보주체들에게 통지하지 않고, 72시간 이내에 보호위원회에만 신고한다.

③ 유출된 개인정보가 암호화되어 있으므로 정보주체에게 통지하거나 보호위원회에 신고하지 않아도 된다.

④ 유출된 개인정보가 민감정보가 아니므로 정보주체에게 통지하지 않고, 보호위원회에만 신고한다.

1	2	3	4	5	6	7	8	9	10	11	12	13	14	15	16	17	18	19	20
④	②	④	②	①	④	③	②	④	④	①	③	①	②	③	④	②	③	③	②
21	22	23	24	25	26	27	28	29	30	31	32	33	34	35	36	37	38	39	40
①	③	①	④	③	②	③	③	④	②	④	②	④	②	①	③	④	③	②	②
41	42	43	44	45	46	47	48	49	50	51	52	53	54	55	56	57	58	59	60
③	②	③	②	③	①	④	④	①	④	③	②	④	①	④	①	③	④	②
61	62	63	64	65	66	67	68	69	70	71	72	73	74	75	76	77	78	79	80
②	④	①	③	③	④	②	③	①	④	②	③	③	①	③	③	④	①	③	①

1 시행 문서의 경우 상위 조직 및 관련 기관의 (개인)정보보호 정책과의 연계성 등을 분석하여 상호 부합되지 않은 요소 존재 여부와 정책 간 상하체계가 적절한지 여부를 검토한다.

2 **1.1.2 최고책임자의 지정**
조직도상에 정보보호 최고책임자 및 개인정보보호책임자를 명시하고 있으나, 인사발령 등의 공식적인 지정절차를 거치지 않은 경우
1.1.5 정책 수립
내부 규정에 따르면 정보보호 및 개인정보보호 정책서 제·개정 시에는 정보보호 및 개인정보보호위원회의 의결을 거치도록 하고 있으나, 최근 정책서 개정 시 위원회에 안건으로 상정하지 않고 정보보호 최고책임자 및 개인정보보호책임자의 승인을 근거로만 개정한 경우

3 인증범위에서 제외되는 서비스, 정보시스템 등에 대해서는 내부 협의 및 책임자 승인을 거친 후 그 사유 및 근거에 대하여 기록하여 관리한다.

4 실무협의체를 구성하였으나, 장기 미운영한 경우 적절하지 못한 사례이다.

5 **개인정보보호책임자의 업무**
1. 개인정보보호 계획의 수립 및 시행
2. 개인정보 처리 실태 및 관행의 정기적인 조사 및 개선
3. 개인정보 처리와 관련한 불만의 처리 및 피해 구제
4. 개인정보 유출 및 오·남용 방지를 위한 내부통제시스템 구축
5. 개인정보보호 교육 계획의 수립 및 시행
6. 개인정보파일의 보호 및 관리·감독
7. 개인정보 처리방침의 수립·변경 및 시행
8. 개인정보보호 관련 자료의 관리
9. 처리 목적이 달성되거나 보유기간이 지난 개인정보의 파기

6 정보보호 분야의 국내 학사학위를 취득한 사람의 경우, 정보보호 분야의 업무를 3년 이상 수행한 경력이 있어야 한다.

7 6개월 이내에 취약점 분석·평가를 실시하여야만 하며, 분석·평가를 수행하지 못할 경우, 관할 중앙행정기관의 장의 승인을 얻어 3개월 연장이 가능하다.

8 개인정보의 판단 기준
- 살아 있는 자에 관한 정보여야 한다. 사망한 자, 자연인이 아닌 법인, 단체 또는 사물 등에 관한 정보는 개인정보에 해당하지 않는다.
- 개인에 관한 정보여야 한다. 여럿이 모여서 이룬 집단의 통계값 등은 개인정보에 해당하지 않는다.
- 정보의 종류, 형태, 성격, 형식 등에 관하여는 특별한 제한이 없다.
- 개인을 알아볼 수 있는 정보여야 한다. 특정 개인을 알아보기 어려운 정보는 개인정보가 아니다. '알아볼 수 있는'의 주체는 해당 정보를 처리하는 자(정보의 제공 관계에 있어서는 제공받은 자를 포함)이며, 정보를 처리하는 자의 입장에서 개인을 알아볼 수 없다면 그 정보는 개인정보에 해당하지 않는다.
- 다른 정보와 쉽게 결합할 수 있는 정보여야 한다. 결합 대상이 될 다른 정보의 입수 가능성이 있어야 하고, 또 다른 정보와의 결합 가능성이 높아야 함을 의미한다.

9 무결성
- 데이터의 정확성과 일관성 유지
- 인가되지 않은 수정이나 삭제로부터 정보 보호
- 데이터의 완전성 보장

10 가용성
- 시스템과 데이터의 지속적인 접근성 보장
- 서비스 중단 최소화
- 신속한 장애 복구 및 대응

11 정기적인 보안감사, 접근 로그 분석, 세분화된 접근 권한 관리는 기밀성 보장을 위한 종합적이고 효과적인 접근 방식이다.

12 직원들의 개인 사진 파일은 조직의 업무나 의사결정에 직접적인 가치를 제공하지 않으므로 정보자산으로 보기 어렵다.

13 방화벽 규칙 강화와 IDS 도입은 주로 기밀성(Confidentiality)과 무결성(Integrity) 향상을 위한 조치다.

14 단순 포맷만으로는 이전 사용자의 데이터를 완전히 제거할 수 없다. 전문 도구를 사용한 완전삭제나 암호화된 디스크 초기화 등의 추가 조치가 필요하다.

15 외부자도 조직의 정보에 접근할 수 있으므로, 적절한 보안 교육이 필요하다.

16 1.1.1 경영진의 참여
중요 정보보호 활동(위험평가, 위험수용수준 결정, 정보보호대책 및 이행계획 검토, 정보보호대책 이행 결과 검토, 보안감사 등)을 수행하면서 관련 활동관련 보고, 승인 등 의사결정에 경영진 또는 경영진의 권한을 위임받은 자가 참여하지 않았거나 관련 증거자료가 확인되지 않은 경우 결함사례에 해당한다.

17 국회, 법원, 헌법재판소, 중앙선거관리위원회의 행정사무를 처리하는 기관 및 중앙행정기관은 고위 공무원단에 속하는 공무원(이하 "고위공무원"이라 한다) 또는 그에 상당하는 공무원을 개인정보보호책임자로 지정할 수 있다.

18 라 : 개인정보의 처리에 관한 사항을 공개하여야 한다.
마 : 개인정보를 익명 또는 가명으로 처리하여도 개인정보 수집목적을 달성할 수 있는 경우 익명처리가 가능한 경우에는 익명에 의하여, 익명처리로 목적을 달성할 수 없는 경우에는 가명에 의하여 처리될 수 있도록 하여야 한다.

19 ③ 비(非)(개인)정보보호 조직이 해야 하는 정보보호 업무이다.

20 정책서와 시행문서를 제·개정하는 경우 이해관계자와 해당 내용을 충분히 협의·검토한다.

21 비정형 접근법은 구조적인 방법론에 기반하지 않고, 경험자의 지식을 사용하여 위험분석을 수행하는 것이다. 이 방식은 상세 위험분석보다 빠르고 비용이 덜 든다.

22 상세위험 분석법은 자산분석, 위협 분석, 취약성 분석의 각 단계를 수행하여 위험을 평가하는 것이다. 이 방식은 조직의 자산 및 보안 요구사항을 구체적으로 분석하여 가장 적절한 대책을 수립할 수 있다.

23 위험평가는 위협의 발생 가능성과 그 영향을 평가하는 과정을 포함한다.

24 위험 분석은 자산, 위협, 취약성, 기존 보호대책 등을 분석하여 위험의 종류와 규모를 결정하는 과정이다.

25 위험 관리는 위험을 일정 수준 이하로 관리하기 위한 위험 분석, 평가, 대책 선정을 포함하는 전체 절차이다.

26 정성적 위험 분석 방법은 위험의 발생 확률과 영향을 주관적 판단에 기반하여 평가한다. 이 방법은 정확한 수치나 통계적 모델을 사용하지 않으며, 전문가의 경험과 직관에 의존한다. 정량적 분석과 비교하여 항상 더 정확하다고 할 수는 없지만, 빠르고 간단하게 위험을 평가할 수 있다는 장점이 있다.

27 몬테카를로 시뮬레이션은 정량적 위험분석 방법이다. 이 방법은 복잡한 수학적 모델과 컴퓨터 시뮬레이션을 사용하여 위험을 분석한다. 반면, 델파이 기법, SWOT 분석, 위험 확률 및 영향 평가는 모두 정성적 분석에서 사용되는 방법들이다. 이들은 주로 전문가의 의견, 주관적 판단, 그리고 설명적 접근을 활용한다.

28 델파이 기법은 정성적 위험분석 방법이다. 이는 전문가들의 의견을 수렴하여 위험을 평가하는 방법으로, 주관적 판단에 기반한다. 반면, 연간예상손실 계산, 몬테카를로 시뮬레이션, 의사결정나무 분석은 모두 정량적 위험분석에서 사용되는 방법이다. 이들은 수학적 모델과 통계적 기법을 사용하여 위험을 수치화한다.

29 위험분석의 절차는 일반적으로 자산 분석, 위협 평가, 취약성 평가, 기 설치된 정보보호대책의 평가 순으로 진행된다. 방법론에 따라 위협 평가와 취약성 평가를 통합하여 수행할 수 있으므로 취약성 평가가 반드시 위협 평가 이전에 수행되어야 한다는 내용은 적절하지 않다.

30 이 시나리오는 환자의 개인정보가 유출되어 프라이버시가 침해된 상황을 설명하고 있다. 이는 정보의 기밀성이 훼손된 경우로, 허가되지 않은 접근으로부터 정보를 보호하는 기밀성의 중요성을 강조하고 있다.

31 내부 직원의 불법 행위를 로깅 시스템을 통해 추적하고 증명할 수 있었던 상황을 설명하고 있다. 이는 정보 시스템의 책임추적성이 잘 구현된 경우로, 시스템 내에서 발생한 행위의 주체를 식별하고 그 행위를 추적할 수 있는 능력의 중요성을 강조하고 있다. 책임추적성은 보안 사고 발생 시 원인 파악과 책임 소재 규명에 중요한 역할을 한다.

32 정량적 위험 분석 방법에서 연간 예상 손실(ALE)은 '자산 가치(원) × 위협의 연간 발생횟수 × 취약성(%)'으로 계산된다. 이 공식은 자산의 가치, 위협의 발생 빈도, 그리고 해당 위험에 대한 자산의 취약성을 모두 고려하여 예상 손실을 산출한다.

33 취약점 진단 결과를 즉시 결과 보고서로 작성하는 것은 적절하지 않다. 위협 식별 과정은 여러 단계를 거쳐 이루어지며, 취약점 진단은 그중 한 부분에 불과하다. 취약점 진단 후에는 결과를 분석하고, 이를 전체적인 위협 식별 과정의 맥락에서 평가해야 한다. 결과 보고서는 전체 과정이 완료된 후에 작성되어야 한다.

34 위협(A)은 잠재적 위험 요인, 취약성(B)은 시스템의 약점, 자산(C)은 보호 대상을 의미한다.

35 연간 예상 손실액(ALE)
ALE = 손실액 × 연간 발생 확률
50억 원 × 0.02 = 1억 원

36 위험 회피 전략은 위험이 존재하는 프로세스나 사업을 수행하지 않고 포기하는 것이며, 위험 감소는 완전한 제거가 아닌 감소를 목표로 하며, 위험 수용은 목표 위험 수준 이하의 위험에 대해 적용된다. 위험 전가의 비용 효율성은 상황에 따라 다르게 적용된다.

37 위험 식별 및 평가 결과는 경영진이 이해하기 쉽게 작성하여 보고해야 한다. IT 전문 용어보다는 경영진의 눈높이에서 쉽게 이해하고 의사 결정할 수 있도록 보고서를 작성해야 한다.

38 위험평가 방법은 베이스라인 접근법, 상세위험 분석법, 복합 접근법, 위협 및 시나리오 기반 등 다양한 방법 중에서 조직의 특성에 맞게 선택할 수 있다. 따라서 베이스라인 접근법만을 사용해야 한다는 것은 적절하지 않다.

39 위험 평가 단계에서는 관련 법규의 개정 사항을 주기적으로 검토하고 이를 내부 정책과 절차에 반영해야 한다. 정보통신망법의 개정은 조직의 정보보호 및 개인정보보호 관련 의무사항에 영향을 줄 수 있으므로, 이에 대한 검토가 필요하다.

40 고객 계좌 잔액이 무단으로 변경된 것은 시스템 중요도에서 무결성과 관련이 있다.

41 전용 VPN 사용, MAC 주소 인증, 필수 보안 소프트웨어 설치 요구, 외부자용 네트워크의 물리적 분리 등은 모두 권장되는 보안 조치이다. 이러한 방식은 네트워크의 안전성을 높이고 무단 접근을 방지하는 데 효과적이다.

42 데이터베이스 접근 통제 정책에서 응용프로그램에서 사용하는 계정과 일반 사용자 계정의 공용 사용은 제한되어야 한다. 공용계정 사용 시 보안 위험을 증가시키고 책임 추적성을 저해할 수 있다.

43 정보시스템의 사용 목적과 관련이 없거나 침해사고를 유발할 수 있는 서비스나 포트는 제거하거나 차단해야 한다. 모든 서비스와 포트를 열어두는 것은 보안 위험을 증가시킬 수 있다.

44 ②는 결함 사례가 아니라 올바른 접근 통제의 예이다.

45 관리자 전용 응용프로그램(관리자 웹페이지, 관리콘솔 등)은 비인가자가 접근할 수 없도록 접근을 통제해야 한다. 외부에 공개하는 것은 보안상 위험할 수 있으며, 불가피하게 외부 공개가 필요한 경우에는 안전한 인증수단(OTP 등) 또는 안전한 접속수단(VPN 등)을 적용해야 한다.

46 무선 네트워크 사용 권한은 신청 및 승인 절차를 통해 인가된 사용자에게만 부여해야 한다. 관리자 비밀번호는 변경해야 하고, AD Hoc 접속은 통제가 필요하며, SSID 숨김 기능을 설정하는 것이 보안상 이점이 있다.

47 원격접근 시에는 안전한 인증수단(OTP 등)을 적용하고, 접속 기록을 로깅하며 주기적으로 분석해야 한다. 모든 직원에게 상시 접근 권한을 부여하거나 모든 내부 시스템에 대한 접근을 허용하는 것은 보안상 위험하다. 또한, 개인 PC 사용 시 백신 설치와 보안 패치는 권장이 아닌 필수 사항이다.

48 관리용 단말기는 보안을 위해 인터넷 접속을 제한해야 한다. 오히려 인터넷 접속은 악성코드 감염 등의 위험을 증가시킬 수 있다.

49 전자적 출입통제 기록이 아닌 수기문서 대장 기록도 출입자, 출입일시, 출입목적, 소속 등이 잘 관리되고 있으면 물리적 안전 보호조치로 인정된다.

50 결함이 아니다.
개인정보의 안전성 확보조치 기준 제6조 접근통제 ⑥ 전년도 말 기준 직전 3개월간 그 개인정보가 저장·관리되고 있는 이용자 수가 일일평균 100만 명 이상인 개인정보처리자는 개인정보처리시스템에서 개인정보를 다운로드 또는 파기할 수 있거나 개인정보처리시스템에 대한 접근 권한을 설정할 수 있는 개인정보 취급자의 컴퓨터 등에 대한 인터넷망 차단 조치를 하여야 한다.

51 퇴사자가 발생한 경우 공용계정의 정보를 알고 있을 수 있으므로, 불가피하게 공용계정을 사용하는 경우 계정의 정보를 변경하여야 한다.

52 인터넷망 차단 조치의 적절한 운영을 위해서는 우회 접속 가능성을 정기적으로 점검하고, 취약점을 파악하여 조치해야 한다.
①은 클라우드 서비스 접속 외 인터넷 차단이 필요하다.
②는 망간 자료 전송 시 승인 절차가 필요하다.
④는 주기적인 취약점 점검이 필요하다.

53 SIEM(Security Information and Event Management)은 여러 보안 장비와 시스템에서 발생하는 로그와 이벤트를 중앙에서 수집하고 분석하는 통합 보안 관리 시스템이다.

54 ESM은 통합 보안관제 시스템으로, 여러 보안 장비의 로그와 이벤트를 수집하고 분석하는 역할을 한다. 네트워크 트래픽의 실시간 암호화는 ESM의 주요 기능이 아니다.

55 보안시스템 운영 절차에는 시스템 관리, 정책 적용, 모니터링 등의 내용이 포함되어야 한다. 관리자의 개인 휴대전화번호는 필수적인 내용은 아니다.

56 보안시스템 운영에 있어 오탐(False Positive)이 발생했다고 해서 즉시 해당 룰을 삭제하는 것은 적절하지 않다. 오탐으로 인한 경보를 무시하다가 실제 공격을 놓칠 수 있기 때문이다. 오탐의 원인을 분석하고 필요한 경우 룰을 조정하거나 예외처리를 하는 것이 바람직하다.

57 물리적 보안을 위해 여러 단계의 보호구역을 지정하는 것이 일반적이다. '통제구역'은 가장 높은 수준의 보안이 요구되는 구역을 의미한다. 통제구역은 개인정보나 중요 정보를 처리하는 시스템, 중요 문서 보관소 등이 위치한 곳으로, 접근이 엄격히 통제되어야 한다. 제한구역과 접견구역은 상대적으로 낮은 수준의 보안이 적용되는 구역이다.

58 정보시스템의 물리적 위치 정보를 문서화하지 않고 담당자의 기억에만 의존하는 것은 보안사고나 장애 발생 시 신속한 대응이 어려울 수 있으며, 담당자 부재 시 대응이 불가능할 수 있다. 정보시스템의 실제 물리적 위치를 쉽게 확인할 수 있는 배치도나 자산목록을 관리하고 주기적으로 업데이트해야 한다.

59 서버실 내부의 무단 촬영을 허용하는 것은 내부 정보가 외부로 유출될 위험이 있으며, 악의적인 목적으로 사용될 수 있다. 서버실과 같은 중요 시설에서는 일반적으로 모든 종류의 촬영을 금지하며, 특별한 경우 승인을 받아 제한적으로만 허용해야 한다.

60 – 사용자 및 개인정보취급자별로 고유한 사용자 계정 발급 및 공유 금지
　　 – 사용자 및 개인정보취급자에 대한 계정 발급 및 접근권한 부여·변경 시 승인 절차 등을 통한 적절성 검토
　　 – 전보, 퇴직 등 인사이동 발생 시 지체 없이 접근권한 변경 또는 말소(계정 삭제 또는 비활성화 포함)
　　 – 정보시스템 설치 후 제조사 또는 판매사의 기본 계정, 시험 계정 등은 제거하거나 추측하기 어려운 계정으로 변경
　　 – 사용자 계정 및 접근권한의 등록·변경·삭제·해지 관련 기록의 유지·관리 등

61 인바운드는 위협·침입 방지가 목적이고 아웃바운드는 정보유출 방지가 목적이다.

62 – 가상서버는 하드웨어 가동률이 향상되고 다양한 OS 적용이 가능한 장점이 있지만 자원 소비율이 높고 가동시간이 필요한 단점이 있다.
　　 – 컨테이너는 적은 HW 오버헤드로 높은 가용성을 제공하고 플랫폼에 상관없이 실행이 가능한 장점이 있지만 컨테이너 수가 많아지면 관리와 운영이 어려운 단점이 있다.

63 SLE = 자산 가치 × 노출 인자 = 3,000,000원 × 40% = 1,200,000원
ALE = SLE × 연간 발생률 = 1,200,000원 × 3 = 3,600,000원

64 ⓐ 델파이법은 추정의 정확도가 낮은 것이 일반적이다.
　　 ⓓ 정성적 방법들은 일반적으로 분석에 소요되는 시간과 자원이 적지만 추정의 정확도가 낮을 수 있다.

65 주어진 시나리오에서 다음과 같은 사용자 계정 관리의 문제점이 확인된다.
　　 – 미사용 계정을 과도하게 미리 생성해 두고 있어 계정·권한 관리 원칙에 위배된다.
　　 – 계정명이 쉽게 유추 가능하고, 초기 비밀번호가 계정명과 동일하게 설정되어 있어 도용의 위험이 있다.
　　 – 계정을 사용하는 외주 직원의 식별이 제대로 이루어지지 않아 책임추적성이 확보되지 않는다.
　　 – 비밀번호 작성 규칙 준수 여부가 불분명하다.
　　 이러한 문제점들은 모두 사용자 계정 관리의 부적절함에서 비롯된 것으로, 이로 인해 시스템의 책임추적성과 전반적인 보안성이 저하되고 있다.

66 클라우드 서비스를 이용할 때는 서비스 제공업체의 보안 인증서 확인뿐만 아니라, 세부적인 보안 통제 방안도 확인해야 한다. 클라우드 서비스 이용 시 서비스 제공자의 보안 관리 체계와 제공 서비스의 안전성을 검토해야 한다.
　　 – 클라우드 서비스 제공자와 정보보호 및 개인정보보호에 대한 책임과 역할을 명확히 정의하고 이를 계약서(SLA 등)에 반영하고 있는가?
　　 – 클라우드 서비스 이용 시 서비스 유형에 따른 보안위험을 평가하여 비인가 접근, 설정오류 등을 방지할 수 있도록 보안 구성 및 설정 기준, 보안 설정 변경 및 승인 절차, 안전한 접속방법, 권한 체계 등 보안 통제 정책을 수립·이행하고 있는가?

67 ⓒ 개인정보취급자는 일반 직원과 차별화된 전문성 있는 교육을 받아야 한다. 모든 직원을 개인정보취급자로 간주하여 동일한 교육을 실시하는 것은 적절하지 않다.
　　 ⓔ 정보보호 점검 팀은 전문성과 독립성을 위해 정보보호 부서 외의 관련 부서와 함께 구성해야 한다. 정보보호부서 인력으로만 점검팀을 구성하는 것은 적절하지 않다.

68 ⓓ 중앙행정기관은 고위공무원을, 시·군 및 자치구는 4급 이상 공무원을 CPO로 지정해야 한다.
ⓔ 공공시스템운영기관의 CPO 지정에 대해 운영기관장으로 한정하는 규정은 없다.

69 개인정보처리자는 개인정보의 처리 목적에 필요한 범위에서 개인정보의 정확성, 완전성 및 최신성이 보장되도록 하여야 한다. 또한 개인정보처리자는 개인정보를 익명 또는 가명으로 처리하여도 개인정보 수집목적을 달성할 수 있는 경우 익명처리가 가능한 경우에는 익명에 의하여, 익명처리로 목적을 달성할 수 없는 경우에는 가명에 의하여 처리될 수 있도록 하여야 한다.

70 ⓐ 단일 예상 손실에 연간발생률을 곱하여 계산한다.
ⓑ 델파이법은 전문가 의견을 수렴하는 정성적 방법이지만, 결과의 객관성과 정확성이 매우 높다고 보기는 어렵다. 일반적으로 정성적 방법은 정량적 방법에 비해 객관성과 정확성이 낮을 수 있다.

71 표준 개인정보보호지침
제10조(개인정보 수집 출처 등 고지)
① 개인정보처리자가 정보주체 이외로부터 수집한 개인정보를 처리하는 때에는 정당한 사유가 없는 한 정보주체의 요구가 있은 날로부터 3일 이내에 법 제20조제1항 각 호의 모든 사항을 정보주체에게 알려야 한다.
② 법 제20조제2항 각 호에 근거하여 제1항에 따른 정보주체의 요구를 거부하는 경우에는 정당한 사유가 없는 한 정보주체의 요구가 있은 날로부터 3일 이내에 그 거부의 근거와 사유를 정보주체에게 알려야 한다.

개인정보보호법
제20조(정보주체 이외로부터 수집한 개인정보의 수집 출처 등 고지)
① 개인정보처리자가 정보주체 이외로부터 수집한 개인정보를 처리하는 때에는 정보주체의 요구가 있으면 즉시 다음 각 호의 모든 사항을 정보주체에게 알려야 한다.
1. 개인정보의 수집 출처
2. 개인정보의 처리 목적
3. 제37조에 따른 개인정보 처리의 정지를 요구할 권리가 있다는 사실

72 DES(Data Encryption Standard) 알고리즘 사용
DES는 현재 안전하지 않은 오래된 암호화 알고리즘이다.

73 세션 타임아웃을 설정하지 않고 취약한 패스워드 적용, 암호화 및 로그인 횟수 제한이 없는 것으로 봤을 때 안전한 접속수단, 접속 시 인증수단 적용이 미흡하다.

74 표준 개인정보보호지침
제3장(영상정보처리기기 설치운영) 제2절(개인영상정보의 처리) 제41조(보관 및 파기)
② 영상정보처리기기운영자가 그 사정에 따라 보유 목적의 달성을 위한 최소한의 기간을 산정하기 곤란한 때에는 보관 기간을 개인영상정보 수집 후 30일 이내로 한다.

제4장(공공기관 개인정보파일 등록·공개) 제2절 제53조(개인정보파일 등록 및 변경 확인)
① 개인정보파일 등록 또는 변경 신청을 받은 개인정보보호책임자는 등록·변경 사항을 검토하고 그 적정성을 판단한 후 보호위원회에 등록하여야 한다.
② 교육청 및 각 급 학교 등의 개인정보보호책임자는 교육부에 제1항에 따른 등록·변경 사항의 검토 및 적정성 판단을 요청한 후, 교육부의 확인을 받아 보호위원회에 등록하여야 한다.

③ 중앙행정기관 및 지방자치단체의 소속기관, 기타 공공기관은 상위 관리기관에 제1항에 따른 등록·변경 사항의 검토 및 적정성 판단을 요청한 후, 상위 관리기관의 확인을 받아 보호위원회에 등록하여야 한다.

④ 제1항부터 제3항의 등록은 60일 이내에 하여야 한다.

75 개인정보처리자는 정보주체의 동의 없이 처리하는 개인정보에 대해서는 그 항목과 처리의 법적 근거를 명시해야 한다.

76 ㄱ. 내부 서버(192.168.1.11)에서 외부 서버(10.10.10.21)로 가는 Telnet 패킷을 차단한다. Telnet을 허용하려면 Service에서 23번 포트를 설정하고 Action에서 Allow로 설정해야 한다.

ㄹ. 내부 서버(192.168.1.11)에서 외부 서버(10.10.10.21)로 가는 POP3 패킷을 차단한다. POP3를 허용하려면 Service에서 110번 포트를 설정하고 Action에서 Allow로 설정해야 한다.

방화벽에서 설정되지 않은 포트나 서비스는 기본적으로 차단한다.

77 클라우드 서비스의 특성을 잘못 이해한 것이다. 클라우드 서비스의 주요 이점 중 하나는 사용자가 물리적 인프라에 대한 책임을 지지 않아도 된다는 것이다. 모든 클라우드 서비스 모델에서 물리적 인프라(데이터 센터, 물리적 서버, 네트워크 장비 등)에 대한 보안은 클라우드 서비스 제공업체의 책임이므로 사용자는 서비스 모델에 따라 다양한 수준의 논리적 보안(소프트웨어, 데이터 등)에 대한 책임을 지게 된다.

78 – 개인정보의 수집·이용 목적 및 수집한 개인정보의 항목

– 개인정보를 제공받은 자와 그 제공 목적 및 제공한 개인정보의 항목

– 또한, 통지 주기(연 1회 이상), 통지 방법(서면, 전자우편, 문자 등), 그리고 통지 예외 대상(거부 의사를 표시한 정보주체 등)

79 개인정보처리시스템에서 단순히 개인정보를 열람, 조회만 하는 경우에는 인터넷망 차단조치를 적용하지 않을 수 있다. 그러나 개인정보를 다운로드, 파기하거나 접근권한을 설정할 수 있는 개인정보취급자의 컴퓨터는 인터넷망 차단조치 대상이다.

80 개인정보처리자는 1천 명 이상의 개인정보가 유출된 경우 72시간 이내에 보호위원회 또는 전문기관(KISA)에 신고해야 하며, 피해 정보주체들에게도 지체 없이 통지해야 한다. 통지 및 신고 의무를 면제받을 수 없다.